한중일

청년을 말하다

강명구 · 김홍중 · 신혜선 편

진인진

지은이

서문
강명구(姜明求) · 서울대학교 언론정보학과 교수

한국청년을 말하다
김홍중(金洪中) · 서울대학교 사회학과 교수
전상진(田尙鎭) · 서강대학교 사회학과 교수
조문영(趙文英) · 연세대학교 문화인류학과 교수

중국청년을 말하다
리춘링(李春玲) · 중국사회과학원 사회학연구소(中國社會科學院社會學研究所) 연구원
우샤오잉(吳小英) · 중국사회과학원 사회학연구소(中國社會科學院社會學研究所) 연구원
마쥐안(馬娟) · 중국사회과학원 사회학연구소(中國社會科學院社會學研究所) 연구원
신혜선(申惠善) · 서울대학교 아시아연구소 선임연구원

일본청년을 말하다
아사노 도모히코(浅野智彦) · 도쿄가쿠게이대학(東京学芸大学) 교육학부 교수
쓰지 이즈미(辻泉) · 주오대학(中央大学) 문학부 교수
데라치 미키토(寺地幹人) · 이바라키대학(茨城大学) 인문학부 강사

번역
남의영 · 일본 도쿄대학교 정보학환 특임연구원
김민우 · 중국 칭화(淸華)대학교 언론정보학과 박사과정

한중일 청년을 말하다

초판 1쇄 발행 | 2016년 1월 29일

지 은 이 | 김홍중·전상진·조문영·리춘링·우샤오잉·마쥐안·신혜선·아사노 도모히코·쓰지 이즈미·데라치 미
엮 은 이 | 강명구·김홍중·신혜선
편　　 집 | 배원일
발 행 인 | 김영진
발 행 처 | 진인진
등　　 록 | 제25100-2005-000003호
주　　 소 | 경기도 과천시 별양동 1-14 과천오피스텔 614호
전　　 화 | 02-507-3077~8
팩　　 스 | 02-504-3079
홈페이지 | http://www.zininzin.co.kr
이 메 일 | pub@zininzin.co.kr

ⓒ 진인진 2016
ISBN 978-89-6347-245-4 93300

*이 책은 서울대 아시아연구소 아시아연구기반구축 사업의 지원을 받아 수행되었다. (#SNUAC-2015-004)

:::목차

서문
'만인 만색'의 한중일 청년들　　　　　　　　강명구(姜明求)　　__5

한국청년을 말하다　　　　　　　　　　　　　　　　　　__17
  1. 서바이벌, 생존주의, 그리고 청년 세대
    : 마음의 사회학의 관점에서　　　　　　　　김홍중(金洪中)　　__19
  2. 비참한 청년과 화려한 기성세대?
    : 청년성과 '세대게임'　　　　　　　　　　　전상진(田尙鎭)　　__66
  3. 공공이라는 이름의 치유
    : 한 대기업의 해외 자원봉사활동을 통해 본 한국 사회
  '반(反)빈곤'과 '대학생'의 지형도　　　　　　조문영(趙文英)　　__85

중국청년을 말하다　　　　　　　　　　　　　　　　　　__135
  1. 빠링허우 현상의 형성과 그 변화 과정　　　리춘링(李春玲)　　__137
  2. 빠링허우 정체성에 대한 세대 간의 시각차　우샤오잉(吳小英)　__158
  3. 전통 관념과 개인 이성의 충돌
    ―빠링허우 엘리트 지식인의 연애·결혼관 연구―　마쥔(馬娟)　　__183

4. 빠링허우(80後)를 이해하는 하나의 방법,

　　한한(韓寒) 현상　　　　　　　　　　　　신혜선(申惠善)　　__206

일본청년을 말하다　　　　　　　　　　　　　　　　　　__229

　1. 다원적 자아로 살아간다는 것　　　아사노 도모히코(浅野智彦)　__231

　2. 왜 철도 오타쿠인가: 상상력의 사회사　　쓰지 이즈미(辻泉)　__258

　3. 대도시 거주 20대의 직업의식 분석　　데라치 미키토(寺地幹人)　__291

서문
'만인 만색'의 한중일 청년들

강명구(姜明求)
서울대학교 언론정보학과 교수

이 시대의 청년들은 어떤 모습으로 살아가고 있는가? 우리는 그들을 어떻게 바라보고 이해해야 할까? 오늘날 청년에 대한 관심과 문제제기는 비단 청년세대 자체만의 문제에서 벗어나 급격한 정치·사회·경제구조의 변화, 가치관과 인식 및 생활양식의 변화, 계급과 불평등의 문제, 노동문제, 혼인과 출산 등 가족구성의 문제, 세대를 중심으로 한 정치적·문화적 담론의 지형도 변화 등과 밀접하게 맞물려 있다. 다시 말해, 청년을 이해하는 것이 우리 시대와 사회의 수많은 문제들을 이해하는 중요한 하나의 방법이 된 것이다.

2016년 현재, 우리 사회의 청년들은 매우 고달프고 힘겨운 존재로 여겨지고 있으며, 이것은 매우 글로벌한 현상이라 할 수 있다. 전 세계적으로 끝없는 경쟁과 극심한 취업난, 연애와 결혼 그리고 출산 등 생애과업에 대한 포기, 불안감과 불안정성 등이 그들을 수식하는 표현으로 등장하기 시작했다. 북미와 유럽 등 서구의 여러 지역에서도 니트(NEET) 문제를 비롯하여 청년의 사회경제적 지위하락과 불안정화에 대한 다양한 진단들이 등장하고 있다. 한국 사회에서도 이제 'N포 세대'나 '헬조선'과 같은 단어들이 많은 사람들에게 익숙한 상황이다.

청년에 대해서는 수많은 분석과 연구들이 진행되어 왔는데, 가장 눈에 띄는 것은 오랜 시간에 걸쳐 언론이 주도해온 각종 '세대론' 중심의 청년담론 흐름이라 할 수 있다. 이를테면 '삼포세대'에서 '달관세대'에 이르기까지, 다양한 입장에서 청년과 사회문제를 연결 짓고 그들의 성향이나 특수성을 설명하려는 일련의 굵직한 흐름들이 있었다. 인문·사회과학 분야의 적지 않은 학술적 문헌들이 그 담론들이 만들어낸 청년상(像)들을 전제로 연구를 수행하거나, 혹은 그 청년담론의 흐름에 편승하여 논의를 전개해왔다. 그러나 최근까지 진행된 적지 않은 청년세대에 대한 국내외의 담론과 진단들은, 청년들의 내적 차이를 고려하지 못한 채 그들을 평면화하거나 단순화하여 동질적 집단으로 취급하는 우를 범했다. 그리고 청년들의 고뇌와 희망을 이야기하며 인식의 전환이나 제도개혁 등을 외쳤던 사람들의 주장들 또한 동어반복적 논의에 그치는 경우가 많았다.

이러한 기존 논의의 한계지점들로 미루어보건대, 청년을 이해하기 위해 무엇보다 중요한 것은 그들 삶의 구체적인 맥락과 차이를 고려하는 것이다. 그리고 이를 위해서는 이론적으로나 방법론적으로 다층적·다각적인 접근이 필요하며 보다 심층적인 관찰과 사유가 요청된다. 그 하나의 방법이 바로 비교연구의 관점을 취하는 것이다. 그리고 그 첫 단추는 각기 조금씩 다른 맥락에 처한 청년들에 대한 다양한 시각과 접근방법을 한 자리에 모아놓고 보는 것이다. 이 한 권의 책은 바로 그런 목적에서 기획되었다. 한국의 청년을 이해하기 위해, 중국의 청년에 대해 논하기 위해, 일본의 청년에 대해 주장하기 위해, 우리는 동아시아 한중일 청년들의 공통적인 맥락을 고려하면서도 그들 사이의 미묘한 차이점들을 확인할 필요가 있다. 다른 하나의 방법은 또한 학제적 연구의 장을 마련하는 것이다. 이를 위해서는 문학, 사회학, 인류학, 커뮤니케이션 등 다양한 분과학문을 가로지르고, 담론연구, 문헌연구에서부터 이론적 차원의 분석적, 해석적 틀을 정초하는 작업을 비롯해 인터뷰와 현장연구, 서베이를 통한 통계분석에 이르기까지 다양한 방법론적 시도를 포괄해야 할 것이다.

이 책에 수록된 글들은 다양한 배경을 가진 한중일 지식인들의 다채로운 시도들의 산물이다. 우리는 이들의 논의를 통해 동아시아 청년들의 생생한 삶의 현실과 그들을 이해할 수 있는 귀중한 통찰을 얻을 수 있을 것이다. 한국, 중국, 일본이라는 사회적 맥락 속에서 우리는 당대 청년세대의 현실인식, 가치관, 성향, 문화적 실천들의 양상을 살펴볼 수 있을 것이고, 그들이 어떻게 이 힘겨운 시대에 적응하고 대응하고 버티어 나가는지에 대한 이야기들을 듣게 될 것이다. 이 책을 통해 우리는 청년 집단을 평면적으로 대상화 하지 않고, 다각적이고 입체적으로 이해할 수 있을 것이다. 저자들이 보여주는 분석의 다양한 입지점들은 우리로 하여금 청년에 대한 이후의 연구와 담론의 새로운 방향성을 즐겁게 상상하게 만들어준다. 글로벌 차원의 청년, 동아시아의 청년, 한중일 청년, 그리고 각 사회의 청년 등 다양한 국면에서 우리는 앞으로도 다양한 비교와 이해, 통찰의 지점들을 찾아낼 수 있을 것이다.

이 책은 이어서 소개할 10편의 글들로 구성되었다. 각각의 내용을 간략히 살펴보면서 한국과 중국, 일본 사회에서 살아가고 있는 '만인 만색'의 청년들의 모습을 엿보기로 하자.

김홍중의 〈서바이벌, 생존주의, 그리고 청년 세대〉는 21세기 한국사회의 청년세대를 '생존주의 세대'로 명명하고, 그들의 특징을 고찰하기 위해 김홍중 특유의 '마음의 사회학' 방법을 제시하고 있다. 그에 따르면, 그들은 생존에 대한 불안이라는 감정과 서바이벌을 향한 과열된 욕망, 그리고 경쟁에서의 승리를 위해 자신의 가능성들을 전략적으로 계발하려는 집요한 계산으로 특징지어지는 독특한 마음의 역동을 보여준다. 이는 IMF 외환위기 이후 신자유주의가 전면화된 한국의 특수한 역사적·사회적 맥락과, 그것이 구체화되어 나타난 실업, 등록금 인상, 가정파탄, 우울증 등 삶의 사건 혹은 문제들에 행위자들이 대응하는 과정에서 형성된 것으로 설명된다. 흥미로운 것은 이러한 생존주의가 TV 서바이벌 프로그램을 비롯해 수많은 영역에서 지속적으로 나타나고 있을 뿐 아니라, 청년들이 자신의 삶을 기획하고 실천하는 가치규범으로 여겨지고 있다는 점이다. 그렇지만 다른 한편으로는 모든 청년들이 생존주의에 따르는 것은 아니며, 독존주의, 공존주의, 탈존주의 등의 방식으로 변화하거나 그것을 거부하는 방향의 움직임을 보이고 있다는 것은, 청년을 좀 더 다양한 관점으로 나누어 살펴볼 필요성과 함께, 다양한 유형의 청년들을 고려한 보다 구체적인 경험적 연구의 필요성을 제기하고 있다.

조문영의 〈공공이라는 이름의 치유〉는 근래 한국사회에서 유행하게 된 대학생 해외 자원봉사의 문화적·정치적 맥락을 탐구하고 있다. 구체적으로 이것이 어떤 조건에서 등장하게 되었는지 문헌 분석을 통해 규명하는 한편, 그 활동의 핵심 주체로 호명받은 대학생들이 그것에 어떤 의미를 부여하는지를 한 대기업이 주최한 해외 자원봉사 캠프에 대한 현지조사를 통해 살펴보고 있다. 우선 대학생 해외 자원봉사가 만연하게 된 것은, 자본주의 체제의 도덕성과 정당성의 위기를 기업의 '사회공헌활동'을 통한 '전 지구적 빈곤'의 퇴치라는 명분으로 상쇄하려는 대기업과, 그 과정에서 '글로벌 인재양성'이라는 프로그램에 적극 참여함으로써 청년실업과 고용불안에서 살아남으려 하는 대학생들의 이해관계가 만나는 지점에서 가능하게 된 것으로 설명된다. 그러나 연구자의 현지조사 결과, 실제로 이 프로그램에 참여한 청년 대학생들에게 해외 자원봉사는 경제적 빈곤에 대한 적극적 개입이나 성취라기보다는, 자족적·단편적·분절적 '에피소드'들을 양산함으로써 무한경쟁에 내몰린 청년들의 사회적 관계의 부재와 심리적 불안에서 비롯된 어떤 결핍을 '공공'이라는 이름으로 일시적으로 '치유'하는 정도의 의미를 남기고 있었다. 말하자면 그것은 '글로벌 리더'라는 허울 좋은 스펙 쌓기로 포장하고 있지만, 실제로는 청년들이 건강한 사회적 관계를 포기한 대가로 갖게 된 도덕적 부채의식이나 불안감을 일시적으로 봉합하는 차원에 그치고 있다는 주장이다.

전상진의 〈비참한 청년과 화려한 기성세대? : 청년성과 '세대 게임'〉 청년 자체보다 청년을 둘러싼 세대담론에 주목한다. 특히 이 글은 청년과 기성세대의 대립과 갈등을 강조하고 있는 최근 한국사회의 '세대 게임'을 다루고 있다. 세대전쟁·갈등의 담론이 부상하게 된 배경으로는, '안티 에이징 산업'과 같은 소비문화 산업이 장년층을 새로운 소비주체로 포섭하기 시작했고, 그 과정에서 '청년성(youthfulness)'이 청년에게서 떨어져 나와 모든 사회 성원에게 권장되고 강요되는 상황으로 변해갔다는 점을 짚어내고 있다. 이 지점에서 저자는, 청년들이 독립과 취직, 혼인과 출산 등의 중요한 생애 과업을 달성하지 못하고 미숙하고 부정적인 '사춘기'에 머물게 됨으로써, '기백과 열정, 유연성과 기동성, 창의성과 변화에 대한 갈망' 등으로 묘사되는 청년성을, 다시 말해 청춘을 박탈당했다고 진단한다. 그리고 이러한 세대 간 대립에 관한 인식이 당대 한국의 현실에서 기득권층이 주도하는 '세대게임'을 통해 더욱 강화되고 있다고 주장한다. 특히 한국의 세대 게임은 기존의 '세대 전쟁론'에 '비난게임(blame game)'이 더해짐으로써 책임의 회피·전가와 구조적 모순을 은폐하는 방식으로 작동한다는 것이다. 그 대표적 사례로 논의되는 것이 '노동개혁' 문제다. 전상진에 따르면, 이는 청년의 절망과 고통의 원인을 정규직 기성세대에게 돌림으로써, 권력과 재산의 불평등을 비롯한 각종 사회모순을 '세대'의 문제로 환원하기 위한 사회정책적 데마고기(demagogy)이며, 이것을 정치적 전략으로 활용함으로써 이득을 보는 것은 재벌 대기업과 기득권 정치세력이다. 그렇다면 왜 이런 '세대게임'이 부상했는가? 저자는 불명확성과 단순성이 특징인 '세대의 매력' 때문이라고 설명한다. 즉, '세대'는 누구라도 될 수 있지만, 아무도 아닐 수 있는, '텅 빈 기호'이며, 내부적 차이를 없애주고 우리와 타자를 명쾌하게 구분해주며, 비난 게임에 용이하기 때문에, 오늘날 한국 사회에서 '최적의 정치적 동원수단'이 되고 있다는 것이다.

〈다원적 자아로 살아간다는 것〉에서 아사노 도모히코는 젊은이들의 자아 정체성이 다원화되고 있는 일본사회에서, 그 동안 다원적 자아를 부정적으로 평가했던 논의들이 적절한가를 비판적으로 재검토한다. 저자는 젊은이들이 느슨한 네트워크를 형성하는 방식, 여러 사람들과 연애를 하는 사례, 또 젊은이들이 나름의 방식으로 '캐릭터'화 하여 자신을 남들 앞에 드러내는 사례 등을 근거로 제시하며, 그 다원성이 나름의 긍정적, 능동적 대응방식일 수 있음을 역설한다. 말하자면 다원적 자아는 현대 사회에서 경제적 생존전략으로 유용하게 활용될 수 있으며, 정치·사회적 참여와 연대의 차원에서도 오히려 긍정적인 측면이 있다는 것이다. 이와 더불어 아사노는 90년대 이후 일본의 사회경제적 변동 속에서 청년들이 젠더, 지역, 고용형태 등에 있어서 상당한 내적 차이를 드러내게 되었으며, 하나의 정체성으로 그들을 묶어 말할 수 없다는 점에 주목한다. 따라서 청년을 이해하기 위해서는 우선 그들 나름의 현실사회에 대한 적극적이고 능동적인 적응의 형태로서 다원적 자아가 존재할 수 있음을 인정하고 이해하는 것이 중요하다고 주장한다. 그것이 당대 일본 청년을 이해할 수 있는 논의의 출발점이 될 수 있다는 것이다.

쯔지 이즈미의 〈왜 철도 오타쿠인가 : 상상력의 사회사〉는 철도 오타쿠의 역사를 재구성함으로써, 일본에서 오타쿠 문화가 형성된 과정을 검토하고 있다. 여기서 철도 오타쿠란, 오타쿠 문화의 원형이자, 대인관계의 어려움을 겪으며 이성교제 경험이 없는, 남학교의 최하층에 놓인 남학생들의 문화로 설명된다. 그런데 저자는 현실을 넘어서려는 '상상력'이야 말로 오타쿠 문화의 기저에 깔린 특성이라고 주장한다. 다시 말해 오타쿠를 그들의 특이한 성향으로만 이해할 것이 아니라, 일본 사회 맥락에서 '상상력의 문화'의 역사적 변천 속에서 이해해야 한다는 관점이다. 그에 따르면, 철도 오타쿠 문화는 크게 네 단계를 거쳐 형성, 변화하게 된다. 첫째, 근대화 시기부터 2차 대전 패전에 이르기까지 '대일본제국'과 '군국소년'으로 상징되는 '공상의 시대'를 거쳐, 둘째, 전후 고도성장기, 공상과학소설을 읽고 플라스틱 기차 모형을 조립하던 'SF 소년'들이 성장한 '몽상의 시대'로 접어든다. 셋째, 저성장기에 접어든 80년대 이후부터는 탈공업사회, 소비사회로 접어들면서 '환상의 시대' 또는 '포스트 전차 시대'를 맞이하게 되는데, 바로 이 때 사람들의 상상력의 대상이 실재 사물이 아닌 허구를 향하게 되고, 과거에 대한 노스텔지어와 결부되면서 '오타쿠'문화가 탄생하게 되었다. 넷째, 오늘날 일본은 고도정보사회, 즉 '포스트 철도 시대'이며, 이 시대의 특징은 '모에오타(萌えヲタ)'라는 용어로 설명되는 '망상의 시대'이다. 이 글은 오타쿠 문화가 탄생하게 된 사회역사적 맥락을 성실히 검토함으로써, 오타쿠 문

화를 바라보는 새로운 시각을 잘 보여주고 있다. 일본 사회 청년들의 문화적 취향을 이해하는 데도 매우 중요한 관점이라 할 수 있겠다.

　데라치 미키토의 〈대도시 거주 20대의 직업의식 분석〉은, 일본에서 실시된 대도시 20대 젊은이의 취업행동과 근무방식, 직업의식에 대한 설문조사 데이터를 분석하면서, 2011년 시점에서 20대의 직업의식이 10년 전인 2001년에 비해 어떻게 바뀌었는가를 해석하고 있다. 연구결과, 직업의식과 관련하여 성별, 고용형태별, 학력별, 가족형태별 등의 요인에 따라 청년들이 갖는 직업 관련 의식이 매우 다르게 나타나고 있음을 확인할 수 있었다. 그렇다면 10년이 지나는 동안 일본 청년들의 직업의식은 어떻게 달라졌는가? 이에 대해 저자는 2010년대의 20대가 10년 전의 20대에 비해 '직업의식 측면에서 견실해졌다'라고 결론 내리고 있다. 이를테면 기존에 '젊은이들 특유의' 자유로운 근로 방식과 경험, 만남 등을 중요하게 여기던 프리터들마저도, 이제 '어른들이 권장하는' 안정적이고 견실하며, 경제적으로 합리적인 근로방식을 지지하게 되었다는 것이다. 그렇지만 저자는 일본 젊은이들이 '견실한' 직업의식을 갖게 되었음에도 여전히 그러한 경력을 형성하기 위한 구체적 실천 방법을 찾지 못하고 있음을 지적한다. 그 때문에 일자리에 대한 관념이 매우 현실적인 것으로 바뀌었음에도, 그러한 현실적 상황에 대응해나가기 위한 전문 지식이나 자격 취득에 대한 의욕은 오히려 저하되는 조짐이 보인다는 것이다. 청년들이 경력을 형성해나가는 데 보다 실질적인 문제가 무엇인가를 보여주는 중요한 단서라 할 수 있겠다.

　우샤오잉의 〈양 세대 시야 속의 빠링허우 정체성〉은 중국 사회에서 '빠링허우'라 불리는 80년대 이후 출생한 청년들의 정체성과 그들에 대한 사회적 인식이 어떻게 변화해왔는가를 검토하고 있다. 빠링허우 청년들은 이념이 쇠퇴하고 시장경제 체제로의 급격한 전환이 일어나던 시기에 태어나 성장했고, 소비주의와 인터넷, 기성세대의 주류문화에 대항하며 독자적 문화를 형성한 것으로 설명된다. 전통적 관념을 고집하던 기성세대의 주류 담론은 초기에 이들을 이기적이고 무책임한 존재로 부정적으로 봤지만, 빠링허우 세대 청년들은 인터넷을 중심으로 독자적 문화와 담론을 형성하면서 기성세대의 훈계하고 비판하는 목소리에 맞섰다. 이 과정에서 빠링허우와 기성세대 간의 커뮤니케이션 문제를 비롯하여 가치관과 이념 등에서 수많은 갈등이 발생하는데, 점차 빠링허우가 주도하는 문화적 영향력과 담론권력이 강해짐에 따라서 주도권은 자연스럽게 빠링허우에게 넘어가게 된다. 이후 2008년 베이징 올림픽과 쓰촨성 대지진 국면에서 보여준 그들의 긍정적 활약상을 비롯하여, 글로벌 금융위기, 극심한 경쟁, 구직난, 집값 상승 등으로 인해 30대에 접어든 빠링허우가 맞닥뜨린 현실적 삶의 어려움이 사회적 공감을 얻게 되면서 세대 간 갈등 국면은 점차 사라지고, 빠링허우에 대한 공감과 격려, 집단적 위로와 같은 담론이 부상하게 된다. 이렇듯 빠링허우라 불리는 중국 청년들에 대한 사회적 인식과 그들 스스로가 느끼는 정체성은 최근의 중국 역사 속에서 매우 극적으로 바뀌어왔다. 중요한 것은 당대 중국 청년들이 '빠링허우'라는 호칭이 내포하는 단일한 집단적 정체성에 멈추는 것이 아니라, 그 내부의 다양한 차이와, 자신들이 처한 공통적인 현실적 문제에 더 집중하는 경향을 보인다는 점이다. 이 글은 청년 세대를 바라보는 중국 주류사회의 시각 변화를 비롯하여, 청년층 자체가 다원화되어가는 양상을 잘 보여주고 있다.

마쳰의 〈전통 관념과 개인 이성의 충돌 : 빠링허우 엘리트 지식인의 연애결혼관 연구〉는 빠링허우들, 특히 엘리트 지식인층에 대한 설문조사 결과를 분석하면서 오늘날 중국 지식인 청년들의 연애와 결혼 관념에 대해 논의하고 있다. 그에 따르면, 빠링허우는 출생 및 성장시기의 특성으로 인해 전통문화와 현대화의 흐름 모두의 영향을 받은 존재다. 그 때문에 연애와 결혼을 둘러싼 가치관, 즉 배우자의 기준, 성 관념, 자녀 출산에 대한 생각, 감정, 경제관념 등의 다양한 차원에서 전통과 현대의 두 가지 가치 관념의 흐름이 충돌하거나 절충된 방식으로, 혹은 혼재된 방식으로 나타나고 있다. 빠링허우 엘리트들은 이를테면 배우자의 조건으로 성격, 외모, 교양과 기품 등을 중시하는데 이것은 전통적 관념에서 집안배경을 중시했던 것과 달리 보다 합리적이고 이성적인 성향을 반영하는 것으로 해석된다. 그러면서도 여성이 남성 배우자의 학력과 능력, 경제적 조건을 중시하는 반면 남성은 여성의 외모를 중시하는, 전통적 성별 차이가 나타나기도 했다. 성 관념에서도 비교적 보수적인 모습을 보이면서도 일시적인 성관계에 대해서는 다소 개방적인 모습을 보이기도 했다. 자녀 출산에 대해서는, 혼인관계 내에서 꼭 아이를 낳아야 한다는 생각이 여전히 강하고, 감정적 차원에서도 이혼에 부정적이며, 결혼에서 사랑을 매우 중요시하는 전통적인 태도를 견지하고 있었다. 그런가 하면 가정 경제관에 있어서는 남편과 아내 각자의 역할 구분이 필요하며, 규모의 경제 원칙에 따라 가족 재산을 운용해야 한다는 합리적이고 현실적인 관념을 가지고 있는 것으로 나타났다. 이처럼 빠링허우 엘리트 청년들의 연애결혼관에는 전통적 관념과 개인주의적·합리주의적 성향이 동시에 뒤섞여 있는 것으로 분석된다. 다른 분야에서는 기성세대나 전통적 가치관에 대해 강한 반감을 나타내거나 갈등을 일으키는 것과는 달리 연애나 혼인과 같은 대인관계나 가족형성의 차원에서는 빠링허우 세대가 여전히 전통적 관념의 영향 하에 일정정도 놓여 있다는 것을 보여주는 결과라 하겠다.

　　리춘링의 〈빠링허우 현상의 형성과 그 변화과정〉은 빠링허우가 중국 사회에서 형성되고 변화된 과정에 대해 논의하고 있다. 우샤오잉의 글과 마찬가지로, 리춘링 또한 중국의 역사적 변화 맥락 속에서 이들에 대한 사회적 인식이 변화했다는 점을 상세히 설명한다. 기성세대와 주류 미디어로부터 '소황제'라는 이기적이고 제멋대로이며, 책임감 없는 독생자녀로 비난을 받던 이 들은, 2000년대 이후 꽁샤오삥, 한한을 비롯한 일군의 청년 작가들의 등장과 인터넷 문화의 확산 속에서 기성세대에 대한 비판을 수행하고 같은 세대끼리 결집하는 양상을 보이기 시작한다. 그리고 '별종과 배반'으로 묘사되는 독특한 세대 정체성과 문화적 영향력을 표출하게 되었다. 이 지점에서 흥미로운 것은 이러한 빠링허우의 사회적 이미지와 정체성이, 지난 20여 년 간 강대국으로 부상하는 과정에서 국가적 자긍심을 고취시키려 했던 중국 정부의 국가이념과 연결되어 있다는 점이다. 말하자면 빠링허우는 중국이 강대국으로 본격적으로 발돋움 하는 과정과 함께 성장한 세대로서, 한편으로는 개방적이고 관용적이면서도, 다른 한편으로는 매우 강한 애국심과 민족주의적 성향을 지니고 있다. 물론 그들 또한 '개미족'이라는 용어가 보여주듯, 시장경제 체제의 극심한 경쟁 속에서 분투한다는 점에서 여타 동아시아 청년들과 공통적인 시대적 문제 상황에 봉착해 있다. 그렇지만 다른 한 편으로 주변 국가와의 영토분쟁과 무역마찰, 티베트 이슈와 같은 정치적 문제에 대해 그들이 보여주는 태도는 강대국 국민으로서의 긍정적 자부심을 드러내고 있고, 이는 미래에 대한 도전정신과 자신감으로도 이어지고 있다. 이처럼 매우 복합적이고 특수한 빠링허우 세대의 성격은 일본이나 한국의 청년들과 매우 다른 색채를 띠고 있다.

　　신혜선의 〈빠링허우(80后)를 읽는 하나의 방법, 한한(韓寒)현상〉은 빠링허우라는 단어가 출현하게 된 배경인 빠링허우 작가군(群), 그 중에서도 대표적인 빠링허우 작가인 한한(韓寒)에 대한 글이다. 한한에 대해 '개인 한한'이 아니라 '한한현상'으로 불리게 된 맥락을 중심으로 서술했기 때문에 '빠링허우 작가'들로 시작된 '빠링허우'의 의미를 잘 이해할 수 있다. 필자는 한한의 글솜씨를 한마디로 '삐딱하고 과감하게 말걸기'로 표현했다. 또한 한국의 강준만 교수가 '대가에게 말걸기'를 통해 '대중에게 말하기'에 성공했듯이 한한도 그와 비슷한 성공을 거두었다고 평가했다. 어느 정도 맞는 말인 것 같다. 그런 점에서 한한의 사고(思考)와 표현은 사실 한국의 어떤 청년을 통해서도 들여다볼 수 있는 부분이다. 하지만 오늘의 중국은 천안문 광장 열병식을 통해 전 세계에 자랑스러운 중국을 보여주었지만 여전히 넘지 못한 성역(반우파투쟁, 문화대혁명, 천안문 사건 등)을 가지고 있다. 그 점을 염두에 둔다면 한한의 행보는 성역을 아슬아슬하게 오가는 가운데 중국 청년들의 멘토로서 역할을 하는, 쉽지 않은 일임을 알 수 있다. 한한을 통해 중국의 빠링허우를 입체적으로 들여다보는 데 의의가 있지만 한국과 한국의 청년 현실을 반추해보는 계기가 될 것이다.

한국청년을 말하다

1
서바이벌, 생존주의, 그리고 청년 세대
: 마음의 사회학의 관점에서*

김홍중(金洪中)
서울대학교 사회학과 교수

새로운 청년들의 등장

    21세기 한국 사회에 새로운 청년들이 몰려오고 있다. '88만원 세대'라 불리는 젊은이들이다. 이들은 연령적으로는 대개 20대에서 30대 중반에 이르는 청년들이며, 학교와 직업의 자동적 연계가 파괴되어 최종 학력기관을 졸업한 이후 상당 기간을 비정규직 또는 잉여로 지내야 하는 동시에, 결혼과 출산을 삶의 당연한 과제로 생각하기보다는 하나의 선택으로 여기거나 또는 포기하면서 이전의 청년들과는 사뭇 다른 형태의 라이프스타일과 가치를 만들어가는 주목의 대상이다. 2007년에 우석

---

* 이 글은 『한국사회학』 제49집 1호(2015)에 실린 글이다.

훈과 박권일이 '88만원 세대'라는 용어로 당시의 20대를 규정한 이래 'IP 세대'(《동아일보》, 2008. 9. 30), 'Global 세대'(《조선일보》, 2010. 1. 1), '2.0세대'(김호기, 《한겨레신문》, 2008. 5. 14), '삼포세대'(《경향신문》, 2011. 5. 11) 등의 호명과 후속 진단들이 연쇄적으로 등장하면서 한국 사회는 이른바 청년세대론의 폭발을 목도했다. 이런 관찰들 속에서 청년들은, 만성적 실업과 높은 등록금 그리고 정서적 불안과 폐색감(閉塞感)에 시달리면서 사회적 문제보다는 개인적 활로를 타개하는 데 더 몰두하는 존재들로 표상되고 있다.[1]

주지하듯 청춘 또는 청년은 역사적으로 발명된 '개념'으로서(Galland,

---

[1] 흥미롭게도 한국·중국·일본 사회 모두가 2000년대에 접어들면서 자신의 청년 세대에 대한 주의 깊은 관찰과 진단의 담론을 생산하고 있다. 중국에서는 '빠링허우(80後) 세대'라는 용어가 2000년대 초반부터 주로 문학계에서 사용되기 시작했다. 처음에 이 용어는 1980년대 생 젊은 작가들을 가리켰지만, 점차 확장되어 개혁개방 이후에 나타난 새로운 생활방식과 가치관을 가진 집단을 지칭하게 되었다(黃洪基·鄧蕾·陳寧·陸燁, 2009). 이들은 1가정 1자녀 정책하에서 태어난 외아들/외동딸이고 물질적 풍요 속에서 성장했지만 '방탕한 청춘', '전통에 대한 반역의 대명사' 또는 예쁘지만 연약한 모습이라는 의미의 '딸기종족', 고학력이지만 저임금에 시달리며 집단 거주 양상을 보인다는 점에서 '개미족'이라는 부정적 별칭을 얻기도 했다(張有平·趙廣平, 2008; 聶婷·張敦智, 2007; 劉銳, 2010). 일본의 '로스제네'는 대개 1971년부터 1980대 초반 사이에 태어나 취업 빙하기를 경험한 세대를 가리킨다. 2006년 8월 《아사히신문》에서 처음으로 'ロストジェネレーション(lost generation)'이라는 명칭을 부여받으며 등장했다. 2007년 《아사히신문》이 특집 기사의 형식으로 버블 경제 붕괴 이후의 '잃어버린 10년'에 사회에 진출한 젊은이들(25~35세)의 실태를 연재하면서 니트족(NEET: Not in Education, Employment or Training), 프리타, 넷카페 난민, 히키코모리, 파견노동자 등이 '로스제네'로 총칭되기 시작했다. 2008년 5월에는 《로스제네》라는 잡지도 발간되었고 비슷한 시기에 고용이나 경제 문제와 로스제네 세대를 관련시킨 논의가 대규모로 증가했다. 이들 역시 한국의 '88만원 세대'와 마찬가지로, 급격한 사회 변동의 결과로 등장한 새로운 청년 세대이다(Brinton, 2011; 구마시로 도루, 2014). 이처럼 사회 변동에 의해 궁지에 몰린 청년 세대에 대한 관심은 글로벌한 현상이다(Comaroff and Comaroff, 2009: 16-19; Hutchens, 1994; Klammer, 2010; Kretsos, 2010).

2011: 9-34), 19세기 후반에 동아시아에 수입되어 당시의 다양한 사회적 과제를 수행할 것으로 기대되는 존재들에게 부여된 기호다. 20세기를 거치면서 청년은 국가 건설의 주역, 계몽주의자, 산업역군, 반공(反共) 전사, 민주화 투사, 새로운 문화의 창조자 또는 아방가르드 등으로 다양하게 호명되어왔다(이기훈, 2014). 이 과정에서 청년은 대개의 경우 특정 거대 서사의 담지자 역할을 수행했고, 기성 권력과 제도를 부정·비판하고 새로움을 추구하는 운동적 주체성의 상징으로 여겨졌다(Rossinow, 1998; 주은우, 2004).

그러나 21세기에 등장한 새로운 청년들은 불확실한 미래와 가혹한 경쟁에 노출된 채 선배들이 누렸던 '영웅적' 청춘을 더 이상 구가하지 못하는 것으로 관찰되고 있다(전상진, 2013: 316-20). 저항, 반항, 유희, 자유, 도전, 모험, 정치적 열정은 이들의 리얼리티와는 무관한 것이 되었다. 가장 중요한 모토로 등장하는 것은 '생존(survival)'이다. 이런 점에서 이들 청년이 각자도생의 전략을 세우고 도태되지 않고 살아남기를 꿈꾸는 자들로 스스로를 변화시켜가는 것은 이상한 일이 아니다. 생존이 급선무가 된 행위자들에게는 '생존주의'를 마음으로부터 구성해나가는 것이 가장 합당한 선택일 것이기 때문이다.

생존주의는 후기 근대적 상황이 야기한 새로운 삶의 곤경에 직면한 청년들이 자신에게 제기되는 문제에 효과적으로 응전하고 이를 해결하기 위한 고투 속에서 형성한 집합심리의 시스템으로서, 순수한 이념적 표현물이나 철학적 세계관으로 환원되지 않는다. 그것은 생존에의 불안과 강박 그리고 의지와 욕망의 형식으로 작용하면서 행위자들을 구체적으로 움직이는 '마음'의 구성체다. 그리하여 그 이념적·의식적 내용뿐만 아니라 그것이 구성하는 습속, 그것을 형성시키는 장치나 제도, 더 나아가 생존에 대한 열망의 미적 표현물을 모두 내포하는, 모스(Marcel Mauss)가 말하는, 하나의 '총체적 사회적 사실'로 접근될 필요가 있다.

　이 글은 21세기 한국의 청년 세대를 바로 이런 의미의 '생존주의 세대'로 명명하고, 그 마음의 구조와 논리를 탐구하기 위한 이론적 성찰을 다음의 절차들을 통해 수행하고자 한다. 첫째, 만하임(Karl Mannheim) 세대 사회학의 기초 개념들을 비판적으로 재구성하여 생존주의 세대라는 용어의 정합성을 타진한다. 둘째, 어떤 과정을 통해 이 세대가 '서바이벌'이라는 중심 문제를 부여받아 이를 해결하기 위한 집합심리 시스템인 '생존주의'를 육성하게 되었는지를 '사회 변동을 통해 재구성된 문제 공간의 변천'을 중심으로 살펴본다. 셋째, 생존주의 세대의 핵심 문제를 집약하고 있는 '서바이벌'의 의미론을 글로벌한 수준에서 형성된 경쟁 패러다임의 맥락에서 다각적으로 분석한다. 넷째, 생존주의의 압력에 대한 다양한 대응 속에서 형성된 분화된 마음의 형식으로서 독존(獨存)주의·공존(共存)주의·탈존(脫存)주의라는 세 가지 이념형을 제시하고 이들 각각이 펼쳐내는 삶의 형식의 차이를 유형화한다. 마지막으로 21세기 청년들의 생존주의가 뿌리내리고 있는 한국 근대사의 굴곡과 문제 형성의 역사를 소략하게 살펴봄으로써 생존주의 레짐의 역사성에 대한 차후 연구의 필요성을 제기하고자 한다.

세대의식에서 세대의 마음으로: 만하임을 경유하여

　만하임의 『세대문제』가 출판된 이래 세대는 사회학 전통에서 매우 중요한 개념적 자원으로 인지되고 활용되어왔다(Roseman, 1995: 7-8;

Edmunds and Turner, 2002: 7-11; Jureit and Wildt, 2014: 29). 『세대문제』는 『이데올로기와 유토피아』가 출판되기 2년 전인 1927년에 집필되었으며, 당대의 독일적 상황과 만하임 특유의 지식사회학적 지평이 선명하게 반영되어 있는 글이다. 만하임이 세대 사회학에 가져온 가장 중요한 기여는, 계급과 마찬가지로 세대가 사회 변동의 중요한 행위자의 역할을 수행한다는 사실을 이론적으로 정교화한 데 있다.

마르크스의 사적 유물론의 지식 이론과 계급 중심성을 비판적으로 응시하면서 만하임은 특정 의식으로 무장한 세대가 역사의 전면에 등장해 적극적으로 영향력을 행사하는 현상에 주목했다. 그는 세대 위치(generation location), 실제 세대(generation as actuality), 세대 단위(generation unit)를 개념적으로 구분함으로써 세대 논의를 위한 입체적 공간을 마련했다.

세대 위치는 계급 위치처럼 객관적으로 규정되는 잠재적 그룹으로서 "명백한 행동, 감정, 사유의 양식"을 하나의 "내재하는 경향"으로 함축하고 있다(Mannheim, 2013: 47). 그러나 세대 위치가 실제 세대로 전환되기 위해서는 "역사적·사회적 통일성이라는 공동 운명에 대한 참여"가 요청된다(Mannheim, 2013: 64-65). 또한 이 참여는 "동일한 세대 위치에 있는 개인들 사이의 실질적인 연대"를 요청한다(Mannheim, 2013: 65-66). 그런데 실제 세대는 다시 세대 단위들로 분화될 수 있으며, 이렇게 분화된 세대 단위가 보여주는 내적 밀도는 실제 세대의 그것보다 훨씬 더 높다(Mannheim, 2013: 67). 만하임에 예시에 의하면, 19세기 초반 독일의 청년 세대(실제 세대)는 합리적이고 자유주의적 집단과 낭만적인 동시에 보수적인 집단(세대 단위들)으로 분화된 바 있다.

그렇다면 무엇이 세대 단위를 만들어내는 힘, 세대 내부에 차이 있는 하위 집단을 만들어내는 힘인가? 그것은 구성원의 의식에 주어진 내용이 아니라, 그러한 내용을 만들어내는 형성적 힘 또는 형성적 경향에서 찾아야 한다. 이 힘은 사람들을 함께 묶을 수 있는 힘이며 "일상적 슬로건부터, 이성적인 사유체계, 명백하고 고립된 몸짓이나 완성된 예술작품" 속에서 작용한다. 즉, 세대 단위는 세계와 사건을 해석하고 그것에 가치를 부여하는 선험적 인지틀(Gestalt)을 공유하는데, 이것은 구조주의자가 말하는 불변의 심층 구조라기보다는 구성원들이 형성하는 구체적 집단에서 생성되어 다양한 방식으로 전파되는 수행 규칙에 가깝다(Mannheim, 2013: 68-72). 그러나 만하임의 이런 초석적 세대 개념은 실제로 활용하고자 할 때 몇 가지의 난점을 노정한다.

첫째, 만하임의 세대 개념은 특정 사건이 야기한 영향을 의식적으로 공유하는 '역사적 세대'(예를 들어 68세대, 4·19세대, 제1차 세계대전 세대 등)에 초점이 맞추어져 있어서, 그런 체험을 공유하지 않는 다양한 '사회적 세대'에 대해서는 적용 가능성이 약화된다는 점을 지적할 수 있다. 갈랑(Olivier Galland)에 의하면, 세대를 '역사적' 의미에 국한하여 파악하는 것은 세대 개념을 지나치게 제한적으로 사용하는 것이다. 비록 모종의 외상적 사건을 동시적으로 체험했지만 자신 세대에 강한 소속감을 갖고 있지 않더라도, 동일한 사회구조의 영향력이 형성한, 그리하여 다른 세대들과 구분되는 의식, 태도, 가치를 공유하는 연령집단은 언제나 존재한다. 이들에 대한 의미 있는 사회학적 접근을 위해서는 만하임의 모델을 '사회적' 세대의 이미지 쪽으로 좀 더 끌고 와야 한다. 즉, 강한 소속감이나 정체성은 없지만 다른 세대들과 명확한 경계를 형성하는 집단으로서의 세대 개념이 요청되는 것이다(Galland, 2011: 110). 이와 유사한 지적은 여러 연구자들에 의해 제기되어왔는데(Chauvel, 2006: 151; Chauvel, 2010: 86-87; Aboim and Vasconcelos, 2014: 167; Pilcher, 1994: 483), 특히 브린튼

(Mary Brinton)은 "사회적 세대의 구성원들은 집합적 이해관계나 정체성을 반드시 인지하지 않아도" 되지만, 다른 세대들과 구분되는 특정한 사회화의 방식을 갖고 있다고 말하면서, 일본의 '로스제네'를 그 전형으로 파악하고 있다(Brinton, 2011: 10-11). 이런 관점은 생존주의 세대에 대한 접근에 매우 유효한 함의를 내포하고 있다.

둘째, 만하임이 역사적 행위자로 상정된 세대에게 너무 과도한 행위 능력이 부여되고 있다는 사실을 거론할 수 있다. 잘 알려진 것처럼, 만하임 세대이론의 핵심은 변동론적 성격에 있다(Laufer and Bengtson, 1974). 그가 말하는 단위 세대가 변화를 추동하는 행위 능력을 소유하고 있는 것으로 간주되기 때문이다(Pilcher, 1994: 491). 그러나 특정 세대가 사회변동의 주역으로 등장하는 것은 사실 역사적 예외에 속한다. 다수의 사회적 세대는 변동의 주체라기보다는 사회 변화에 의해 구성되는 주체 위치들의 집합인 경우가 더 많다. 이 문제는 특히 21세기 청년 세대에게 더욱 중요한 것으로 제기된다. 이들은 자신보다 앞선 영웅적 청년 세대들과 현격한 차이를 노정하는 존재로 간주되어왔다. 이들은 정치보다는 경제나 문화를 더 중요한 것으로 여기기도 하며, 이념이나 대의에 동원되는 모습보다는 미시적이고 생활세계적인 삶의 양상에 더 많은 에너지와 관심을 쏟는 모습을 보이기도 한다. 따라서 만하임의 입장에 적절한 수정을 가할 필요가 있다. 즉, 역사적 행위자로서의 생존주의 세대를 논하기 전에 사회구조의 변화가 어떤 방식으로 그 세대가 공유하는 사회·문화적 특성을 주조해내는가를 탐구해야 한다(Aboim and Vasconcelos, 2014: 167).

마지막으로, 세대적 특이성의 본질, 즉 세대성(世代性)을 고려해야 한다. 만하임은 세대성의 본질을 세대가 공유하는 '의식(consciousness)'에서 찾고 있다. 그러나 '의식'에 중심을 두는 접근의 학문적 타당성은 논쟁의 여지를 제공한다. 왜냐하면 세대의식이건 계급의식이건, 의식은 존재와 대립되는 또는 존재에 종속된 범주(의식의 존재 구속성)로서 인지적이며 주관적이고 내면적인 정신활동을 가리키는 경향이 있기 때문이다.[2] 의식의 자료는 주로 사상이나 지식 또는 철학적 언술들에서 찾아지고, 만일 이런 경우라면, 의식에의 접근은 개별 행위자들의 관념 내용들(생각이나 의견들)을 조사하는 방법을 통해서만 가능한 것이다. 이에 반해서, 20세기 사회과학은 행위자의 '의식'을 넘어서는 집합 표상들, 미디어들, 지식과 상징들, 또는 그들에게 체화된 의식 이전의 습관들과 성향들, 의례나 공연을 통해 의식을 사후적으로 구성하는 다양한 실천들 또는 상징적 상호작용들의 각별한 중요성에 주목해 왔으며, 이는 세대를 세대로 구성하는 원리에 대한 탐구에서도 예외가 아니다.[3]

이런 맥락에서 이 글은 세대의 '의식'이 아닌 그 '마음'을 탐구 대상으로 설정하는 관점을 제안한다. 이때 마음이란 마인드(mind)가 아니라 인간 행위자의 총체적이고 심층적인 심적 능력을 가리키는 하트(heart)의 의미 계열을 지시한다. 이는 특히 파스칼(Blaise Pascal), 루소(Jean-Jacques

---

[2] 계급의식 개념의 협소함을 넘어서 계급의 '심적 풍경(psychic landscape)'이라는 좀 더 포괄적이고 심층적인 접근법의 제안에 관해서는 Reay, 2005 참고.

[3] 가령 필처(Jane Pilcher)는 세대의식을 대체할 세대 사회학의 탐구 대상으로 지식/담론의 복합체를 제안한다(Pilcher, 1994: 492). 아보임(Sofia Aboim)과 바스콘첼로스(Pedre Vasconcelos)는 담론분석으로 세대의식 분석을 대체할 것을 권유하고 있다(Aboim and Vasconcelos, 2014: 174-9). 에이어맨(Ron Eyerman)과 터너(Brian S. Turner)는 세대의식이 아닌 세대 하비투스를 탐구하기를 제안한다(Eyerman and Turner, 1998: 93). 에슬러(Anthony Esler)는 세대를 아날 학파의 심성사 전통을 빌려서 '집합 심성(collective mentality)'으로 규정하고 이에 대한 접근이 세대의식에 대한 접근을 대체해야 한다고 본다(Esler, 1984).

Rousseau), 토크빌(Alexis de Tocqueville), 뒤르켐(Émile Durkheim)으로 이어지는 프랑스 근대 사상에서 두드러지게 돋보이는데, 그들에게 하트로서의 마음은 이성이나 정신과 구별되는 의지와 감정의 기관(器官)이자 사회적인 것과 정치적인 것을 정초하는 토대로 이해되었다. 이런 관점을 현대 사회학의 실천 이론과 접목시키고, 이를 통해서 사회학적 실천에 대한 이해와 설명을 도모하려는 기획이 '마음의 사회학'이다.

마음의 사회학은 특정 사회구조의 작용하에서 행위자들의 실천 원리로 기능하는 집합심리가 어떤 짜임새로 어떻게 발생하여 진화하는지를 탐구하고, 그로부터 생성되는 실천의 가능한 양태들을 포착하는 것을 주요한 과제로 설정한다. 이런 맥락에서 마음의 개념은 "사회적 실천을 발생시키며, 그 실천을 통해 작동(생산, 표현, 사용, 소통)하며, 실천의 효과들을 통해 항상적으로 재구성되는 인지적/정서적/의지적 행위 능력의 원천"으로 정의된다(김홍중, 2014a: 184). 마음이 행위 능력의 원천이라는 입장은 사회적 행위가 뇌, DNA, 의식, 무의식, 습관(하비투스), 육체 등으로부터 솟아나온다는 여러 상이한 이론적 입장들과의 차이를 명시하는 것이며, 심리적인 것과 사회적인 것 사이에 넘어설 수 없는 분리선을 긋는 강한 사회학주의적 입장과 스스로를 구별하는 것이며, 순수한 합리성으로 사회적 행위의 본성을 이해하는 사회과학의 오랜 전통과의 비판적 준별을 명시하는 것이다.

마음의 사회학의 관점에서 보면 노동이건, 사랑이건, 학습이건, 양육이건, 저항이건, 창조이건, 운동이건, 소통이건, 혁명이건 모든 사회적 행위는 행위자의 마음에서 시작되어 다시 그 마음으로 회귀한다. 마음은 실천의 시발점이자 종착역이다. 인간 행위의 의미는 마음에서 구성되고, 다른 마음들과 부딪혀 변화하고, 다시 마음으로 흡수되어, 이후의 다른 행위의 갱신된 원천으로 작용한다. 그리하여 마음을 의식(생각)으로 환원하는 것은 행위 능력으로서 마음이 취하는 복합적이고 다각적인 형식과 내용을 부당하게 축소시키는 것이다. 왜냐하면 생각이나 계산은 감정의 발흥과 욕망의 추동과 더불어 마음의 작동을 구성하는 한 차원에 불과하기 때문이다.

행위자의 마음을 이해한다는 것은 그의 생각뿐만 아니라 감정과 의지까지 이해하는 복합적이고 심층적인 과정이다. 이를 위해서 마음이 작동하는 방식인 마음가짐(heartset)을 규명해야 할 필요성이 제기된다. 마음가짐은, 행위자들이 마음을 일으키고 사용하고 관리하고 또는 다른 마음들과 소통하는 방식을 규제하는 규칙과 규범들의 총체를 가리킨다. 이는 사회적으로 공유된 행위 준칙(rules of conduct)인 사고방식, 감정 양식, 욕망의 코드로 구성되어 있다. 그것은 문법이나 법률처럼 사회적 사실에 속한다.

뒤르켐을 빌려 말하면, 마음가짐은 인간의 내부에 존재하는 외부 또는 내적 제도로 이해할 수 있다. 더 나아가서, 랑그와 파롤처럼 분리할 수 없는 일체를 이루는 마음과 마음가짐(마음/가짐)을 형성시키는 사회적 실정성(이념, 습관, 장치, 풍경)의 특정 배치를 우리는 '마음의 레짐(regime of the heart)'이라 부른다. 마음의 레짐은 자신에게 부과되는 문제를 해결하기 위해 행위자가 동원하고 활성화하는 마음/가짐을 사회적으로 생산하는 기능을 수행하면서 발생·지속·진화한다.

88만원 세대라 불리는 21세기 한국의 청년 세대는 생존에 대한 불안이라는 기조 감정과 서바이벌을 향한 과열된 욕망, 경쟁에서의 승리를 위해 자신 존재의 가능성을 전략적으로 계발하려는 집요한 계산으로 특징지어지는 독특한 마음의 역동을 보여준다. 행위와 실천을 이끌어내는, 이 세대의 고유한 삶의 형식을 생산하는 이런 행위 능력의 원천이 바로 우리가 생존주의라고 명명하는 집합심리다. 생존주의는 개인의 인생에서 가장 중요한 문제로서 인지되고 체험되는 경쟁 상황에서, 다양한 퍼포먼스를 통해 자신의 수월성을 증명함으로써 패배와 그 결과로 주어지는 사회적 배제로부터 스스로를 구제하는 것을 최우선의 과제로 믿는 마음, 마음/가짐, 마음의 레짐을 가리킨다. 그것은 생존을 위한 전력투구를 도덕적으로 정당화해주는 이념(이데올로기), 그런 생존 능력을 신장하는 것을 도와주는 각종 테크닉(장치), 그 과정에서 행위자에게 체화된 성향의 체계(하비투스), 그리고 마지막으로 생존을 추구하는 사람들의 희망과 기억 또는 공포와 불안을 형상화한 문화적 산물(풍경)이라는 복합적 차원의 사회적 배치 속에서 역사적으로 형성된다.[4] IMF 외환 위기 이후

4 이념은 특정 사회 그룹의 '믿음의 시스템'을 이루며 주로 담론 형식으로 집약되어 마음의 소통을 가능하게 한다. 습관은 그 그룹의 '성향의 시스템'을 이루며 주로 하비투스 형식으로 집약되어 마음의 사용을 지도한다. 장치는 그룹의 마음을 생산하는 '테크닉의 시스템'으로서 주로 사회적 기구의 형식으로 작동한다. 풍경은 그룹의 '꿈과 기억의 시스템'으로서 구성원의 마음을 표상하고 재현하는 문화적 차원이다(김홍중, 2014a: 198-202). 마음의 사회학은 특정 행위자의 '마음'이 이러한 사회적 마음 생산의 정교한 기제를 통해 작동한다고 본다. 즉, 마음은 심적 내부로 체험되지만, 사실은 사회적 공통성을 갖는다. 예컨대 21세기 청년들의 생존주의적 마음가짐은 경쟁 시스템의 정당성에 대한 믿음과 경쟁적 세계상(적자생존)이 궁극적으로 인간 삶의 진실이라는 신념, 더 나아가서 그런 삶에서는 결국 개별자의 능력이 가장 중요하다는 강박적 능력주의 등 속화된 다원주의라 불릴 수 있는 이념 내용에 바탕을 둔다. 그런데 이와 같은 이념적 내용은 순수한 사상의 형태로 존재하는 것이 아니라 경쟁적인 삶의 습성(하비투스)에 체화된다. 생존주의적 하비투스는 경쟁적 상황에 최대한 적응하기 위해 스스로를 주체화시키는 과정에서 습득된 다양한 태도와 미적 성향(루저에 대한 경멸감, 성과 없는 노력/낭비에 대한 불안감, 사소한 일에서도 실패를 회피하려는 습성, 경쟁 룰의 공정성에 대한 민감성, 승리자의 스타일과 가치에 대한 선망, 삶의 모든 국면을 경쟁 상황으로 인지하고 여기에서 승리하려 과시하고 과장하는 습관)으로 표출된다. 더 나아가서 이런 하비투스와 이념을 제도적으로 생산하는 다수의 장치가 존재한다. 생존주의 세대가 교육기관/사교육을 통해 익숙한 방식으로 체험해온 각종 학습/평가 절차와 교육 콘텐츠, 그들이 방대하게 소비하는 자기 계발 담론들, 취업과 입시 그리고 중요한 경쟁적 상황에서 발생하는 일반화된 상호작용 패턴인 오디션 세팅, 스펙 추구의 장치 등이 그것이다. 이런 장치들을 통해서 절박한 현실 문제에 대응하기 위

전개되는 신자유주의적 구조화 과정에서 전면화된 생존주의는 21세기 한국의 청년 세대의 가장 내밀한 마음의 풍경을 이루고 있다.

문제 공간의 변동: 생존주의의 형성

마음을 세대 구성의 가장 중요한 차원으로 고려하는 이런 관점에 의하면, '세대'는 사람들의 집합, 즉 특정 출생 코호트로 환원되지 않는다.[5] 세대는 코호트로부터 창발된, 소통을 요소로 구성되는 사회적 시스템이라 할 수 있다(Corsten, 1999: 261-2). 만하임이 세대를 세대 위치로 파악한 것도 바로 이 때문이다. 위치(location)는 살아 있는 인간이 아니라 그를 받아들이는 구조화된 공간에 분포된 자리이기 때문이다. 세대를 가능하게 하는 것은 세대 형성적 소통의 총체이자 세대적 의미론을 내포하는 문화적 요소의 결정체, 즉 세대가 공유하는 마음/가짐이다. 그렇

한 자기 통치의 결과물로 생존주의적 마음이 형성되는 것이다. 마지막으로 생존주의자의 불안과 꿈 그리고 기억은 집합적 수준에서 미학적 표상물의 형식으로 표현된다. 생존주의 세대는 방대한 '마음의 풍경'을 생산하고 이를 소비하고 있다. 이 글에서 생존주의 마음의 레짐을 구성하는 네 가지의 차원에 대한 체계적이고 절차적인 접근을 수행하지는 않는다. 이 작업을 차후로 미룬다. 대신 이 글에서 집중하고자 하는 것은 그와 같은 마음의 레짐의 형성을 야기한 '서바이벌'이라는 문제의 등장과 그 의미론이다.

5 유럽 사회학과 미국 사회학은 서로 다른 입장을 보인다. 미국 사회학계에서는 주로 세대 개념을 친족관계에 대한 논의에 국한시키며, 특정 시기에 태어난 사람들과 특정 사건(가령 결혼)을 동시에 체험한 코호트에 대한 통계적 접근에 집중하는 경향이 있다. 그러나 유럽 사회학계는 여전히 문화적으로 규정된 세대의 개념을 의미 있는 방식으로 사용하는 경향이 있다(Chauvel, 2006: 151; Chauvel, 2010: 81 ff). 코호트적 접근이 세대론적 접근을 대체할 수 없다는 입장에 대해서는 Alwin and McCammon, 2003: 41; Cavalli, 2004; Edmunds and Turner, 2005: 561 참조.

다면 생존을 향한 강력한 열망과 불안과 계산의 집합심리(세대의 마음)는 어떤 과정을 통해 형성된 것인가? 마음의 사회학은 이에 대해 실천론적(praxéologique) 설명 논리를 제안한다(김홍중, 2014a: 203-204). 행위자가 특정한 마음을 집합적으로 조직하는 것은 그들의 삶에 공통의 '문제/과제'가 출현하여 이를 해결하기 위해 자신의 행위 능력을 새로운 방향으로 정향할 실제적 필요성이 제기되었기 때문이며, 이에 대한 적응 과정에서 마음이 형성되는 것이다. 이런 시각에 의하면, 세대의 마음은 현실이 어떤 문제로 인지되고 구성되고 틀지어지느냐 하는 '문제 구성'의 논리에 의해 생성·변형된다. 이때 행위자가 해결해야 하는 문제들이 구축되고 그 서열과 중요성이 결정되며 그의 마음/가짐의 형성을 근원적으로 촉발하는 복합적 의사소통 공간을 마음의 사회학은 '문제 공간'으로 개념화한다. 문제 공간은 구조와 행위의 두 차원을 매개하면서 '사건화(eventualization)'와 '문제화(problematization)'라는 두 가지 기능을 수행한다.

첫째, 문제 공간을 통해서 구조의 힘은 행위자의 생활세계의 언어로 번역되어 구체적 사건의 형태로 행위자의 체험세계에 영향을 끼친다. 즉, 문제의 사건화가 발생한다. 주지하듯 사회구조는 행위자의 실천을 포괄적으로 규정하는 '사회적 파라미터의 분포' 형태로 사회적 행위에 일정한 영향력(압력)을 행사한다(Blau, 1974). 그런데 밀스(C. Wright Mills)가 정확하게 지적했듯이, 구조가 행사하는 힘은 행위자에게는 직접적으로 지각되지 못하고 오직 '개인적 문제' 형식으로 번역되어 체험되는 경향이 있다(Mills, 1977: 9-10). 예를 들어, 1997년 외환 위기 이후 시작된 '신자유주의적 제도화'의 구조적 압력은 아버지의 실업, 어머니의 우울증, 빈곤으로 인한 가족관계의 파탄, 등록금 인상, 청년 실업, 의료비 증가, 양극화로 인한 절망 범죄의 증가, 취업난, 전세대란, 우울증의 발병, 또는 세월호 참사와 같은 형태로 사건화되어 행위자의 삶에 실질적으로 가시화되기 이전에는 하나의 추상적 개념이나 용어로 남게 된다. 이처럼 구조(거시)와 행위(미시) 사이에는 제도가 발휘하는 효과들이 구체적 삶의 사건으로 스스로를 드러내는 복잡하고 우발적인 사건화의 공간이 존재한다.

둘째, 문제 공간은 사건화의 공간인 동시에 특정한 사회적 행위자가 해결해야 되는 주요한 문제들이 구성되는 문제화가 발생하는 공간이기도 하다. 이는 추상적 압력이 야기한 잠재적 문제들 또는 앞서 이야기한 사건들이 기존의 문화적 인지구조에 의해 해석되면서 해결되어야 하는 '과제들'로 지각·인지·상징화되는 과정과 연관되어 있다. 사건화가 대개 사건의 물리적 속성에 의해 규정된다면(물론 사건을 사건으로 보도하고 해석하고 소통시키는 과정의 담론적 속성을 간과할 수는 없다), 문제화는 사건화보다 훨씬 더 상징적인 성격을 띤다. 어떤 문제도 그 자체로 가장 중요한 문제로서 인정되고 인지될 필연성을 갖고 있지 않다. 모든 문제적 사안이 문제가 되는 것이 아니다. 문제의 형성은 선택과 희소성의 원리에 기초한다. 다른 관점에서 말하면, 문제화 과정은 문제를 문제로 구성하는 행위자 집단의 담론적 성향, 도덕적 지향, 인지적 능력, 정치적 수준 등에 깊이 의존하고 있다. 예를 들어, 20세기 후반 이래 독일 사회는 핵발전소의 위험성을 중대한 사회문제로 구성한 반면, 프랑스 사회는 이를 훨씬 더 경미한 사안으로 설정하고 있다. 환언하면, 핵의 위험은 두 사회에서 다른 방식으로 문제화되고 있다. 또한 어떤 문제는 세대적·계급적·젠더적 차이에 의해서 상이한 문제화의 양상을 보이기도 한다. 출산이나 육아의 경우 한국 사회 내에서도 60대 이상과 40대 이하, 중산층과 부유층, 남성과 여성은 이를 매우 다르게 문제화하는 경향을 갖는다. 동일한 사안이나 대상이 역사적으로 다른 시간성 속에서 상이한 방식으로 문제화되는 경우도 지적할 수 있다. 실례로 흡연이 중대한 사회문제로 구성되는 것은 1990년대 중반 이후에 비로소 발생한 현상으로 그 이전에 담배 피우는 행위는 개인의 사적 기호였지 사회적·도덕적 문제로까지 인지되지는 않았다(Brewis and Grey, 2008: 984). 문제화는 이처럼 사회적 경계의 맥락에서 벌어지는 상징 투쟁과 권력 충돌의 함수이다. 또한 문제 공간은 상징의 교환, 담론의 형성과 배제, 매스미디어의 프레이밍, 다양한 매체를 통한 다층적 상호작용에 의해 가로질러지며, 집합기억과 우연한 사건에 의해 지속적으로 간섭받는, 부단히 변동하는 의미 생성의 현장으로 파악되어야 한다(Best, 2012: 3-27).

한국 청년 세대의 생존주의는 '서바이벌'이라는 특권적 '기표'를 통해 청년 세대의 객관적 현실이 표상되어 재구성되고, 그 과제를 해결하는 데 가장 적합한 마음의 레짐을 구성하여 실천을 조직하는 과정에서 만들어졌을 것으로 파악된다. 실제로 1997년 이후 한국 사회의 구조 변동은 청년이 해결해야 하는 다양한 문제의 위계·배치·중요성에 심대한 영향을 미침으로써 새로운 문제 공간을 발생시켰다. 문제의 위계가 전도되고, 과거에는 문제화되지 않던 새로운 문제가 형성·지각되고, 이런 문제들을 해결하기 위한 자원의 동원, 마음가짐의 형성, 전략적 행위들이 창발된 것이다.[6]

---

6 사실 IMF 이전 한국 사회(소위 87년 체제)의 20대 행위자들은 생존주의 세대와는 매우 다른 문제 공간을 체험했다. 그들에게 가장 중대한 문제로 드러났던 것은 민주화에 대한 시대적 열망과 권위주의적 군사정권의 억압이 충돌하면서 야기한 다양한 사건, 청년 세대에게 부여된 정치적이고 도덕적인 과제들이었다(이희영, 2006). 이는 그 시기 청년들에게 취업이나 친밀성의 문제가 전혀 존재하지 않았다는 것이 아니라 그 시기 청년 세대의 문제 공간에서 가장 시급한 과제는 개인 수준의 생존 문제가 아니라 민주화라는 사회적 문제였다는 사실을 의미한다. 이 시기 청년들이 자신에게 제기된

우선, 높은 청년 실업률과 '학업-직업(school-work)'의 연계 고리의 파괴가 야기한 취업 문제, 대학 등록금과 대출 그리고 주택 자금의 문제, 즉 경제적 문제가 가장 중요한 것으로 부상했다. 안정적인 직장을 얻기 위해, 더 정확하게 말하면 실업이라는 '실패 상황'으로부터 벗어나기 위해 요구되는 '스펙'을 축적하는 것이 청년들에게 가장 중요한 과제로 인지되기 시작했으며, 연애·결혼·임신·출산·육아로 구성되는 친밀성 영역이 합리적으로 관리되어야 하는 문제 영역(리스크)으로 전환되어 결혼과 출산이 삶의 필수 과정에서 선택 대상으로 전환되는 양상이 강화되었다(Kim, 2013: 324-325). 사회적 삶의 두 축을 이루는 직업적 삶과 가족적 삶, 사회성 영역과 친밀성 영역에서 모두 자명했던 생애 과정이 탈표준화(de-standardized)됨으로써(Bruckner and Mayer, 2005) 과거에는 당연시되던 '취직-결혼-출산'으로 이어지는 '정상적' 삶이 고도의 노력과 능력을 요하는 과업으로 변화하고 장기적 관점에서 삶의 서사를 세우고 미래를 전망하는 것이 어려워진 상태가 일반화되었다.

이런 상황에서 '생존'이란 용어는 이들 청년 세대가 삶을 고민할 때

정치적·도덕적 문제를 해결하기 위한 고투 속에서 형성한 지배적 마음/가짐이 바로 진정성이다. 그것은 1980년 광주항쟁과 불가분의 관계를 맺고 있다. 광주항쟁의 기억은 한국의 젊은이에게 정의/불의, 도덕/비도덕, 용기/비겁, 민중/파쇼, 선/악, 의미/무의미, 삶/죽음 등의 인지적 경계선을 구획하는 기준을 제공했으며, 광주에서 체험된 '절대 공동체'는 1980년대 학생운동의 상상적·규범적·도덕적 지향점을 제공했다(최정운, 1999). 광주가 청년 세대의 마음에 남긴 각인은 삶의 원초적 의미에 대한 질문, 그 질문을 해결하기 위한 특수한 마음의 조직 구성을 야기했다. 진정성의 레짐은 민주주의·민중주의·민족주의 같은 삼민(三民) 이데올로기, 독특한 운동권 하위문화와 세대적 하비투스, 시위, 대자보, 술자리, 세미나로부터 농활에 이르는 특수한 주체화의 장치들, 그리고 해방된 사회에 대한 집합적 꿈의 문화적 표상 등으로 구성되어 있었다(김홍중, 2009: 24).

그것에 조회하게 되는 가장 핵심적인 문제 설정의 틀로 등장한다. 동일한 시기에 생산된 청년 세대에 대한 다양한 담론이 이 사실을 잘 보여주고 있다. 88만원 세대론은 비정규직에 내몰리는 청년 세대의 경제적 곤궁을 예리하게 관찰하고 있으며(우석훈·박권일, 2007), '삼포(三抛) 세대'나 "이케아 세대"라는 이름으로 이루어진 관찰들은 20대 행위자의 친밀성 영역에서 발생한 새로운 삶의 난관을 식별해내고 있으며(전영수, 2013), '잉여' 또는 '루저'나 '병맛' 등의 용어[7]와 연관된 청년 하위문화에 대한 다양한 분석은 사회성의 장애와 세대 심리적 특이성을 적절하게 포착하고 있다(한윤형, 2013; 이길호, 2012; 최태섭, 2013).

이런 곤경·난관·장애는 모두 그들의 기초적 삶의 과정에 발생한 생존의 문제에 유기적으로 연동되어 있다. 특히 2010년경부터 에세이, 웹툰, 다큐멘터리, 영화, 소설 등의 형식으로 청년 세대가 스스로 생산한 자기 관찰은, 정글과 같은 삶에서의 서바이벌 문제가 그들 삶의 중심을 차지하고 있음을 드러내고 있다.[8] 생존/낙오는 청년의 마음이 작동하는

---

7 '잉여'는 "자신의 전문적인 또는 잡다한 지식이나 기술을 이용해 타인이 보기에 무의미한 시간 낭비로 비춰질 수 있는 어떤 특정한 사안에 개입하는" 청년 또는 직업을 아직 얻지 못한 고학력자를 총칭하는 용어로, 이들이 주로 컴퓨터에 접속하여 이와 같은 행위를 하는 것을 '잉여짓'이라 부른다(김상민, 2013: 78). '루저(loser)'는 일반적으로 패배자라는 의미로 사용되는데, 그 비유가 광범위하게 확장되어 외모, 성격, 스타일 등에서 월등하지 못한 사람들을 포함한다. '병맛'은 '병신 같은 맛'을 줄인 말로서 "어떤 대상이 맥락 없고 형편없으며 어이없음"을 뜻한다. 원래 디시인사이드에서 생겨난 신조어인 '병맛'은 "네티즌이 인터넷상에 올라온 다양한 창작물 중 수준 이하라고 생각되는 것에 조롱조 답글을 달 때 사용"했고 이후 그 적용 대상이 확대되었다(김수환, 2013: 150-151).

8 이에 해당하는 주요 서적은 김예슬, 2010, 『김예슬선언』, 느린걸음; 단편선·전아름·박연, 2010, 『요새 젊은 것들』, 자리; 김민수, 2013, 『청춘이 사는 법』, 리더스북; 유재인, 2010, 『위풍당당 개청춘』, 이순; 장현정·류성효·송교성, 2012, 『레알청춘대폭

기초 코드를 이루고 있다. 생존과 낙오를 가르는 상황이 바로 경쟁이다.

'경쟁'은 시장과 스포츠 영역에서만 사용되던 개념이었다. 그런데 20세기 후반에 이르러 이 용어는 사회의 다른 영역으로 서서히 침투했고, 그런 영역들에서의 행위 준칙을 지도하는 원리로 기능하기 시작했다. 기업을 비롯한 여러 사회 조직을 지도하고 이끄는 인간상으로서 "전사, 리더, 모험가"와 같은 경쟁인(homme compétitif)의 형상이 군림하고(Ehrenberg, 1991: 13-14), 경쟁의 상상계가 소위 신경제 시스템의 지배적 정신 상태, 사회관계의 양태, 자기 통치의 이상적 원리로 독보적 위치를 확보했다(Ehrenberg, 1991: 14-15; Verardi, 2009: 131-135).

경쟁 프레임이 펼치는 상상계 속에서 인간의 근원적 관계 형식은 힘의 논리에 근거하여 차별화된 위치들이 서로 퍼포먼스를 통해 각축하는 경연장으로 나타난다. 자아는 근본적으로 승부에 임한 존재로 상상되며, 그가 스스로를 구제하는 방법은 가용한 모든 자원을 최대치로 동원해 살아남는 것, 즉 서바이벌 하는 것이다(Kim, 2014: 48). '서바이벌'은 이제 물리적이고 생물학적 연명 또는 죽음으로부터의 구제로부터 경쟁적 삶에서 배제되지 않는 상태로의 의미론적 전이를 겪는다.

발』, 호밀밭; 청년유니온, 2011, 『레알청춘』, 삶창; 안치용, 2011, 『청춘은 연대한다』, 프로네시스 등이다. 다큐멘터리로는 여성영상집단 '반이다'의 〈개청춘〉(2009), 석보경·장경희·정동욱의 〈방, 있어요?〉(2009), 최신춘의 〈알바당선언〉(2008), 김은민의 〈내청춘을 돌려다오〉(2009), 하샛별의 〈나의 길 위에서〉(2010), 늘샘의 〈노동자의 태양〉(2010) 등이 주목할 만하다. 우문기의 〈족구왕〉(2013)이나 엄태화의 〈잉투기〉(2013)는 청년 세대의 잉여 문화에 대한 극영화로 잘 알려진 작품들이다. 웹툰으로는 주호민의 〈무한동력〉, 윤태호의 〈미생〉, 노란구미의 〈돈까스 취업〉(2008), 곽인근의 〈당신과 당신의 도서관〉, 하일권의 〈목욕의 신〉, Seri의 〈고시생툰〉 등이 생존을 위해 투쟁하는 청년들을 삶을 그리고 있다. 문학에서는 김애란을 필두로 김사과, 박솔뫼, 박주영, 서유미, 한재호, 김미월 등이 청년 세대의 삶과 가치를 그려내고 있다.

'서바이벌'의 의미론

이와 같은 경쟁 패러다임은 외환 위기 이후 한국 사회의 일상 문화의 수준에서 어렵지 않게 발견되는 삶의 원초적 풍경을 이루었다. 가족, 학교, 공공기관 등에서 경쟁은 '사회·문화적 분위기' 또는 '시대정신'으로 자리 잡았고, 한국의 청년 세대는 이를 깊이 내면화해온 것으로 보인다(서상철, 2011; 류웅재·박진우, 2012: 142). 자기 계발 담론, 경영 담론, TV에서 방영되는 각종 리얼리티 서바이벌 포맷 프로그램들의 압도적 인기와 영향력은 이를 방증한다.[9] 웹툰, 드라마, 문학작품 등에서 '배틀로열(battle royale)'로 상징되는 서바이벌 상황과 알레고리 또는 상징이 등장하여 광범위하게 수용되는 현상 역시 이와 무관하지 않다.[10]

---

[9] 서바이벌 포맷 프로그램들은 2009년부터 국내 예능 프로그램의 황금시간대를 점령하고 있다. MBC의 〈위대한 탄생〉, 〈나는 가수다〉, 〈신입사원〉, 〈댄싱 위드 더 스타〉, KBS의 〈밴드 서바이벌 TOP 밴드〉, 〈도전자〉, SBS의 〈김연아의 키스 & 크라이〉, 〈기적의 오디션〉, 〈K-Pop Star〉, 〈빅토리〉 등이 그것이다. 케이블에서도 tvN의 〈코리아 갓 탤런트〉, QTV의 〈에드워드권의 YES CHEF 시즌 2〉, Mnet의 〈슈퍼스타 K3〉, tvN의 〈부자의 탄생〉, Onstyle의 〈도전슈퍼모델 Korea 2〉, Storyon의 〈아트 스타 코리아〉 등이 있다(류웅재·박진우, 2012: 144). 서바이벌 포맷 프로그램들은 '오디션' 상황을 가장 주요한 상호작용의 형식으로 설정한다. 서바이벌 오디션 프로그램에 대한 한 자기 계발서는 오디션을 삶의 전반적 상황으로 확장시킨다. "오디션이란 무엇일까? 그 개념은 생각보다 광범위하다. 쉽게 풀자면 '목적을 가지고 한자리에 모여 정해진 시간 내에 자신의 특징·장점을 드러내 보이는 일'이다. 연예인 지망생 선발 외에 사회생활의 관문인 '면접'도, 일을 성사시키기 위해 필수인 '미팅'도, 심지어 연애가 결혼을 위한 '맞선'도 일종의 오디션이다"(심혜안, 2011: 15-16).

[10] 한국 대중문화에서 2000년대 이후 빈번하게 등장한 '좀비(zombie)'의 형상은 이런 점에서 보면 생존주의 문화의 한 징후로 읽을 수 있다. 왜냐하면 개성 없는 맹목적 욕망의 덩어리인 좀비들의 파상적 물결 앞에 위험에 빠진 채 생존을 도모하면서 살아남고자 하는 주인공의 고투를 그리는 좀비 서사는 생존주의적 상상력과 깊은 친

루만(Niklas Luhmann)에 의하면, 매스미디어와 학문과 예술이 생산하는 다양한 담론과 문화적 산물은 고도로 분화되고 복잡한 현대 사회가 스스로를 관찰하는 대표적 형식이다(Luhmann, 1997: 1139). 사회는 이런 자기 관찰을 통해 작동하며, 작동의 고유한 원리인 의미를 지속적으로 생산하면서 소통을 이어간다. 이와 같은 사회적 작동(자기 관찰)의 개연성을 높여주는 기대 구조를 루만은, 코젤렉(Reinhard Koselleck)을 따라서, 의미론(semantics)이라 부른다. 의미론은 의사소통 과정에서 더 높은 이해와 수용을 가능하게 하는 "가능한 테마들의 온축(蘊蓄)"이다(Luhmann, 1995: 163). 자기 관찰을 통해 작동하는 시스템으로 사회를 이해하는 루만의 이런 입장은, 사회적 실재(예컨대, 세대)가 담론적 관찰의 외부에 초월적으로 존재하는 실체라는 관점을 기각하고 세대라는 것이 자기 관찰 속에서 그리고 그런 관찰을 통해서 생성되는 것으로 파악하는 '구성주의적' 관점을 가능하게 한다.

따라서 매스미디어를 통해 생산되고 소비되는 프로그램과 방송 그리고 공론장에 유통되는 학문적 언설과 연구, 문화 영역에서 유통/소비되는 자기 계발서, 소설, 영화, 드라마, 연극, 웹툰 등과 같은 사회의 자기 관찰 형식은 단순한 이차적 재현물이 아니라 '서바이벌'이라는 문제 구성의 틀을 통해 '생존주의 세대'를 실제로 조형해낸 가장 중요한 심급이자 자료로 취급되어야 한다. 이 방대한 텍스트 속에 난삽한 방식으로 구현되어 있는 '서바이벌'이라는 핵심 기표의 의미는 다음과 같은 특성의

> 화력을 갖는 듯 보이기 때문이다. 묵시록이나 파국의 상상력이 21세기 문화 공간에 범람하는 현상 역시 생존의 상상계의 은유적 확장으로 읽을 수 있다. 왜냐하면 예상하지 못한 압도적 재난 상황에서 가장 중요한 것으로 부각하는 문제는 바로 '살아남는 것'이기 때문이다.

모자이크로 나타난다.

첫째, 새로운 생존 개념이 지시하는 사태는 삶의 거의 모든 영역 또는 생애의 전 과정에서 진행되고 있는 경쟁 상황에서 도태되거나 낙오되지 않는 상태를 가리킨다. 즉, 새로운 생존의 의미는 재난이나 위기에서 목숨을 구한다는 본래의 뜻이 비유적으로 확장된 형태를 취한다. TV를 점령한 서바이벌 프로그램들은 과거에는 경쟁의 문법으로 이해하지 않았던 삶의 장(예술, 음악, 무용, 요리 등)을 치열한 경연 상황으로 재구성한다.[11] 서바이벌 가이드(서적)의 형식으로 행위를 지도하는 담론들은 조기 유학, 자녀 양육, 회사생활, 연애생활, 대학생활, 세계 여행, 주식 투자, 마케팅 등 한국인의 일상적 삶의 거의 모든 부문을 서바이벌 메타포가 적용되는 대상으로 삼는다. 심지어는 부부생활도 서바이벌 게임으로 인지되어 게임에서의 실패가 '이혼'이거나 아니면 '불행'으로 의미화되는가 하면(주병선, 2005), 인생의 상처를 딛고 일어서는 것도 '서바이벌'로 불리면서 치명적 외상을 극복하고 정상적 삶으로 복귀한 자들이 "수퍼서바이버(supersurvivor)"라는 명칭을 획득하기도 한다(Feldman and Kravetz, 2014).

---

11 국내에 번역된 한 자기 계발서는 승리자(winner)를 다음과 같이 정의하고 있다. "우리는 자신이 가치 있다고 여기는 분야에서 무언가를 성취해낸 사람이라면 모두 '위너'로 부르기로 했다. 위너는 골프에서 스윙을 마스터하는 것이든, 자녀를 자신감 있는 아이로 기르는 것이든, 아니면 목표한 자리로 승진하는 것이든 자신이 이루려 했던 일을 이루어낸다"(Brown, Fenske, Neporent, 2011: 14). 흥미로운 것은, 골프나 양육이나 승진이 모두 '이겨야 하는 무엇'으로 인지되고 있다는 사실이다. 이는 취미·육아·노동을 가르는 질적 경계선이 경쟁의 언어에 의해 침식되었다는 사실을 암시한다. 자기 계발의 대상 영역이 잘 보여주듯이, 경쟁 상황은 공식적 삶으로부터 친밀성 영역, 더 나아가서 내밀한 심리 수준에까지 확산되어 있다.

이러한 생존 의미론의 무작위적 확장은 그 기호가 지칭하는 사태, 문제가 되는 곤경의 성격, 그런 곤경을 벗어나고자 하는 주체의 유형, 삶과 죽음의 경계에 대한 감각 등을 자의적이고 유동적인 형태로 뒤섞어버림으로써 거의 모든 삶의 상황이 서바이벌과 무관하지 않은 것으로 현상하고야 마는 기이한 상황을 야기한다. 그 결과 비정규직을 벗어나는 것, 해고되지 않기 위해 노력하는 것, 자신의 삶을 주체적으로 추구해나가려는 시도, 또는 노동·주거·금융과 관련된 각종 '생존 법률'을 숙지하여 부당한 처우에 대처해나가는 것, 이 모든 것이 청년 세대에게는 서바이벌을 위한 행위로 간주되고 있다(청년유니온, 2011; 김민수, 2013). 서바이벌은 이처럼 다양한 내용을 포괄하면서 청년의 존재와 의식을 규정하는 가장 중요한 상징어가 되었다.

둘째, 생존은 경쟁에서 이겨 그 외부로 초월하는 것이 아니라 경쟁 상황을 한 번 더 미래로 연장하는 것을 의미한다. 청년에게 대학 입시나 취직은 그 자체로 완결된 성공이 아니다. 그것은 더 높은 경연장으로 나아가는 하나의 과정에 불과하다. 윤태호의 웹툰의 제목을 빌려 말하자면 생존을 추구하는 자는 '아직 살아 있지 못한 삶'의 상태, 즉 미생(未生)'이다. 사활(死活)적 상황의 연쇄를 내포하는 바둑의 메타포는 생존의 의미론에 매우 적합한 긴장과 불안을 추가한다. 생존한다는 것은 이제 '살아남았다'는 일회적 사건이 더 이상 아니다. 생존 과정의 영구적 연쇄가 불투명한 미래의 어딘가를 향해 뻗어나가고 있을 뿐이다. 사실 이런 상황은 탈근대 자본주의에 고유한 주체화의 특성과 조응한다. 예컨대, 초기 근대에는 학교를 졸업하고 노동 세계로 진입하는 결정적 이행이 중요한 것이었다. 그러나 후기 근대적 노동 세계는 '평생 교육을 통해 또는 끊임없는 자기 혁신을 통해 자신을 능력화'할 것을 강요한다.

그런데 이처럼 의무가 되어버린 능력이란 '분명한 내용으로 규정된 외재적인 기준이 없는 미지의 X'다. 어디부터 능력 있는 존재인가라는 질문에 대한 해답은 없다. 그리하여 '능력 있는 주체에 도달하기란 불가능한 일'이라는 언명은 불길한 설득력을 갖는다(서동진, 2003: 109-110). 사실, 노동 유연화와 삶의 전반적 액화 속에서 끝없는 혁신과 자기 계발을 통해 변화하는 상황에 맞추어 스스로를 변신시켜야 하는 사회적 압력을 염두에 두고 보면 생존 개념의 외부는 용이한 상상을 허용하지 않는다(어쩌면 그 유일한 외부는 죽음일지도 모른다). 생존자는 다음의 경연 앞에 있는 자에 불과하며, 기왕의 생존자에게도 미지의 생존 게임이 어김없이 펼쳐질 것이다. 이와 같은 경쟁의 유사 무한성은 생존에의 성공을 일종의 소실점으로 만들어버린다. 그리하여 '꼭대기의 딱 한 자리, 그 자리를 제외하고는 모두 다 패자'라는 진단은 청년 세대가 바라보는 세계상의 진실을 적시하고 있다(엄기호, 2010: 46).

셋째, 경쟁 상황에서의 서바이벌을 위해서 개인은 자신의 모든 잠재적 역량을 가시적 자원(자본)으로 전환하는 자기 통치의 주체가 되어야 한다. 이는 특히 청년 세대에게는 '개인들 간의 군비 경쟁'이라 할 수 있는 다양한 스펙 경쟁의 형식으로 스스로를 드러낸다(최철웅, 2011: 39). 생존 여부는 요행이나 운에 달린 것이 아니라 생존 추구자가 자신의 자아와 맺는 합리적 규율과 통치 가능성에 종속된다. 왜냐하면 경제 자본, 사회 자본, 문화 자본 이외의 감정 능력, 희망의 능력, 회복력(resilience), 집중력(mindfulness), 상상력, 기획력, 창조력, 인간적 품성, 꿈꿀 수 있는 능력 등 개인이 동원할 수 있는 모든 역량의 총체가 서바이벌을 위해 관리·계발되어야 하는 자본으로 구성되기 때문이다.

몇몇 자기 계발서는 적절하게도 이런 힘을 '생존력(生存力)'이라 명명한다(조용상, 2009; 김광희, 2013).¹² 생존력은 경연에 동원되는 자본이다. 또한 생존력의 확장이라는 최대의 과제는 오직 스스로 자신의 잠재적 생존력을 최대한 끌어내어 그것을 계발하는 것에 달려 있다. 그것은 모든 것을 삼켜 생존에 적합한 존재로 자신을 변환시키는 일종의 초도덕적 프로그램이다. 그리하여 힘과 도덕의 위계가 전도되는 현상이 발생한다. 예컨대, 포용(包容)과 같은 전형적인 도덕적 태도도 한 리더십 매뉴얼에는 "가장 이기적인 생존전략"이라는 이름으로 등장하고 있다(정현천, 2011).¹³ 해외 자원봉사로 지구적 빈곤 현장에 간 다수 대학생들을 연

---

12 '멘탈'이라는 용어로 집약되는 심적 능력은 중요한 '서바이벌 키트'의 구성 요소로 인지되고 있다. 한 자기 계발서는 이를 '마음력(力)'이라 명명한다. "성공해야 행복한 것이 아니라 행복해야 성공할 수 있다. 힘들 때 빨리 에너지를 충전하는 법, 화날 때 빨리 풀어버리고 웃음을 되찾는 법, 대인관계를 세련되게 풀어가는 법, 자신감을 잃지 않고 긍정적으로 생각하는 법, 남의 장점을 잘 칭찬하는 법…현대인에게 이것은 생존의 키워드다. 이제는 자기 삶에서 불행을 멀리하고 행복을 불러오는 방법을 알아야 한다"(우종민, 2007: 7). 놀라운 것은 성공과 행복의 순서가 전도되어 있다는 점이다. 행복하기 위해 생존하는 것이 아니라 생존하기 위해 행복해야 한다. 행복은 이제 생존을 위해 요청되는 성공의 이전 단계에 위치함으로써 노골적으로 도착적인 의미를 획득한다.

13 도덕이 생존의 도구로 전환되는 것과 동시에 생존 또한 도덕적으로 정당화된다. 생존에 성공한 자, 지속적으로 경쟁 시스템에 잔류한 자는 게으르거나 무책임하지 않으며, 헛된 몽상을 좇는 것이 아니라 자신에 대한 합리적 경영과 냉혹한 규율에 성공한 자로 인식된다. 반대로 말하면, 생존을 위한 자기 자본화의 절차에 실패하는 자는 무능할 뿐만 아니라 부도덕한 자로 취급된다. 이러한 생존의 도덕화는 생존 경쟁의 정당성에 대한 광범위한 승인을 동반하는 것으로 보인다. 우리 시대 한국의 대학생들이 생존 게임 자체를 거부하거나 부정하려 시도하는 대신, 게임의 규칙(엄정한 학사 관리와 상대평가 등)이 공정하게 적용되어 "규칙 위반자에 대한 철저한 불이익"이 가해지기를 요구하면서 동시에 "무임승차하는 자들에 대한 극단적인 증오"를 드러내는 경향이 있다는 사실(최철웅, 2011: 41)은 대학에서의 일상적 관찰에 크게 배치되지 않는다.

구한 조문영의 관찰에 의하면, 많은 한국의 대학생들은 이해타산을 넘어서는 무상성에 기초한 행위일 것으로 기대되는 자발적인 봉사 활동을 취업 준비 과정의 한 단계, 즉 취업을 위한 도구적 행위로 간주하고 있다. 무사심(disinterestedness)을 요청하는 자원봉사 활동도 하나의 프로젝트이자 생존을 위한 '스펙'으로 해석되는 것은 서바이벌의 의미론이 그만큼 강력한 문화적 언어로서 현실을 조형하고 있다는 사실을 방증하는 것이다(조문영, 2014: 245-246).

넷째, 새로운 생존은 특별한 성공이나 대단한 성취를 의미하지 않는다. 88만원 세대의 젊은이에게 서바이벌을 향한 노력은 성공이나 치부(致富) 또는 명성의 획득을 위한 야심찬 시도가 아니라 놀랍게도 '평범한 안정을 위한 분투'이다(박고형준, 2014: 119). 계급적 차이를 고려한 세밀한 분석이 요청되지만, 몇몇 관찰에 의하면 21세기 한국의 청년 세대는 '평범함에 대한 열정'을 품고 그 이상(以上)을 꿈꾸지 않으며 안정된 삶을 소망한다(정수남·김정환, 2014). 김학준은 이들의 내면에서 평범성의 유토피아를 읽어낸다. "이제 이들에게 꿈은 친밀성과 가족의 영역을 유지하여 계급을 재생산하는 것에 초점을 맞추게 된다. 이제 누구도 상승을 꿈꾸지 않는다. 금전적으로 부족하지 않게 살고, 평화롭게, 사회에서 튀지는 않지만, 화목한 가정을 이루어 평범하게 사는 것은 불가침의 유토피아가 된다"(김학준, 2014: 136).

이런 점에서 새로운 생존의 의미론은 20세기를 풍미한 성공학 담론에서 이야기하는 그런 성공의 의미론과 동일시되기 어려운 특색을 갖고 있다고 볼 수 있다. 생존은 풍요로운 미래를 향해 야심차게 전진하여 무언가를 의기양양하게 획득하는 그런 이미지라기보다는, 더 아래로 추락하지 않으려는 소극적 자세, 피로와 체념의 은폐된 감정, 화려한 삶이 아니라 소박하고 평범한 '보통의' 삶에 대한 소망의 이미지와 더 긴밀하게 결합되어 있다.

마지막으로, 새로운 생존의 의미론은 자아 표현과 사회적 적응의 접합, 달리 표현하면 자아가 스스로를 차별화(differentiation)하는 것과 자신을 사회적 규범에 맞추어 정상화(normalization)하는 것의 기묘한 접합으로 구성된다(Cederström, 2011: 39). 새로운 생존 개념은 더 이상 생존을 위해 자아를 포기하거나 자아를 위해 생존을 포기하는 양자택일적 상황을 제시하지 않는다. 생존 추구 과정은 사회적 통제에 순응하는 과정(정상화)인 동시에 자아를 실현시켜 스스로의 정체를 표현하는 과정(차별화)이기도 한 것이다. 이런 의미에서 개인은 진정성을 추구하는 동시에 바로 그런 진정성을 통해 체제에 기능하는 이중적 존재로 나타난다. 모더니티의 문화적 문법에 의하면, 진정성의 윤리는 사회의 부조리와 억압에 저항하는 반역적(rebellious) 개인성과 연결되어 있었다. 그러나 후기 근대적 진정성은 사회와 길항하는 개인성이 아니라 개인이 속한 조직이나 공동체에 기능적으로 복무하는 노동윤리에 충실한 주체 형성의 원리로 변모했다(Murtola and Fleming, 2011: 2). 진정성의 추구가 사회적 순기능으로 전환되는 '진정성의 덫(authenticity trap)'이 나타난다(Spicer, 2011: 47). 예컨대 오디션 프로그램에 등장하는 출연자들이 존재 전체를 생존 게임에 헌신하면서 마음 깊은 곳으로부터 서바이벌을 욕망하는 방식으로 자아를 구성하고 연출함으로써 서바이벌 상상계의 휴먼 드라마를 제공하는 장면들 속에서 생존과 진정성은 분리할 수 없는 일체를 이루고 있지 않은가? 생존하기 위해 진정성을 버려야 하거나 진정성을 위해 생존을 버리는 것이 아니라 생존을 향해 특수하게 정향된 새로운 유형의 진정성(생존주의적 진정성)은 '열정 노동'이라는 적절한 용어로 포착된 새로운 노동 스타일 또는 노동 통제의 심적 동력을 이루고 있다(한윤형·최태섭·김정근, 2011).

이 새로운 '서바이벌'은 리얼리티를 그대로 반영하는 현실태라기보다는 개인이 자신의 실천 속에서 추구해야 하는 기획이자 가치이자 규범으로 부과되는 일종의 가능태이다. 리얼리티를 지도하는 추상적 원칙, 문화적 명령, 더 나아가서 미학적 판단 근거이기도 하다. 그러나 사실 생존과 낙오를 가르는 선은 명확하지 않다. 지금의 생존자가 차후의 생존자가 된다는 보장도 없다. 절대적 생존자도 절대적 루저도 존재하지 않는다. 다만 서열화된 위치들이 구성하는, 외부 없는 경연장으로 상상되는 사회 속에서, 자아의 전 부분을 존재를 위한 투쟁에 요구되는 자원으로 전환시켜야 하는 강박에 밀려, 자기 자신과의 도구적 관계 그리고 타인과의 경쟁적 관계를 유지해야 비로소 획득할 수 있는, 어떤 영원한 유예(moratorium) 상태가 그들을 지배하고 있을 뿐이다. 그것이 바로 생존주의의 헤게모니다.

마음의 분화

생존주의는 21세기 한국의 청년 세대에게 가장 강력한 영향력을 행사하는 마음의 레짐이다. 하지만 모든 청년 행위자가 자동적으로 생존주의에 지배되는 것은 아니며 생존주의적으로 살아가는 것도 아니다. 서바이벌의 이상을 중심으로 형성된 지배적 레짐의 힘은 잔존하는 다른 마음의 레짐에 의해 도전받기도 하며 이상적 상태에 도달하지 못하고 패배하거나 낙오된 행위자의 병리적 삶에 의해 도덕적 타격을 입기도 한다. 또는 좀 더 진화된 다른 형태로 변화하기도 한다. 생존주의적 행위 공간은 복수(複數)의 레짐이 공존하며 경쟁하는 분화를 겪는다. 허시먼(Albert Hirschman)에 따르면, 생존주의에 대한 충성(loyalty), 항의(voice), 그리고 이탈(exit)의 가능성이 존재하는 것이다(Hirschman, 2005). 공존주의와 독존주의가 생존주의에 대한 항의의 유형이라면 탈존주의는 이탈의 유형이다. 이들 각각을 좀 더 구체적으로 살펴보면 다음과 같다.[14]

독존주의는 생존주의와 일정한 거리를 두고 개인화된 자율적 삶을 확보하고자 하는 마음/가짐을 지칭한다. 여기에서 독(獨)은 타인과의 교제나 사교로부터 벗어나려는 초월적 자세를 표상한다. 독존주의의 마음은 사회적 삶으로부터의 거리 두기, 혼자만의 안락한 공간에서의 독립된 삶에 대한 욕망, 강력한 개인주의적 가치, 타자에 의해 자신의 삶이 교란될 가능성에 대한 거부 등을 내포한다. 독존은 생존 투쟁에서 나름의 방식으로 승리했거나 아니면 그런 투쟁으로부터 (아마도 부모의 도움으로) 상대적으로 면제된 자들이 생존 경쟁의 괴로움과 처절함을 회피하여 구성한 자족적이고 자기 중심적이고 비사회적인 '자유주의적' 삶의 형식이다. 즉, 절대적 생존 문제로부터 비교적 자유로운 계급에 속하는 청년이 독존주의와 친화력을 갖는다. 생존주의가 '속물성'의 자발적 승인과 연

---

14 전성우는 '실존의 사회학'이라는 제명하에 생명을 가진 존재로서 사회를 구성하고 또한 자아를 설립시켜야 하는 인간의 필수 욕구들의 보편성을 강조하면서 사회적 존재의 세 상이한 차원을 (물리적) 생존, (심리적) 자존, (사회적) 공존으로 규정하고 있다. 생존·자존·공존은 인간 존재의 가능성을 포괄하는 개념들로서 오랜 시간을 두고 진화하며 문명을 구성하는 기초 요소들이다(전성우, 2013). 이 글에서 개념화하는 생존·독존·공존·탈존은 인간 존재의 보편적 가능성을 지칭하는 용어라기보다는 특정 역사적·사회적 상황에서 형성되어 기능하다가 소멸하는 '마음의 레짐'을 가리킨다.

관된다면 독존주의는 코제브(Alexandre Kojève)가 말하는 '동물성'에 대한 승인이다(김홍중, 2007: 82-85). 그것이 바람직하고 좋으며 또한 욕망되는 것으로 형상화되는 '독존'이라는 삶의 형식은 초식남(草食男), 나홀로족, 니트족, 싱글족으로 불리는 행위자의 라이프스타일을 규정한다(上野千鶴子, 2007).

독존주의가 동원하는 주요한 감정 자원은 우월감 또는 나르시시즘이며, 현실적으로 가능하던 그렇지 않건 간에 독존주의는 언제나 미적 취향과 문화 자본의 축적을 통한 자기(self)의 창조적 실현이라는 환상적 가치를 그 이데올로기로 두르고 있다. 독존주의의 핵심 관심은 자기와 자기의 관계이며, 이와 같이 섬세하게 실천되는 자기에 대한 배려는 사회적인 것의 부담과 비용에 대한 단호한 거절이라는 단단한 보호막으로 둘러져 있다. 생존주의의 세계를 초월하여 생존에 매몰된 청년을 때로는 조소하고 때로는 비판하면서 삶의 미학적 표현과 구성을 통해 그들과 '구별 짓기'를 시도하려는 욕망의 레짐, 그것이 바로 독존주의다.

공존주의는 생존주의적 삶의 형식의 시대적 전횡에 문제제기하면서 다양한 형태의 집합적 라이프스타일을 대안으로 모색하는 마음가짐이다. 여기에서 공(共)은 타인과의 공동체를 구현하고 그 안에서 삶의 의미를 찾아내고자 하며 공적 문제에 목소리를 내고 대응하고자 하는 태도를 집약한다. 많은 경우 공존주의를 구성하는 주된 장치는 다양한 형식의 운동이다. 시위나 집회, 공연, 학습, 세미나 등의 모임을 통해서 공존주의자의 정체성이 형성되는 구체적 실천이 발생한다. 이들의 중요한 감정적 자원은 분노와 공감이다. 분노는 사회·정치적 시스템을 향하며, 공감은 배제된 자나 피해자를 향한다.

한국의 대학 공간에서 공존주의자의 입지는 현저하게 축소되어 있다. 도리어 소수자로 전환된 공존주의자에게는 '전망 없음'이라는 폐색감이 짙게 드리워져 있고, 그들 역시 자신의 생존 문제 앞에서 불안해하고 있다. 그러나 대학 외부에서 새로운 형식의 공존주의의 활성화가 감지된다. 전통적 운동을 추동한 마음가짐과는 다른 '구체적인 활동과 재미'라는 새로운 동력으로 운동하는 청년들도 있으며(김강기명, 2011: 186-187), 생명평화운동, 대안주거운동, 기본소득운동, 양심적 병역거부운동, 마을만들기운동, 협동조합운동 등의 다양한 활동을 통해서 생존주의를 넘어선 공존을 꿈꾸는 청년들도 있다(이윤경·신승철, 2014). '서울시일자리 청년허브'에서 일하는 청년 활동가들의 실천 양태와 가치에 대한 연구에서 류연미는 이들의 활동이 자기 자신에 충실해야 한다는 진정성의 논리를 추구하는 동시에 자기 계발하는 주체의 성격도 갖고 있다는 점에서 양면성을 띠고 있다는 사실을 보여주었다(류연미, 2013: 101-5). 운동의 윤리가 생존의 압박과 독특하게 결합하여 새로운 형태의 공존적 활동으로 나타나는 이런 현상은 세심한 주목을 요한다. 2010년 3월에 창립된 세대별 일반 노조인 청년유니온(Youth Community Union)이나 알바노조 같은 자생적 운동 조직은 이런 점에서 새로운 공존주의적 실험의 모태가 된다고 할 수 있다(유형근, 2014).

　　탈존주의는 생존주의로부터의 과격한 이탈 운동이다. 탈존(脫存)이란 '존(存)'의 여러 형식(사회적, 생물학적, 정치적)으로부터 벗어나고픈 마음, 삶을 끊고 싶은 마음, 이처럼 비참한 세계에 새로운 생명을 잉태하여 낳고 싶지 않은 마음의 방향성을 표상한다. 존재로부터 벗어나는 것, '사라지는 것'을 꿈꾸는 마음의 지향이다. 이는 정신분석학이 죽음 충동이라는 개념으로 표현하고자 했던 인간 실존의 깊은 부정성과 상통하는 바가 없지 않지만 자연적이고 본능적 충동과는 거리가 멀다. 탈존주의는 사회·역사적으로 구성된 마음/가짐이다. 그것은 가혹한 생존 경쟁의 지속되는 압력에 효과적으로 적응하지 못한 채 도태되어가는 행위자가 체험하는 '마음의 부서짐(heartbreak)'의 결과물이다. 생존의 꿈이 거부되었을 때, 공존의 현실이 파괴되었을 때, 독존의 환상이 환멸로 끝났을 때, 탈존의 참혹한 실재가 나타난다.

21세기 청년들의 마음 풍경은 발전과 성장의 신화를 체험했던 부모 세대나 민주화의 진보를 체험했던 세대의 맹목적 낙관주의와는 다른 허무와 비관, 피로와 체념, 꿈과 미래의 상실이라는 공유된 비관주의의 기본 정조로부터 자유롭지 않다. 탈존의 체험은 이런 비관주의가 개인적 삶의 해결할 수 없는 난관을 만나 병리적 증상(자살, 디프레션, 여러 형태의 정신적 장애, 범죄, 절망)의 형태로 표출될 때 비로소 가시화된다. 깊은 마음의 상처와 무력감과 우울이 탈존주의의 보편적 잠재성의 영역을 이룬다. 앞서 말했듯이, 생존주의의 레짐에서 진정한 생존자의 자리는 매우 희박하기 때문에 사실상 다수의 분투하는 행위자들은 그 분투의 결과가 계속되는 좌절로 귀결될 때 탈존의 방향으로 경사되어 갈 가능성이 높다.

최근 한국의 청년 작가 중에서 탈존주의적 감수성을 예민하게 표출하는 이로서 박솔뫼를 거론할 수 있다. 박솔뫼 소설에는 "존재의 발자국을 남기려 애쓰는 삶이 아니라 존재의 발자국을 스스로 지우며 흔적 없이 스쳐가는" 청년들이 등장한다(정여울, 2010: 204, 207). 희박한 사회성, 삶과 미래에 대한 전망의 부재, 포기와 체념, 그리하여 사라짐에 대한 강박적 추구를 보여주는 젊은 군상의 세계인 '탈존주의의 극장'이 그녀의 소설 세계에 펼쳐진다(김홍중, 2014b). 탈존주의는 생존주의의 환상적 스크린이 미처 가리지 못하는 실패와 좌절의 리얼리티에서 자라나는 마음가

짐이다.[15]

생존, 독존, 공존, 탈존은 청년 세대의 마음을 지배하는 네 가지 삶의 좌표축이다. 각각의 마음의 레짐은 청년들이 만들어내는 문화적 산물과 그들의 상상력의 표상 속에서 선명하게 표현되고 있으며 다양한 조직과 활동을 통해 구현된다. 각 레짐은 서로 다른 하비투스의 형식으로 체현되고 상이한 믿음의 체계를 갖게 될 것이며, 결국 다른 인간 유형을 만들어낼 것이다. 마음의 사회학으로 만하임의 기획을 이어가는 것은, 생존주의 세대의 사회적 형성을 설명하고, 그들 마음의 핵심 문제(서바이벌)의 의미론을 규명하고, 더 나아가서 이처럼 분화되어 각축하는 다양한 실천 유형을 탐구하는 일련의 절차를 수행하는 것이다.

앞서 제시한 네 가지 개념은 이런 의미에서 모두 이념형적 수준에서 포착된 '유형(type)'으로서 현실에 실재하는 경험적 내용을 발견술적으로 포착해내기 위한 이론적 구성물로 이해할 수 있다. 주지하듯 유형학적 접근은 통계적 측량에 기초한 설명적 프로젝트와 연관되는 분류(classement)와는 달리 베버(Max Weber)의 이해사회학적 프로젝트와 더 긴밀한 연관을 갖는다(Heinich, 2000: 13). 그것은 현실의 행위자를 그 속성에 기초하여 분류하는 것을 목표로 삼는 것이 아니라, '관찰된 행위와 담론을 더 잘 이해할 수 있게 해주는 추상적 관계의 논리를 계발하는 것'을

---

15 최근 일본의 청년들은 비관적 탈존주의가 아닌 '낙관적' 탈존주의의 가능성을 보여주고 있다는 흥미로운 보고가 있다. '사토리(さとり) 세대'라는 별칭을 얻은 일군의 일본 젊은이들은 현실 세계에 더 이상 어떤 소망도 품지 않는 '쿨'한 태도를 견지하며 마치 깨달음을 얻은 불교도와 같이 욕망과 집착이 사라진 삶을 디자인하고 있다고 관찰된다('사토리'는 깨달음을 의미한다). 이 경우 탈존의 행위는 비극적인 패배의 결과물이라기보다는 부조리한 세계에 대한 일종의 정신 승리법, 방법적 초탈의 외양을 띤다. 이에 관해서는 古市憲壽, 2014 참고.

목표로 삼는다(Schnapper, 1999: 113-114). 이런 유형의 구성과 설정을 가능하게 할, 차후의 확장되고 심화된 경험 연구들을 통해 우리는 청년 세대의 심적 풍경에 대한 새로운 이해 가능성과 가시성을 제공받기를 기대한다.

생존주의의 역사성

21세기 청년 세대의 마음을 지배하는 생존주의적 경향은 선배 세대로부터 상당히 비판적인 평가를 받았다. 386 세대의 일반적 인상(정치적 참여, 인습에 대한 저항, 강렬했던 문화적 정체성, 민주화를 이끌었던 운동 주체로서 보여준 적극적 세대의식)과 대비되어 이들 젊은 세대의 '반(反)청춘적' 또는 '비(非)청춘적' 속성이 더욱 부각되었다. 그러나 사실 생존주의 문화가 청년 세대에만 국한되어 발견된다고 말하기는 매우 어렵다. 이들을 그런 방식으로 주체화시키는 것은 앞선 세대가 만든 제도와 장치를 통해서이며, 부모세대가 체득한 삶의 진리가 훈육과 소통을 매개로 이들에게 재생산되는 과정을 통해서이며, 한국 사회의 전반적 분위기와 가치의 지속적이고 일상적인 학습을 통해서인 것이다.[16]

16 대학에서의 일상적 관찰(예컨대, 의도하지 않은 참여관찰)을 통해 학과의 선택이나 전공 또는 진로와 연관된 문제에서 청년들이 놀라울 정도의 수동성 또는 친밀성 속에서 부모의 견해에 의존하는 장면들을 목격하게 된다. 우리 시대 청년들의 외적 자유분방함, 세련됨, 개인주의적 태도를 한 꺼풀만 벗기고 들어가면 위축된 내면, '엄마'나 '아빠'에 대한 부담과 애정과 의존과 억압된 분노 등이 뒤섞인 복잡한 감정, 부모의 사랑으로부터 벗어나기를 꿈꾸면서 동시에 거기 안주(安住)하고자 하는 욕망 등이 착종된 흥미로운 심리 풍경이 나타난다. 코테(James Côté)의 지적에 의하면,

그러나 청년들만 생존주의를 추구하는 것이 아니라 어떤 의미에서는 전(全)세대적으로 확산된 한국 사회의 생존주의가 가장 노골적으로 드러나는 약한 고리가 바로 청년 세대라고 보는 것이 더 사태의 진실에 부합할 것이다. 이렇게 보면, 생존주의적 삶의 태도와 이에 대한 사회적 승인은 21세기에 비로소 관찰되는 특이한 현상이 아니라 격랑을 헤쳐온 한국 사회의 근대성의 역사적 체험 속에 깊이 뿌리내리고 있는 마음의 레짐이 아닌가 하는 질문을 제기해볼 수 있다(김종엽, 2014: 18-28). 이 질문은 특히 '마음'의 역사성과 연관해서 매우 중요한 함의를 내포한다. 마음은, 아날학파의 심성사 연구들이 잘 보여주듯이 장기 지속적인 시간성의 맥락에서 이해되어야 할 필요가 있기 때문이다.

역사적으로 살펴보면 생존 문제야말로 근대 한국인의 집합기억·집합표상·집합심리의 가장 중요한 주제 중 하나였다는 사실은 비교적 자명한 것으로 드러난다. 한국은 19세기 후반에 파국적으로 열린 '만국공법의 세계', 즉 제국주의 열강이 구성한 국민국가들의 경쟁 공간에 던져짐으로써 근대로 진입했고(1894년 체제), 식민화를 거쳐 1950년의 전쟁으로 인해 비극적 분단·냉전 구조(1950년 체제)를 맞이했으며, 개발 독재, 산업화, 그리고 민주화 이후에 신자유주의적 세계화의 구조(1997년 체제)

> 이는 한국의 고유한 것이 아니라 글로벌하게 나타나는 현상이다. 후기 근대에 접어들면서 부모가 청년에게 경제적 '안전망'을 제공하기 시작하면서 청년의 정체성 형성 과정에서 중요한 역할을 하는 다양한 이슈들, 예컨대 직업 선택, 정치·종교적 신념, 삶의 스타일의 선호 등에 더 강한 영향력을 행사하고 있다(Côté, 2007: 223). 이런 점에서 우리 시대의 청년 연구는 반드시 그들의 부모에 대한 연구, 부모와 청년의 다각적 관계, 상호작용의 형식, 영향력과 애정의 방식과 강도에 대한 연구, 그리고 청년 세대가 유년기 이후 현재까지 자신의 인성, 성격, 습성, 가치 등을 육성해오는 데 영향을 끼친 주요한 제도적·담론적·도덕적 장치에 대한 정교한 연구를 동반해야 한다.

를 체험했다. 이 세 가지 중요한 국면을 통과하면서, 민족국가의 형성 그 자체가 '생존'의 프레임을 통해서 이루어졌으며, 민중의 삶은 노골적 생존 투쟁으로 인지되었고, 국민의 기초적 안전과 먹고 사는 것을 보장해 주는 '생존의 정치'가 한국 정치의 가장 중요한 목적이자 가치로 설정되었다(권태준, 2006: 17-20). 구한말의 위기 상황이 일군의 유교 지식인들에 의해 '힘에 의한 생존'이라는 프레임을 통해 해석되었다는 사실은 잘 알려져 있다(박노자, 2005: 28-29, 51). 이 시기에 박은식, 주시경, 이광수, 현상윤, 송진우, 이승만, 윤치호, 유길준, 서재필, 신채호, 한용운 등의 선각자들은 가토 히로유키(加藤弘之, 1836-1916)와 량치차오(梁啓超, 1873-1929)에 의해 번역된 서구의 사회진화론을 수용하여 '힘이 곧 정의'라는 시각, '세계는 약육강식의 정글'이라는 논리, 그리하여 '생존하기 위해서는 힘을 키워야 한다'는 처방으로 구성된 '우승열패' 신화를 통해 민족의 위기를 타개하고자 고투를 벌였다(신용하, 1995; 전복희, 1996; 박성진, 2003; 우남숙, 2011).

근대로의 전환기에서 여론과 민족적 집합의식을 선도한 이들에게 '생존'이란 조선왕조의 문약(文弱)을 서구적 문명개화를 통해 극복하는 외경(外競)에서의 승리를 의미했다. 그러나 세상을 온통 경쟁의 공간으로 파악하는 이런 관점은 이미 개인, 가족, 그리고 국가에 이르는 각 생존 단위에 무차별적으로 적용되고 있었다. 유길준은 이렇게 썼다. "대개 인생의 만사가 경쟁을 의지하지 않는 일이 없으니 크게 천하 국가의 일부터 작게 한 몸, 한 집안의 일까지 실로 다 경쟁으로 인해서 먼저 진보할 수 있는 바라, 만일 인생에 경쟁하는 바가 없으면 어떤 방법으로 그 지덕(智德)과 행복을 증진할 수 있는가"(박노자, 2005: 231에서 재인용). 신소설을 분석하면서 최정운은 생존주의적 상상계가 개인들의 상호작용 수준으로 하강해 있음을 발견한다. 예컨대, 이인직을 비롯한 다수의 신소설 작가들의 작품에 표상된 사회는 연대 없는 홉스적 사회 상태, 후에 이광수가 사용한 표현을 빌리면 '무정(無情)한 사회'로서 "사회적 유대가 사라지고 각자 개인으로 흩어져서 생존을 위해 자신을 지키기에 급급하고 기회만 되면 누구에게 무엇이라도 빼앗으려 하고 자신의 욕구를 채우고자 혈안이 되어 있는 모습"을 하고 있다(최정운, 2013: 93). 1894년이라는 단절점(청일전쟁, 갑오경장, 동학농민운동)을 기점으로 변화된 새로운 근대 세계는 민중에게 "생존이라는 것이 온 사회에서 최대의 관심사"가 되는 예외 상황을 창출한 것이다. "죽은 사람은 하릴없다. 산 사람은 살아야 한다"는 『혈의누』의 메아리는 당시에 획득된 민중적 지혜를 표상한다(최정운, 2013: 112, 117).[17]

한국 근대성의 기원적 트라우마를 이루는 이런 아노미적 상황과 그 이후 전개되는 유사한 장면의 반복은 사회구성원에게 강력한 '생존주의적 태도'의 동인을 제공했다. 왕조의 패망, 식민화, 한국전쟁을 거치면서 민중은 '생존 동기를 행동과 사유의 가장 기본적인 근거'로 삼게 되며, 이런 점에서 냉전 체제하에 형성된 고도의 생존 불안의식을 정치적으로 동원했던 박정희 정권에서 특히 민중의 생존 욕망과 불안은 근대화의 심리적 동력으로 활용되었다(김홍수, 1999: 10; 박찬승, 1996: 353). 냉전 체제 역시 국가·민족 수준의 생존과 개인 수준의 생존이 절대적으로 문제가

---

17 최정운에 의하면 근대 한국인이 보여준 사회 창출 능력의 두 극단은 신소설에 표상된 홉스적 상황과 1980년 광주에서 형성된 절대공동체로 양분된다. 한편에는 사회의 소멸과 '만인에 대한 만인의 투쟁 상태'(다원적 상태)가 있고, 다른 한편에는 계급과 신분과 성별과 출신이 모두 녹아 사라진 자리에서 형성되는 신기하고 아름다운 공동체의 상태가 있다. 생존주의는 물론 전자의 상황에서 솟아나오는 마음가짐이다.

된 한국전쟁의 기억과 체험의 심각성을 그 심리적 토대로 삼고 있다. 국가는 공산화의 위협으로부터 국민의 생존을 보장해준다는 점에서 그 정당성을 부여받았다.

한국 민중은 전쟁을 통해서 무엇을 배웠을까? 한 구술사 연구는 이렇게 쓰고 있다. "박수호는 전쟁 현장과 포로수용소에서 끊임없이 싸우고 죽이고 편을 가르는 사람들을 목격했다. 그에게 전쟁은 조국이니 이데올로기니 좌우니 하는 모든 것을 떠나 '내'가 살아남으려는 생존 투쟁 그 자체였다. 그에게 '전쟁'과 '가난'은 구별되지 않았다. 돈 없고 백 없고 힘없는 무지렁이 백성에게 한국전쟁의 의미는 국가에 의지하지도 말고 남에게 의지하지도 말고 오직 '내'의지와 노력으로 정직하게 땅을 일구며 비정치적으로 살아가는 것이다"(오유석, 2011: 186).

열강에 둘러싸여 존속을 보장받지 못한 민족국가가 냉전적 대치 상황을 돌파해 나오면서, 또한 절대 빈곤에 다수 민중이 노출되어 목숨의 최저선이 위협받던 저개발 상황을 돌파하면서, 한국 사회는 생존의 정언명령을 상대화시킬 수 있는 다른 가치들, 즉 벨라(Robert Bellah)가 말하는 시민종교를 성공적으로 창출해내지 못했다. 따라서 "오랜 역사적 고통과 파시즘의 지반 위에 세워진 우리 근대성의 사회·문화적 지평은 '먹고살기 위해서는 무슨 일이든 할 수 있어야 한다'는 '걸인의 철학'을 바탕으로 그 아래에서 살아가는 개인에게 단순한 '생존'의 차원 너머에는 의미 있고 가치 있는 삶을 위한 공간을 쉽사리 허용하지 않았다. 그리고 바로 그렇게 강요된 생존 이데올로기의 핵심에는 속물근성이 필연적으로 들어 있었다"는 지적은 반박하기 어렵다(장은주, 2008: 27-28). 수많은 난리와 파국의 상황을 거쳐 오면서 한국의 민중과 엘리트는 결국 힘의 차등으로 구성된 사회(시민사회로부터 국제사회까지)에서 살아남는 것은 강자이며 결국 살아남는 것이 선이라는 원초적 생존주의를 지속적으로 학습하고 이를 가장 소중한 삶의 철학으로 어린 세대에 학습시켜왔다.[18] 한국 근대의 사회적 상상은 이런 의미에서 '사회진화론'의 그것에 근접해 있다. 한국의 근대는 아담 스미스의 근대(자유주의), 루소의 근대(민주주의), 맑스의 근대(사회주의), 뒤르켐의 근대(공화주의), 베버의 근대(합리주의)와 모두 다르다. 한국 근대성을 규정하는 사회 풍경은 속류화된 다윈의 근대, 즉 생존주의로 특징지어지는 진화론적 상상력 위에 건설되었다.

이는 단순히 한국의 근대가 위기와 고통과 시련의 연속이었고 사회의 다수 행위자가 자신의 생존을 위해 투쟁했다는 '경험주의적' 언명이 아니다. 생존 자체는 생명의 자기 보존 본능과 충동 영역에 속하는 것이며, 그 자체로 악도 아니고 추도 아니다. 생존은 인간학적 상수로서 유기체의 절대적 과제이다. 그러나 모든 인간이 생존을 위해 고투한다는 사

---

18   한국의 '엄마/어머니'는 이런 생존주의의 숭고한 주체이자 희생자이다. 남성 가장(家長)에게는 생존주의를 도덕적으로 은폐하고 위장할 수 있는 언술적 자원이 있었지만, 출산·양육·교육·생계·질병 등의 가장 구체적인 문제들을 해결해야 하는 직접적 책임을 지고 있던 여성은 생존주의적 태도를 이데올로기적으로 은폐할 수 있는 위치에 있지 않았다. 종교적으로 보면 생존주의는 무교(巫敎)와 선택적 친화성을 갖는 것으로 보인다. 주지하듯 무교는 주로 여성에 의해 가족 문제를 해결하는 실용적 수단의 역할을 수행해왔다. 특히 무교에 특징적인 역현(kratophany) 종교성 또는 힘 숭배(kratocult)는 무교가 도덕적 선악을 가리고 초월적 성스러움을 추구하기보다는, 실용적인 견지에서 민중의 삶의 생존 문제를 해결하는 데 도움이 되는 '힘'에 대한 숭배를 중요한 구성 원리로 삼고 있다는 사실을 보여준다. 선하거나 옳은 것이 중요한 것이 아니라 살기 위해서 필요한 힘이 최우선시되는 것이다. 오랫동안 한국인은 위기의 상황에서 무교적 수단을 동원하여 혈로(血路)를 모색해왔고, 그것은 특히 남성의 묵인하에 여성(어머니)이 수행하는 역할이었다. 중요한 것은 종교 시스템으로서의 무교 또는 샤머니즘이 아니라 (개신교를 포함한 한국의 제도적 종교에 습합되어 있는) 무교적 삶의 양식 또는 마음/가짐이라 할 수 있다(Kim, 2014: 51-54).

실, 어떤 사회가 특정 역사적 조건하에서 '생존'을 절대가치로 설정한다는 것은 엄밀히 구별되어야 하는 상이한 사태들이다. 한국의 근대성은 전방위적 생존 위기를 겪은 동시에 그 체험을 '생존'이라는 문제 틀로 적극적으로 구성함으로써 '생존주의'라 부를 수 있는 마음의 레짐을 중층적으로 형성해왔다.

이처럼 역사적으로 이미 형성되어 있던 생존주의적 태도, 가치, 지향, 즉 마음가짐이 사회적으로 선행하지 않았다면, 21세기 청년 세대의 생존주의는 지금처럼 강력하고 전일적인 방식으로 한국 청년의 마음을 강박하지 않았을지도 모른다. 역사의 힘은 행위자의 마음속에서 살아 움직이는 것이다. 이와 같은 생존주의의 역사성에 대한 관심은 구한말, 냉전, 그리고 세계화 시대의 서로 다른 세 가지 생존의 의미론에 대한 세밀한 분석과 이들을 관통하는 공통성에 대한 탐구를 동시에 요청한다. 이를 통해서 우리는 21세기 한국의 청년 세대의 마음을 이해하는 동시에 근대 한국인의 마음을 지배하는 공포와 불안, 꿈과 아픔의 세계를 이해하는 사회학적 모험을 시도할 수 있으리라 희망한다.

사회적인 것의 환상

생존주의란 당혹스런 개념이다. 왜냐하면 생존은 그 본성상 주의(主義)와 결합할 수 없기 때문이다. 생존은 주의 이전, 성찰 이전, 사고 이전의, 생명의 충동과 힘의 영역을 지칭하는 용어다. 목숨이 붙어 있는 존재로서 생존에의 경향성을 벗어던질 수 있는 존재는 없으며, 살기 위해서 몸부림치는 존재는 비난의 대상이 아니다. 생존에의 열망은 자연적인 것이며 선악을 넘어서 있는 것이다. 문제는 생존이 조직된 주의가 될 때, 지향된 가치가 될 때, 집합적 마음의 짜임의 원리가 될 때이다. 생존이 주의로서 나타날 때 그것은 무언가의 붕괴를 지시하고 있다. 뒤르켐이 정확하게 간파한 것처럼, 인간의 사회적 삶은, 만약 그 구성원이 순수한 목숨의 존재로서 먹고 살고 살아남는 것을 최종 목표로 한다면 성립 불가능한 것이기 때문이다.

인간이 구성한 사회는 인간 존재의 생물학적 기초 요건을 초과하는 지평에 대한 공유된 표상(토템 또는 성스러운 것)위에 건립되었다. 그것이 아무리 현실화될 수 없는 것(자유, 평등, 박애 같은 가치)이든 결코 오지 않을 것(사랑, 구원, 평화 같은 가치)이든 사회를 만들어 산다는 것은 인간이 자신의 생존 그 자체에만 몰두하는 존재가 아니라 그 너머를 갈구하는 존재, 타자와의 삶을 욕망하고 소망하는 존재, 고프먼적인 의미에서의 '위선'이나 '거짓'을 연기하고 신앙할 수 있는 존재이어야 가능한 것이다. 도덕이란 바로 그 방법적 거짓의 차원에 붙여진 이름들이다. '주의가 되어 버린 생존'은 바로 이러한 차원의 붕괴를 보여주는 것이다.

생존주의는 사회적인 것의 성스러운 환상이 벗겨진, 인간의 생물학적 나신을 있는 그대로 드러내는, 처절하고 슬픈 사상, 사회적인 것의 불가능이 생산하는 마음의 형식이다. 살기 위해 몸부림치는 행위자의 현실적인 너무나 현실적인 몸짓의 원리다. 21세기 청년 세대의 생존주의는 한국 근대성에 배태된 '생존주의'의 막막한 두께를 드러내는 현상이다. 청년 세대를 비판하기에 앞서, 그들에게 좀 더 청년적인 삶의 태도를 요구하거나 또는 그들에게 값싼 위로와 힐링의 언어를 던지기에 앞서, 한국 사회 전체의 생존주의적 경로 의존성을 차갑게 직시해야 하는 이유가 여기에 있다.

삶의 세목에서 펼쳐지는 실천 속에서 청년 세대는 자신을 운명처럼 규정해오는 시대와 구조의 쇠우리와 어떻게 싸워나갈 것인가? 그들은 생존주의에 속절없이 함몰되어버릴 것인가? 아니면 새로운 가치를 창출하면서 생존 너머의 어떤 세계에 대한 공유된 환상을, 사회라는 '성스러운 환상'을 다시 만들어낼 것인가?

::참고문헌

구마시로 도루(熊代亨), 2014, 『로스트 제너레이션 심리학』, 지비원 옮김, 클.
권태준, 2006, 『한국의 세기 뛰어넘기』, 나남.
김강기명, 2011, 「청(소)년, 그리고 몰락의 정치」, 『잉여의 시선으로 본 공공성의 인문학』, 이파르, 167-197쪽.
김광희, 2013, 『당신은 경쟁을 아는가』, 넥서스BIZ.
김민수, 2013, 『청춘이 사는 법』, 리더스북.
김상민, 2013, 「잉여미학」, 백욱인 엮음, 『속물과 잉여』, 지식공작소, 73-122쪽.
김수환, 2013, 「웹툰에 나타난 세대의 감성구조」, 백욱인 엮음, 『속물과 잉여』, 지식공작소, 143-178쪽.
김종엽, 2014, 「'사회를 말하는 사회'와 분단체제론」, 『창작과비평』 165, 15-37쪽.
김학준, 2014, 「인터넷 커뮤니티 '일베저장소'에서 나타나는 혐오와 열광의 감정동학」, 서울대학교 사회학과 석사학위논문.
김홍중, 2007, 「삶의 동물/속물화와 참을 수 없는 존재의 귀여움」, 『사회비평』 36, 76-96쪽.
_____, 2009, 「진정성의 기원과 구조」, 『한국사회학』 43(5), 1-29쪽.
_____, 2014a, 「마음의 사회학을 이론화하기」, 『한국사회학』 48(4), 179-213쪽.
_____, 2014b, 「탈존주의의 극장」, 『문학동네』 79, 83-107쪽.
김홍수, 1999, 『한국전쟁과 기복신앙 확산 연구』, 한국기독교역사연구소.

류연미, 2013, 「지속가능한 삶으로서의 활동」, 서울대학교 사회학과 석사학위논문.

류웅재·박진우, 2012, 「서바이벌 포맷 프로그램에 침투한 신자유주의 경쟁 담론」, 『방송문화연구』 24(1), 139-165쪽.

만하임, 카를(Karl Mannheim), 2013, 『세대문제』, 이남석 옮김, 책세상.

밀스, 라이트(Wright Mills), 1977, 『사회학적 상상력』, 강희경·이해찬 옮김, 기린원.

박고형준, 2014, 「'성공'하지 않아도 괜찮아」, 김남미 외, 『대학거부 그후』, 교육공동체벗.

박노자, 2005, 『우승열패의 신화』, 한겨레신문사.

박성진, 2003, 『사회진화론과 식민지 사회사상』, 선인.

박찬승, 1996, 「한말, 일제시기 사회진화론의 성격과 영향」, 『역사비평』 34, 339-354쪽.

베라르디, 프랑코(Franco Verardi), 2013, 『프레카리아트를 위한 랩소디』, 정유리 옮김, 난장.

브라운, 제프(Jeff Brown), 마크 펜스크(Mark Fenske), 리즈 네포런트(Liz Neporent), 2011, 『위너 브레인』, 김유미 옮김, 문학동네.

서동진, 2003, 「백수, 탈근대 자본주의의 무능력자들」, 『당대비평』 23, 100-112쪽.

서상철, 2011, 『무한경쟁이 대한민국을 잠식한다』, 지호.

신용하, 1995, 「구한말 한국민족주의와 사회진화론」, 『인문과학연구』 1, 5-35쪽.

심혜안, 2011, 『서바이벌 오디션 멘토링』, 넥서스Books.

엄기호, 2010, 『이것은 왜 청춘이 아니란 말인가』, 푸른숲.

오유석, 2011, 「가난한 자의 피할 수 없는 전쟁 - 어느 의용군 이야기」, 한국구술사학회 편, 『구술사로 읽는 한국전쟁』, Humanist, 167-187쪽.

우남숙, 2011, 「사회진화론의 동아시아 수용에 관한 연구」, 『동양정치사상사』 10(2), 117-150쪽.

우석훈·박권일, 2007, 『88만원 세대』, 레디앙미디어.

우에노 치즈코(上野千鶴子), 2007, 『싱글, 행복하면 그만이다』, 나일등 옮김, 이덴슬리벨.

우종민, 2007, 『마음력』, 위스덤하우스.

유라이트, 율리케(Ulrike Jureit) 미하엘 빌트(Michael Wildt), 2014, 「세대들」, 『'세대'란 무엇인가』, 박희경 옮김, 한울, 13-39쪽.

유형근, 2014, 「변방의 북소리, 청년유니온의 새로운 실험」, 2014년 비판사회학대회 발표문.

이기훈, 2014, 『청년아 청년아 우리 청년아』, 돌베개.

이길호, 2012, 『우리는 디씨』, 이매진.

이윤경·신승철, 2014, 『달려라 청춘』, 삼인.

이희영, 2006, 「타자의 (재)구성과 정치사회화」, 『한국사회학』 40(6), 226-260쪽.

장은주, 2008, 「상처 입은 삶의 빗나간 인정투쟁」, 『사회비평』 39, 14-34쪽.

전복희, 1996, 『사회진화론과 국가사상』, 한울.

전상진, 2013, 「경제민주화와 세대」, 한국사회학회 엮음, 『상생을 위한 경제민주화』, 나남, 294-324쪽.

전성우, 2013, 「'실존'의 사회학」, 한양대학교 비교문화연구소 초청 강연문.

전영수, 2013, 『이케아 세대』, 중앙북스.

정수남·김정환, 2014, 「방황하는 청년들의 계급적 실천과 '평범함'에 대한 열정」, 서울대학교 아시아연구소 대중문화프로그램강연(6월 19일) 발표원고.

정여울, 2010, 「흔적 없는 존재, 쾌락 없는 소통」, 박솔뫼, 『을』, 자음과모음.

정현천, 2011, 『나는 왜 사라지고 있을까』, 리더스북.

조문영, 2014, 「글로벌 빈곤의 퇴마사들」, 『정치의 임계, 공공성의 모험』, 혜안, 235-260.

조용상, 2009, 『생존력』, 나무한그루.

주병선, 2005, 『주병선의 부부서바이벌』, 늘봄.

주은우, 2004, 「4·19 시대의 청년과 오늘의 청년」, 『문화과학』 37, 86-117쪽.

청년유니온, 2011, 『레알청춘』, 삶창.

최정운, 1999, 『오월의 사회과학』, 풀빛.

_____, 2013, 『한국인의 탄생』, 미지북스.

최철웅, 2011, 「'청년운동'의 정치학」, 『문화과학』 66, 15-50쪽.

최태섭, 2013, 『잉여사회』, 웅진지식하우스.

펠드먼, 데이비드(David Feldman), 대니얼 크라비츠(Daniel Kravetz), 2014, 『슈퍼 서바이버』, 이은경 옮김, 책읽는수요일.

한윤형, 2013, 『청춘을 위한 나라는 없다』, 어크로스.

한윤형·최태섭·김정근, 2011, 『열정은 어떻게 노동이 되는가』, 웅진지식하우스.

허시먼, 앨버트(Albert Hirschman), 2005, 『떠날 것인가, 남을 것인가』, 강명구 옮김, 나남.

후루이치 노리토시(古市憲壽), 2014, 『절망의 나라 행복한 젊은이들』, 이언숙 옮김, 민음사.

劉銳, 2010, 「互聯網對城市 "蟻族" 的增權作用: 以 "京蟻" 爲例」, 『中國青年研究』 7, pp.87-92.

聶婷·張敦智, 2007, 「中國 "草莓族" 現象分析」, 『北京青年工作研究』 5, pp.41-43.

張有平·趙廣平, 2008, 「"80后"媒介形象研究初探—由大批判到盛贊的逆轉. 山東省青年管理干部学院學報」, 『青年工作論壇』 6, pp.27-31.

黃洪基·鄧蕾·陳寧·陸燁, 2009, 「80后: 對一代人的透視與研究—關於 "80后" 的研究文獻綜述」, 『中國青年研究』 7, pp.4-13.

Aboim, Sofia and Vasconcelos, Pedro, 2014, "From Political to Social Generations," *European Journal of Social Theory* 17(2), pp.165-183.

Alwin, Duane and Ryan McCammon, 2003, "Generations, Cohorts, and Social Change," Jaylan Mortimer and Michael J. Shanahan eds., *Handbook of the Life Course*, New York: Kluwer Academic/Plenum Publishers, pp.27-53.

Best, Joel, 2012, *Social Problems*, W. W. Norton & Company.

Blau, Peter, 1974, "Parameters of Social Structure," *American Sociological Review 39, pp.615-635,

Brewis, Joanna and Christopher Grey, 2008, "The Regulation of Smoking at Work," *Human Relations* 61(7), pp.965-987.

Brinton, Mary, 2011, *Lost in Transition*, Cambridge University Press.

Bruckner, Hannah and Karl U. Mayer, 2005, "De-standardization of the Life Course," *Advances in Life Course Research* 9, pp.27-53.

Cavalli, Alessandro, 2004, "Generations and Value Orientations," *Social Compass* 51(2), pp.155-168.

Cederström, Carl, 2011, "Fit for Everything," *Ephemera* 11(1), pp.27-45.

Chauvel, Louis, 2006, "Social Generations, Life Chances, and Welfare Regime Sustainability," Pepper D. Culpepper, Bruno Pailer and Peter A. Hall eds., *Changing France*, Palgrave Mcmillan, pp.150-175.

_____, 2010, *Le destin des générations*, Paris: PUF.

Comaroff, Jean and John L. Comaroff, 2009, "Millennial Capitalism," Jean Comaroff and John L. Comaroff eds., *Millennial Capitalism and the Culture of Neoliberalism*, Duke University Press, pp.1-56.

Corsten, Michael, 1999, "The Time of Generations," *Time Society* 8, pp.249-272,

Côté, E, James, 2007, "Identity Capital, Social Capital and the Wider Benefits of Learning," *London Review of Education*, pp.221-237.

Edmunds, June and Bryan S. Turner, 2005, "Global Generations," *The British Journal of Sociology* 56(4), pp.559-577.

_____, 2002, *Generations, Culture and Society*, Buchingham: Philadelphia, Open University Press.

Ehrenberg, Alain, 1991, *La culte de la performance*, Paris: Hachette.

Esler, Anthony, 1984, "The Truest Community," *Journal of Political and Military Sociology* 12, pp.99-112.

Eyerman, Ron and Bryan S. Turner, 1998, "Outline of a Theory of Generations," *European Journal of Social Theory* 1(1), pp.91-106.

Galland, Olivier, 2011, *Sociologie de la jeunesse*, Paris: Armand Colin.

Heinich, Nathalie, 2000, *Être écrivain*, Paris: La Découverte.

Hutchens, Stephen, 1994, *Living a Predicament, Young People SurvivingUnemployment*, Avebury.

Kim, Hong Jung, 2013, "Risk or Totem?" *Development and Society* 42(2), pp.309-329.

_____, 2014, "L'thique chamanique et l'sprit du néo-libéralisme coréen," *Sociétés*, n° 122, pp.43-55.

Klammer, Ute, 2010, "The "Rush Hour"of Life," Joerg C. Tremmel ed., *A Young Generation Under Pressure?*, Springer, pp.155-168.

Kretsos, Lefteris, 2010, "The Persistent Pandemic of Precariousness," Joerg C. Tremmel ed., *A Young Generation Under Pressure?*, Springer, pp.3-22.

Laufer, Robert S, and Vern L. Bengtson, 1974, "Generations, Aging and Social Stratification," *Journal of Social Issues* 30(3), pp.181-205.

Luhmann, Niklas, 1995, *Social Systems*, trans. by John Bednarz Jr. and Dirk Baecker, California: Stanford University Press.

_____, 1997, *Die Gesellschaft der Gesellschaft*, Frankfurt a. M.

Murtola, Anna-Maria and Peter Fleming, 2011, "The Business of Truth," *Ephemera* 11(1), pp.1-5.

Pilcher, Jane, 1994, "Mannheim's Sociology of Generations," *American Journal of Sociology* 45(3), pp.481-495.

Reay, Diane, 2005, "Beyond Consciousness? The Psychic Landscape of Social Class," *Sociolgy* 39(5), pp.911-928.

Roseman, Mark, 1995, "Introduction," Mark Roseman ed., *Generations in*

Conflict, Cambridge University Press, pp.1-46.

Rossinow, Doug, 1998, *The Politics of Authenticity*, New York: Columbia University Press.

Schnapper, Dominique, 1999, *La compréhension sociologique*, Paris: PUF.

Spicer, André, 2011, "Guilty Lives," *Ephemera* 11(1), pp.46-62.

2
비참한 청년과 화려한 기성세대?
: 청년성과 '세대 게임'*

전상진(田尙鎭)
서강대학교 사회학과 교수

세대 명칭의 대조

유행하는 세대 명칭으로 보면, 청년은 비참하고 노년은 화려하다. 청년 세대의 묘사는 대체로 '절망과 결핍의 우울한 흔적'을 담는 데 반해서 장년이나 노년 세대를 지칭하는 최근 명칭은 대부분 '화려'하다(구희연, 2015: 40-41). 그러한 대조가 기묘한 까닭은 두 가지다. 첫째, 현실에 배치한다. 청년의 사정도 열악하지만 노인의 삶도 비참하다. 예를 들면 한국 노인의 빈곤 정도는 OECD 회원국 중에서 최악이다(박성진, 2015.) 물론 한국뿐만 아니라 다른 회원국에서 비참한 사정과 화려한 삶의 격차

---

* 이 글은 계간 《자음과모음》 2015년 가을호(통권 29호)에 실린 글이다.

가 그 어느 때보다 더 커졌다. 그러나 그것은 연령이 아니라 다른 곳에서 비롯한다. 그런데도 청년과 노년의 대비 또는 대립이 강조된다. 둘째, 연령주의(ageism)의 변형이다. 중년층이 노인과 아동·청소년을 차별하는 현상을 뜻하는 학술적 용어와 달리 통속적 연령주의는 '노인에 대한 사회적 차별'을 뜻한다. 통속적 연령주의는 한국뿐만 아니라 많은 다른 곳에서도 힘을 발휘한다. 그런데 사회적 담론에서 노인의 지위가 돌연 변화했다. 그들은 이제 차별이나 폄하의 대상이 아니라 '누리는' 지위에 오른 듯하다. 대체 왜 이런 기묘한 변화들이 일어났을까?

필자는 원인으로 세 가지 요인을 지목한다. 첫째, 새로운 소비자의 발굴과 개발이다. 노인과 장년층이 적극적 소비자로 나섰다. 둘째, 청년에서 '해방'된 가치로서의 청년성(youthfulness)이 나이와 상관없이 모든 사회 성원에게 권장되고 강요된다. 정작 청년이 청년성에게 소외당하는 일이 발생했다. 셋째, 행복한 노인과 좌절한 청년 세대의 싸움을 부추기는 정치 전략이다. 세대와 전혀 상관없는 사회문제가 "세대의 문제"(카를 만하임)로 전환했다.

이 글은 세대를 활용한 정치적 전략의 '위험성'을 레마르크(Erich Maria Remarque)가 묘사한 1920년대 유럽의 '길을 잃어버린 세대(lost generation)'의 경험을 통해 정리하면서 마무리될 것이다.

노인, 새로운 소비자

젊음이 사회적으로 선망되는 가치가 된 것은 그리 오랜 일이 아니다. 필자의 경험으로 보면, 1980년대 초반만 하더라도 젊은 남자에게 '노숙함'은 선망의 대상이었다. 어려 보이면 사회적으로 대접받지 못했기 때문에 노숙해 보이려 노력했다. 하지만 이제는 영 딴판이다. 나이가 많은 사람은 물론이고 젊은 친구도 더 어려 보이려 노력한다. 변화의 이유를 찾기 쉽지 않다. 이럴 때 필요한 것이 바로 '쿠이 보노(cui bono)' 원칙이다. 그것으로 이익을 보는 자들을 찾으라. 강력한 용의자는 기업이다. 젊음에 대한 집착과 회춘의 갈망, 요즘 흔히 쓰는 말로 안티 에이징(anti-aging)은 전 세계적인 산업이다(Sterns and Sterns, 1995: 263~265). 성형 의학과 라이프스타일 산업(화장품, 의복, 음식, 스포츠 · 피트니스, 여가)을 망라한 안티 에이징 산업의 목표이자 명령은 무연령성(agelessness), 더 정확히 말하면 얼굴과 신체와 생활양식의 회춘이다.

안티 에이징 산업은 지금껏 수동적 소비자에 불과했던 노인들, 더 정확히 말하면 노화가 본격적으로 진행되는 장년층 이상을 적극적 소비자로 탈바꿈시키려 노력한다. 이는 소비자 사회라는 전체 트렌드에도 부합한다. "소비자 사회에는 흠이 있고, 불완전하고, 미완인 소비자들을 위한 자리는 없다"(바우만, 2008: 35). 소비 능력 또는 구매 능력이 없는 당신은 '인간쓰레기'다. 쓰레기가 되지 않으려면 연령에 상관없이 소비해야 한다. 인간이 아니라 기업과 산업의 시각에서 그러한 선언은 다음과 같은 명령으로 번역된다. 지속적으로 새로운 시장을 개척하고 새로운 소비자를 찾아야 한다. '저출산 고령화'로 표현되는 인구구조의 변화는 소비자 지형도를 근본부터 변화시켰다. 수동적 소비자인 노인이 너무 많아졌으므로 이들을 적극적 소비자로 바꾸지 못하면 체제 유지가 불가능하다.

노인의 소비 행태가 변화하기 시작한 것은 적어도 영국의 경우 1960년대 이후다.[1] 소비사회의 본격적 시작이랄 수 있는 그 시기 이후부터 연

---

1 필자가 과문한 까닭에 노년의 소비에 대한 역사적 추이를 보여주는 한국의 자료를 찾을 수 없었다. 해서 외국의 자료에 의존해 한국의 추세를 어림잡으려 한다.

령에 따른 소비 행태의 차이는 서서히 사라지게 된다. 소비 행태의 측면에서 소비사회는 '내구소비재 소유의 확대'와 대다수 사람이 '새로운 유형의 소비재'를 수용하게 되는 것을 말한다(Jones et al., 2008: 57). 그러한 확대와 수용의 동력이자 방향은 '청년 지향성'이다. "청년성의 이념이 생애 과정을 가로질러 확대되었다"(Jones et al., 2008: 37). 물론 전통적인 '성숙한 시장(mature market)', 그러니까 장년과 노년이 중심인 시장 세그먼트가 사라진 것은 아니다. 그러나 모든 연령대 소비자를 겨냥하는 안티에이징 산업의 폭발적 성장으로 성숙한 시장의 독특성은 과거에 비해 퇴색되었다. 이를테면 아이들과 청년들은 예방을 위해, 노인들은 현재적 필요에 의해 안티 에이징에 주력한다. 노화가 마치 '질병'과도 같은 의학적 대상이 되었기 때문이다. 그것은 '진단받고 치료받고 지체시키거나 제거'해야 하는 질병이다(Vincent, 2013: 31).

사회문제로서 저출산 고령화와 노인이 본격적으로 부각된 것은 1980년대의 일이다. 물론 그 이전부터 노인에 대한 새로운 시각이 학술적이며 정책적(지식-권력)으로 서서히 안착되었다. 발달심리학자와 노년심리학자, 예컨대 융(Carl Gustav Jung), 허비스트(Robert J. Havighurst), 발테스(Robert Baltes)가 근본을 다진 이래 노년학자들이 완성한 이른바 '성공적인 노화'[2] 개념은 획기적인 것이다. 노화에 실패하면 고독하고 버려지고 수동적이고 불행하며 병에 걸려 쇠약한 노인이 된다. 성공한 노화는 노인을 사교적이고 능동적이고 행복하며 건강하게 만들 수 있다. 아름다운 이 용어의 발전에는 그러나 학술적·화폐적·사회정책적 이윤을

---

2 가장 '성공적'인 저작은 1998년 발간된 존 로우과 로버트 칸의 『성공적인 노화』이다. 이 책은 1987년에 발표한 논문을 발전시킨 것이다.

향한 야멸찬 관심이 동력을 제공하였다. 예를 들어 린케(Detlef B. Linke)는 "제약회사와 노년심리학의 (위험한) 애정관계"를, 딜라웨이(Heather E. Dillaway)와 번스(Mary Byrnes)는 "정치·생의학적인 네트워크"를 '배후'로 지목한다(Linke, 1990: 188; Dillaway and Byrnes, 2009: 708).³ 로사노바(Julia Rozanova)는 패러다임이 대중적으로 성공할 수 있었던 요인으로 두 가지를 제시한다(Rozanova, 2010: 215). 첫째, 당사자의 요구 때문이다. 많아진 노인들은 자신에 대한 부정적인 이미지가 거슬린다. 비록 현실이 여전하더라도 생각이나마 긍정적으로 할 수 있다면 좋지 않겠는가. 둘째, 사회정책을 축소하려는 목적에 부합했다. 노인을 젊은이와 하등의 차이가 없는 시민, 더 정확히 말해서 '능동적이며 스마트한 소비자이자 임금 노동과 자원봉사와 같은 생산적 활동의 참여자로서 경제적 역할'을 수행하는 시민으로 간주하면 그들에게 지출되던 사회복지비용을 줄일 수 있겠다.

청춘을 빼앗긴 청년

청년성이 후기 근대의 가장 중요한 가치가 되는 데 기여한 것은 소비만이 아니다. 그것은 오히려 근대 자체와 관련된다. 로자(Hartmut Rosa)는 오늘날 우리가 자신의 정체성을 부단히 정정해야 할 필요성이 있다고 말한다. '미래의 기회를 잃지 않기 위해서' 과거와 현재와 미래의 자

---

3   물론 '배후'라는 표현은 과장이다. 딜라웨이와 번스는 성공적인 노화 패러다임이 "특정한 정치적 분위기와 세팅(신자유주의)의 직접적 결과"로만 보는 것을 경계한다. 대신에 조심스럽게 특정한 보수적 정치 이념이 패러다임의 발전을 '은밀하게 고무(subtle encouragement)'했다고 말한다.

신을 지속적으로 수정해야 한다(Rosa, 2005: 190). 장기적으로 미래를 고심하고 염려하는 것은 우리 시대에 맞지 않는다. 당장 내일 무슨 일이 일어날지 모르기 때문이다. 그때그때 상황에 맞게 자신을 변화시킬 수 있어야 한다('상황적 정체성'). 변화를 기피하고 안정을 추구하는 경직된 사람은 우리 시대에 어울리지 않는다. 필요한 것은 청년의—용모와 건강은 물론이고—삶의 방식(way of life)과 태도다. 청년은 새로운 출발을 지속적으로 도모하고, 모든 가능성을 열어놓고, 새로운 것에 적응하기 위해 애쓴다. 만약 유연하고 기동적인(mobile) 청년의 이미지가 우리가 사는 이 세계에 적합하다면 나이에 상관없이 그것을 취해야 한다. 말하자면 청년의 이상은 나이에 상관없이 만인이 추구해야 하는 가치다. 이렇게 생물학(연령)적 청년과 이상으로서의 청년(청년성)이 서로 분리된다.

 그렇다면 청년성은 잃었는데 연령은 청년인 사람이나 청년보다 더 청년다운 중년을 어떻게 표현할 수 있을까? 이를 블라터러(Harry Blatterer)는 '사춘기(adolescence)'와 '청년(youth)'의 구분으로 해결한다. 전자는 무책임성, 반항심, 비합리성, 예측 불가능성, 현재 지향성과 이기적 특성 등과 같은 일반적으로 '사춘기적 특성'이라 불리는 바람직하지 않은 것인 데 반해(Blatterer, 2007: 782), 후자는 기백과 열정, 유연성과 기동성, 위험을 감수하고 임기응변적이며 실험적인 성향, 창의성과 변화에 대한 갈망, 상황적 삶과 현재 지향성, 최첨단의 노하우, 유행에 민감함, 그리고 아름다움 등과 같은 바람직한 것이다(Blatterer, 2010: 71). 청년성을 상실한 청년은 '사춘기적 청년'일 뿐이다. 청년다운 청년은 "변화에 개방적이지만 책임감이 있고, 현재를 중히 여기지만 안정된 미래를 위한 투자에도 게으르지 않고, 성숙하되 고착되지 않으며, 즉흥적이지만 원하는 것을 명확히 안다"(Blatterer, 2010: 69).

"생물학적이며 나이와 연관된 경계에서 '해방된' 청년성"(Blatterer, 2010: 65)은 기존의 성인기(adulthood) 규범과 충돌한다. '안정성'과 밀접히 연결된 '표준적인 성인기'의 표식은 결혼, 부모 되기, 독립생활, 쓸 만한 직장이다(Blatterer, 2007: 775). 이 표식들을 지녀야 성인이라는 사회적 인정을 받게 된다. 오늘날 표준적 성인기 규범을 만족시키는 청년 성인(20~30대)은 전 세계적으로 희소하다. 성장을 연기하거나 거부하거나 부정하는 또는 수동적으로 연기되거나 거부되거나 부정당하는 사춘기 청년 성인들, 예컨대 미국과 호주의 키덜트(kidults)나 성춘기(adultescence), 독일의 둥지를 떠나지 않는 청년(Nesthocker), 영국의 키퍼스(KIPPERS: Kids In Parents' Pockets Eroding Retirements Savings), 이탈리아의 마더 보이(Mammone), 캐나다의 부메랑 키즈(Boomerang Kids)로 세상이 가득하다(Blatterer, 2007: 777).

우리 사정도 만만치 않거나 더 심각하다. 낮은 출산율, 높은 주거비용, 비정규직의 보편화의 측면에서 다른 OECD 회원국을 압도하기 때문이다. 낮은 출산율은 부모 되기를 방해하고, 높은 주거비용은 독립생활을 어렵게 하며, 비정규직의 보편화는 안정적 직장의 취득을 힘들게 만든다. 이는 곧 한국의 청년이 다른 회원국의 동료들보다 청년다운 청년이 되거나 청년다운 성인으로 성장할 기회가 극히 적다는 것을 말한다. 한국의 청년은 사춘기 청년으로 '지체'되면서 성인으로 '인정'받지 못한다. 이렇게 말하면 과장일까? 청춘은 모든 사람이 탐하는 가치가 되면서 청년에게서 해방되었고, 청년은 청춘을 박탈당했다!

세대 전쟁과 세대 게임

1980년대 서구에서 비롯한 '세대 전쟁'은 젊은 세대와 늙은 세대가 국가 재원이나 일자리와 같은 사회적 자원을 놓고 다투는 것을 지칭하는 용어다. 그것은 실제 사건이라기보다 담론적—하지만 결코 가볍지 않은 파장을 남긴—에피소드라 할 수 있다. 세대 전쟁론을 다음과 같이 정리할 수 있다(전상진, 2013; 안선희, 2013). '저출산 고령화로 사회복지 예산이 큰 부담이 되었다. 더불어 경제 위기의 심화로 일자리가 부족해졌다. 이기적인 성인 세대가 문제다. 장년층과 노인이 선거인, 정당 같은 이익 단체의 대다수를 차지함으로써 위협적인 정치적 영향력을 행사할 수 있다. 저출산 고령화는 현재 경제활동인구의 부담을 극적으로 늘린다. 노인 세대는 복지국가에서 이익을 보고 젊은이는 손해를 본다. 장년 세대는 일자리를 독점하고 젊은이는 비정규직이나 무직자로 고통을 겪는다. 이제 곧 심판의 날이 도래할 것이다.'

경험적으로나 이론적으로, 현실적으로나 학술적으로 세대 전쟁론은 빈약하고 공허하다. 그에 대한 비판을 다음과 같이 요약할 수 있다. 세대 전쟁론은 '다수의 피부양자가 소수의 부양자들을 곤란하게 만든다'는 전제에서 출발하지만, 산업사회 초기 성인 부양자에 비해 어린 피부양자들이 많았을 때 아이들이 생산활동에 참여함으로써 부양자의 부담을 줄였던 것처럼, 노인이 생산에 적극적으로 참여함으로써 부양 의무가 심각하게 늘지 않을 수 있다. 무엇보다 고령자의 상황은 서로 너무 이질적이어서 하나의 정치적인 단위를 만들 수 없다(추후 재론). 또한 국가가 고령자를 지원하는 것은 단순히 고령자 우대인 것이 아니라 국가 지원이 없을 경우 그들을 돌봐야 하는 자녀 세대의 부담을 덜어주는 것이기도 하다.

연금과 의료보험이 노령자에 대한 특혜라면, 청소년과 젊은이가 받는 공교육도 다른 세대에 대한 차별이라 할 수 있다.

맹랑함의 극치는 고령자가 하나의 정치적이며 경제적 단위가 될 수 있다는 주장이다. 비슷한 연령대라는 공통점으로 하나의 집단이 형성되는 것이 불가능한 것은 아니지만, 이질적인 사회적 배경을 지닌 고령자가—월드컵 축구 경기를 관람하는 때를 제외하고—돌연 하나의 단위가 된다는 것은 현실적으로 어렵다.⁴ 어떻게 큰 건물을 소유한 노인과 쪽방촌 노인이 정치적이며 경제적 이해를 같이할 수 있겠는가. 그런데도 세대 전쟁론은 서구의 공론장에 입성했다. '정치적 기업가들'(자신의 이익만을 위해 정치 행위를 하는 사람들)과 '스핀닥터'(여론을 창출하고 조작하는 전문가)의 덕이다. 이들은 사회적 현안을 새롭게 해석하여(이른바 '해석적 혁신') '객관적으로 존재하지 않는 이해의 대립을 창조'하고 종국엔 신자유주의적 개혁을 이루어냈다(전상진, 2013: 230). 공적 연금을 약화·해체하여 사적 연금에 대한 의존도를 높였다. 실업과 무직의 책임을 기업이나 국가가 아니라 당사자에게 전가함으로써 그들에 대한 기업적이며 사회적 책임

---

4 세대가 사회적 차이를 초월해서 하나의 공동체를 이룰 수 있다는 세대사회학의 근본 가정을 부정하는 것이 아니다. 청년보다 고령자가 세대 공동체를 만들기 어렵다는 점을 강조할 뿐이다. 저마다의 삶의 경험이 오랜 기간 축적되면 차이를 초월한 '우리-이미지'나 '우리-의식'(노르베르트 엘리아스)이 형성되기 힘들다. 그에 근거한 행동은 더욱 어렵다. 반대로 청년이 세대로 결집되기 쉬운 구조적인 까닭은 ① 사회적 의무가 면제되고 유예되는 모라토리엄의 기간에 있기에 이러저러한 이해관계로부터 상대적으로 자유롭고(그래서 차이를 초월하기 용이), ② 동료들과 동질감을 양성하고 집합의식을 만들 수 있는 세계, 즉 사회로부터 상대적으로 단절된 세계(학교·학원이나 군대)에서 오랜 기간 고립되어 서식하기 때문이다. 물론 우리 시대의 청년이 고전적 의미의 세대(형성 과정)로부터 점차 거리를 두게 되었다는 새로운 세대 논의도 있다. 전상진, 2013: 233-237 참조.

(예컨대 실업급여)을 덜어냈다.

2015년 드디어 한국에 세대 전쟁론이 본격적으로 수입되었다. 정점은 8월 6일 대통령의 대국민담화다(박세열, 2015).[5] "공공·노동·교육·금융의 4대 구조 개혁"이 필요하다. "생산 가능 인구 감소(저출산, 고령화)"라는 큰 틀 속에서 "성장 잠재력"이 급격히 저하되었기 때문이다. 특히 "방만한 공공부문과 경직된 노동시장, 비효율적인 교육 시스템과 금융 보신주의"가 문제다. 대국민담화는 노동 개혁에 가장 많은 비중을 할애했다. 단어 수로 보면 다른 세 가지 개혁에 대한 논의를 합친 것과 비슷하다. 노동 개혁의 열쇠말은 일자리 부족이다. 그 때문에 "연애도, 결혼도, 출산도 기피"하는 청년이 다수 양산되었다. 노동 개혁을 통해 "청년의 절망(입직 실패)"과 "비정규직 근로자의 고통"을 해결할 수 있다. 개혁의 대상은 두 가지다. 첫째, 불합리한 고임금이다. 2016년부터 정년 연장이 시행되면서 "향후 5년 동안 기업들은 115조 원의 인건비를 추가로 부담할 것으로 예상"되고 "이렇게 인건비가 늘어나면 기업들이 청년 채용을 늘리기가 어렵"게 될 것이다. 둘째, 불공정하고 경직된 고용과 임금 관행이다. "예전처럼 일단 좋은 일자리에 취업하면 일을 잘하든 못하든 고용이 보장되고, 근속 연수에 따라 임금이 자동으로 올라가는 시스템으로는 기업이 더 많은 일자리를 만들" 수 없다. 두 문제를 해결하기 위한 대책은 "임금 체계와 노동 유연성의 개선"이다. "이렇게 임금 체계가 바뀌고 노동 유연성이 개선되면, 기업들은 그만큼 정규직 채용에 앞장서주셔서 고용과 성장의 선순환 구조를 만들어내야 할 것입니다." "우리의 딸과 아들을 위해서" 그리고 "국가의 미래를 위해서" 기득권을 지닌 사람들이 "고통 분담"을 해야 한다. "기성세대가 함께 고통을 분담하고, 기득권을 조

---

5 편의를 위해 전문의 내용은 출처 표시 없이 인용하겠다.

금씩 양보해야 합니다.…청년들에게 더 많은 일자리를 제공할 수 있도록 대기업과 고임금·정규직들이 조금씩 양보와 타협의 정신을 발휘해줄 것을 간곡히 당부 드립니다."

대국민담화는 해석적 혁신을 통해서 객관적으로 존재하지 않는 이해의 대립을 '창조'하는 혐의가 짙다. 무엇보다 현안의 원인을 매우 독특하게 해석한다. 청년의 절망과 고통의 원인을 '고임금·정규직 기성세대'의 기득권에서 찾는다. 중요하므로 반복한다. 대국민담화는 "청년들에게 더 많은 일자리를 제공할 수 있도록 대기업과 고임금·정규직들"의 고통 분담이 필요하다고 강조한다. 그런데 대기업의 위치가 묘하다. 대기업은 기득권자가 아니다. 오히려 다른 기득권자들에게 고통을 받는 위치에 더 가깝다. 대기업은 정규직 노동자인 기득권자들의 높은 인건비를 부담하는 애처로운 처지에 놓임으로써 청년들에게 일자리를 주지 않는 책임에서 해방된다. 결국 청년들의 고통과 절망의 책임은 애오라지 정규직 노동자인 기성세대의 몫이다! '갑의 횡포'는 물론이고 감면된 법인세의 혜택도 누리는 대기업도, 온갖 불법과 편법을 통해 치부한 재벌도, 무능하고 타락한 정부와 관료와 국회의원도, 이들 모두가 하나 되어 무소불위의 권력을 휘두르는 정경유착도 그에 아무런 책임이 없다. '이게 다 정규직 노동자인 기성세대 때문이야.'

해석적 혁신은 이미 2015년 봄에 시작되었다. 국민연금의 기금 고갈을 논하면서 당시 보건복지부장관이자 '연금 전문가'인 문형표는—누군지 밝히지 않은 연금학자의 말을 빌려—기존의 국민연금 체계(부과식)가 '세대 간 도적질'이라고 발언했다.[6] 세대 전쟁론의 한국판이다. "연금은 바라지도 않습니다. 형님들이 독점하고 있는 일자리, 조금만 나눠 주십

---

6 「문형표 "연금고갈 빚 후대로 넘기면 '세대간 도적질'"」,《연합뉴스》, 2015. 5. 7.

시오"(유성열·이상훈, 2015). 자칭 청년 단체인 '대한민국청년대학생연합'이 4월 30일 전국민주노동조합총연맹 앞에서 시위를 벌이며 외친 구호다. 그 단체의 대표는 "정규직 노조가 중요한 개혁마다 사사건건 발목을 잡아 기업의 투자 의지가 꺾이고 기득권층은 좋은 일자리를 독점하고 있다"며 "눈물만 삼키는 취업 준비생의 현실을 한 번만 돌아봐달라"고 호소했다. 대통령과 전 장관과 청년 단체는 모두 기성세대와 젊은이의 대립 구도를 그린다. 풍부한 연금 덕에 걱정 없이 사는 탐욕스러운 노인들과 막대한 연금을 채워주느라 경제적 스트레스에 시달리는 젊은이, 고품질의 일자리를 독점한 이기적인 기성세대와 그 때문에 입직도 못 하는 젊은이라는 대립 구도!

부터베게(Christoph Butterwegge)는 세대 전쟁이 불평등 문제를 희석하기 위한 '사회정책적 데마고기'라고 말한다(전상진, 2013: 230) "사회국가의 축소를 도모하는 세력이 '세대 형평성'을 통해 자신들의 정책적 주도권을 정당화한다. 세대 형평성 논의의 정치적 효과는 비단 사회국가의 축소만이 아니라 불평등한 권력, 재산, 지배 관계 대신에 세대를 사회갈등의 원인으로 상정함으로써 기존의 불평등한 구조를 '은폐'하는 것"이다. 청년 단체와 전 장관과 현 대통령의 발언은 전형적인 사회정책적인 데마고기다.

이하늬는 이렇게 분석한다. "임금피크제로 이득을 보는 건 누구일까? 장년층 고용과 청년층 채용은 상관관계에 있다는 가설은 입증된 바 없고, 300인 이상 대기업은 좋든 싫든 정년을 연장해야 한다. 청년층이 할 수 있는 일자리를 장년층이 대체하기 어렵기 때문에 청년 고용도 비슷한 수준으로 유지될 것으로 보인다. 이런 상황을 정리하면 세대 간 일자리 전쟁 프레임으로 혜택을 보는 것은 대기업이라는 결론이다"(이하늬,

2015). 사회문제의 책임을 자본가나 권력자와 같은 전통적인 기득권자에게 묻지 않고, 고임금을 받는 정규직 기성세대라는 '새로운' 기득권자에게 전가하는 것이다.

세대 전쟁론을 확산하기 위한 대통령과 장관과 '청년 단체'—그리고 언론—의 노력, 즉 결코 세대로 설명할 수 없는 불평등을 세대의 문제로 해석적으로 혁신하려는 노력을 나는 '세대 게임'이라 정의한다. 세대 게임이라는 말은 신노동당 내각의 정책 보고서에서 유래한다(Office, 2000). 보고서는 특정 연령집단 세대(50~65세 유권자)의 지지를 내기물로 건 보수당과의 정치 게임, 즉 세대 게임에서 신노동당이 승리하는 데 필요한 정책들을 담았다. 한국의 세대 게임에는 두 가지가 더 추가된다. 바로 '책임의 전가·회피'와 '비난'이다. 책임의 문제는 사실 한국뿐만 아니라 현대 사회가 관련된 사항이기도 하다. 고도로 복잡한 현대 사회가 가져온 여러 변화 중 하나는 어떤 정책이나 거대 위험 기술이 필연적으로 가져오는 부작용의 책임을 따지기 어렵다는 것이다. 책임의 소재지가 불명확하기 때문이다. 밀스(Charles Wright Mills)와 벡(Ulrich Beck)은 이를 '조직화된 무책임성'이라 불렀다(전상진, 2014: 200, 205).[7] 2008년 글로벌 금융위기나 후쿠시마 원전 사태 또는 가깝게는 세월호 참사를 보라. 엄청난 사건이 일어났지만 아무도 책임지는 사람이 없고 오로지 책임을 회피하고 남에게 전가하며 비난할 뿐이다. 이런 현상을 영어로는 '비난 게임(blame game)'이라 한다. '책임 공방'으로 번역할 수 있는 이 신조어는 '어떤 실패 상황이나 부적절한 결과에 대해 높은 위치에 있지만 책임을 인정하

---

[7] 동일한 용어를 활용하지만 두 사회학자의 시선은 서로 다른 곳을 향한다. 밀스는 권력의 최상층에서 나타나는 무책임성을, 벡은 체계 수준에서 발생하는 것을 조준한다.

지 않으려는 사람들이 서로 비난하고 책임을 전가하는 것'을 말한다.[8] 이 용어는 문제 해결에 힘쓰지 않고 책임을 회피하기 위해 남을 비난하는 세태를 비판하기 위해 고안되었다. 신조어가 만들어졌다는 것은 그만큼 세계 도처에서 책임 공방이 빈번해지고 치열해졌다는 말이다. 책임 공방이 치열해지는 만큼 책임을 회피하고 전가하는 전략이 개발되고 활용되는 것은 당연한 이치, 그래서 후드(Christopher Hood)는 다음과 같이 말한다. "책임 회피의 이념은 정치와 관료조직의 정언명령이 되었다"(Hood, 2011: 24). 책임 회피에 미숙하면 지지자를 잃고 관료적 정당성을 상실하게 된다. 그런 의미에서 책임 회피야말로 지지와 정당성의 근간이랄 수 있다. 공식으로 요약하자. '한국의 세대 게임=좁은 의미의 세대 게임+세대 전쟁론+비난 게임.'

한국의 개혁 드라이브의 두 가지 중추인 일자리와 연금과 관련한 정책 담론은 세대 게임이다. 정부의 연금·노동 개혁은 첫 번째로 "야권 지지층이 상대적으로 많은 기성세대(40~50대)를 고립시키며 청년 세대 표를 상당 부분 끌어올 수 있다는 계산을 했을 법하다"(이용욱·조미덥, 2015). 두 번째로, 책임을 회피하고 비난할 대상을 얻고자 한다. 앞서 언급한 대기업의 오묘한 위치 설정, 즉 피해자에 가까운 위치 설정을 상기하자. 이는 새로운 세대 게임이 책임을 회피할 목적으로 특정 세대를 희생양 삼아 비난한다는 것을 보여준다. 더불어 지배관계를 불투명하게 만들고 불평등한 기득권의 구조를 은폐하는 효과도 노리고 있음을 보여준다. 입직의 어려움과 비정규직 문제가 대기업이나 세계화 주도 세력의 정책이나 운영 방침이 아니라 기성세대의 기득권, 이를테면 고임금을 받으면서 경

---

8 한때 '높은 위치'를 '책임지는 위치'라고도 부른 적도 있었다.

직된 고용 관행의 혜택을 누리는—기껏해야 노동자일 뿐인—기성세대의 기득권에서 비롯한다. 요컨대 새로운 세대 게임은 ① 정적(opponent)을 지지하는 세대를 자신의 지지 세력으로 만들려는 정당한 정쟁에 더하여, ② '사회문제의 해결에는 관심이 없으며 오로지 책임을 회피하고, ③ 어떤 정치적인 이익(예컨대 현상 유지, 기득권 수호)을 챙기기 위해 특정 세대를 희생양 삼아 비난하는 것'이다.

세대 전선 이상 없다?

그런데 왜 세대 게임이 부상했을까? 왜 하필 세대가 비난과 책임 회피와 지지자 동원의 도구로 활용될까? 바로 '세대의 매력' 때문이다!(전상진, 2014: 237) 세대의 매력은 불명확성과 단순성에 있다. 명확하지 않기에 온갖 것에 세대를 쓸 수 있다. 한 젊은이의 일탈에 눈살을 찌푸리며 '그 세대'를 욕한다. 한 어르신의 실수를 '그 세대'의 모습으로 확대한다. 어르신이 젊은 세대를 욕할 때 젊은 나는 그 세대에 속하지 않는다고 생각하며, 젊은이가 노인 세대를 비난할 때 늙은 나는 그 세대가 아니라고 생각한다. 세대는 누구라도 될 수 있지만 아무도 아닐 수 있다. 이 때문에 세대 게임이 비난 게임의 최적화된 양식이 될 수 있는 것이다. 다른 세대를 비난하지만 비난받는 사람은 없다. 말하자면 세대는 '텅 빈 기호'다. 사회문제의 원인으로 특정 세대를 지목하고 비난하더라도 아무도 그에 속한다고 생각지 않으니 변변한 저항이 있을 턱이 없다. 설령 그에 속한다고 생각하는 소수가 저항을 하더라도, 그의 연령적 동료이지만 세대 소속감이 없는 사람들이 저항에 동조하거나 그것을 지지하지는 않을 것이다. '텅 빈' 세대는 그래서 더 없이 요긴한 희생양이다. 세대는 또한 단순하기에 매력적이다. '우리'와 '그들'을 아주 간명하게 갈라준다. 그런 의미에서 세대는 정치의 도구로 제격이다. 적과 우리를 알기 쉽게 구분해주면서 내부적 차이, 즉 적과 우리의 내부에 존재하는 이러저러한 차이도 없애준다. 그들이 하나인 것처럼 우리도 하나다. 적에게 모든 책임을 전가하고 비난하면서 우리는 하나가 되고 견고해진다. 단언컨대 세대는 최적의 정치적 동원 수단이다.

세대 게임을 고안한 정치적 기업가들은 사회문제를 불명확하고 단순한 세대의 부호로 변환한다. 사회문제가 세대의 부호로 파악되어 세대적 사안으로 바뀐다. 이렇게 되면 그 문제의 세대적이지 않은 다른 측면들은 보이지 않게 된다. 예를 들어 불평등과 불공정의 문제는 전통적으로 정치나 경제 또는 사회운동(계급)의 부호로 파악되었다. 그것이 세대적 부호로 대체되면서 정치나 경제나 계급은 '사상(捨象)'되고 오직 세대적인 것만 부각된다. 불평등과 불공정은 그렇게 '세대의 문제'가 된다. 연금생활자와 늙은이들이 젊은 우리를 착취하며, 고임금을 받는 정규직 기성세대가 우리의 일자리를 뺏어간다. 장년층과 노인은 젊어지고 행복하며, 청년은 청춘마저 빼앗기고 좌절한다. 정치적 기업가는 세대 게임을 통해 '상상의' 이해 대립을 창조한다. 그것이 현실적 힘을 얻게 되면, 말 그대로 싸우지 않아도 될 일로 진짜 싸움이 벌어질 것이다. 한국의 세대 게임은 그런 '위험한' 용도로 고안되었다.

레마르크의 『서부 전선 이상 없다』는 무의미한 전쟁에 내몰려 "파멸한 (청년) 세대에 대한 보고"(레마르크, 2006: 5)이다. 18세 소년들은 교사와 아버지와 같은 기성세대의 선동에 이끌리고 떠밀려 학도지원병으로 참전했다. 특히 교사 칸토레크는 전쟁의 참상이 널리 알려진 상황 속에서도 '강철 같은 청년'인 학생들의 자원입대를 종용했던 인물이다. 얼마 후에 벌써 베테랑이 된 이 학생들은 군인이랄 수 없는 행색을 한 향토방위병 칸토레크와 조우했다. 그의 선동으로 참전하여 '이미 노인'이 되어버렸고 '길을 잃어버린' 과거 학생들에게 비굴한 청탁이나 해대는 칸토레크에게 모든 불행의 책임을 돌릴 수는 없다고 소설의 화자인 파울 보이머는 말했다(레마르크, 2006: 22, 102).[9] 하지만 수많은 칸토레크들이 청년들을 더 나은 세상으로 '중개해주고 이끌어 주지 않고 자신에게 편리한 방식으로 나름대로 최선을 다한다는 확신에 사로잡혀 우리가 사는 세상을 파멸에 이르게 했다고 보고한다(레마르크, 2006: 17-18). 칸토레크의 후예들은 이 땅에도 존재하며 세대 게임을 궁리한다. 파울 보이머의 세대는 전쟁을 겪으면서 노인이 되었지만, 우리 젊은이들은 세대 전쟁이 발발하기도 전에 이미 청춘을 빼앗겼다. 칸토레크들이 새로운 전쟁에 참여하라고 젊은이들을 선동하고 있다. 곧 다가올지도 모를 전쟁에서 우리 청년들은 또 무엇을 잃을 것인가? 부디 세대 전선이 그려지지 않기를 바랄 뿐.

::참고문헌

구희언, 2015, 「잉여 인생, 삼포세대, NG족…청년 세대의 다른 이름」, 《주간동아》, 978호, 40-41쪽.

9 필자는 번역자와 달리 'verloren'을 '행방불명'이 아니라 '길을 잃어버린'으로 번역했다. 제1차 세계대전에 참전한 젊은이들을 묘사하는 'lost generation'을 독일에서는 'verlorene Generation'으로 표현한다. 절망하고, 길을 잃고, 패배하고, 의미를 상실함을 뜻하는 'verloren' 또는 'lost'를 '행방불명'보다는 '길을 잃은'으로 번역하는 것이 더 낫겠다는 생각이다.

레마르크, 에리히 마리아, 2006, 『서부 전선 이상 없다』, 홍성광 옮김, 열린책들.
로우, 존, 로버트 칸, 2001, 『성공적인 노화』, 최혜경·권유경 옮김, 학지사, 2001).
바우만, 지그문트, 『쓰레기가 되는 삶들』, 정일준 옮김, 새물결, 2008.
박성진, 2015, 「OECD "회원국 빈부 격차 사상 최대"…한국 노인 빈곤율 1위」, 《연합뉴스》, 5월 22일.
박세열, 2015, 「대국민담화 전문」, 《프레시안》, 8월 6일.
안선희, 2013, 「세대 간 투쟁은 허구다」, 《한겨레》, 5월 14일.
유성열·이상훈, 2015, 「갈수록 캄캄한 청년 고용절벽」, 《동아일보》, 5월 14일.
이용욱·조미덥, 2015, 「'노동개혁으로 청년 표 확장' 여권의 총선 셈법」, 《경향신문》, 8월 8일.
이하늬, 2015, 「임금삭감이 세대 간 대타협? 청년실업은 핑계일 뿐」, 《미디어오늘》, 7월 17일.
전상진, 2013, 「경제민주화와 세대: '연금을 둘러싼 세대들의 전쟁' 레토릭에서 나타나는 세대의미론과 활용전략의 변화」, 한국사회학회 편, 『상생을 위한 경제민주화』, 나남
전상진, 2014, 『음모론의 시대』, 문학과지성사.

Blatterer, Harry, 2007, "Contemporary adulthood reconceptualizing an uncontested category," *Current sociology* 55(6).

Blatterer, Harry, 2010, "The changing semantics of youth and adulthood," *Cultural sociology* 4(1)

Dillaway, Heather E. and Mary Byrnes, 2009, "Reconsidering successful aging: A call for renewed and expanded academic critiques and conceptualizations," *Journal of applied gerontology* 28(6).

Hood, Christopher, 2011, *The blame game*: *Spin, bureaucracy, and self-preservation in government*, Princeton and Oxford: Princeton University Press.

Jones, Ian R., Martin Hyde, Christina R. Victor, Richard D. Wiggins, Chris Gilleard, & Paul Higgs, 2008, *Ageing in a consumer society: From passive to active consumption in Britain*, Briston: The Policy Press

Linke, Detlef B., 1990, "Kompetenz zwischen Prophylaxe und Rehabilitation," Erich E. Geißler ed., *Bildung für das Alter-Bildung im Alter. Expertisensammlung*, Bonn: Bouvier.

Office, Cabinet, 2000, *Winning the generation game – improving opportunities for people aged 50 – 65 in work and community activity* (a performance and innovation unit report), London.

Rosa, Hartmut, 2005, *Beschleunigung. Die Veränderung der Zeitstrukturen in der Moderne*, Frankfurt a. M.: Suhrkamp.

Rozanova, Julia, 2010, "Discourse of successful aging in the globe & mail: Insights from critical gerontology," *Journal of aging studies* 24(4).

Sterns, Ronni S. and Harvey L. Sterns, 1995, "Consumers issues: The Mature Market," Richard Schulz ed., *The encyclopedia of aging: A comprehensive resource in gerontology and geriatrics*, New York: Springer Publishing Company.

Vincent, John, 2013, "The anti-aging movement", Maartje Schermer and Wim Pinxten eds., *Ethics, health policy and (anti-) aging: Mixed blessings*, Dordrecht et al.: Springer.

3
공공이라는 이름의 치유
: 한 대기업의 해외 자원봉사활동을 통해 본
한국 사회 '반(反)빈곤'과 '대학생'의 지형도*

조문영(趙文英)
연세대학교 문화인류학과 교수

자본주의는 비록 세계화로 전 세계를 포괄하기는 하지만, 협의의 '세계 없는' 이데올로기적 성좌를 유지하며 대다수 사람에게서 의미 있는 인식적 지향점을 박탈한다. 자본주의는 의미를 탈전체화하는 최초의 사회·경제적 질서다. 의미의 차원에서는 전혀 세계적이지 않다(지젝, 2012: 109).

---

* 이 글은 『한국문화인류학』 제46집 2호에 게재된 논문을 약간 수정한 것이다. 연구를 위한 자료조사가 2011-2013년에 이루어졌음을 염두에 두고 글을 읽기를 권한다.

들어가며

한국의 많은 대학생은 방학이 되면 짐을 싼다. 용돈을 아끼고 아르바이트로 번 돈을 모아 배낭여행을 가는 학생도 많지만, 적잖은 학생이 '해외 자원봉사'라는 명칭 아래 정부나 기업, 대학, 종교단체, NGO 등에서 제공하는 경비를 받고 낯선 곳으로 원정을 나선다. 공짜 여행을 떠날 수 있는 기회는 많아졌지만 그렇다고 호락호락한 것만은 아니다. 몇몇 참가 대학생의 언급처럼 "이왕이면 이름 있는 거 하자"는 생각에, "봉사도 하고 스펙도 쌓으면 일석이조"란 판단에 대기업에서 주최하는 해외 봉사활동이 단연 인기를 끈다. 서류 심사에서 면접에 이르는 전 과정은 취업 준비와 대동소이한데, 실제로 인터넷 포털사이트에서 운영하는 웹 카페 중 회원수가 104만 명을 넘어선 '독취사(독하게 취업하는 사람들)'[1]은 해외 봉사활동을 자격 시험, 어학 시험, 공모전과 더불어 스펙을 쌓는 데 필수적인 '대외 활동' 목록에 포함시키고 있다. 또 다른 웹 카페 'SPEC UP'[2]은 각종 모집 프로그램을 실시간으로 공지하는 것은 물론 서포터스, 해외 탐방, 마케터, 기자단, 봉사활동 등 국내외 모든 대외 활동의 합격 자소서(자기소개서), 면접 후기, 활동 수기를 한데 모아 '최신 대외 활동 족보'를 발행하기도 한다. '유사' 취업의 관문을 뚫은 학생들은 맞춤 제작된 모자와 티셔츠, 배낭으로 멋을 내고, 후원자의 로고가 찍힌 현수막을 내걸고 공항에서 단체사진을 찍은 뒤 세계 여러 나라로 흩어진다. 돌아와서는 봉사 수료증을 받아 '인증'을 남기고, 주최 기관에서 요구하는 평가 문항에 점수를 달거나 수기를 작성하고, 마지막으로 제 이력서에 한 줄을 덧붙인다.

1 http://cafe.naver.com/dokchi/
2 http://cafe.naver.com/specup/1271296

한국의 대학 사회를 풍미하는 이러한 현상이 극히 최근의 일이라는 점을 주목할 필요가 있다. '빈곤에 맞선다'는 것과 '해외에 간다'는 것은 종교적인 소명에 따른 일부의 봉사활동을 제외하고는 긴밀히 연결될 만한 수사가 아니었다. 학생운동이 치열했던 1980년대 전자는 철거 반대 투쟁 등 정권에 대한 저항과 긴밀히 연결된 반면, 후자는 유학을 떠나는 소수 특권층의 이미지와 겹쳐질 뿐이었다. 1989년 해외 여행 자유화 이후 어학연수, 교환학생, 배낭여행 등 대학생이 해외로 떠날 수 있는 기회는 대폭 증가했지만 그때에도 반(反)빈곤활동과 해외행(行) 간의 공통분모를 찾기는 어려웠다. 여름이면 으레 농활을 준비했던 대학생은 미국으로 단기 어학연수를 떠나는 과 친구를 '질시'했고, 졸업 전 유럽 배낭여행을 떠나고 싶어 빈민 지역 공부방 활동을 잠시 접어야 했던 선배는 후배에게 '미안함'을 드러내기도 했다.

이 글은 '빈곤에 대한 개입'과 '해외행'이라는 연결이 취약해 보였던 두 행위가 '대학생 해외 자원봉사'라는 이름으로 수렴되면서 한국의 대학 사회를 특징짓는 가시적인 문화 현상의 하나로 등장한 점을 이해하고자 하는 시도이다. 이러한 문제의식은 특히 두 가지 질문으로 구체화된다.

첫째, 현재 범람하고 있는 해외 자원봉사가 대학생이라면 응당 도전해봄직한 기회이자 반빈곤활동의 상시적인 장으로 등장하게 만든 조건은 무엇인가? 필자는 해외 자원봉사 및 국제협력, 기업의 사회공헌 관련 문헌들에 대한 검토를 통해 '빈곤'과 '대학생'에 대한 새로운 통치성(governmentality)—지식과 테크놀로지, 주체화의 총체로서—이 조우하는 지점에 대학생 해외 자원봉사활동이 위치하고 있음을 주장할 것이다. 자본주의의 구조적 폭력에 대한 저항과 사회적 대의를 위한 희생을 암묵적으로 전제하는 빈곤에 대한 '무거운' 개입은 퇴색하고, 그 대신 손쉽고 발랄하고 창의적인 봉사 또는 공정무역이나 공정기술, 사회적 기업, 빈민을 위한 마케팅의 유행에서 보듯 자본주의적 이윤 추구라는 축을 훼손하지 않는 가운데 사회의 지속 가능성을 추구하는 작업이 헤게모니를 획득하고 있다. 또한 한국의 대학생은 정의를 수호하고 공공의 가치를 대변하는 '지식인'이 아니라 글로벌 경쟁력을 강화하고 자기 계발과 타인에 대한 봉사를 결합하는 '명품 인재'가 될 것을 요청받는다. 이 경우 현존하는 사회적 질서란 비판하고 저항해야 할 대상이 아니라 졸업 후 성공적으로 진입해야 할 세계로 정형화된다. 대기업에서 주관하는 대학생 해외 자원봉사의 유행은 결국 기성 사회로의 안정적인 진입을 위한 대학생의 커리어 구축 작업과 빈곤에 대한 '가벼운' 개입이 조우하는 가운데 출현한 문화 현상이라 할 수 있다. 그렇다면 봉사의 '진정성'(이선재 2009)은 대학생의 자원봉사를 비판적으로 바라볼 이상적인 준거인가?

담론 분석을 넘어 생활세계의 역동성에 천착하는 개발 인류학자로서 필자가 제기하고 싶은 두 번째 질문은 해외 자원봉사의 핵심 주체로 호명된 대학생이 실제로 활동에 참여하는 과정과 그것에 의미를 부여하는 방식에 관한 것이다. 필자는 사회공헌활동이 활발한 M기업[3]에서 매년 방학마다 주최하는 한중 대학생 글로컬(glocal)[4] 캠프에 대한 참여관

---

3 이 글에 등장하는 기업과 인물의 이름은 모두 가명이다. 아울러 이 글이 특정 기업의 활동을 비판하기 위해 작성된 것이 아님을 미리 밝혀둔다. 필자가 검토한 바에 따르면, 다른 기업에서 운영되는 대학생 단기 해외 자원봉사 역시 프로그램의 기본적인 설계와 수사(rhetoric)에 있어 M기업과 크게 다르지 않다.

4 '글로컬'(glocal)은 '글로벌'(global)과 '로컬'(local)의 합성어로 "지역 사회의 문제를 해결하지 않고서는 세계 문제를 해결할 수 없다"는 인식에 바탕하고 있다(이선재 2009: 38). 글로벌리제이션이 개별 지역의 특성을 무시하는 획일적인 방향으로 진행되어선 안 된다는 인식을 함축하는 이 단어는 이제 NGO는 물론 기업의 공익활동에서도 유행하는 수사가 되고 있다.

찰과 참가 대학생에 대한 인터뷰 자료를 통해 이 문제를 구체적으로 기술할 것이다. 2003년에 발족한 이래 국내 최대 대학생 자원봉사단을 운영해온 M기업은 2010년부터 중국에서도 현지 대학생 자원봉사자를 모집하기 시작했으며, 이들 중 일부를 선발하여 매년 방학마다 중국과 한국에서 양국 대학생이 공동으로 참여하는 봉사활동(각 캠프당 35명 내외)을 진행하고 있다. 필자는 2011년 여름 중국 베이징, 2012년 여름 쓰촨성 일대와 베이징에서 열린 세 번의 캠프에 '중국 전문가'이자 '멘토'의 자격으로 참여했고, 활동이 끝난 후에도 온라인에서의 만남(페이스북, 카카오톡)을 통해, 그리고 2013년 1월 진행된 심층 인터뷰를 통해 해외 자원봉사에 관한 대학생 자신의 발화를 수집했다.[5]

문화인류학적 현지조사를 통해 관찰한 바에 따르면, 이들의 봉사활동은 '과도한' 개입을 미연에 차단하고 경제적 불평등에 따른 갈등을 '문제해결식(problemsolving)' 틀 안에 봉합시킨다는 점에서 공공성의 도구적 성격을 드러낸다. 그러나 이것이 '탈근대'에 대한 비관론적 시각에서 흔히 강조되는 공공성의 부재, 예컨대 바우만(Zygmunt Bauman)이 현 시기 진보 개념에서 강조한 대로 "공적인 성격이 빠져나가고 사적인 것만 남게 된" 상태(바우만, 2005: 219)로 귀결되지 않는다는 게 필자의 생각이다. 다른 한편 푸코(Michel Foucault)의 통치성 논의를 바탕으로 '시장의 공공화'에 주목하는 연구들은 기업과 소비자·시민단체가 자발적으로 사회적 책임을 떠맡는 현상을 신자유주의적 통치 기제로서 바라봄으로써

---

[5] 필자는 캠프에 참여한 한국과 중국의 대학생을 모두 관찰했으나 한국 사회 '대학생'과 '반빈곤'의 관계를 탐구하는 이 글의 성격상 전자만을 주요 연구대상으로 삼았다. 한국 대기업의 해외 자원봉사활동에 참여한 중국 대학생에 관한 논의는 별도의 이론적·지역적 고찰을 요구한다.

'공공'의 유행에 대해 신중한 입장을 보여주고 있지만(김주환, 2012; Shamir, 2008), 지배 테크놀로지의 현현(顯現)이라는 결론을 통상 전제하고 있어서 자신을 윤리적 주체로 구성하는 자들의 행위와 감정에 깃든 중층성과 역동성을 대등하게 고려하지 못하는 측면이 있다. 현 생활세계의 '정상성(normalcy)'에 도전하지 않는 상태에서 고립과 결핍에 대한 즉각적인 보상과 치유를 바라는 대학생의 심리는 결국 봉사활동 전 과정에서 자족적·분절적 '에피소드'를 양산하는데, 각각의 에피소드에서 개인적 치유에 대한 바람과 사회적 공생에 대한 희구는 엄격히 분리되지 않는다. 필자가 주목하는 것은 에피소드식 활동의 연쇄 속에서 완벽한 치유, 완벽한 공생이란 불가능하다는 점, 그리고 사회적 관계의 회복을 통한 만족이 일시적으로 봉합되고 지속적으로 유예됨으로써 생기는 감정적 딜레마다. 이어질 본문에서 필자가 제기한 두 가지 문제, 즉 현재 한국의 대학 사회에서 해외 자원봉사의 범람을 가능하게 만든 조건과 그 활동의 실제를 구체적으로 살피기로 한다.

해외 자원봉사의 범람: 희생을 요구하지 않는 반빈곤활동

전 세계 많은 대학생이 롤 모델로 삼고 있는 빌 게이츠는 2008년 다보스 포럼에서 '창조적 자본주의(creative capitalism)'라는 비전을 제시했다. 그는 먼저 "자본주의는 많은 사람의 삶을 향상시켰지만 동시에 더 많은 사람을 배제해왔다"고 지적한 뒤, 정부나 비영리단체에 가난한 사람들의 구제를 전적으로 맡기기보다는 기업이 앞장서서 빈자를 위한 기술혁신에 힘쓰고, 바로 그러한 작업을 통해 이윤을 추구할 수 있도록 시장의 동력을 확산시켜야 한다고 주장했다.[6] '창조적 자본주의'는 자본주의의 진화인가 또는 한계인가? 한 기업 컨설턴트가 "창조적 자본주의란 기업의 이윤 추구와 더불어 사회적 책임을 강조하는 보다 진보된 형태의 자본주의 시스템을 의미"하는 것으로 "기존 자본주의 체제를 무너뜨리고자 하는 혁명적 발상은 결코 아니다"(최혁준, 2010: 13)점을 강변하는 반면, 비판 이론가인 지젝(Slavoj Žižek)은 "오늘날의 자본주의는 저 스스로를 재생산할 수 없다. 사회적 재생산의 순환을 유지하기 위해 자본주의에는 경제 외적인 자선 행위가 필요한 것이다"(지젝, 2011: 54)라며 자본주의의 곤경을 직시한다. 지젝은 빌 게이츠와 같이 극단적 투기와 과감한 자선을 동시에 실천하는 기업가를 '자유주의적 공산주의자'라 명명하는데, 오늘날 전 지구적 빈곤에 맞서 연대를 선언한 이들의 동지 그룹은 각국 정부와 국제기구, 종교단체, 대학은 물론 NGO로 끝없이 확장되고 있다.

'빈곤'을 화두로 한 이 같은 국제적 연대가 물론 최근의 일은 아니다. 1960년대 전후로 과거 서구 열강의 식민지들이 대부분 신생국으로 독립했을 때 전후 세계 질서의 새로운 방향을 모색하는 과정에서 '개발(development)'은 중심 화두로 등장했다(Escobar, 1995; Cooper, 1997). 개발원조가 기존 세계 체제의 불평등을 제거하기보다는 온존시킨다는 네오마르크시즘과 종속이론 진영의 비판은 주변부에 머물렀고, 냉전 체제하에서 신생 독립국이 공산 진영에 편입되는 것을 막기 위한 정치적 고려에서든 아니면 국제회의에서 식민 모국과 어깨를 나란히 하게 된 제3세계 국가의 성장을 돕겠다는 근대화적 열망에서든(Malkki, 1994; Ferguson, 2005) 대규모 개발원조 프로젝트는 어마어마한 인적·물적 자원을 동

---

6 Bill Gates, "Making Capitalism More Creative," Time, 2008. 7. 31.

원하는 '빈곤산업(poverty industry)'으로 성장했다. '공적 개발원조(ODA: Official Development Assistance)'가 급속히 증가한 것은 물론 미국, 캐나다, 서독, 프랑스, 일본 등 선진국을 중심으로 한 해외봉사단이 1950~1960년대 대규모로 창설되어(한국국제협력단, 2011: 22) 과거의 선교사를 대체하는 근대화의 미션을 수행하기 시작했다. 그리고 이러한 빈곤산업은 빈자뿐만 아니라 국제기구와 각국 정부, NGO, 대학 등 'ODA'라는 기치 아래 개발의 녹을 먹고살아가는 수많은 전문가·봉사자·기관을 양성한 탓에 개발원조의 반복된 실패가 오히려 당연한 '규범(norm)'이 되고 정책의 설계→집행→평가로 이루어지는 개발 사이클의 한 고리로 정형화되는 현상이 벌어졌다(Ferguson, 1994: 8).

예를 들어 퍼거슨(James Ferguson)은 『반정치기계(The Anti-Politics Machine)』의 첫머리에 남아프리카 레소토(Lesotho)에서 1975년부터 1984년까지 이루진 개발원조를 논하고 있다. 10년 동안 당시 인구 130만에 불과하던 이 작은 나라를 위해 27개국 정부와 70여 개 국제기구 및 NGO가 개발원조를 제공했는데, 퍼거슨은 그럼에도 레소토가 여전히 너무나 가난한 나라로 남아 있다는 점에 주목하면서 질문을 던진다. "개발은 과연 무엇을 위해 복무하는가"(Ferguson, 1994: 3-7).

현재에도 여전히 세계적으로 성장 일로에 있는 빈곤산업은 20세기 후반부터 있어온 이 같은 흐름과 공명하면서도 또 다른 차이를 만들어 내는데, 이 차이를 이해하려면 먼저 빈곤산업이 성장하는 데 거름 역할을 했던 자본주의 체제의 변동을 간단히 짚을 필요가 있다. 20세기 후반 자본주의에 대한 적대를 공식적으로 선언했던 현실 사회주의권의 몰락은 자본주의가 제3세계 빈곤의 치유책이 아니라 원인이기 때문에 자본주의적 원조 개발은 모순에 불과하다며 비판했던 정치경제적 시각

(을 무력화시켰다Ferguson, 2005: 146). 빈곤에 대한 개입을 모색하면서 '개발'이 아닌 다른 패러다임을 상상하기란 더욱 요원해 보였다. 그러나 사회주의권의 몰락과 별개로 자본주의 자체의 모순은 계속 심화되는 형국을 맞았다. 제2차 세계대전 이후 국가의 적극적인 개입과 자본·노동 간의 타협으로 산업 및 복지 체계에서 일정한 성과를 거두었던 '착근된(embedded)' 자본주의는 1970년대 이후 실업과 인플레이션, 장기 침체가 겹치면서 자본 축적의 위기에 직면했다. 이에 대한 대응으로, 또는 하비(David Harvey)의 표현을 빌리자면 "계급권력의 회복을 위한 프로젝트"(하비, 2007: 33)로 출범한 신자유주의는 무분별한 금융자유화와 탈규제로 전 지구적 삶의 위기를 일상화하는 데 기여했다(하비, 2007; 아리기, 2008). 특히 1980년대 외채 위기를 겪은 국가들을 구제한다는 명목으로 세계무대의 전면에 나선 국제통화기금(IMF)이 정부의 재정 지출 삭감과 고용 유연화 같은 요구를 부채 탕감을 위한 패키지의 조건으로 내걸면서 제3세계 국가의 사회적 고통은 가중되고 국가 간 불평등은 확대될 수밖에 없었다(백승욱, 2006: 380).

자본주의 체제의 재생산에 대한 위기가 심화되는 반면 이에 대한 집단적·조직적 저항이 퇴색하는 시점에 새롭게 등장한 패러다임이 바로 '전 지구적 빈곤(global poverty)'이다. 로이(Ananya Roy)는 빈곤이 전 지구적 이슈로 가시화되었다는 점을 현 시기 빈곤에 대한 개입이 갖는 새로운 특이성으로 주목하고 있다. 빈곤에 대한 대응은 더 이상 개별 국가의 근대화를 도모하는 차원이 아니라 하루 1.25달러 이하의 소득으로 살아가는 14억 빈민의 삶을 개선하는 전 지구적 과제가 되었다는 것이다(Roy, 2010: 7). 전 세계 유명 인사들은 빈곤의 악령을 내쫓기 위한 퇴마사 역할을 자임했는데, 유투(U2)의 보컬 보노(Bono)는 『빈곤의 종말』 추천사에서 극단적 빈곤을 전 인류에 대한 '모욕'으로 간주하면서 서구 사람들의 도덕적 책임과 즉각적 대응을 주문했다. "해답은…바로 우리 어깨에 달려 있다. 우리는 위도의 고저가 아이들의 삶과 죽음을 결정하는 것을 더 이상 용인하지 않는 세대가 될 수 있다. 그러나 우리는 과연 그런 세대가 될 의지를 가지고 있는가"(삭스, 2006: 10).

이러한 '전 지구적 빈곤' 담론의 구심이 된 것은 2000년 유엔이 공식 의제로 선택한 '밀레니엄 개발 목표(MDGs: Millenium Development Goals)'이다. 유엔은 2015년까지 하루 1달러 이하의 소득으로 생활하는 사람의 수를 절반으로 줄이겠다는 야심찬 선언을 단행했고, 이를 ① 절대 빈곤 및 기아 퇴치, ② 보편적 초등 교육 실현, ③ 양성 평등 및 여성 능력의 고양, ④ 유아 사망률 감소, ⑤ 모성 보건 증진, ⑥ AIDS 등 질병 퇴치, ⑦ 지속 가능한 환경 확보, ⑧ 개발을 위한 글로벌 파트너십 구축 등 8대 목표로 집약했다.[7] 유엔은 이를 다시 21가지 세부 목표로 구체화했는데, 그중에 최빈국의 특별한 요구를 다루고 개발도상국의 외채 문제를 조정하거나 차별적인 무역·금융 시스템을 시정하는 등 구조적 불평등을 완화하기 위한 6가지 조항이 포함되었지만 대부분의 목표는 환경과 위생, 여성 출산, 질병 관리, 유아 사망률 감소 등 푸코(1997: 150)가 "육체의 예측화와 주민의 통제를 획득하기 위한 다양하고 수많은 기술"의 폭발적 등장이라고 기술한 '생체통제권력(bio-power)'이 개별 국가를 넘어 전 세계적으로 통일적인 규준과 테크닉을 갖고 행사되기 시작했음을 보여준다.

이제 빈곤의 문제는 개별 국가뿐만 아니라 국제기구와 글로벌 NGO, 다국적기업과 종교단체가 '밀레니엄 개발 목표'의 달성을 위해 이합집산

---

7   http://ko.wikipedia.org/wiki/밀레니엄_개발_목표.

하는 새로운 국제 질서의 장에 편입되었다. 1997년 유엔 총회에서 2001년을 '세계자원봉사자의 해'로 선언하고 2011년 최초로 「세계자원봉사활동 보고서」를 발표했다(송은희, 2012: 48-51). 이에 따라 인류애나 개발도상국에 대한 원조 개념으로 일부 선진국에서 실시되던 해외 봉사는 '밀레니엄 개발 목표'를 실천하는 최전선 부대의 특명을 새로 부여받았다.

이쯤에서 한국 사회가 '전 지구적 빈곤'이라는 새로운 화두와 교섭해 온 과정을 해외 자원봉사에 국한하여 간단히 짚어보기로 하자. 1990년 유네스코한국위원회가 인도네시아·필리핀·네팔·스리랑카에 장기 자원봉사자 44명을 파견한 이래(이선재, 2009: 61) 한국의 해외 자원봉사활동은 급속히 성장했다. 1991년 정부 차원의 대외무상 협력사업을 전담 실시하는 기관으로서 한국국제협력단(KOICA: Korea International Cooperation Agency)이 정식 출범한 후 유네스코의 업무를 이어받아 본격적인 '한국해외봉사단'사업을 시작했는데, 1992년 52명에 불과했던 KOICA 봉사단원은 2009년 1,000명으로, 봉사단 예산 또한 약 12억 원에서 555억 원으로 수직 상승했다(한국국제협력단, 2011: 33). "2012년 정부 파견 봉사단 기준으로 미국에 이어 세계 2위 규모로 성장했다"는 KOICA 이사장의 소감(한국국제협력단, 2011: 4)에서 보듯 '전 지구적 빈곤'에 대한 정부의 개입은 밀레니엄 개발 목표 달성에 협조하겠다는 초국가적 사명과 급속한 경제 성장을 바탕으로 원조 수원국에서 공여국으로 전환한 대한민국의 위상을 널리 알리겠다는 국가주의적 인식의 결합으로 특징지어진다.[8]

민간 차원의 해외 자원봉사는 정부 지원과 연계하여 급속히 성장했

---

8 한국 국제 개발 정책과 담론의 특징에 대한 이태주(2011: 71)의 분석에서 드러나듯, 이러한 결합은 '공여국 중심주의(donercentrism)'로 귀착되었다.

는데, 1990년대 중반 이후 본격적으로 등장한 개발 NGO는 자체 모금 활동과 정부기관의 공적 자금(ODA)을 통한 수입을 합하여 긴급구호, 개발원조사업 등 '전 세계적 빈곤' 퇴치의 선봉 역할을 자임해왔다(한국해외원조단체협의회, 2010 참조). 이들과 정부 지원을 연결하는 한국 개발 NGO의 협의체로서 1999년 창설된 국제개발협력민간협의회(전 한국해외원조단체협의회)에 가입된 단체만 해도 2000년 25개에서 2012년 98개로 급격히 늘었다.[9] 개발 NGO는 KOICA나 기타 정부기구에 사업을 응모하고 정부가 요구하는 프레임에 맞추어 신청과 시행·평가에 이르는 전 과정을 반복하는데, 이들의 해외 빈곤 봉사활동에서 1980~1990년대 국내 빈곤 문제에 개입했던 활동가들이 제도적 민주주의와 신자유주의가 동시 상륙한 한국 사회의 변화 속에서 맞닥뜨렸던 딜레마를 찾기는 쉽지 않다. 국가가 '싸워야 할 적'에서 '파트너' 또는 '젖줄'이 된 상황, 빈민 지역에서 장기간 거주하며 '연대'를 꿈꾸고 '희생'을 각오했던 운동가가 정부나 기업의 단기간 프로젝트에 '응모'하고 '사업'을 벌이는 NGO 코디네이터로 변모하는 과정에서 국내 반빈곤활동의 참여자들이 가졌던 곤혹스러움(조문영, 2001; Cho, 2005)은 활동의 시작에서부터 정부와의 긴밀한 협조를 중시했던 해외 빈곤의 야사(野史)에 별반 등장하지 않는다. 정부에 대한 비판적 개입은 공적 원조를 감시하고 정책적 제언을 하는 등 주로 제도의 틀 안에서 이루어졌다.

    중요한 것은 해외 자원봉사의 열기를 추동하는 힘이 발전된 위상을 선전하겠다는 정부의 국가주의적 야심이나 전 세계 빈곤 퇴치에 기여하겠다는 개발 NGO의 사명감이 발현된 결과로 단순히 설명되지 않는다

---

9 http://www.ngokcoc.or.kr/

는 점이다. 이 열기는 뜨겁고 한편으로는 씁쓸한데, 해외 자원봉사의 유행이 밀레니엄 한국 사회에서 악전고투하고 있는 청년 특히 '대학생'의 문제와 공명하기 때문이다. 다음 절에서는 한국의 해외 자원봉사활동에서 대학생이 주요한 행위 주체로 부상하게 된 배경과 이 장(field)을 형성하는 데 핵심 역할을 수행하고 있는 기업의 '사회공헌활동'을 M기업의 사례를 중심으로 소개할 것이다.

기업 공익활동(CSR)과 대학생 주체의 호명

2013년 2월 13일, 필자는 서울의 한 고시촌에 위치한 프랜차이즈 카페에서 이 글을 쓰고 있다. 연구자가 앉은 테이블 벽면에는 이 프랜차이즈 기업에서 주관하는 '××청년봉사단'의 인도네시아 자원봉사활동 사진이 나무집게로 하나씩 꽂혀 있다. 벽화를 그리고 아이들과 담소를 나누는 사진은 여느 장식 못지않게 훌륭한 인테리어 기능을 수행하고 있다. 필자의 테이블 양 옆으로 젊은 고시생들이 앉아 있다. 한쪽 커플은 열심히 기출 문제를 복습하고 있고, 다른 쪽 테이블에서는 시험이 끝난 후 하고 싶은 일에 대한 단상이 오가기 시작한다. 해외여행을 가고 싶다, 마땅히 돈이 없다, 돈 없이도 갈 수 있는 방법이 있다. 그 계책 중 하나로 '해외 봉사'란 단어가 슬며시 등장했다가 다른 이야기에 묻힌다.

'고용 없는 성장' 또는 신자유주의적 고용의 유연화 속에서 유일한 안정성을 제공하는 것으로 여겨지는 고시를 선택한 이 청년들의 생활세계에서 '해외'는 탈주의 시공간을 지칭한다. 그러나 청년층(15~29세) 실업률이 전체 실업률의 두 배를 뛰어넘는 한국 사회에서 취업이라는 난제와 다른 방식으로 씨름하고 있는 젊은이들이 '해외'를 사유하는 방식은 훨씬 다변화된다. 그것은 나의 글로벌 경쟁력을 강화시켜줄 재산일 수도, 겹겹이 닫힌 국내의 취업시장을 넘어 새로운 가능성을 제공할 기회일 수도, 무한경쟁 너머의 세상을 엿보게 할 미지의 천국일 수도, 진로에 대한 생각들이 마구잡이로 뒤엉켰을 때 잠시 동안의 유예를 허락해줄 명분일 수도 있다. 이 점에서 "해외여행을 해야 전문가나 지식인 행세를 할 수 있고 사회적 지위를 과시할 수 있으며 경험을 넓힐 수 있다고 생각하는 경향" 때문에 21세기 대한민국의 해외여행 열풍과 16세기 영국에서 유행했던 유럽 여행 붐의 유사성을 언급했던 논의(이태주, 2012: 18-19)는 보충을 요구한다. 해외를 '개척'함으로써 사회적 인정을 얻고 싶은 욕망은 발전이 고용을 담보하지 않는 사회에서 '잉여'가 되지 않기 위한 절박함과 겹쳐지는 것이다.[10]

청년 실업과 고용 불안이 한국 사회의 중심 현안으로 등장하는 가운데 본래부터 청장년층의 참여가 압도적이었던[11] 해외 자원봉사활동의 장에서 '대학생'이 주요한 행위 주체로 호명되기 시작했음을 강조해

---

10 이렇게 봉사와 여행, 취업에 대한 요구가 교차하는 가운데 1990년대 말 이후 해외 봉사, 해외 문화 탐방, 오지 탐험 관련 서적이 선풍적인 인기를 끌었다. 긴급 구호활동을 다룬 한비야의 『지도 밖으로 행군하라』(2005)는 떠나고 싶은 청년의 필독서가 되었고, 『세계가 내 가슴에 다가왔다』(2005), 『한국인이 아닌 세계인으로 성공하라!』(2008) 등의 책 제목에서 보듯 해외행이 가져다줄 새로운 기회를 찬양하는 저서가 대량 출판되었다. '국내에서 취업의 길이 막힌 대학 졸업자'를 현혹하기 위해 국제기구나 단체에 관한 허위 정보를 제공하는 책을 조심하라는 지적에서 보듯(박재영, 1999: 6) 정보의 과잉 열림은 취업의 닫힘과 긴밀히 연관되어 있다.

11 최근 청소년과 노년층이 해외 봉사의 새로운 주체로 부각되고 있으나, 현재까지 KOICA 봉사단원의 70퍼센트는 20~30대의 청장년층으로 구성되어 있다(송은의 2012: 53).

야겠다. 1990년대까지만 해도 대학생을 해외 봉사의 특정한 범주로 호명하는 기관은 1996년 대학 총장들이 모여 발족한 '한국대학사회봉사협의회'(이하 '대사협'으로 약칭)뿐이었다. 당시 대사협의 활동은 교육·연구와 더불어 대학의 기능 중 하나인 '사회봉사' 업무를 추진하기 위한 것으로 "학생들의 국제 경험과 봉사 능력을 향상시키기 위한" 해외 봉사활동이란 국내 봉사의 외연 확장에 불과했다(한국대학사회봉사협의회, 1997: 5; 신한슬, 2012). 그러나 현재의 대사협은 정부가 내세운 '글로벌 청년 리더 10만 양성' 사업의 해외 봉사 주관단체로 선정되어 "국제 경험을 통해 글로벌 리더십을 향상"(최충희, 2012: 116)시키는 것을 뚜렷한 목표로 제시하고 있다. 정부가 주관하는 해외 봉사의 경우에도 '대학생'을 주요 행위 주체로 삼는 프로그램이 최근 들어 급격히 증가하고 있다. 예를 들어, 정부는 '청년 실업 해소'와 '글로벌 인재'라는 두 마리 토끼를 잡기 위한 노력의 일환으로 2008년 '글로벌 청년 리더 양성 계획'을 발표하고 향후 5년간 해외 자원봉사자 2만 명을 파견하겠다는 목표를 설정했다. 이에 따라 2009년부터 각 부처에서 수행하고 있는 해외봉사단 파견 사업을 'World Friends Korea'라는 하나의 브랜드로 통합했다(한국국제협력단, 2011: 47; 이태주, 2012: 16).

이와 같은 외적인 체제 개편과 더불어 봉사자의 향후 진로까지 적극적으로 관여되기 시작했는데, 2012년 한국협력단의 해외 봉사 가이드북에서 1990년대의 자료집에서는 볼 수 없었던 '귀국 후 진로'라는 파트가 새롭게 등장한 것도 흥미로운 변화이다. 이 파트에서는 KOICA 해외봉사단의 귀국 후 지원 프로그램을 상세히 소개할 뿐만 아니라 봉사단원이 대학에서의 전공과 해외 봉사에서의 경력을 어떻게 연계하여 취업에 성공했는지, 이들이 현지생활을 통해 익힌 현지어 실력과 현지의 인적 네트워크가 개발도상국에서 사업을 시작하는 데 어떻게 도움을 주었는지 생생한 수기를 제공하고 있다(정용우, 2012: 204-217).

이렇게 대학과 정부가 실업의 '위기'를 글로벌 리더의 창출이라는 '호기'로 바꿔치기하며 대학생을 해외 자원봉사의 주요 활동 주체로 구성하는 작업에 기여했으나, 이 작업에 제대로 불을 지핀 것은 기업이었다. 기업의 해외 봉사활동은 그 주관 단체가 많은 대학생이 소원하는 일자리의 제공처란 점에서 취업과 봉사의 연(緣)을 가장 선명하게 보여주는 것이기도 하다. 그러나 기업이 갖는 강력한 힘은 가장 현실적인 고리를 가장 도덕적인 문법으로 재편해내는 능력에 있다. 사회 전반에 걸쳐 유행어가 되어 버린 '기업의 사회적 책임(CSR: Corporate Social Responsibility)'은 앞에서 논한 '전 지구적 빈곤'의 퇴마사 역할을 기업이 자임하게 되었음을 또한 기업활동이 빈곤과 저발전의 '원인'이 아니라 가장 유능한 '해결책'이 될 수 있음을 선포하는 것이기도 하다.

많은 경영학 관련 서적에서 CSR은 자본주의의 새로운 패러다임을 여는 획기적인 발상으로 찬양받고 있는데, 기업인 사이에서 필독서가 된 『위대한 기업을 넘어 사랑받는 기업으로(Firms of Endearment)』에서 필자들은 CSR을 새로운 시대적 요구로 해석하고 있다. "우리 사회는 '초월성의 시대'라는 새로운 시대에 진입했다.…사람들은 이제 단순히 그들이 갖고 싶은 물건을 늘리려고 하기보다 인생에서 더 중요한 의미를 찾으려고 한다.…의미를 찾으려는 경향은 시장은 물론 직장에서의 기대치마저 변화시키고 있다. 우리는 의미를 찾는 것이 자본주의의 영혼을 바꾸는 것이라고 믿고 있다"(시소디어·울프·세스, 2008: 39). 한 다국적기업의 CSR을 실제 에스노그라피 작업을 통해 해부한 라작(Dinah Rajak)은 이 '의미'를 단순히 왜곡·날조하는 게 아니라 새롭게 재편성해내는 능력, 그래서 한때 기업에 맞섰던 진보 진영의 언어와 문법까지도 제것으로 만들어버리는 능력에서 최근 기업 공익활동이 갖는 위력을 발견했다. "의례적·수행적(performative)으로 진행되는 CSR활동은 다국적기업을 사회적 진보의 대리자로 찬양하는 것을 넘어 전 지구적 거버넌스의 영역에서 참여의 규칙을 제 스스로 확립하고 조정해내고 있다"(Rajak, 2011: 62). 즉, 기업의 사회적 책임은 단순히 거대 기업의 권력을 정당화하는 이데올로기가 아니라 "그 자체가 경영활동의 본질로 통합"된 것이다(김주환, 2012: 218).

한국의 대기업 사이에서 경쟁적으로 진행되고 있는 대학생 해외 자원봉사활동 역시 CSR의 사례다. 기업은 무자비한 이윤 추구로 현재 대학생이 갖는 사회적 고통을 심화시킨 장본인이 아니라 불안한 세대의 상처를 보듬고 희망을 되찾도록 이끌어주는 도덕적 멘토로, NGO나 사회적 기업의 적대자가 아니라 그들을 후원하고 이끄는 자비로운 중개자로 거듭나고 있다. CSR은 1997년 IMF 구조조정 이후 한국 사회에 본격적으로 소개되기 시작했는데, 처음에는 금융위기와 부패, 양극화의 주범으로 몰린 기업이 부정적 여론의 확산을 막기 위해 사용한 보조 장치에 불과했다가(안경환, 2012: 2-4) 점차 사회적 가치와 도덕적 권위를 직접 창출해내는 '생산적' 권력으로 전환되어왔다.[12] 이 과정을 다음 절에서 구체적인 참여관찰의 사례로 살펴볼 M기업 대학생 자원봉사의 역사를 중

---

12 하지만 이 경우에도 한국의 기업은 CSR을 사회공헌활동으로 축소해왔다는 점을 안경환은 지적한다. 한국 기업의 경우 노동자와 같은 1차적 이해당사자보다는 2차적 이해당사자에 초점을 맞춘 활동이 지배적이어서 기업의 봉사활동·기부금·자선사업·공익재단 등은 확산되고 있으나, 인권·노동·지배구조 등의 사회적 책임 영역은 경시되는 특성을 보인다(안경환, 2012: 51).

심으로 간단히 검토해보자.

    2000년만 해도 당시 처음 발간된 『사회공헌백서』[13]에 기록된 M기업의 봉사 내역은 '장애청소년', '소년소녀가장', '농어촌벽지' 등 한국 사회에서 약자로 분류되던 사람 또는 지역에 국한되어 있었다. 2001년에 '국제 사회공헌활동'이라는 분류가 신설되었는데, '베트남 얼굴 기형 어린이 무료 시술', '몽골 소녀 수술비 지원' 등 현지 공장이 들어선 국가에서 기업의 이미지 제고를 위한 단편적·가시적 봉사가 기록되었을 뿐이다. 이 점에서 2003년 'NGO·NPO 연계사업', '공익 마케팅', '해외 교육문화 지원'이라는 코너가 신설된 점은 주목된다. 기업의 봉사는 이제 일회성 시혜가 아니라 시민단체와의 연계를 통해 기업의 이윤 추구 방식 자체에 대한 재고를 통해 "공공의 목적을 실현하는 사회적 도구로서의 역할을 해야 할 의무"(시소디어·울프·세스, 2008: 264)를 갖는 것으로 해석되었다. 베트남 안면 기형 어린이 수술 지원 사업은 '이라크 평화학교 재건 사업'과 함께 '해외 교육문화 지원'에 재배치되었는데(신한슬, 2012), 이는 사회적 약자인 '어린이'를 보호하는 것을 넘어 글로벌 환경을 선도하는 '글로벌 시민(global citizen)'으로서 소임을 다하겠다는 기업의 의지를 천명하는 것이기도 했다.

    M기업 대학생 자원봉사단의 전신인 '고객 봉사단' 역시 같은 해 7월 출범했다. M기업 제품의 주된 구매층인 청년을 대상으로 한 고객 봉사단은 기업과 고객의 관계를 상품의 판매자와 구매자라는 돈의 회로에 편입시키는 대신 '사회의 공익'을 위해 연대하는 운명 공동체로 재배치한다는 점에서 "사회적 세계(social world)를 배제하는 것이 아니라 자체

---

13   이하 M기업 사무국에서 발간한 『사회공헌백서』(2000~2009) 참조.

의 프로젝트로 통합"(Rajak, 2011: 238)해내는 CSR의 권력을 명시적으로 드러낸다.

이 고객 봉사단이 2007년 '대학생 자원봉사단'으로 전환되면서 봉사의 주체로서 '대학생'이라는 특정한 범주를 호명해냈음을 주목할 필요가 있다. 2003년 백서에서는 '고객 봉사단'을 "사랑과 나눔을 실천하는 젊은이들의 자발적인 자원봉사 모임"으로 정의하면서 봉사단의 의의를 "음주문화와 획일적인 놀이문화에 식상한 젊은이들이 사랑과 나눔을 실천할 수 있는 터"를 제공하는 데 두었다. '꿈', '사랑', '나눔' 등 '젊음'과 연동되는 진부한 수사들은 '대학생 자원봉사단'을 소개하는 2009년 백서에서 '인재 양성'이라는 뚜렷한 목표와 결합되었다. "M기업은 인재 양성을 통한 사회 발전 기여라는 M의 사회공헌 자산을 계승·발전시켜 2003년부터 M기업 대학생 자원봉사단 ××를 운영하고 있다.…M기업은 패기와 열정을 갖춘 대학생들이 자원봉사를 통해 사회적 약자를 돕고 궁극적으로는 자기 자신이 사회에 필요한 인재로 성장해나갈 수 있도록 소양 교육과 자원봉사활동 기반을 제공하고 있다." '인재' 또는 '글로벌 리더'와 같은 용어는 M기업뿐만 아니라 다른 기업이 운영하는 대학생 (해외) 자원봉사단 소개에도 자주 등장하는데, 이는 지식산업의 글로벌리제이션(박소진, 2010: 219)하에서 대학이 우후죽순으로 등장한 국내외 평가지수에 따라 서열화되는 가운데 '경쟁력을 갖춘 글로벌 인재'가 이상적인 대학생 모델로 등장하는 현실과 명백히 조응한다(신한슬, 2012).

현재 M기업 산하 봉사단은 전국에 걸쳐 약 12만 명의 대학생이 다양한 자원봉사 프로그램을 기획하고 운영해가는 국내 최대 대학생 봉사조직으로 성장했다. 또한 2005년부터 베트남, 중국, 몽골 등 해외에서도 자원봉사와 문화 교류를 실시하고 있는데, 현재는 매년 여름·겨울 방학 기간에 한국·중국의 대학생이 양국에서 공동으로 자원봉사를 실시하는 글로벌 캠프를 시행하고 있다. 이제 대학생 자원봉사자는 1990년대 대학의 사회봉사가 본격적으로 논의되기 시작했을 때 표상된 "대학과 사회, 나아가 국가의 발전에 기여"(한양대학교 사회봉사단, 1997: 167)하는 것에 머무르지 않고 "지구촌에도 사랑을 나누고 세계시민 의식을 갖춘 글로벌 리더"[14]로 거듭날 것을 요구받고 있다. "V.I.P.로 아름다운 세상을 꿈꾼다"는 이 봉사단의 목표야말로 '빈곤'과 '대학생'에 대한 새로운 통치 이성이 어떻게 만나는가를 가장 단적으로 드러낸다. 이 슬로건에서 V(Voluntainment)는 봉사(volunteer)와 놀이(entertainment)의 만남으로 "단순한 봉사를 넘어 재미있고 신나는 봉사"를 뜻하며, I(Identity)는 "남을 돕는 가운데 나를 찾아가는 여행", P(Pioneer)는 "봉사를 통해 성장하는 미래의 리더"를 각각 지칭한다.

반빈곤활동에 참여하는 대학생 자원봉사자는 과거와 달리 '공익'을 버리고 '사익'만을 추구하는 게 아니다. 단 이때의 '공익'은 대의를 위해 자신을 희생하는 결연한 의지의 산물이 아니라 자기와 타인을 모두 이롭게 하는 공리적 즐거움의 표현으로 재해석되며, 이 '공익'을 실천하는 주체는 빈곤이라는 사회적 고통을 야기한 세계에 맞서는 전사가 아니라 그 세계 '내'에서 찬란히 용트림하는 인재가 될 것을 요구받는다.

그래서 이 새로운 대학생 주체는 봉사를 통한 즐거움을 만끽하고 있는가? 이제 연구자는 단순한 봉사자가 아니라 '리더'로서의 특명을 받은 대학생들이 실제로 판을 짜는 해외 봉사활동 현장으로 가보려 한다.

---

14 M기업 대학생 자원봉사단 공식 홈페이지 참조.

M기업 대학생 해외 자원봉사의 사례

방학 기간을 활용해 단기간으로 이루어지는 대학생 해외 봉사활동의 경우 각 기업마다 약간의 편차가 있지만 대부분 신청과 선발, 사전 준비, 활동, 평가라는 반복된 생애 주기를 갖는다. 필자가 부분적으로 참여한 2011년·2012년 여름 M기업 해외 자원봉사 캠프의 경우 지원자를 국내 봉사에 참여하고 있는 기존 단원 소속으로 제한한다는 점, 한국과 중국의 대학생이 공동으로 봉사활동에 참여한다는 점, 현지에 필요한 자원봉사 아이템을 대학생이 직접 발굴하도록 한다는 점이 특징이라 할 수 있다. 서류 심사와 면접을 통해 선발된 단원은 항공료, 현지 체류비, 국내 워크숍, 단체 티셔츠 등의 비용 일체를 지원받고 전문가 멘토링을 포함한 사전 교육(2일, 한국), 사전 워크숍(4~5일, 한국), 캠프활동(10일, 중국)이라는 보름여간의 대장정에 참가했다.[15] 연구자는 이제 이 과정을 훑어 나가면서 "스스로 경쟁력을 갖추고 있으면서 남을 돌볼 줄도 아는 V.I.P."라는 당당한 문구 뒤에 잠복한 참가자들의 딜레마를 구체화할 것이다.

봉사의 '순수함' 과 '불순함'

필자에게 '해외 자원봉사'란 '빈곤'과 '대학생'에 대한 새로운 통치 이성이 조우한 결과로 분석되나, 정작 참여하는 대부분의 대학생에게 '해

---

[15] 활동에 필요한 대부분의 경비를 지원받는다는 점에서 대기업의 단기 해외 자원봉사는 모든 대학생에게 열려 있는 문처럼 보일 수 있다. 그러나 방학 중 보름여의 시간을 전적으로 투자해야 하기 때문에 등록금이나 생활비를 벌기 위해 정기적인 아르바이트를 해야 하는 대학생이 선뜻 지원하기는 쉽지 않다. M기업 프로그램 담당자도 참가자 대부분이 중산층 가정 출신이라는 점을 필자에게 언급했다.

외 자원봉사'란 독립적으로 존재하는 범주가 아니다. 그것은 인턴십, 공모전, 서포터스, 기자단, 마케터 등 대학 재학 시절 응모해보는 수많은 '대외 활동' 중 하나이며, 따라서 모든 대외 활동이 그러하듯 지원·심사·활동·평가라는 유사한 통과의례를 갖는 한 '건'의 프로젝트로 인식된다. 인터넷 취업 관련 사이트에는 지원자를 모집하는 대외 활동 목록이 월별로 공지되는데, 여기에서는 선택의 결핍이 아닌 과잉이 문제가 된다. 가능한 취업 목록은 줄어드는 반면, 취업을 준비하는 과정에서 지원할 수 있는 프로젝트는 한없이 늘어나고 세분화된다. 2012년 M기업 자원봉사단의 여름 글로컬 캠프에 지원했던 영석은 "대학생 신분이어서 신청할 수 있는 게 굉장히 많아졌다"며 이를 긍정적으로 평가했다. "경쟁률이 높긴 해도 이런 활동이 너무 많아서 사실 여기 지원하고 저기 지원하는 식이에요. 자기가 맘만 먹으면 문이 다 열려 있어요."[16] 한바탕 뷔페를 차려놓고 대학생한테 골라 먹을 수 있는 무한한 '기회'를 주는 것으로 인식되는 대외 활동이란, 일종의 중독이 된다는 점에서 바우만이 "모든 소비자 사회의 구성원이 달리고 있는 특별한 경주의 원형"(2005: 118)으로 본 '쇼핑' 행위와 닮아 있다. 대학 입학 후 1년 만에 군대에 갔던 영석은 제대 후 대외 활동에 열심히 지원했는데, 그중 문화 교류와 자원봉사를 포함한 해외 탐방은 두 번 붙고 두 번 떨어졌으니 적어도 5할이라는 엄청난 승률을 보이고 있는 것이다. 영석은 쓰촨에서의 캠프 도중 웃

---

16 대기업 취업과 달리 대기업 해외 봉사활동은 한 참가자의 언급처럼 "두드리면 열리는 문"이어서 지방대나 서울 중하위권 대학생에게 하나의 '기회'로 인식되고 있다. M기업 담당자는 "M기업이란 이름 때문에, 스펙 때문에, 오기 때문에 SKY대학보다는 이런 데 훨씬 목마른 타 대학 학생이 많을 수밖에 없다"고 이야기했는데, 실제로 필자가 집중적으로 참여한 2012년 한중 글로컬 캠프의 경우 전체 한국 참가자 36명 중 소위 'SKY(서울대·고려대·연세대)' 출신은 단 2명에 불과했다.

으며 필자에게 말했다. "문화 교류, 자원봉사 조금씩 다르긴 해도 이런 활동이 무진장 많아서 저도 모르는 사이에 몸이 어디론가 이미 가고 있어요." 중독되는 것은 기실 결과가 아닌 과정에 대한 집착, 즉 "경주의 지속, 경기에 계속 참여하고 있다는 만족스러운 자각"(바우만, 2005: 117)인 셈이다.

영석을 포함해서 필자가 만난 캠프 참가자들은 모두 이 과정에서 성공과 실패의 경험담을 쌓아가고 있었다. 한 참가자가 고백하듯 처음에는 "남들이 다 있는데 내가 없으면 (취업 때) 부정적으로 눈에 띌까" 하는 염려에 비자발적으로 지원했더라도 '서류 접수, 면접'이라는 익숙한 단계에 뛰어드는 순간 준비 작업은 베팅해볼 만한 게임이 되고 이때부터 승률을 올리기 위한 여러 방책이 등장하기 시작한다. 활동 참가 경험이 있는 친구로부터 정보를 접하거나 포털사이트에서 각 대외 활동의 '자소서' 샘플, 면접 후기, 합격 수기 등을 수집하는 것은 물론 베팅의 성공을 위해 일부러 경쟁률이 낮은 곳을 찾기도 한다. 2012년 글로컬 캠프 중 베이징 팀에 참여했던 형진은 이 점에서 M기업의 봉사활동이 갖는 비교 우위를 강조했다. "(해외 자원봉사 중) ××도 지원하고 ××도 지원하고… 근데 다 떨어졌어요. ○○(M기업 봉사단 명칭)가 보니까…○○는 봉사단의 (국내) 활동을 한 번이라도 했던 사람을 대상자로 하기 때문에 경쟁률이 조금 낮지 않았나 싶어요. 그때 ××, ××도 지원했는데 다 떨어지고 ○○만 되었어요. 저도 그래서 애들한테 ○○ 지원하라고 추천해요." 면접을 준비하는 과정에서 형진은 M기업 봉사단이 '개성 있는 사람'을 뽑는다는 첩보(?)를 듣고 만반의 준비를 했다. "면접때 그랬어요. 숭실대 성시경이라고, 숭시경이라고 불린다고요. 좋아하시더라고요. 율동으로 ○○ 춤추고. 튀어야 할 것 같아서." 영석은 캠프의 지원 자격과 선발 기준[17]을 미리 확인한 후 스스로 '○○ 면접 비책'을 만들기도 했다. 그의 메모장 일부를 잠시 인용해보자.

[지원 동기 제시]
1. ○○로 활동하면서 100퍼센트 참석은 물론이며, 성실성이 탁월한 청년입니다.
2. 복지관에서 학습 지원을 하며 아이들과 어울림에 능숙한 저는 글캠(글로컬 캠프)에 적합한 인재입니다.
3. 사천성 소학교에 방문하여 아이들에게 꿈을 심어주고 싶습니다.
4. 중국 대학생들에 대한 호기심이 있습니다.
5. 단순 해외봉사가 아닌 현지 대학생들과의 문화 교류를 경험하고 싶습니다.
6. 봉사단과 할머니의 대화를 담은 글캠 선배 기수의 후기를 보고 감동받았습니다. 한 단원이 할머니께 물었습니다. "어렸을 적 꿈이 무엇이셨나요?" 할머니 울음을 터뜨리며 말씀하셨습니다. "나, 어렸을 땐 너무 가난해서, 그저 많이 먹어보는 것이 꿈이었어요. 하지만 우리 아이들은 그러지 않았으면 좋겠어요. 더 많이 배우고 발전할 수 있게 도와주세요."
7. 활동 후 감동만 받고 끝나지 않고, 돌아와서 가까이는 정기 봉사하는

---

[17] M기업 글로컬 캠프의 지원 자격과 선발 기준은 다음과 같다. 지원 자격: 봉사단 우수활동자 중 해외여행에 결격 사유가 없는 사람, 선발 이후 전 일정에 열정적으로 참여 가능한 사람, 팀 활동에 성실히 임하며 배려와 예의가 있는 사람, 자연, 영화, 축제를 사랑하는 사람, 중국에 관심이 있고, 이웃을 향해 마음을 열 사람. 선발 기준: 봉사단 활동의 성실성, 지원 동기 및 인성, 글로컬 캠프 적합도(M기업 대학생 자원봉사단 공식 홈페이지 참조).

아이들에게 생생한 경험을 전달하고, 넓게는 지역사회에 보탬이 되고 싶습니다.
8. 무엇보다 글로컬 단원이 되길 간절히 바랍니다. (강조해서 말씀드림 ^^ 예를 들면, 아주 씩씩하게)

영석은 이 중 6번의 일화는 실제로 면접 때 썼다고 강조했다. 지원 동기 외에도 글로컬 캠프 단원이 된다면 수행할 활동 계획 열 가지를 만들다가 무리다 싶어 세 개만 준비했는데, 결국 면접 때 사용하지는 않았다고 친절히 설명해주었다.

영석의 면접 비책을 포함하여 필자가 수집한 캠프 참가자들의 지원서에서 뚜렷이 드러나는 특징이 있는데, 그것은 바로 본인의 지원이 스펙을 쌓기 위한 것이 아님을 직간접적으로 강조한다는 점이다. 2012년 글로컬 캠프에 지원한 대학생들은 지원서 작성 시 다음 다섯 가지 질문에 답하도록 요구받았다. ① 대학생 해외 자원봉사에 대해 어떻게 생각하시나요? ② 중국 대학생과 공동 프로젝트를 한다는 것은 어떤 의미일까요? ③ 본인의 ○○(봉사단)활동을 자랑해주세요. ④ 글로컬 캠프에서 자신은 어떤 모습일까요? ⑤ 글로컬 캠프의 글로컬이 글로벌과 로컬의 합성어인 이유는 뭘까요? 이에 대한 답변에서 빈번하게 등장하는 단어를 나열해 보면 '소통', '어울림', '공존', '양보', '믿음', '감동', '즐거움', '배우는 삶', '감사하는 삶' 등으로, 이는 대학생의 스펙 추구를 둘러싼 담론에서 추출 가능한 또 다른 단어들, 즉 '개인주의', '이기심', '경쟁심', '속물성' 등과 정반대에 위치한다. ①번 질문에 대한 영석의 대답은 이 이분법을 적나라하게 명시하고 있다.

해외 봉사의 여러 동기에는 취업을 위한 스펙 쌓기, 남들이 한 번씩은 갔다 오기 때문에 등 주최 측의 본래 의도와는 전혀 다르게 참여하시는 분들이 있는 것으로 알고 있습니다. 저는 봉사활동 자체의 시작 동기부터가 이들과 다릅니다. 저의 어머님은 제가 어릴 적부터 급식소라는 직장에 다니시면서도 꾸준하게 ××이라는 후원단체에 기부를 하시며 근처 복지관에 가셔서 봉사를 하시는 분이십니다. 절대 누가 시켜서 하시는 게 아니라 사랑 나눔의 실천을 통해 본인의 물질적 풍요보다 사람들과의 나눔의 관계 형성으로 봉사를 해오셨습니다. 따라서 저는 자연스럽게 봉사활동의 제대로 된 의미를 알 수 있었고, 현재 가까운 복지관에서 정기 봉사 하나와 M기업 봉사단원으로서 단기 봉사 하나를 하고 있습니다.

봉사의 '순수함'과 '불순함'이라는 이분법[18]의 강력함은 이 학생들을 심사하는 담당자 자신이 '스펙을 좇는 애들'과 '순수한 애들'의 구분을 가정하고 있다는 데서도 어렵지 않게 드러난다. 2011년 글로벌 캠프 한국 학생을 선발하는 데 함께 참여한 NGO 활동가는 "애들이 정말 자신의 스펙을 보여주려고 거의 난리가 났어요. 그래서 우리는 가급적 그런 과장을 안 하는 친구를 뽑고자 했어요"라며 면접 과정에서 목도한 스펙 경쟁을 한탄조로 묘사했다. 2012년 캠프 선발을 마친 후 필자와 만난 M기업의 한 담당자는 순수함을 '가장'한 불순함을 꼬집기도 했다. "이번 기에는 좀 순진한 애들이 들어왔어요. 작년까지만 해도 엄청나게 스펙만 따지는 애들이 왔었거든요. 작년에 애들 답이 다 비슷했어요. 봉사단 활동을 통해 뭘 얻고 싶으냐 물으면 '사람'이라 답하고, '뒤에서 받쳐 주

---

18 이 이분법은 참가 학생들과의 인터뷰에서 "봉사도 하고 스펙도 쌓으니 일석이조란 생각에" 덤볐는데 "그 이상의 것을 배웠다"는 다소 변형된 형태로 등장하기도 한다.

는 2인자'가 되고 싶다고 말해요. 애들이 너무 순진해 보여서 우리(심사위원)는 어 족보가 바뀌었나 하면서 서로 웃었어요." 필자가 주목하고 싶은 것은 실제 학생들의 활동에서 '순수한' 봉사와 '불순한' 봉사가 명확히 구분되지 않음에도 불구하고 마치 한쪽이 진실이고 다른 한쪽이 거짓인 양 가정하는 자의적 이분법이 프로그램의 전 과정을 통해 재생산된다는 점이다. 그리고 스펙 경쟁에 몰두하는 사회를 야기한 '구조적·객관적 폭력'에 대한 비판적 성찰 없이(지젝, 2011: 37-40) 행위자의 도덕성을 감정 평가하고, 그(녀)의 불순한 의도를 까발리고, 그 행위자의 범주에서 자신을 빼내기에 급급한 형국이 전개되고 있다는 점이다.

'에피소드'를 남겨라

이렇게 봉사의 진정성을 둘러싼 감정 평가를 마치고 전국 각 대학에서 선발된 단원들은 본격적인 '과제 수행'에 돌입했다. 2012년 여름 캠프의 경우 한중 수교 20주년을 맞아 '환경'이라는 특정한 주제[19]를 중심으로 프로그램이 전개되었는데, 이 중 중국 쓰촨성의 한 지진 피해 지역에 M기업의 후원으로 설립된 소학교를 봉사활동의 기지로 삼았던 2012년 쓰촨팀의 사전 워크숍과 주요 활동의 일정표는 다음과 같다.

---

19 당시 봉사활동의 주제로 '환경'이 선택된 것은 M기업의 내부 사정을 포함하여 여러 요인이 작용한 결과였다. 그중 '환경'이라는 주제가 중국과의 교류 과정에서 "덜 민감해"보였다는 M기업 담당자의 설명은 기업 CSR의 영역에서 중국이 갖는 특수한 위치를 암시하고 있다. 아프리카에서 행해지는 다국적기업의 CSR을 사례로 기업의 거버넌스가 해당 국가의 권위를 침범하고 있다는 주장(Rajak, 2011: 129)은 전 세계적 파워로 급부상하고 있는 중국에는 적용되지 않는 셈이다.

사전 워크숍(2012년 7월 12~16일)

	12일(목)	13일(금)	14일(토)	15일(일)	16일(월)
7:00		기상	기상	기상	기상
8:00		아침 식사/휴식	아침 식사/휴식	아침 식사/휴식	아침 식사/휴식
9:00		교육팀 연습	프로젝트 연습	교육팀 연습	부족한 점 보완
10:00					
11:00		교육팀 연습 및 물품팀 1차 체크	마을 홍보 준비		액티비티, 프로젝트 확인
12:00		점심 식사	점심 식사	점심 식사	점심 식사
13:00		휴식 및 연습실로 이동	물품체크 및 교육 연습	공연 연습	물품 확인
14:00	숙소 입실	공연 연습			
15:00	Ice breaking 및 마니또 선정		액티비티 팀 연습 및 공연 연습		단합의 시간
16:00	각 팀별 회의				저녁 식사
17:00	저녁 식사	저녁 식사	저녁 식사	저녁 식사	
18:00	휴식	공연 연습	중간 리허설	최종 리허설	공항 이동
19:00	각 팀별 발표				
20:00					
21:00	피드백 시간	피드백/숙소 이동/교육 교구 준비			출국
22:00	마을 홍보 회의		피드백/교육 교구 준비	피드백/교육 교구 준비	
23:00	단합의 시간	단합의 시간	단합의 시간	단합의 시간	
0:00		세면, 휴식	세면, 휴식	세면, 휴식	
1:00	취침 시간	취침 시간	취침 시간	취침 시간	

글로컬 캠프(2012년 7월 16~25일)[20]

	16(Mon)	17(Tue)	18(Wed)	19(Thu)	20(Fri)
7:00		Breakfast	Breakfast	Breakfast	Breakfast
8:00		Intro. of each group - Team building - Univ. tour	School Volunteering 1) Greeting 2) Watch film	School Volunteer 1) Teaching 2) Home visiting 3) Research	School Volunteer - Mini Olympics
9:00					
10:00					
11:00					
12:00		Lunch	Lunch	Lunch	Lunch
13:00		Move to Tongji	School Volunteer 1) Teaching 2) Workshop	School Volunteer 1) Teaching 2) Research	Preparation
14:00					
15:00					Performance
16:00		Check-in			
17:00		Preparing activity	Sports game	Food exchange	Cleaning
18:00			Dinner		Dinner
19:00		Dinner	Preparation for the following day	Preparation for the following day	Preparation for the following day
20:00		Preparing activity			
21:00					
22:00	Incheon→Chengdu	Evaluation	Evaluation	Evaluation	Evaluation
23:00			Preparation for the following day	Preparation for the following day	Preparation for the following day
24:00	Check-in	Take rest	Take rest	Take rest	Take rest

20 중국에서의 활동은 중국 대학생과 공동으로 이루어지기 때문에 영어로 표기되었다.

	21(Sat)	22(Sun)	23(Mon)	24(Tue)	25(Fri)
7:00	Breakfast	Breakfast	Breakfast	Breakfast	Chengdu→Incheon
8:00	Check-out		Set up the festival	Check-out	
9:00	Move to Chengdu	Volunteer in Hospital			
10:00					
11:00					
12:00	Lunch	Lunch	Lunch		
13:00	Check-in			City tour	
14:00	Volunteer in Hospital	Prepare the festival	Green festival - Watching film - Workshop - Discussion - Exhibition		
15:00					
16:00					
17:00					
18:00	Dinner	Dinner	Dinner	Farewell dinner	
19:00	Preparation for the following day	Preparation for the following day	Making report		
20:00				Move to airport	
21:00		Evaluation			
22:00	Evaluation	Preparation for the following day	Evaluation		
23:00	Preparation for the following day		Preparation for the following day	Chengdu→Incheon	
24:00	Take rest	Take rest	Take rest		

두 가지 일정표에서 보듯 봉사활동은 준비와 연습, 리허설의 반복을 거쳐 각각 독립적인 결과물을 완성하는 것을 목표로 한다. 한국에서의 사전 워크숍부터 참가자들은 마을 주민을 위한 각종 퍼포먼스를 담당하는 '공연팀', 소학교 학생들을 위한 각종 프로그램을 담당하는 '교육팀', 한중 참가 대학생 간의 교류와 친선을 도모하는 활동을 담당하는 '액티비티팀' 등으로 나뉘어 본격적인 준비 작업에 돌입했다. 교육팀의 경우 4박5일간의 사전 워크숍 기간 동안 '환경교육', '환경 OX 퀴즈', '간이정수기 만들기', '태양열 선풍기 만들기', '친환경 모기 스프레이 만들기' 등 무려 10개 이상의 프로그램 기획안을 마련했는데, M기업 자체의 양식을 가진 각 기획안에는 프로그램 담당자, 프로그램명, 목표, 활동 일시, 참가 인원, 주요 내용, 준비물, 세부 사항, 예산 등 매 항목이 빠짐없이 기입되어 있었다. 프로그램 기획안 한 건을 완성하기까지 팀원이 들이는 시간과 노력은 엄청나서 활동 이후의 공식적인 평가에서부터 필자와의 개인적 인터뷰까지 두고두고 회자되는 '스토리'가 되었다. "태어나서 잠을 그렇게 적게 자본 것도, 그렇게 일을 급박하게 한 것도 처음"이었다며 주희는 들뜬 표정으로 당시를 회고했다. "저는 프로그램이 정해지면 가서 그걸 딱 하면 되는 건 줄 알았거든요. 근데 가서 뭐 할지 프로그램을 만들라는 거예요.…사람이 정말 닥치면 안 되는 게 없어요. 지금이 밤 12시인데 내일 아침 9시까지 기획안 다 어떻게 만들지? 이렇게 닥치니까 그것도 해 이것도 해 점점 나오는 거예요.…상황이 닥치니까 못할 게 없는 것 같아요."

이쯤에서 필자가 기술하고 있는 문화기술지의 대상이 '해외 자원봉사'였음을 상기할 필요가 있겠다. 이러한 행위가 '봉사'인가? 2008년 대한상공회의소는 국내 100대 기업이 표방하는 인재상을 취합하여 발표했는데, 인재상의 주요 속성은 창의성, 전문성, 도전정신, 도덕성, 팀워크, 글로벌 역량, 열정, 주인의식, 실행력 등 9가지로 집약되었다.[21] 해외 자원봉사를 준비하는 캠프 참가자들의 워크숍은 기업이 바라는 이 같은 인재상이 배양되는 장이라고도 할 수 있다. 기획안 아이템은 '창의적'이어야 하며, 환경이라는 주제를 '전문적'으로 살릴 수 있어야 한다. 팀원은 (한 참가자의 회고담에서 보듯) "무에서 유를 창조한다는 심정으로" '도전적'으로 임해야 하며, 낯선 만남에도 불구하고 하나의 목표를 향해 돌진할 수 있도록 '팀워크'를 길러야 한다. 또한 준비된 기획안을 중국 대학생과 영어로 조율할 수 있을 만큼의 '글로벌 역량'을 갖추어야 하고, '열정'과 '주인의식'으로 무장한 뒤 새벽 3~4시까지 자지 않고 기획안을 완성해낼 수 있는 '추진력'을 발휘해야 한다.

　그러나 참가자들의 기억 속에 워크숍은 '해외 자원봉사 준비 과정'으로든 '인재 양성 프로그램'으로든 완벽히 만족스럽지는 않았다. 주희처럼 "함께 모여 전투적으로 과제를 완성한 경험"을 신명나는 에피소드로 간직한 학생도 있었지만 "무조건 처음부터 우리한테 맡기니 새로운 게 안 떠올랐고," "별로 고민해본 적도 없고 와 닿지도 않는 주제(환경)로 뭔가를 짜려니 힘들었고," "임무 완성에만 몰두하다 보니 서로 친해지기 힘들었다." 무엇보다 봉사의 대상(중국 소학교 아이들)과 봉사를 함께할 집단(중국 대학생)이 부재한 상태에서 "팀플(팀플레이)하는 거랑 똑같이 맨날 모여 회의만 했기" 때문에 필자와 인터뷰를 한 대부분의 참가자는 당시의 워크숍을 '진짜 만족'을 얻기 위한 전 단계로 규정했다. 중국에 도착한 뒤 만나게 될 아이들, 새로운 친구들이 자신의 여백을 채워줄 것처럼 말

21　http://blog.naver.com/ssh7807?Redirect=Log&logNo=30069193305

이다.

쓰촨성의 본 캠프에 동행하는 과정에서 필자는 본격적인 활동을 시작한 한국·중국 대학생과 그들을 지도하는 M기업 담당자 모두 '의미'와 '인정'을 획득함으로써 여백을 채우고자 애쓰는 모습을 지켜보았다. 이러한 노력은 현지의 사정과 조율을 거친 가운데 일련의 '에피소드'로 태어났다. 학생들의 평가서에서 통상 '인상 깊은 경험' 또는 '감동적인 순간'이라 이야기되는 일련의 활동을 굳이 에피소드라 지칭한 이유는 개별 활동이 갖는 자족적·분절적 성격 때문이다. 아이들에게 환경의 중요성을 교육하든 폐휴지를 모아 함께 창작활동을 하든 마을 주민을 위한 공연을 하든 각각의 활동은 시간의 차이는 있으나, 그 의의와 장점이 분명히 구현되어야 하고 매일 저녁의 '평가 시간'에 각자 소감을 공유하는 가운데 일단락 지어질 수 있어야 한다.

문제는 워크숍 때 작성한 '프로그램 기획서'상에는 깔끔하게 구획되어 있던 개별 활동이 현지에서 탈문서화되는 순간부터 위기를 맞았다는 것이다. 쓰촨팀의 경우 담당 코디네이터가 공항에서부터 안색이 안 좋았다. 청두(成都) 시내의 백혈병 전문병원에서 갖기로 한 봉사활동이 병원 당국의 반대로 무산된 것이다. "그 병원은 중국 단원이 오랫동안 활동하던 곳이에요. 학생들이 직접 콘택트해서 쉽게 허락도 받았는데 한국 기자를 대동한다는 것 때문에[22] 갑자기 틀어졌어요. 병원 측에서 화가 나서 이젠 중국 단원의 활동까지 막겠다는 입장이에요." 청두에 도착한 후 만난 몇몇 중국 학생은 병원 봉사가 무산되면서 다소 기운이 빠져 있었

---

22 M기업뿐만 아니라 해외 봉사활동을 주관하는 모든 기업은 홍보 목적으로 기자에게 보도자료를 제공하거나 기자를 아예 현지에 초청하는 경우가 많다.

다. 열심히 준비한 과제가 의미 있는 경험으로 완성될 기회를 잃은 것이다.

M기업 담당 코디네이터들은 결국 원래 계획했던 지진 피해 지역 학교에서의 봉사활동을 늘리기로 했다. 하지만 이 역시 참가자들이 완벽한 '보람'을 느낄 만한 무대는 아니었다. 7월 18일 청두에서의 사전 준비를 끝내고 두어 시간 버스를 타고 도착한 마을은 2008년 쓰촨 대지진 후 발생한 지진 난민을 수용하기 위해 정부에서 새롭게 조성한 곳 중 하나로, 적어도 외형적으로는 중국의 일반 농촌과 달리 굉장히 깨끗하고 부유해 보였다. 동네 주민들은 대형 버스를 타고 온 '자원봉사자'를 잠깐 멀뚱멀뚱 쳐다보더니 바로 본연의 일(마작, 카드놀이, 뜨개질)로 돌아갔다. 여기에서 무엇을 할 것인가? 선영은 중국에서 돌아온 후 필자와 만난 자리에서 해외 자원봉사가 국내 봉사에 비해 더 '스펙터클'할 것이라고 기대했던 점을 솔직히 이야기했다. "텔레비전에서 코이카(KOICA) 활동하는 거 되게 감동적으로 그렸잖아요. 뭔가 더 험난하고, 뭔가 더 인간애를 느끼는 걸 보여주고. 그래서 내가 저런 걸 하면 뭔가 대단한 사람이 될 것 같고 더 엄청난 보람이 있을 거 같단 생각을 했었죠."

선영과 다른 참가자들이 '진짜 봉사'의 현장이라 느낄 만한 정황은 소학교 선생님이 보여준 과거의 영상 기록으로만 남아 있었다. 자식을 잃은 부모의 절규, 구조 작업의 긴박함, 현장을 찾아 눈물을 글썽이는 총리의 모습. 황춘(黃村)은 지진 발생 당시 피해가 커서 특별 재난구역으로 지정되면서 국내외 많은 지원을 받았다. 2008년 5월 M기업 회장이 직접 현장을 방문하고 학교 재건을 약속한 뒤 2009년 7월 세련된 현대식 시설을 갖춘 소학교가 준공식을 치렀다. 이주민을 위한 '아파트촌'이 건설되고 새롭게 길이 닦였다. 2012년 여름 캠프 참가자들이 맞닥뜨린 현장은 '기대했던 것보다' 깨끗하고 주민은 무심해 보였다. 한 코디네이터의 언급처럼 "처음엔 한국인이다 외국인이다 하면서 많이들 반겼던" 아이들도 몇 년이 지나고 나니 "뚱해졌고," 아이들과 폐휴지를 활용한 자전거를 만들 계획을 세웠던 수현은 마을 환경이 깨끗해서 수집할 폐휴지가 별로 없어 보인다고 난감해했다. "폐휴지를 돈 주고 살 수도 없고" 하며 난감한 표정으로 M기업 담당 코디네이터는 필자인 내게 자문을 구했다. "어쨌든 M기업이 여기에 학교를 지었으니 계속 관계를 이어가야 해요. 교장 선생님도 이곳을 양국의 우애를 진작시키기 위한 베이스캠프로 삼자고 하는데…근데 어떤 활동이 좋을까요?"

결국 코디네이터는 소학교가 유의미한 활동의 장으로 계속 남으려면 학교를 넘어 지역에 대한 이해가 필요하다는 필자의 조언과 당시 한국의 NGO 사이에서 유행하던 '마을 만들기'를 기업의 CSR에도 적용해보려는 자신의 관심사를 적절히 조율하여 마을 '조사(research)'라는 새로운 활동을 급조했다. 지역 연구가 '봉사'라는 프레임과 어떻게 접목될 수 있는지에 대해 의아해하는 한국·중국의 대학생들에게 활동이 갖는 의의를 짧게나마 설명하고, 현지 조사의 경험이 부재한 이들을 이끌어줄 책임은 문화인류학자인 필자 자신에게 떨어졌다. 이후 '조사'의 전개는 예외적 사건들로 충만한 현지에서 개별적·자족적 '에피소드'가 만들어지는 조정의 과정을 보여주는데, 이를 세 가지 논점으로 정리하면 다음과 같다.

첫째, 주민들과의 만남을 통해 참가자들이 느꼈던 풍부한 감정이 문제해결식 구도로 수렴되고 정리되는 방식을 지적할 필요가 있다. 주민, 기층 정부 간부와의 대화를 통해 지역의 과거와 현재를 잇는 작업은 중국 표준어와 쓰촨 지역 방언, 영어, 한국어가 뒤섞이는 통역의 번잡함 그리고 봉사 대상 지역에 대한 기초적인 앎의 부재 탓에 순탄치 않았다. 그러나 외지에서 일하다 지진 소식을 듣고 돌아온 후 접했던 상황에 대해 마을 주민들이 들려주는 생생한 일화를 접하는 가운데 학생들은 자신이 가정했던 봉사의 대상이 얼굴 없는 단수로서의 '빈민'이 아니라 자신과 마찬가지로 (또는 그보다 더) 이야기가 충만한, 감정이 녹록치 않은 삶을 살아왔음을 느끼고 있었다. 그러나 이 '조사' 결과를 발표하기 위해 인터뷰 자료를 정리하는 순간 한국·중국 학생 모두 기업 PT(PresenTation)를 준비하듯 삶의 현장을 '문제(problem)'와 '대책(solution)'으로 명쾌하게 구분하고 도식화하는 데 온 정성을 쏟기 시작했다. 개별 농토를 지진으로 잃은 후 "내 삶은 외지노동(打工) 아니면 마작"이라는 한 주민의 농담처럼 도시에서의 품팔이로 수입을 보충하는 지역의 생태는 "주민들이 할 일이 사라져 지루해하고 있다"는 문제와 "노인을 위한 문화 프로그램을 만들어야 한다"는 대책, 또는 "농민이 교육 수준이 낮아 농업 이외의 다른 출구를 생각하지 못하고 있다"는 문제와 "농민에게 기업가적 정신을 심어주기 위한 소질 교육이 필요하다"는 대책으로 말끔하게 정리되었다. 토지 점용과 관련한 사회구조적 모순은 단시간 내에 해결 가능한 문제 (solvable problem)로 축약되었다.

둘째, 한 편의 '에피소드'로 완성되는 봉사란 지나침이 없어야 했다. 지역 조사에 흥미를 느낀 학생 중 일부는 문제해결식 과정에 만족하지 않고 지방 정부의 부패를 추적하겠다는 기자정신을 발동시켰다는 점을 언급해야겠다. 황춘의 토지는 새로 이주한 농민에게 개별적으로 배분되지 않고 3년간 정부기구인 중국농업과학원(農科院)의 관리하에 유기농 채소 재배를 위한 시범기지로 운영되었다. 이 토지는 최근 계약 기간이 끝난 후 지방 정부와의 협의를 거쳐 다시 개체 기업에 이양되었는데, 이 과정에서 토지를 자의 반 타의 반으로 점용당한 주민들은 매년 1인당 850

위안(약 15만 원)의 보상을 받는 데 만족해야 했다. 터무니없이 적은 보상금에 지역 주민뿐만 아니라 그들의 이야기를 경청하던 봉사자도 분개했다. 토지 보상에서 인근의 온천을 개발하여 본격적인 휴양지(溫泉小村)를 만들겠다는 투자 계획에 이르기까지, 중국에서 가장 큰 사회적 현안 중 하나인 지방 정부의 부패에 특히 민감했던 중국 학생들은 모든 정황이 석연치 않다며 수군대기 시작했다. 그러나 낯선 타국, 타지에 단기 자원봉사라는 명분으로 들른 과객(過客)이 무엇을 더 할 수 있겠는가? 분노도 잠시, 특정인이 의도적으로 개입하지 않았음에도 학생들은 '자중'하기 시작했다. 한 학생은 "중국 당국이 나서서 해야 할 일을 왜 우리가 의논하고 있는지" 불평했고, 다른 학생은 지역 주민을 위한 공연 준비가 아직 미흡하다며 리서치라는 에피소드의 '종결'을 압박했다. '적당한' 선에서 조정되지 않는 봉사란 오히려 성가신 일이었던 셈이다.

봉사활동이 한 편의 '에피소드'로 탄생하기 위해 필요한 요건은 그 '유연성(malleability)'에 있음을 마지막으로 덧붙여야겠다. 활동이 현지 사정에 의해 장벽에 부딪혔을 때 코디네이터는 그것을 대체할 다른 활동을 재빨리 찾아내야 했고, 이 과정에서 M기업의 자원봉사활동이 표방하는 'Voluntainment', 즉 봉사와 놀이의 결합이라는 가치는 새로운 활동을 정당화시켜주는 주요한 명분이 되었다. 백혈병 전문병원에서의 봉사가 취소되고 청두 시내에서 환경을 주제로 한 거리 페스티벌을 전개하려던 계획마저 외국인의 거리 집회를 불허하는 중국 사정에 의해 무산되었을 때, 코디네이터가 급조한 프로그램 중에는 '조사'뿐만 아니라 '도시 농장(city farming)'도 포함되어 있었다. 한 NGO에서 묘목을 받아다 구역 내 개별 가정에 옮겨주는 일이었는데, '문화 교류'라는 이름으로 쉽게 봉사활동으로 편입된 이 프로그램은 결과적으로 참가자들 사이에서 가장 선풍적인 인기를 끌었다. 중국의 중산층 가정에서 "상다리가 부러지도록" 차려준 진수성찬을 즐긴 경험은 학생들 사이에서 두고두고 회자되는 추억거리가 되었다. M기업의 홈페이지에서 명시하듯 봉사란 "남을 위한 힘든 일"이 아니라 "재미있고 신나는" 것이어서 문화 교류든 관광이든 그 어느 엔터테인먼트도 해외 자원봉사의 에피소드를 구성하는 데 결격사유가 없었던 것이다.

지금까지 필자는 한 대기업의 대학생 자원봉사활동이 일련의 '에피소드'로 태어나는 과정을 2012년 쓰촨팀의 몇 가지 일화를 중심으로 기술했다. 참가자의 공식적인 평가는 물론이고 활동 수기, 경험담 등 정리를 용이하게 만드는 자족적 에피소드로 구성되기 위해 봉사는 '유연한' 외피를 갖추고, '문제해결식'의 간명한 테크닉을 취하고, 과도한 개입이나 희생을 요구하지 않는 '적당함'을 지녀야 했다. 하지만 문제는 이러한 방식으로 만들어지는 에피소드가 모두의 '공모'를 통해 탄생했음에도 불구하고, 그리고 활동의 공식적 문구에서 강조하는 '리더십'이나 '봉사의 즐거움'을 어느 정도 구현해냈음에도 불구하고 참가자들이 '의미'를 찾고자 계속해서 조급해하고 있었다는 점이다. 그 이유는 참가한 대학생들의 동기가 개별 프로그램의 공식적 목표와 직접적으로 관련되지 않은 절박함을 지녔기 때문인데, 이제 필자는 인터뷰 자료를 통해 만족의 결핍과 봉합, 유예의 내러티브를 분석해보기로 하겠다.

"쳇바퀴 굴릴 준비가 되어 있어요"

2012년 7월 28일, 필자가 쓰촨팀 캠프를 떠나 베이징팀에 합류한 지 1주일째 되던 날 M기업 중국 지사에서 환경을 주제로 한 그린포럼을 개최했다. 당시 베이징팀은 베이징 인근의 농민공학교에서 벽화 그리기,

교육 프로그램 등을 진행하고 있었는데, 수도로서 베이징이 갖는 중요성 때문에 한중 수교 20주년을 기념하는 공식 의전에 빈번히 동원되어야 했다. 포럼에서 발표할 환경 관련 프로젝트를 조별로 준비하라는 갑작스런 주문에 날밤을 새우다시피 한 참가자들은 버스 안에서 정신없이 졸다 베이징 금융가에 위치한 M기업 빌딩에 도착했다. 빌딩 로비에는 M기업 봉사단원의 중국 자원봉사활동을 보여주는 사진전이 열리고 있었다. 농촌에서 과수 재배를 돕고 아이들과 즐겁게 뒹굴고 있는 선배 단원의 사진을 구경하다 희주가 필자에게 말을 걸었다. "우리보다 훨씬 활동이 다채로운 것 같아요. 우리도 이런 거 하면 좋을 텐데." 베이징에서 참가해야 할 의전이 많은 게 부담스러우냐는 필자의 질문에 희주는 반쯤 수긍하며 답했다. "뭔가 자꾸 억지로 끼워 맞추는 것 같아서…뭔가 뭉클하고 기억에 남을 만한 게 있어야 하는데 아직은 잘 못 찾겠어요."

대구에서 태어나 서울의 한 여대에서 회계학을 전공하고 있는 희주는 대학에 입학한 지 얼마 안 되어 휴학을 하고 공인회계사(CPA)를 준비했다. 학원 근처 고시텔에서 하루 세 끼를 빵이나 라면으로 때우다보니 체력은 바닥이 났고 "자는 시간까지 죄로 느낄" 만큼 강박과 고립감을 견디기 힘들었다고 한다. 시험에 실패한 후 다른 경험을 찾았으나 이마저 녹록하지 않았다. "내가 잘하는 거라도 발견해야 이 휴학 생활에 후회가 없을 거 같아서 애들이 뭘 하나 보기 시작했어요. 대부분 대외 활동을 하길래, 아 그럼 나도 지원을 해볼까 했죠. 근데 뭐 내세울 게 없는 거예요. 영어도 요구하고. 근데 전 아무것도 할 줄 아는 게 없고. 자괴감이 들고. 그때는 길을 걸어가는데 사람들이 다 저를 쳐다보는 것 같은 거예요. 넌 한심해, 넌 실패자야. 다 이렇게 쳐다보는 것 같고. 그래서 안 나가고 그냥 고시텔에서 가만히 앉아 먹기만 했어요." 운동으로 간신히 거식증을 치료한 후 친구의 소개로 지원한 게 M기업 대학생 봉사단이었다. 새로 생긴 활동이라 경쟁자가 적어서 운 좋게 되었다며 희주는 멋쩍은 웃음을 지었다. 사흘간 농사일을 돕고 농촌 아이들과 함께 활동한 경험은 잃어버린 자신감, 사회로부터의 고립감을 극복하도록 도왔다. "(농촌에서) 애들이 저를 중심으로 모이게 되니까 전 그게 너무 행복한 거예요. 내가 이런 걸 잘하는구나 하는 걸 깨닫고 회계사에 대한 생각이 바뀌었어요. 내가 의식하지 않고 애쓰지 않아도 잘할 수 있는 일이 있는데, 내가 발악하면서까지 나를 깎으면서까지 투자하고 싶지는 않다는 생각이 들었어요. 그래서 완전히 고시를 접고 사람들한테 나 이제 안 해 하고 선언했어요. 그담부터 열심히 봉사 다녔어요."

여름의 봉사활동을 끝내고 한국에서 참가자들을 다시 만나 인터뷰를 했을 때 필자가 확인한 것은 대기업의 해외 자원봉사를 비롯하여 대학생을 대상으로 한 각종 대외 활동이 단순히 스펙을 쌓기 위한 용도도, "자신을 도덕적 인재, 공감 능력과 책임감을 지닌 인재로 계발하기 위한 자기의 테크놀로지"(김주환, 2012: 234)에 국한된 것도 아니었다는 점이다. 필자가 심층 인터뷰를 진행한 10명 중 무려 절반이 휴학을 하고 고시나 각종 자격증 시험을 준비한 경험이 있었는데, 그들에게 봉사단은 일종의 심리치료제, 심지어 한 학생의 말을 빌리면 "암흑 속에 살던 내가 만난 새로운 희망"이었다. 봉사활동에 당당히 '합격'함으로써 시험 실패로 위축된 자신감을 회복하고, 전국 각지에서 모여든 같은 또래 학생과의 교류를 통해 고시원과 학원만 드나들다 결국 닫혀버린 사회적 관계를 회복하고, 나에게 고맙다며 손을 붙잡아주는 어르신과의 만남을 통해 '사는 이유'를 발견했다는 이야기는 그들의 인터뷰에서 빈번히 등장하는 주제였다. 휴학 없이 꾸준히 대학생활을 해온 참가자의 경우에도 잠재된 불안이 "의미 있는 건 뭐라도 해보자"는 다짐에 불을 지피기는 마찬가지였다. 지방의 한 국립대학 3학년인 영직은 공대생이니 그래도 취업은 문과생에 비해 낫지 않느냐는 필자의 이야기에 고개를 가로저었다. "물론 문과 애들보다 나쁘지는 않지만…공대생이니까 매 학기 주구장창 시험밖에 안 봐요. 그렇게 한 학기 미친 듯이 시험만 보고 방학을 맞으니 뭐라도 해야지 못 살겠더라고요. 가끔, 이렇게 대학 들어와서 축제 때 술도 못 마시고 열나게 시험 공부하는데 성적도 안 좋아버리면 나는 뭔가 하는 불안이 생겨요. 20대에 놀지도 못하고, 그렇다고 학점도 안 좋고, 그렇게 30대를 맞고 제대로 된 직장에 취직도 못하고 그럼 난 뭔가.…"

캠프 기간 내내 참가한 대학생들이 보였던 조급함, 어떤 식으로든 '의미'를 찾고자 분투하는 광경은 패기와 열정, 재능과 지식으로 대학생을 묘사하는 기업의 CSR 문구에서 등장하지 않는 이면, 즉 대학생활의 단조로움, 과열 경쟁, 고립감, 자괴감 등을 이해해야 분석이 가능하다. 그들이 봉사활동 기간 동안 추구하는 '의미'란 어떤 특정한 '공익'을 향한 것도, '사익'에 매몰된 것도 아니다. 그것은 엄청난 시간과 노력을 들여 팀원이 함께 프로젝트를 완수한 데에서 오는 보람이기도 했고, 동네 주민 앞에서 열심히 준비한 카드섹션을 선보여 박수를 받았을 때 경험한 희열이기도 했고, 중국 농민공 가정의 열악함을 보고 그동안 누려온 삶에 대해 갖게 된 새로운 성찰이기도 했고, 함께한 중국 대학생들이 봉사를 대하는 진지함을 발견하고 느낀 감동이기도 했다. 이 '의미'를 비교적 짧은 시간 안에 완성해내는 방식이 앞 절에서 볼 수 있듯 '에피소드'를 만드는 것이었다.

그러나 과도한 개입을 배제하고 '문제해결식' 테크닉으로 복잡한 현실을 다림질하는 에피소드 작업은 오랜 기간에 걸쳐 생긴 마음의 결핍을 채워주기에는 항상 부족했다. 구성원 간의 관계가 비교적 돈독했던 쓰촨팀의 경우 한 '에피소드'에서 충분히 끌어내지 못한 의미를 같은 또래 친구들과의 우정을 통해 채워가면서 새롭고 보다 풍부한 '에피소드'를 만들어갔지만 "워크숍 때 죽어라 기획안만 짜다가" 팀워크를 제대로 다지지 못한 베이징팀의 경우 제대로 된 '에피소드'가 없다는 불안은 캠프 기간이 끝나 갈수록 더욱 심해졌다. 한 참가자는 "작년 팀한테 재미있는 에피소드들을 많이 들었는데 우린 아직 이런 게 없어요. 앞으로 재미있는 에피소드를 많이 만들었으면 좋겠어요"라며 계속해서 희망을 부여잡는 반면, 다른 참가자는 점점 냉소적이 되기도 했다. "어쨌든 의미를 찾아야죠. 그리고 시간이 흐르면 좋은 것만 남으니까." 말끔히 정리된 '에피소드'가 불만스럽다면 차라리 기획 자체를 바꾸면 되지 않은가? '조사'(쓰촨팀)가 시간문제로 급하게 매듭지어졌다면 일정을 바꿔서라도 끝까지 덤벼보고, 팀원 간의 불화가 문제라면 몇 개의 프로그램을 빼고서라도 서로의 관계를 보듬고 풍성히 할 새로운 기회를 만들 수도 있는 게 아닌가?

　　캠프 기간 동안 필자가 가졌던 질문에 대한 대답은 이후의 인터뷰를 통해 좀 더 분명해졌다. 캠프에 참여했던 대학생들은 자신의 생활세계에서 경험한 상처를 치유받기를, 대다수가 선호하던 언어를 빌리자면 '힐링(healing)'을 경험하고 싶어 했으나, 한편으로는 자신을 가해했던 '정상성', 즉 한국 사회에서 당연시되는 규범이나 마땅히 따라야 한다고 강요받는 궤도에서 이탈할 생각은 별로 없어 보였다. 필자는 방학 중임에도 학생들과 인터뷰 약속을 잡기가 쉽지 않았는데, 문제는 이들이 너무나 바쁘다는 것이다. 깜깜한 고시생활에서 벗어나 봉사의 경험을 통해 새로운 자신감을 얻었다고 자랑했던 희주는 캠프가 끝난 후 다시 공무원 시험을 준비하기 시작했다. "다른 직업보다 리스크가 없을 거라는 생각에" 설명회를 찾아다니다 결국 작심을 하고 학원에 등록했다. 캠프의 경험이 좋아서 다른 해외 자원봉사도 응모해보고 싶다던 주희 역시 공무원 학원에서 대부분의 시간을 보내고 있었다. "네가 서둘러 취직 준비를 해야 동생들이 본보기로 따라오지 않겠느냐"는 부모님의 조언을 따르기로 하고, 정말 하고 싶었던 일은 "안정된 직업을 가진 후"로 미루기로 했다. 캠프 때 영상 작업을 담당했던 소은은 자신이 가진 재능도 살리고 봉사활동도 계속하고 싶어 졸업 후 캠프를 주관하던 M기업의 재단[23]에 들어가려 했지만 "친구들이랑 주변에서 좀 더 직업다운 직업을 가져라"하고 이야기하는 바람에 망설이고 있었다.

    단기간의 해외 자원봉사 경험은 '공공'이라는 이름의 '치유'였지만, '공공'도 '치유'도 지속적인 것이 못 되었다. 필자는 인터뷰 작업에서 마지막으로 만난 선영을 통해 이렇게 단명하는 에피소드식 봉사가 어떻게 냉소적인 주체와 만나는가를 볼 수 있었다. 광주의 한 국립대 법학과 졸업을 1년 앞둔 선영은 예전에 실패한 공무원 시험을 다시 도전하기는 싫지만 완전히 포기하기도 아까워서 결국 비슷한 시험 과목을 가진 공사 시험을 준비하기로 했다. "무에서 유를 창조해내는" M기업의 봉사활동을 도전적·창의적이라고 높이 평가하면서도 '안정성' 때문에 공사 시험을 택한 이유를 물었을 때, 혹시 부모님의 강요 때문인지 질문을 던졌을 때 선영은 무표정으로 답했다. "강요받은 거 맞아요. 꿈이 없어서." 이후 선영의 냉소적 답변 속에 꿈은 있기도 하고 없기도 했다. "지금 사회가

---

23 대학생 해외 자원봉사활동은 M기업 내 여러 부문에서 함께 주관했는데, 그중 활동의 실무를 담당하는 M기업 재단의 직원은 봉급이나 여타의 복리 혜택에서 다른 부문에 비해 낮은 대우를 받았다.

그렇게 만들었죠.…그렇게 쳇바퀴 속에서 살고 쳇바퀴 굴릴 준비가 되어 있어요. 저는…꿈은 다음 생애에 펼치려고요. 친구들이 웹툰 작가를 해 보래요."

나가며: 일시적 봉합, 지속적 유예

이 글은 한국의 많은 대학생 사이에서 유행하고 있는 해외 자원봉사 활동의 문화적·정치적 맥락을 조명하려는 시도였다. 이는 두 가지 연구 주제를 갖는데, 하나는 대기업의 해외 자원봉사가 대학생 사이에 익숙한 반빈곤활동의 무대로 등장하게 된 조건을 문헌 분석을 통해 규명하는 것이고, 다른 하나는 이 활동의 핵심 주체로 호명받은 대학생이 활동에 의미를 부여하는 방식과 과정을 M기업 한중 대학생 글로컬 캠프에 대한 현지조사를 통해 살피는 것이었다.

첫 번째 문제의식의 경우, 필자는 대학생 해외 자원봉사의 범람을 '빈곤'과 '대학생'에 대한 새로운 통치성이 만난 결과로 분석했다. 밀레니엄 자본주의하에서 급성장한 '전 지구적 빈곤'이라는 패러다임은 지배와 착취의 관계를 지속시키는 구조적 힘에 대한 개입을 중단한 채 기아와 질병, 유아 사망, 자연재해 등과 같은 가시적인 폭력에 대한 전쟁을 주문하고 있다. 이데올로기적 대립은 "지구상에서 10세 미만의 아이가 5초에 1명씩 굶어죽고 있다"는 급박한 외침 아래 묻혀버렸고, 국제기구와 각국 정부, 기업·NGO·대학·종교단체가 유엔의 '밀레니엄 개발 목표' 달성을 위해 대동단결하는 양상이 전개되고 있다. 특히 '사회적 책임(CSR)'이라는 상징 권력으로 무장한 기업은 무자비한 이윤 추구 행위를 자선으로 상쇄하는 가운데(지젝, 2011: 52) 글로벌 사회의 새로운 도덕적 지도자로 등장했다.

한국의 대기업 역시 비즈니스에 불리한 여론을 봉사를 통해 물타기 하는 소극적 대응에서 벗어나 2000년대 중반 이후 '사회공헌활동'을 대대적으로 전개하기 시작했는데, 이 과정에서 '대학생'은 주요한 행위 주체 중 하나로 급부상했다. 단기간의 해외 자원봉사 프로그램을 통해 정부와 기업은 청년 실업과 고용 불안을 야기한 자본주의 체제 재생산의 위기를 '글로벌 인재 양성'이라는 긍정적 화두로, 시대적 책무로 전환시키는 데 성공했고, 이 위기에서 살아남아야 하는 대학생에게 대기업에서 비용 일체를 부담하는 글로벌(글로컬) 캠프는 자신의 커리어 경쟁력을 높이는 대외 활동 중 하나가 되었다.

그러나 필자가 M기업의 대학생 해외 자원봉사활동을 따라가는 가운데 발견한 점은 이 범람하는 의례가 대학생 참가자가 '글로벌 인재'라는 요구에 기꺼이 퍼포먼스로 화답하는 장인 동시에, 오랜 기간 쌓아온 마음의 결핍을 일시적으로 메우는 기회를 제공한다는 점이다. 즉, 해외 자원봉사는 경제적 빈곤에 대한 적극적 개입이라기보다는 신자유주의 시대를 사는 청년이 지닌 마음의 빈곤을 어루만지는 '공공'이라는 이름의 '치유' 기제로 작용하고 있다. 하지만 이 치유란 자족적·단편적·분절적 '에피소드'를 양산하는 것으로 귀결된다. 이는 무한경쟁에 내몰린 학생들이 극심한 고립감과 불안을 경험하면서도 삶의 방향을 전면적으로 바꾸기보다는 여전히 '정상적'이라 가정되는 궤도 내에서 주행하고 그 여정에서 잠깐 숨 쉴 공간을 찾기 때문이다. 에피소드식 활동의 연쇄 속에서 결국 사회적 관계의 부재와 심리적 불안이 야기한 결핍은 일시적으로만 봉합될 뿐이며, 만족의 유예는 학생들로 하여금 또 다른 에피소드 또는 더 나은 에피소드를 찾아 동분서주하게 만든다.

프로그램의 결과를 영상물로 남기는 것은 모든 해외 자원봉사 프로그램에서 유행이 되었는데, 열흘간의 일정을 5분 남짓의 화면 속에 담아내는 과정은 일시적인 봉합의 측면을 가장 적나라하게 보여주었다. 가슴을 뭉클하게 하는 에피소드가 탄생하지 못했다는 조급함은 영상물에 드러나지 않는다. 화면에 등장하는 것은 가장 짧고 선명하게 압축된 에피소드, 예를 들어 친구와의 우정, 현지 아이들의 함박웃음, 젊음의 열정과 패기가 어우러진 일련의 스냅 사진 등이다. 한 참가자의 예측대로 "시간이 흐를수록 좋은 것만 남아" 간명한 에피소드는 '추억'이 되었다. 그리고 페이스북이나 카카오톡 같은 온라인에서의 만남은 활동을 끝낸 단원들이 (필자까지 포함하여) 추억을 되새기는 가운데 잠재된 불안을 억누를 수 있는 일시적 환경을 제공하고 있다. 언제 사라질지 모를 이 공동체는 "두려움을 느끼는 개인들이 비록 짧은 순간이나마 그들의 두려움을 집단적으로 의지할 개별적 말뚝"(바우만, 2005: 63)이 된 것이다.

이 풍경을 '글로벌 리더'를 향한 자기계발의 과정으로 찬양하는 수사를 멈추어야 한다는 점, 밀레니엄 한국 사회에서 봉사활동의 주체로 호명된 대학생이 애써 봉합하고 있는 불안의 정체를 규명하는 작업이 선행되어야 한다는 게 필자의 소견이다.[24]

---

[24] 이 글은 대기업 단기 봉사 프로그램만을 대상으로 했으며, 일부에서 시행되고 있는 대안적인 반빈곤활동의 흐름은 다루지 않았다. 비록 소수이긴 하지만 정부나 기업, 종교단체, NGO에서 주관하는 단기 해외 봉사활동을 경험했던 청년 중 그간의 봉사를 비판적으로 검토하면서 외부 지원에 덜 의존하는 대안적 개입 방식을 모색하는 경우가 생겨나고 있다. 그들의 경험과 실천에 관한 연구는 필자의 후속 작업으로 이어질 예정이다.

::참고문헌

김주환, 2012, 「신자유주의 사회적 책임화의 계보학: 기업의 사회책임경영과 윤리적 소비를 중심으로」, 『경제와 사회』 96, 210-251쪽.

바우만, 지그문트, 2005[2000], 『액체근대』, 이일수 역, 강.

박소진, 2010, 「한국 사회 문화 재인식과 세계 속 자기 정체성 찾기: 대학생 단기 해외연수 동기와 경험」, Comparative Korean Studies 18(1), 217-262쪽.

박재영, 1999, 『얘들아, 해외봉사가자!』, 굿인포메이션.

백승욱, 2006, 『자본주의 역사강의』, 그린비.

삭스, 제프리, 2006[2005], 『빈곤의 종말』, 김현구 역, 21세기북스.

송은의, 2012, 「해외봉사의 역사」, 『해외봉사 바로 알고 가기』, 한국국제협력단, 44-56쪽.

시소디어, 라젠드라, 데이비드 울프, 잭디시 세스, 2008[2007], 『위대한 기업을 넘어 사랑받는 기업으로』, 권영설·최리아 역, 럭스미디어.

신광식, 2005, 『세계가 내 가슴에 다가왔다』, 개마고원.

신한슬, 2012, 「빈곤퇴치활동이 생산하는 것: 대학생 해외 자원봉사 활동을 중심으로」, 연세대학교 문화인류학과 'Anthropology of Poverty' 수업기말보고서.

아리기, 조반니, 2008[1994], 『장기 20세기: 화폐, 권력, 그리고 우리시대의 기원』, 백승욱 역, 그린비.

안경환, 2012, 「한국 기업의 CSR과 정부의 CSR정책에 대한 비판적 고찰」, 연세대학교 정경대학원 석사학위논문.

UN과 국제기구 운영진, 2008, 『한국인이 아닌 세계인으로 성공하라!』, 살림.

이선재, 2009, 「국제자원활동의 이해와 실제」, 『자원활동은 자원봉사가 아니다』, 유네스코한국위원회, 17-86쪽.

이태주, 2011, 「프로젝트를 추적하다: 국제개발과 인류학적 참여」, 『비교문화연구』 17(1), 39-80쪽.

_____, 2012, 「왜 해외로 떠나는가」, 『해외봉사 바로 알고 가기』, 한국국제협력단,

14-22쪽.

정용우, 2012, 「귀국 후 진로」, 『해외봉사 바로 알고 가기』, 한국국제협력단, 204-217쪽.

조문영, 2001. 「'가난의 문화' 만들기—빈민지역에서 '가난'과 '복지'의 관계에 대한 연구」, 서울대학교 인류학과 석사학위논문.

지젝, 슬라보예, 2011[2008], 『폭력이란 무엇인가: 폭력에 대한 6가지 삐딱한 성찰』, 이현우·김희진·정일권 역, 난장이.

_____, 2012, 『멈춰라, 생각하라: 지금여기, 내용 없는 민주주의, 실패한 자본주의』, 주성우 역, 와이즈베리.

최충희, 2012, 「나에게 맞는 프로그램을 찾아서」, 『해외봉사 바로 알고 가기』, 한국국제협력단, 114-127쪽.

최혁준, 2010, 『창조적 자본주의』, 이안에.

푸코, 미셸, 1997[1976], 『성의 역사』 제1권, 이규현 역, 나남출판.

하비, 데이비드, 2007[2005], 『신자유주의: 간략한 역사』, 최병두 역, 한울아카데미.

한국국제협력단, 2011, 『한국해외봉사단 20년 발자취(1990~2010)』, 한국국제협력단.

한국대학사회봉사협의회, 1997, 『대학생과 해외봉사』, 한국대학사회봉사협의회.

한국해외원조단체협의회, 2010, 『한국국제개발협력 NGO편람』, 한국해외원조단체협의회.

한비야, 2005, 『지도 밖으로 행군하라』, 푸른숲.

한양대학교사회봉사단, 1997, 『대학의 사회봉사』, 한양대학교출판원.

Cho, Mun Young, 2005, "From 'Power to the People' to 'Civil Empowerment': The Making of Neoliberal Governmentality in Grassroots Movements for the Urban Poor in South Korea," *East-West Center Working Papers* 13, pp.1-12.

Cooper, Frederick, 1997, "Modernizing Bureaucrats, Backward Africans and the Development Concept," Frederick Cooper and Randall Packard eds., *International Development and the Social Sciences*, Berkeley: University of California Press, pp.64-92.

Escobar, Arturo, 1995, *Encountering Development: The Making and Unmaking of the Third World*, Princeton: Princeton University Press.

Ferguson, James, 1994, *Anti-Politics Machine: Development, Depoliticization, and Bureaucratic Power in Lesotho*, Minneapolis: University of Minnesota Press.

_____, 2005, "Anthropology and Its Evil Twin: 'Development' in the Constitution of a Discipline," Marc Edelman and Angelique Haugerud eds., *The Anthropology of Development and Globalization*, Oxford: Blackwell.

Malkki, Liisa, 1994, "Citizens of Humanity: Internationalism and the Imagined Community of Nations," *Diaspora* 3(1), pp.41-68.

Rajak, Dinah, 2011, *In Good Company: An Anatomy of Corporate Social Responsibility*, Stanford: Stanford University Press.

Roy, Ananya, 2010, *Poverty Capital: Microfinance and the Making of Development*, New York: Routledge.

Shamir, Ronen, 2008, "The Age of Responsibilization: On Market-Embedded Morality," *Economy and Society* 37(1), pp.1-19.

Time, 2008. 7. 31.

중국청년을 말하다

1
빠링허우 현상의 형성과 그 변화 과정*

리춘링(李春玲)
중국사회과학원 사회학연구소(中國社會科學院社會學硏究所) 연구원

빠링허우는 독특한 중국적 개념으로, 1980년에서 1989년 사이에 태어난 청년세대를 일컫는다. 인구조사 통계 자료에 의하면, 중국에서 이 기간 동안 약 2.2억 명이 태어났다. 1979년 개혁개방과 맞물려 시작된 독생자녀정책, 30년간 지속된 고속 경제성장, 인터넷 보급 등은 빠링허우의 인생에서 가장 중요하고도 영향력이 큰 사회적 사건이다. 빠링허우의 부모를 '신중국세대'라 부를 수 있다면, 그들의 생활사는 '신중국 국가 형성(state-making)'의 역사라 할 수 있다.

빠링허우는 '전환의 세대'다. 그들은 전통 사회에서 현대 사회로의 전환, 계획경제 체제에서 시장경제 체제로의 전환, 상대적으로 폐쇄된 사회에서 대외적으로 개방된 사회로의 전환 등 사회의 다양한 변화에

* 이 글은 『흑룡강사회과학(黑龍江社會科學)』(2013) 82~87쪽에 실린 「빠링허우 현상의 형성과 그 변화과정("80後"現象的産生及其演變」을 번역한 것이다.

발맞추어 성장했다. 성장 과정에서 겪은 그들의 경험은 부모 세대의 그것과는 완전히 다르다. 과거에는 없던 인터넷이라는 교류 도구를 통해 함께 나누고 교류하며 공감대를 형성했고 나아가 집단의식과 정체성을 형성했다. 이 과정에서 자연스럽게 그들은 사회적으로 의미 있는 세대 집단으로 성장했다.

우리는 '세대'에 서로 다른 세 가지 함의가 있다고 전제하고, 세대관계에 대한 토론을 진행했다. 첫째, 나이 차이로 인해 생겨난 세대관계로, 청년층과 노년층을 예로 들 수 있다. 둘째, 혈연관계로 생겨난 세대관계로, 아버지와 아들이 그 예다. 마지막으로 공통의 관념과 행위 특징으로 생겨난 세대관계, 예를 들면 '제5세대 감독', '문혁·조반세대' 등이 있다. 빠링허우라는 세대 집단 개념은 명칭으로만 보면 같은 시기에 출생한 집단(10년 동안 태어난 일군의 무리)을 의미하지만, '연령 집단'이라는 개념 외에 '사회 집단' 또는 '사회 세대'라는 점에서 더욱 중요하다. '사회 세대'란 같은 나이에 속한 일군의 무리로, 특정한 역사적 사건을 함께 겪으면서 사상과 관념, 가치관과 태도, 행동방식, 이익 추구 등을 공유하게 된다.

빠링허우의 청소년기 생활환경은 그들 부모 세대와는 완전히 다르다. 첫째, 개방된 환경에서 성장하여 서양 문화와 생활방식의 영향을 받았다. 둘째, 시장경제가 가속화되는 과정에서 성장했고 현재 경쟁과 이익 추구가 최우선시되는 사회환경 속에서 살고 있다. 셋째, 생활수준이 지속적으로 향상되는 상황에서 성장하여 역경과 좌절을 비교적 적게 겪었다. 넷째, 그들 가운데 일부분은 독생자녀로 비독생자녀보다 소규모의 가정에서 조부모와 부모의 엄청난 보살핌 속에 성장했다. 다섯째, 인터넷과 함께 성장하여 이전 세대 사람들이 누리지 못했던 풍부한 정보와 광범위한 사회 교류 통로에 빠르게 접할 수 있었고, 개방된 자아 표현 공간을 가질 수 있었다.

이러한 사회환경적 요소로 인해 그들 세대의 시대적 특징은 분명해졌고, 중국 근·현대 역사상 매우 독특한 하나의 세대로 자리매김했다. 빠링허우라는 개념이 진정으로 반영하는 것은 거대한 사회 변천이다. 사회 변천은 그들의 관념과 행위를 바꾸어놓았고 그들의 관념과 행위는 다시 사회 변천을 추동했다. 빠링허우는 출생 당시부터 많은 사람의 주목을 받으며 논쟁의 대상이 되었고, 대중매체는 그들에게 각종 사회적 꼬리표를 붙였다. 그들에 대한 사회적 이미지는 이들이 성장하면서 계속 변했다.

빠링허우의 사회적 이미지와 각종 행위는 두 가지 사회 발전 궤적의 영향을 교차로 받으며 변했다. 하나는 사회에서 거시적으로 발생한 중대한 변화로, '사회 전환의 진화 궤적'이라 부른다. 다른 하나는 개인적 차원에서 발생한 '생명 역정의 진화 과정'으로 유아기에서 청소년기·청년기를 거쳐 성인기에 접어드는 것을 말한다. 격렬한 사회 변천과 중대한 역사적 사건은 빠링허우의 삶 각 단계에서 관념 형성과 행위 규범에 지대한 영향을 미쳤다.

'소황제(小皇帝)'라는 꼬리표가 붙은 세대

'소황제'라는 용어는 '꿀단지' 속에서 성장한 빠링허우의 유아기와 아동기에 붙은 꼬리표다. 빠링허우가 유아기와 아동기를 보내는 시기와 맞물려 독생자녀정책이 시행되었다. 개혁개방 초기 10년간 경제가 급성장했고, 이로 인해 생활수준이 현저하게 향상되는 등 중요한 사회적 변화가 있었다. 이러한 일련의 변화로 빠링허우는 부모 세대가 누려보지 못한 물질적 풍요로움을 마음껏 누렸고, '4·2·1' 가정 구조[1]에서 윗세대들의 총애를 한 몸에 받았다. 빠링허우 집단에서 독생자녀의 비율은 대략 20%(주로 도시 가정의 자녀)다. 농촌 가정에서 태어난 대다수의 빠링허우는 자녀가 적은 가정(대략 2~3명)에서 성장했다. 1980~1990년대에 접어들어 수입이 증가하고 생활 조건이 향상되면서 빠링허우는 부모 세대의 어린 시절보다 훨씬 더 큰 경제적 지원과 부모로부터의 사랑을 받았다.

그들이 행복한 세대라는 것에는 의심의 여지가 없다. 1979년 중국 정부는 '한 쌍의 부부는 한 명의 자식만 낳을 수 있다'는 중요한 의미를 지닌 인구정책을 내놓았다. 정책 발표가 있던 그해 610만 명의 아이들이 '독생자녀증(獨生子女證)'을 얻었다. 1984년까지 전국의 가임 여성이 낳은 2,800만 명의 독생자녀가 '독생자녀증'을 얻었다. 1986년 5월 26일자 《인민일보(해외판)》에 의하면, 당시 중국의 독생자녀 수는 3,500만 명(1987년 잡지 《반월담(半月談)》에서 발표한 숫자는 8,000만 명), 국가통계국에서 발표한 1987년까지 혼인 신고를 한 가정은 3,200만 호에 이른다. 여러 자료를 종합하여 대략 추산해보면, 1980년대 말 전국의 혼신 신고를 한 가정에서 태어난 자녀는 3,500만 명에 이를 것으로 추정된다. 혼인 신고를 하지 않은 가정에서 태어난 독생자녀의 수까지 합치면 전국 14세 이하 독생자녀는 5,000만 명 정도다. 이들은 주로 중국의 도시에 분포했다. 1990년 통계에 의하면, 중국의 독생자녀 수는 5,000만 명 이상이며, 그 가운데 만 1세가 되지 않은 독생자녀 비율은 52%에 이르렀다. 대도시에서 0~8세에 이르는 아동의 95% 이상이 독생자녀였다.

독생자녀 수의 급속한 증가는 중국인의 가정과 생활 각 영역에 중대

---

1 조부모 4명, 부모 2명, 자녀 1명이 있는 가정 구조.

한 영향을 미쳤다. 전통적인 중국의 가정 관념에서는 자녀가 많은 것을 미덕으로 여겼기 때문에 가정에서 경제적인 부분과 부모의 사랑은 자녀마다 분배될 수밖에 없었다. 어떤 가정에서는 형제자매 사이에 서로 경쟁을 하는 경우도 발생했다. 하지만 독생자녀의 경우에는 가정으로부터 전폭적인 지지를 받으며 부모의 모든 사랑을 독차지하며 성장했다.

어떤 의미에서는 그들의 부모 역시 매우 독특한 세대라 할 수 있다. 그들은 여러 어려움과 사회·경제 환경의 급격한 변화를 겪었다. 펑샤오텐(風笑天)은 다음과 같은 방법으로 독생자녀 부모들의 일반적이지 않은 인생 역정을 묘사했다. "그들은 3년의 자연재해[2]를 겪으며 어린 시절을 보냈고, 10년의 동란(動亂)[3]과 상산하향(上山下鄉)[4]을 겪으면서 중학생 시절과 청년기를 보냈다. 대학교 입시가 부활하고 경제 건설이 시작되어서야 비로소 혼인과 배움이 시작되었다. 자식을 낳을 때쯤 되자 정부는 인구통제정책과 산아제한정책을 적극 실시했다. 하나뿐인 자식이 무럭무럭 성장할 즈음 사회는 개혁을 부르짖었고 기업은 경쟁을 시작했으며, 그들은 이 시기에 생활의 현(弦)을 다시 한 번 팽팽하게 묶었다."

빠링허우 부모들은 인생의 좌절을 겪으면서 자녀에게만큼은 자신들

---

2 1958년, 당시 세계 경제 2위인 영국을 15년 안에 따라잡겠다(나중에는 3년으로 기간을 단축)는 목표를 가지고 시행했던 대약진운동은 농촌의 현실을 무시한 무리한 집단농장화나 농촌에서의 철강 생산 등을 진행시켜 처참한 실패로 끝났다. 대약진운동의 실패와 더불어 1959~1961년 가뭄, 태풍 등 여러 재해가 겹쳐 막대한 피해를 입고 굶어죽는 사람들이 대량으로 발생했다.
3 1966~1976년의 문화대혁명 기간을 말한다.
4 중국 정부는 1957년부터 국토 활용을 극대화하기 위해 농촌 대중의 문화를 구축하는 운동을 지속적으로 펼쳤다. 도시의 학생이나 지식인이 농촌으로 들어가면서 이주정책의 효과와 함께 경작지를 개간하는 성과를 거두었다.

이 겪은 고통을 대물림하고 싶지 않았다. 가장 좋은 생활 여건과 건강한 학습 환경을 마련해주고자 부단히 노력했다. 조부모들은 빠링허우가 유아기와 아동기일 때 그들과 함께 살면서 또는 함께 살지 않더라도 손자와 손녀를 극진히 돌보았다. 빠링허우 손자 손녀에 대한 사랑은 지나칠 정도였다. 이러한 가정환경에서 성장한 빠링허우 독생자녀에게는 종전 세대의 아이들과는 다른 개성과 특징이 생겨났다. 이는 하나의 사회 현상으로 자리 잡아 사람들로부터 관심과 주목을 받았다.

미국《뉴스위크(News Week)》1985년 3월 18일자에 두 명의 기자가 쓴「일군의 소황제」라는 글이 게재되었다. 이 글에서 작가는 독생자녀 부모들의 입을 빌려 "아이들을 시중드는 부모들이 그들을 소황제라 부르고 있다"며, 독생자녀에 처음으로 소황제라는 굴레를 씌웠다. 중국 신문에서는 그들을 일컬어 '응석받이로 자란 아이들'이라 칭했다.「일군의 소황제」가 발표되고 11일 후《공인일보(工人日報)》는 이 글을 발췌하여 번역문을 실었다. 1986년《중국작가(中國作家)》제3호에는「중국의 소황제(中國的"小皇帝")」라는 제목의 보고문학(報告文學)이 실렸다. 이 잡지 속표지 편집자란에는 아래와 같은 묵직한 글이 적혀 있다.

본기 보고문학은「중국의 소황제」를 첫 글로 싣는다. 중국에는 3,000만여 명의 독생자녀가 있다. 사회 전체에서 그들의 현재 생활과 교육 현황을 주목하고 걱정하고 있다. 독자들—특히 젊은 아빠, 엄마들—이 이 글을 통해 '소황제'에 대한 진정한 관심이 어떤 것인지 깨우치기를 바란다. 우리는 작가와 한 목소리로 "중국의 미래를 위하여 자녀를 지나치게 총애하지는 마십시오! 너무 총애하면 안 됩니다!"라고 호소한다.

이 보고문학은 사회 전체에 아래와 같이 경고했다.

1980년대에 진입하면서 중국에는 각종 새로운 사물이 생겨나고 전에 없던 문제가 제기되었다. 가정에서 생긴 보물들(아이들)도 여기에 포함된다. 더 정확히는 조부모·외조부모·부모로부터 지극한 보살핌을 받고 있는, 예외 없이 '4·2·1 증후군'[5]을 앓고 있는 아이들을 말한다. 독생자녀들, 가정·부모·친척을 압도하는 이들 소황제는 이미 모든 가정에 보편적으로 존재하게 되었다. 머지않은 미래에 집집마다 한 명의 소황제가 있게 될 것이다.

이 보고문학이 발표된 후 소황제라는 명칭은 사회 각계에서 주목받게 되었고, 대중에게 널리 퍼지면서 독생자녀의 대명사로 자리매김했다. 독생자녀 현상은 빠링허우의 출생과 함께 생긴 사회 현상이다. 소황제는 빠링허우 아이들의 전형적인 이미지가 되었다.

일부 교육자, 심리학자, 사회학자들은 독생자녀들을 '소심하다', '신중하다', '쉽게 공포를 느낀다', '잘 어울리지 못한다', '괴팍하다', '제멋대로다', '연약하다', '이기적이다', '질투가 많다', '쉽게 화를 낸다', '고집이 세다', '심리가 극도로 불안하다', '사회적응능력이 부족하다', '성격이 불건전하다', '품성·도덕 수준이 떨어진다'라고 평가했다. 이러한 결점은 '독생자녀 증후군'이라 불린다.

부모로부터 과도한 사랑과 사회로부터 지나친 걱정을 받으며 성장

---

5   현대 중국 가족 구조에서 비롯된 폐단으로, 한 자녀를 둔 가정에서 모든 가족(조부모, 외조부모, 부모)이 어린아이 한 명을 맹목적으로 사랑함으로써 자식 교육에 해를 끼치는 현상을 가리킨다.

한 빠링허우는 1990년대 초등학교와 중학교에 입학했다. 변화된 사회에서 '패배의 세대(垮掉的一代)'라는 새로운 꼬리표를 얻었다. 주류 미디어와 교육자들은 이 세대가 너무나 좋은 생활환경에서 자라 좌절을 겪어보지 못했기 때문에 이기적이고 반항적이며, 나약하고 책임감이 없다고 생각했다. 언론에서는 이들이 국가 미래의 사명을 짊어지기에는 역부족이라고 판단하기에 이르러 때때로 빠링허우의 제멋대로인 행위, 가출, 자살 등을 보도하기도 했다. 성인 사회는 그들을 '무너진 세대', '가장 책임감 없는 세대', '가장 이기적인 세대', '가장 반항하는 세대', '가장 제멋대로인 세대', '콜라를 마시고 햄버거를 먹는 세대', '자라서도 누리는 세대'라고 평가했다. 빠링허우의 부모들은 이들이 어떻게 미래 사회의 동량이 될 수 있을지 걱정했으며, 그 걱정은 날로 커져만 갔다.

'별종'과 '반항'의 빠링허우 작가

1990년대 후반 빠링허우는 주류 미디어의 부정적 평가, 비판과 질책, 아버지 세대의 걱정과 우려 속에서 사춘기를 맞았다. 청소년기에서 청년기로 접어들었을 때는 중국인의 생활을 180도 변화시킨 '인터넷'이 등장했다. 인터넷의 등장과 신속한 보급은 빠링허우와 떼어놓고 생각할 수 없다.

인터넷은 빠링허우와 빠링허우의 선배들(리우링허우[60後]와 치링허우[70後])이 겪은 청소년 시기를 차별화시켰다. 선배의 부모뻘 세대가 선배들을 질책했을 때 그들은 그 질책을 그대로 들을 수밖에 없었다. 공개적으로 다른 의견을 피력할 수도 없었다. 그들의 부모뻘 세대들이 주류 미디어를 손에 쥐고 있었기 때문이다. 하지만 빠링허우는 인터넷을 활용해 그들에 대한 성인 사회의 여러 가지 부정적 평가에 반격하기 시작했고, 문화 권위와 엘리트 인사들에게 적극적으로 도전했다.

'독생자녀', '소황제', '무너진 세대'는 모두 성인 사회가 빠링허우에 부여한 명칭이자 꼬리표다. 하지만 정작 빠링허우 당사자들은 스스로 내린 자신에 대한 평가를 공개적으로 드러낼 기회가 없었다. 그러다가 1990년대 말과 21세기 초 일군의 소년 문학가들이 출현하면서 자신의 느낌과 성인 사회로부터 받은 도덕 규범의 압박을 문학 형식으로 표현하기 시작했다. 비록 주류 문학계에서는 크게 눈여겨보지 않았지만 시장은 그들에게 기회를 주었고, 이들 작품은 도서시장에서 큰 호응을 얻었다. 작품들이 표현하고자 하는 정서가 빠링허우 사이에 공감대를 형성한 것이 주효했다. 한한(韓寒)의 《삼중문(三重門)》, 춘수(春樹)의 《베이징 인형(北京娃娃)》, 궈징밍(郭敬明)의 《환성(幻城)》 등이 잇달아 출판되었고, '소년 글쓰기', '청춘 문학', '신개념 청년파' 등으로 분류된 작품들은 '도서시장 판매 보증 상품'이라는 꼬리표를 얻었다.

인터넷이 출현하지 않았다면 이러한 문학 작품과 청소년 문학 작가의 활약은 이전의 청춘 문학과 마찬가지로 하나의 문학 현상 또는 문화 현상 정도에 지나지 않았을 것이다. 하지만 인터넷이 출현한 후 예전 같으면 문화 현상이었을 것들이 사회 현상으로 확대되었다. 21세기 초 인터넷이 중국 사회에 처음 출현했을 때 대다수 중국인은 인터넷을 사용할 줄 몰랐다. 반면, 청소년 문학 작가들은 인터넷을 이용해 인터넷 작가로 발돋움했다. 그들은 인터넷을 통해 사회적 영향력을 확대했고 다수의 또래 청소년들로부터 지지를 얻었다. 개성 넘치는 빠링허우 작가군들이 중국 사회에서 일으킨 반향은 실로 명백하다.

빠링허우라는 단어는 본래 일군의 청소년 문학 작가들을 일컫는 말이었다. 그들 대부분은 1980년대에 태어났고 일부는 1970년대 말에 태어났는데, 이들을 통칭하여 빠링허우 작가라 불렀다. 빠링허우라는 용어는 빠링허우 대표 작가라 일컬어지는 꽁샤오삥(恭小兵)이 가장 먼저 썼다. 2003년 꽁샤오삥은 모 논단에 「빠링허우를 결산하다(總算"80後")」를 발표했다. 주변 또래들의 삶의 모습과 정신 상태를 결산한 이 글이 발표된 후 빠링허우라는 용어는 급속도로 유행하기 시작하여 새로 출간되는 거의 모든 청춘문학류 서적 표지에 장식되었다. 이때 빠링허우는 주로 빠링허우 작가군을 지칭하는 말이었다.

2004년 2월 《타임(아시아 판)》지는 베이징 소녀 작가 춘슈를 표지 모델로 내세웠고, 춘슈·한한 등을 중국을 대표하는 빠링허우로 칭했다. 이처럼 빠링허우에 이름과 지위가 확실히 부여되면서 이 호칭은 신속히 다른 호칭들을 대체하며 광범위하게 사용되었다. 사회 각계에서도 빠링허우가 쓴 작품에 주목하게 되었다. 2005년 6월 25일 출판된 《타임(글로벌 판)》지에는 중국 청년 작가 리샤샤(李傻傻)가 등장했다. 이는 《타임》지가 중국의 빠링허우를 당대 문화의 키워드로 여긴 증거다.

빠링허우 작가들이 성인 사회에 대한 불만을 오프라인 문학작품에서는 온화한 정서로 배출한 반면, 인터넷에서는 호전적이고 송곳을 찌르는 듯한 전투적인 표현으로 표출했으며 많은 빠링허우로부터 갈채를 받았다. 호전성 덕에 빠링허우 작가의 대표 인물인 꽁샤오삥도 유명세를 탔다. 꽁샤오삥은 2000년 5월부터 인터넷에 글을 올리기 시작했다. 2001~2003년 사이 그는 잘못된 논리를 깨기 위해 수많은 벽돌을 가슴에 품고 여러 논단을 돌아다녔다. 중문 인터넷 사이트에서는 매일 논쟁이 오갔으며 어딜 가든 그의 그림자가 있었다. 그는 인터넷상에서 벌어진 다양한 설전에 참여하여 이슈를 몰고 다니며, 2004년 톈야공동체(天涯社區)의 '인터넷 풍운아'로 선발되었다. 같은 해 그의 처녀작 겸 자전소설 《도망갈 곳 없다(無處可逃)》가 톈야공동체에 연재되자 관련 토론이 무수히 벌어졌고 출판계에서는 이 소설을 '빠링허우 문학의 선두주자'라 칭하며 이슈 몰이를 했다. 출판사가 엄청난 금액으로 《도망갈 곳 없다》의 10년 판권을 사들이면서 그는 하룻밤 사이에 인터넷 유명인사가 되었다.[6]

빠링허우 작가 가운데 가장 유명하고 대표성을 띤 인물이라 할 수 있는 한한 역시 인터넷 논단에서 여러 차례 설전을 거듭하면서 명성을 얻었다. 그는 무수한 추종자와 팬을 거느리며 빠링허우 대표 인물이자 정신적 지도자로 자리매김했다. 그 가운데 가장 유명한 설전은 한백지전(韓白之戰: 한한과 유명한 문학 평론가 바이예(白燁) 사이에서 펼친 설전)으로, 한한은 바이예의 「빠링허우의 현황과 미래("80後"現狀與未來)」에 대해 "병신 같은 문단, 누구도 허세 부리지 마라!(文壇是個屁, 誰都別裝逼!)"라고 답했다. 이 과정에서 그는 신들린 개성과 문화 권위에 대해 아랑곳하는 모습을 여실히 보여주며, 빠링허우로부터 엄청난 찬사를 받았다.

빠링허우 작가들은 인터넷을 통해 자신의 영향력을 확장했고, 인터넷상에서 자신의 생각을 발표하여 빠링허우를 집결시키며 성인 사회에 대항했다. 대항의 첫 단계는 자신들을 향한 권위적인 비판과 질책에 대한 반격이었다. 빠링허우는 주동적으로 사회·문화 영역의 권위에 도전하고 공격했다. 이러한 대항은 문학의 범주를 넘어 사회 가치 영역으로

---

6   바이두바이커(百度百科)의 꽁샤오빙 항목 참조(http://baike.baidu.com/view/665608.htm).

까지 광범위하게 확대되었다. 점점 더 격렬해지는 대립과 논쟁에서 '별종'과 '반항'의 아이콘 빠링허우 작가들은 또래의 정신적 지주가 되었다. 그들이 이끄는 일군의 빠링허우 지지자들은 주류 미디어와 문화 권위자들이 점유하고 있던 주류 가치 규범에 도전했다. 2005년에서 2008년 사이 인터넷에서 벌어진 몇 차례의 문화 관련 대설전에서 문화 권위자와 엘리트 명사들은 빠링허우 인터넷 작가에게 한 명도 빠짐없이 모두 패하며 자존심을 구겼다. 빠링허우 인터넷 작가들은 사회 명사로 우뚝 솟았다. 윗세대와의 차별화를 꾀하며 전통과 권위에 대한 무시의 태도를 거리낌 없이 표출했다.

인터넷 논쟁을 거치면서 빠링허우는 하나의 사회 세력으로 완전히 자리매김했다. 주류 미디어와 사회 명사들은 빠링허우를 논할 때 이전보다 더 신중해졌고, 대중은 '별종', '자아', '오만함', '반항'으로 점철된 빠링허우를 만만한 집단으로 여기지 않게 되었다. 이 과정에서 빠링허우는 점점 동질감을 느끼면서 모종의 집단의식을 공유하게 되었다. 그들은 "우리 빠링허우는 동질성을 띤 일군의 집단으로 공통의 생각, 공통으로 추구하는 바가 있다. 현존하는 사회 규범은 우리를 구속하고 속박하지만 우리는 구세대처럼 생활하거나 사고하지 않을 것이다"라고 생각했다. 바로 이때, 빠링허우라는 용어는 '빠링허우 작가'의 대명사에서 '전체 빠링허우'를 일컫는 호칭으로 확장되었다. 빠링허우가 세대 정체성과 집단의식을 가진 '사회적 세대'로 변모한 것이다. 그들이 만든 반항적 청년문화는 인터넷을 통해 대중 미디어와 기타 사회생활 영역으로 침투했다.

2005~2008년 중국 빠링허우의 반항적 청년문화 현상은 어떤 면에서 1960~1970년대 유럽과 미국사회에서 출현한 반주류 청년문화와 매우 흡사하다. 제2차 세계대전이 끝난 후 여러 유럽 선진국과 미국은 장

기간 경제 호황을 누렸으며 사람들의 생활수준은 급격히 높아지면서 사회는 부유해졌다. 1960~1970년대에 들어서자 전통과 도덕·규범에 대한 반항을 특징으로 하는 대규모 반항 청년문화와 각종 사회정치운동이 출현했다. 이러한 청년문화는 당시 유럽과 미국 사회의 변혁을 추동하는 힘으로 작용했고, 특히 가치관, 윤리 도덕, 사회 이념 등에서 거대한 변화가 일어났다.

2005~2008년에도 일군의 빠링허우 청년들에 대한 이미지는 종전과 큰 변화가 없었다. 그들의 문학과 글쓰기, 인터넷 논쟁은 반항적 성격을 띤 문화로 발돋움하여 주류 사회의 규범과 이념에 도전했다. 1960~1970년대 유럽과 미국 청년들이 록음악을 매개로 성인 사회에 대항했다면, 중국의 빠링허우 청년들은 인터넷 글쓰기로 주류 미디어와 문화 엘리트에 대항했다.

빠링허우에 대한 사회적 이미지의 역전

2008년 중국에서는 원촨(汶川) 대지진과 베이징올림픽이라는 두 가지 큰 사건이 있었다. 이 두 사건에서 빠링허우 청년들이 보여준 긍정적이고 적극적인 태도는 그들에 대한 사회적 이미지를 완전히 바꾸어놓았다. 빠링허우는 원촨 대지진 발생 직후 투철한 봉사정신으로 부상자들을 구하여 세계를 감동시켰다. 서구 미디어와 각계 인사들은 베이징올림픽 열기에 대한 보도와 언급을 자제하는 상황에서도 이들의 애국심만큼은 부각시켰다. 베이징올림픽 기간 동안 자원 봉사활동에서도 적극적이고 패기 있는 모습을 보여주어 이들에 대한 주류 미디어의 시각은 부정적에서 긍정적으로 변했다. 이로써 빠링허우와 주류 사회는 '대항'·'반항'의 관계에서 '합작'과 '지지'의 관계로 역전되었다.

2008년 4월 7일, 파리로 옮겨간 베이징올림픽 성화는 티베트 독립 시위대와 이들을 지지하는 세력과 충돌했다. 이후에도 성화가 다른 국가로 옮겨갈 때마다 유사한 일이 발생했다. 동시에 서구 일부 미디어와 문화 인사들의 지지를 받으며 베이징올림픽 반대 세력 및 반중국 경향의 풍조가 하나둘씩 생겨나기 시작했다. 이는 중국 정부의 국제적 이미지에 엄청난 손상을 가져왔고 베이징올림픽 조직위원회는 엄청난 부담을 안게 되었다.

한편 해외에서 공부하고 있는 수많은 빠링허우 중국 유학생들이 자발적으로 거리로 뛰쳐나와 성화를 보호하며 티베트 독립 세력과 맞서는 생각지도 못한 일이 발생하기도 했다. 그들은 서구 미디어가 사실을 제대로 보도하지 않는다고 질책하면서 중국의 긍정적인 이미지를 홍보했다. 이에 뒤질세라 국내의 빠링허우 청년들도 인터넷을 통해 서구 미디어와 각계 인사들의 반중국 발언을 격렬히 비판했고, 애국주의 열정을 발휘해 중국 정부의 올림픽 개최를 적극 지지했다.

올림픽 성화 전달 기간 중인 2008년 5월 12일, 스촨성(四川省) 원촨과 베이촨(北川)에서 진도 8.0의 강력한 지진이 발생해 6만여 명이 사망하는 참사가 발생했다. 사건 발생으로부터 약 한 달간 펼쳐진 구조활동 기간 동안 다수의 미디어는 빠링허우 청년들의 멋진 활약상을 연일 보도했다. 당시 CCTV의 보도 프로그램인 〈중국주간(中國周刊)〉의 '원촨대지진: 빠링허우가 중국의 중추를 들어 올렸다' 코너에서는 아래와 같은 감동의 말을 전했다.

이때 빠링허우가 우리를 미소 짓게 했다! 원촨 대지진이 발생하자 일군의 청년은 조금의 두려움이나 사심도 없이 용감하게 맡은 일을 끝까지 밀고 나가 사람들을 감동시키고 미소 짓게 했다. 자신의 몸을 돌보지 않고 학생들을 구한 교사 위안원팅(袁文婷), 10명의 가족과 친지를 구하기 위해 지금까지도 수색 작업에 몰두하고 있는 경찰 쟝민(蔣敏), 지진으로 고아가 된 아이에게 기꺼이 자신의 젖을 물리는 경찰 쟝샤오줸(蔣小娟), 병자를 업고 이송하는 과정에 자신의 아이를 유산하게 된 간호사 천샤오루(陳曉瀘), 이들 외에도 많은 또래 청년들이 함께 고군분투하고 있다. 사람을 구하려 폐허 속에 뛰어든 일반 사병, 자신의 몸을 돌보지 않고 환자를 간호하는 백의의 천사, 전방에서 물불 가리지 않고 활약 중인 자원 봉사자, 헌혈 후 곧 또다시 헌혈하러 오는 젊은이…. 이들은 모두 비슷한 나이의 젊은이들로 '빠링허우'라는 공통된 집단에 속한 사람들이다.

2008년 6월 11일자 《국제선구도보(國際先驅導報)》에는 다음과 같은 내용의 기사가 게재되었다.

2008년 이래 지진 등의 재난으로 인한 국가적 위기는 빠링허우의 성인식처럼 되어버렸다. 일련의 사건 이후 자아와 개성 표현을 중시하던 집단이 갑자기 용감하고 굳세졌다. 19세의 왕쥔보(王君博)는 짱펑병원(帳篷醫院)에서 업무 중 잠시 땀을 닦으며 "우리에게 매우 좋은 기회였습니다. 이제 우리가 더는 온실의 화초처럼 자란 아무짝에도 쓸모없는 아이가 아님을 알리게 된 것이지요.…우리는 나약한 마음을 털어버리며 알을 깨고 나오고자 합니다. 굳건한 의지와 물불 가리지 않는 용기로 선배 세대의 바통을 이어받을 것입니다"라고 말했다. 원촨 대지진은 빠링허우의 변화를 알리는 상징적 사건으로 빠링허우는 지진 속에서 우뚝 솟았다.

2008년 6월 12일, 후난위성TV(湖南衛視)에서는 저녁 황금 시간대에 〈우리는 진정한 젊은이〉라는 프로그램을 방송하여 원촨 대지진 발생 한 달을 추모했다. 프로그램은 시종일관 빠링허우에 대한 추모에 집중했다. 재난을 당한 빠링허우, 도움을 준 빠링허우 할 것 없이 희생당한 젊은이들을 기리는 경건한 시간을 가졌다.

빠링허우의 봉사정신과 사회적 책임감에 대한 칭찬은 베이징올림픽 기간에 최고조에 이르러 빠링허우 자원 봉사자들은 더욱 많은 사람으로부터 찬사를 받았다. 올림픽 자원 봉사자의 숫자는 실로 엄청났다. 그 가운데 베이징올림픽 경기장에만 7만 명의 지원자가 몰렸고, 기타 여러 서비스 부문에도 수십만 명이 몰렸다. 이들의 절대다수는 빠링허우 청년들이며, 특히 대학생이 주류를 이루었다. 그들이 봉사활동 과정에서 보여준 건전한 품성, 책임감, 인내심, 민족의 영예를 보호하려는 용기 등은 사람들에게 좋은 인상을 심어주기에 충분했다.

빠링허우 운동선수들의 성적 역시 눈부셨다. 그들은 전체 중국 선수단 메달 획득의 주력군이었다. 2008년 8월 14일자 《연대만보(煙臺晚報)》의 「올림픽의 신흥 세력 - 빠링허우」라는 기사에서는 이들이 올림픽에서 거둔 성적을 높이 평가하며 "빠링허우가 2008년 올림픽의 가장 큰 지지 세력이었음은 의심의 여지가 없다. 운동선수부터 자원봉사자까지 빠링허우는 베이징 올림픽의 1등 주연이었다"며 박수를 보냈다.

2008년 빠링허우에 대한 사회적 이미지의 변화는 실로 도드라져 보인다. 한편, 이 변화의 이면에는 중국 굴기와 세계화라는 사회 변천의 논리가 자리 잡고 있다. 빠링허우가 청년기에 접어들었던 시점은 국가적으로도 매우 중요한 시기였다. 중국이 세계 속에서 굴기했으며, 이 과정에서 서구 선진국들의 견제를 받으며 서구 이데올로기와 충돌했다.

1980~1990년에만 해도 중국은 개혁개방 후 20년이 채 안 된 시기라 경제적으로 여전히 낙후된 상태였다. 사회·정치제도 역시 서방의 가치 이념과 어긋나 국제 사무와 세계 경제 체제의 변방에 위치해 있었다. 2001년 중국의 WTO 가입으로 전환점을 맞이했고, 이후 중국의 경제 규모는 급속도로 성장했다. 중국에서 만든 상품이 유럽과 미국 시장으로 대량 수출되어 중국의 경제는 세계의 주목을 한 몸에 받으며 경제 대국으로 굴기했다.

빠링허우는 이 시대에 태어나고 성장하며, 이 과정을 두 눈으로 목격했다. 그 속에서 세계에 대한 자신의 관점, 중국의 위치에 대한 생각도 정리할 수 있었다. 이러한 성장 배경 아래 그들의 마음속에는 대국적 심리, 즉 중국이 세계 강대국으로서 국제 사무에서 영향력을 발휘해야 하고 중국과 중국인은 국제 사회로부터 존중받아야 한다는 심리 등이 싹트게 되었다.

정부는 장기적으로 애국주의 교육으로 빠링허우의 강대국 꿈을 강화시켰다. 2008년 이후 몇 년 동안 전 세계적으로 금융 위기를 겪었고, 중국과 여러 국가 사이의 무역 전쟁이 가속화되었다. 일련의 충돌은 중국이 굴기하여 대국의 신분으로 세계로 뻗어 나가는 과정에서 여러 문제에 봉착했음을 의미한다. 이는 빠링허우의 세계관과 국가 이념에 지대한 영향을 미쳤다. 한편, 최근 발생한 중국과 주변 국가의 영토 분쟁 역시 빠링허우 세대의 국가 의식과 민족적 자부심을 강화하는 데 큰 역할을 했다.

시장경쟁 속에서 분투하는 자들

빠링허우에 대한 기성세대의 평가가 완전히 바뀐 후 이들의 이미지에는 다시 한 번 변화가 있었다. 10년에 걸쳐 빠링허우는 성인 세계로 진입했다. 학교에서 벗어나 사회와 노동시장에 진입해 직업을 갖고 가정을 이루고 자녀를 두게 되었다. 이 과정에서 그들은 이전까지 느껴보지 못했던 경쟁에 대한 스트레스—취업, 높은 집값, 물가 상승 등—를 받았다. 대학 정원이 늘어나면서 취업은 더 힘들어졌고, 집값과 방세는 천정부지로 뛰어올랐다. 전 세계적으로 금융 위기를 겪었고 인플레이션이 몇 년간 지속되었다. 자녀들이 성장하면서는 유치원에 진학시키기도 쉽지 않은 곤란한 상황에 빠졌다. 일련의 일들은 많은 빠링허우로 하여금 때를 잘못 만난 세대라 느끼게 했다. 인터넷상에서 유행하던 "빠링허우 자술"에 표현된 감정처럼 말이다 .

우리가 초등학교에 다닐 때는 대학생들이 학비를 낼 필요가 없었지만, 우리가 대학을 다닐 때가 되자 초등학생들이 학비를 낼 필요가 없게 되었다. 우리가 일할 능력이 없을 때는 나라에서 일을 분배해주었지만, 우리가 일할 나이가 되자 미친 듯이 뛰어다니며 일을 찾아야만 겨우 굶어죽지 않을 만큼 벌 수 있는 일을 할 수 있게 되었다. 우리가 돈을 벌 수 없을 때는 국가에서 집이 나왔지만, 우리가 돈을 벌 수 있을 때가 되자 집값은 이미 오를 대로 올라버렸다. 우리가 주식시장에 들어갈 수 없었을 때는 바보들이 모두 돈을 벌었지만, 우리가 주식시장에 몰려들었을 때 우리는 자신이 바보였다는 사실을 지각하게 되었다. 우리가 결혼할 나이가 아니었을 때는 자전거만 있어도 장가갈 수 있었다. 하지만 결혼할 나이가 되자 자가용이 없으면 장가갈 수 없게 되었다. 우리가 아이를 낳을 나이가 아닐 때는 여러 명의 아이를 낳아도 문제가 없었다. 그러나 우리가 아이를 낳을 수 있는 나이가 되자 한 명보다 더 많이는 낳을 수 없게 되었다.

빠링허우가 시장경제에 완전히 노출된 세대임은 분명하다. 아버지 세대와는 완전히 다른 생존 환경에 살고 있으므로 그들과는 다른 대응 방식이 필요했다. 시장경쟁의 스트레스 속에 성인 사회로 진입한 빠링허우는 그간의 '별종'·'반항'의 아이콘이던 모습은 점점 줄어들고 '어쩔 수 없이 분투하는 자들'이라는 이미지가 새로이 생겼다. '방 노예', '개미족', '자식들의 노예' 등은 모두 빠링허우 스스로가 묘사한 자신들의 모습이다.

한편, 빠링허우는 부모 세대에서는 없던 기회를 얻기도 했다. 일군의 빠링허우 엘리트들은 현재 문화, 체육, 신흥 산업, 첨단기술 산업 등의 분야에서 놀라운 힘을 발휘하고 있다. 과거 서열 사회에서는 연장자에게 의사결정권이 있었고 그들에 의해 질서가 유지되었기 때문에 젊은이들은 상대적으로 많은 기회를 잡을 수 없었다. 빠른 속도로 성공할 수도 없었고 어린 나이에 성공할 수도 없었다. 하지만 빠링허우 엘리트들은 자신감이 충만하며 자아의식이 강하다. 전통적으로 중국 사회에서 성공한 인물이 갖추어야 할 덕목 가운데 하나였던 겸손의 의미와 중요성이 점차 옅어지고 있다. 인터넷에서 유행하는 유명 빠링허우가 남긴 어록은 청년 엘리트의 개성과 특징을 잘 반영하고 있다.

'드디어 나의 시대가 왔구나'라는 생각이 들었기에 당시 나는 매우 기뻤다. 어떤 스트레스도 받지 않았다. 얼마나 학수고대했던가? 비로소 때가 왔다. 나는 조그마한 기회 하나조차 놓치고 싶지 않았다._랑랑(郎朗, 피아니스트, 1982년생)

당신들이 나를 도찰할 때 나는 수도 없이 용서해줬다. 당신들을 발로 한번 걷어찬 것 정도는 용인될 수 있는 것 아닌가?_판빙빙(範氷冰, 배우, 1981년생)

출발점이 얼마나 높은가는 신경 쓰지 않는다. 가장 중요한 것은 도착점이다._야오밍(姚明, 농구선수, 1980년생)

중국에 내가 있다, 아시아에 내가 있다, 세계에 내가 있다._리우샹(劉翔, 육상선수, 1983년생)

병신 같은 문단, 누구도 허세 부리지 마라!_한한(韓寒, 작가, 1982년생)

세계는 당신들 것입니다. 하지만 결국은 우리 것이 될 것입니다._모 빠링허우의 목소리

현재 빠링허우는 기회, 도전, 경쟁, 스트레스가 만연한 환경 속에서 생존하고 있다. 물론 두각을 나타낸 일군의 무리가 사회 정상에 우뚝 서긴 했지만, 대부분의 빠링허우는 여전히 고군분투 중이다. 일을 위해서, 집을 사기 위해서, 사랑을 위해서, 우정을 위해서 등 고군분투의 이유는 예전과 달리 매우 구체적이다. 그들의 관념·태도·행동방식은 대중매체의 관심과 주목의 대상이었고, 주류 사회로부터 받아들여졌다. 현재 빠링허우는 성인임을 자처하고 있다. 그들의 부모 세대가 자신들을 보는 것과 마찬가지로 후배 세대인 '지우링허우(90後)'에 대해 불평의 목소리를 내고 있다. 물론 그들 부모 세대처럼 엄격하게 질타하지는 않는다. 빠링허우는 부모 세대보다 더 개방적이고 관용적이다. 계속 성장하고 있으므로 그들의 사회적 이미지, 개성, 특징에도 변화가 있을 것이다. 하지만

어떤 변화가 있든 우리 사회, 우리 국가, 우리 민족의 미래 발전에 그들이 매우 중요한 역할을 한 것임은 틀림없다.

격렬한 사회적 변화를 겪으며 성장한 빠링허우는 중국 근·현대사에서 매우 독특한 세대다. 그들은 개혁개방이 만들어낸 세대, 독생자녀의 세대, 인터넷과 함께 성장한 세대, 중국이 세계 속에 융화되어 발전을 거듭하는 과정과 함께한 세대다. 빠링허우의 개성과 특징은 중대한 사회적 변천과 역사적 사건을 겪으며 형성되었다. 빠링허우는 이를 바탕으로 다시 사회 변혁을 추동하기도 했다. 이들은 사회 경험, 가치관, 행동방식을 공유했고, 이익 추구에 대한 욕망을 강하게 표출한다. 전에 없던 사회적 리스크를 떠안으며 경쟁에 대한 스트레스를 받기도 한다. 자신의 현재 모습에 대해 불만이 많지만 미래에 대한 자신감만큼은 충만하다.

빠링허우는 내부적으로 분화된 집단이다. 전형성을 띠고 빠링허우를 대표하는 집단은 고등 교육을 받은 빠링허우 대학생들이지만, 숫자만 놓고 보았을 때 가장 많은 수의 집단은 빠링허우 신생대 농민공이다. 이들은 절대로 침묵하는 다수가 아니며, 그들 역시 빠링허우 집단의 주요 구성원이다. 다만, 빠링허우라는 용어가 처음 생겼을 때 큰 주목을 받지 못했을 따름이다. 빠링허우는 공통된 특징을 가지고 있는 특별한 세대인 동시에 내부 차이도 명확한 세대다. 이러한 차이는 사회구조적 측면이라 할 수 있는 도농 격차와 계층 분화에 영향을 주었다.

::참고문헌

陳功, 2000, 『家庭革命』, 北京: 中國社會科學出版社.
風笑天, 2004, 『中國獨生子女: 從小皇帝到新公民』, 北京: 知識出版社.

2
빠링허우 정체성에 대한 세대 간의 시각차*

우샤오잉(吳小英)
중국사회과학원 사회학연구소(中國社會科學院社會學硏究所) 연구원

　　본질적으로 세대 개념인 '빠링허우'라는 호칭은 두 가지 특징을 지니며 등장했다. 빠링허우는 첫째, 청년을 지칭하는 개념이며 둘째, 특정 시대를 표현하는 개념이다. 이 용어가 등장했을 때 주류 담론은 이들에게 비난을 퍼붓다가 시간이 흐를수록 점차 긍정적인 태도를 보였고, 빠링허우는 이에 맞서 집단적으로 항거하는 모습을 보이다가 점점 집단 정체성을 확립했다. 그리고 이들의 집단 정체성 확립은 현재 진행형이다. 이 과정은 어떻게 진행되고 있는가? 변화 과정에서 주류 담론과 청년들은 각각 어떤 역할을 하고 있는가? 빠링허우의 정체성은 어떻게 만들어졌고 어떤 방식으로 표출되고 있는가?

　　이 글에서는 빠링허우의 정체성과 이들을 둘러싼 논쟁을 분석하면서

---

* 이 글은 『장쑤사회연구(江蘇社會科學)』(2012) 38~44쪽에 실린 "세대관점 하의 빠링허우(80后) 인식(代際視野中的80后認同)"을 번역한 것이다.

이러한 문제에 대한 답을 구할 것이며, 문제의 배후에 어떤 논리가 존재하는지 살펴볼 것이다. 빠링허우와 관련된 담론 생성과 논쟁 전개는 주류 사회와 청년 집단 사이에 존재하는 권력관계의 변화 양상을 보여주는 대표적인 예다. 이를 살펴보면, 빠링허우라는 독특한 세대를 이해함과 동시에 이들이 처한 시대적 상황도 파악할 수 있을 것이다.

논쟁으로 가득한 빠링허우 청년과 두 담론의 대치

빠링허우는 21세기 초에 등장한 호칭이다. 출현 당시에는 한한(韓寒), 춘수(春樹), 궈징밍(郭敬明) 등 문단에서 활약하는 1980년대 청춘 작가들만을 지칭했다. 경우에 따라 이들의 고집스러움과 정통 교육 체계 및 전통 글쓰기 방식을 깨고자 하는 반항적인 풍격을 포함하기도 했다. 2004년 미국 《타임》지는 '신급진주의(The New Radicals)'와 '별종'이라는 용어로 이들을 묘사하여 국내[1]에서 큰 반향을 일으켰다. 이후 이 호칭은 점점 일반 빠링허우 청년을 묘사하고 평가하는 것으로 의미가 확장되었다.[2]

---

1 '중국 국내'를 말한다.
2 이 글에서는 생존을 위해 일선 현장에서 치열하게 일하는 저소득층과 농촌에 거주하는 빠링허우는 포함하고 있지 않으며 주로 미디어와 주류 담론이 사용하고 대중문화와 청년 담론이 주목하는 엘리트 빠링허우, 도시 화이트칼라, 대학생을 지칭한다. 빠링허우는 분명 특정 세대를 지칭하는 개념이지만 의미하는 범위와 구간별 차이-내부적 차이-는 심지어 다른 세대와의 차이보다 크다. 2010년 푸스캉(富士康)그룹 선전(深圳)지구에서 14명이 잇따라 발생한 투신자살하는 사건이 발생했다. 이 사건 발생 이후에야 비로소 농민공 빠링허우의 삶은 미디어와 대중의 관심을 받기 시작했다. 그러나 이들 집단을 볼 때는 농민공이라는 사실이 우선적으로 고려되어야 하며, 빠링허우는 그다음이다.

이들 빠링허우를 하나로 묶는 최초의 연결고리 역할을 하는 두 개념은 '반항'과 '반주류'다.

반항은 청소년의 성장과 사회화 과정에서 꼭 필요한 것으로, 또는 시대마다 나타나는 청년문화의 공통적인 특징으로 여겨지기도 하지만 빠링허우에 있어서 반항의 의미는 조금 특별하다. 빠링허우가 반항의 일환으로 표출한 반주류의식에 대한 주류 사회의 거부감은 이전보다 훨씬 강력하여 가히 경악할 만한 수준이다. 빠링허우는 주류 사회와 성인 세계로부터 수많은 부정적 시선을 받으며 논쟁의 대상이 되었다. '무너진 세대', '인터넷세대', '표류하는 세대', '신신(新新)인류'라 불렸다. 여기에 '독생자녀(獨生子女)세대'라는 평가가 더해져 지나친 사랑을 받아서 버릇이 없어진 '소황제'·'소공주'라 불리기도 했다. 그리고 자기 중심적으로 생각한다, 이기심과 허영심으로 충만하다, 누릴 줄만 안다, 책임감이 없다, 사회 일반에 적응하지 못한다, 성인 사회와 주류 사회를 경악하게 하며 이해할 수 없는 언행을 일삼는다 등의 평가를 받기도 했다.

한 학자는 "이미 형성된 독생자녀에 대한 부정적 고정관념에 변화가 필요하다"며 독생자녀의 출현과 이에 따른 문제를 "끊임없이 변화하고 있는 중국의 사회구조에서 분석해야 한다"고 주장하기도 했다. 이러한 관점에서 빠링허우와 변화를 거듭하고 있는 중국 사회와의 관계를 이해해야 하고 이들이 중국 사회로부터 어떤 영향을 받으면서 지금의 모습을 형성하게 되었는지를 알아야 한다(風笑天, 2006) 하지만 독생자녀와 빠링허우에 대한 비판은 여전히 끊이지 않고 있다. 한편 「빠링허우: 도덕적 진공 상태, 가치 혼란의 상태인 잘못된 길로 들어오지 마세요(80後: 請別走入道德虛無與價値失範的迷途)」라는 글은 빠링허우를 "정신이 결핍된 세대, 영혼의 귀속처가 없는 세대, 자아 반성과 세계에 대한 책임이 없는 세대"로 묘사했다(張亞山, 2006).

　빠링허우에 대한 주류 담론의 부정적 이미지는 2008년 스촨성 원촨에서 일어난 대지진과 베이징올림픽을 계기로 극적인 변화가 있었다. 이 두 시기에 빠링허우가 봉사활동으로 보여준 활약상은 특히 인상적이었다. 미디어에서는 이들을 '새둥지세대(鳥巢一代)'[3]라 부르기도 했다. 빠링허우와 관련된 토론은 최근 5년 동안 각종 미디어로부터 뜨거운 주목을 받았다. 거의 모든 인쇄 매체, 텔레비전, 인터넷에서 빠링허우를 주제로 프로그램을 제작하거나 토론을 벌였다. 토론에 참석한 주류 사회 성인들은 빠링허우 청년들에게 질책과 칭찬을 동시에 퍼부었고 이들은 서로 모순 가득한 논쟁을 벌였다. 인터넷에서 널리 알려진 '빠링허우 선언'이라고 부르는 글에서는 빠링허우를 둘러싼 다양한 논쟁을 아래와 같이 서술하고 있다.

> 어떤 이들은 우리를 '정신 못 차린 세대', '불안에 떨고 있는 세대', '주류 가치관과 신앙이 와해된 세대'라 말한다. 우리는 연애·결혼 문제와 관련하여 의지할 곳을 찾지 못하고 있으며, 인생의 방향도 제대로 설정하지 못하고 있다. 어떤 이들은 우리를 '인터넷세대'라 말하며, 허구 세계에 깊이 빠져 현실 문제에 대한 관심이 부족하다고 말한다.
> 어떤 이들은 우리를 '짊어진 짐이 가장 무거운 세대'라 말한다. 대학을 졸업하자마자 실업자가 되었고 '달팽이처럼 기거하고 있으며(蝸居)', 집 노예(房奴), 개미족(蟻族)으로 살고 있다. 최근에는 '자식들의 노예(孩奴)'라는 공포스러운 용어도 생겨났다.

3　새둥지는 베이징올림픽 주경기장을 지칭한다.

어떤 이들은 우리를 '뜻을 이루지 못한 세대', '나약한 세대'라 부른다. 자살은 현재 빠링허우 청년들의 비정상적인 사망의 가장 큰 원인이다.

어떤 이들은 우리를 '고군분투하는 세대'라 부른다. 해외에서 벌어지고 있는 티베트·위구르 독립 반대 시위에서, 올림픽 성화 봉송 호위 가두행진에서, 원촨 대지진의 현장 등에서 우리 빠링허우 자원봉사자들의 그림자를 볼 수 있다.
어떤 이들은 우리를 '꿀단지에서 태어나 새장 속에서 성장했으며, 전쟁터에서 살고 있는 세대'라 칭한다. 꿀단지란 애니메이션, 간식, 게임, 동화 등을 의미하고 새장은 학교를 지칭한다. 새는 하늘과 자연 속에서 날아다녀야 하는데 우리는 새장 속에 갇혀 있다. 졸업 후 맞닥뜨린 사회는 전쟁터였다. 속고 속이며 암투를 벌이는 일이 비일비재한 곳에서 우리는 살고 있다.
어떤 이들은 우리를 '소황제·소공주 세대', '무너진 세대'가 아니라 말한다. 우리는 변방 산골에서 왔고 광활한 농촌에서 왔다. 우리는 미디어로부터 홀대받은 세대다. 미디어에서 만들어낸 모습은 우리의 진정한 모습이 아니다. 우리는 누려본 적이 없고 지금도 누리고 있지 않다. 우리는 각지의 공장에서 쉴 새 없이 노동하고 있다. 우리의 청춘은 기계와 대규모 공장에서 짓눌렸고 갈렸다. 우리는 생활고에 시달리고 있다. 여러 도시를 왔다 갔다 하여 한 곳에 뿌리내리지도 못했다. 우리는 자본에 핍박당한 세대다.
우리는 도대체 누구인가? 중국 역사에서 우리보다 더 모순된 세대를 찾을 수 있을까?(牧川, 2010)

인용한 부분은 빠링허우 청년의 현황과 주류 담론이 이들에게 내린 서로 다른 평가를 개괄하고 있다. 우리는 여기서 빠링허우 세대의 복잡하고 모순에 가득 찬 면을 확인할 수 있다. 빠링허우 집단의 내부 분열은 도시와 농촌이라는 이원 체제에서 기인했으며, 교육과 계몽이 촉발한 물줄기 가운데 하나다. 사회가 급속도로 분화하면서 자연스럽게 생긴 결과물로, 물고기와 용이 뒤섞여 노니는 어룡혼잡(魚龍混雜) 시대의 표출이라고 할 수 있다(편집자, 2010).

한 학자가 빠링허우에 관한 대담에서 "사실 우리는 빠링허우를 제대로 이해하지 못하고 있다. 사회가 빠링허우에 내린 평가와 이들에 대한 이미지는 대부분 성인 사회가 자신의 인생 경험에 비춰 구성한 것이다"(楊雄 등, 2008)라고 말한 것처럼 주류 사회가 빠링허우에 대해 쌓아올린 장벽, 이들에 대한 불인정은 이 시대에 대한 불인정일 수도 있다. 소위 말하는 '포스트 혁명' 또는 '비정치화' 시대 속에서 성장한 빠링허우는 '중국 사회가 전면적으로 세속화되고 미신이 사라지는 과정'을 경험했다. 자본주의 사회에서 필연적으로 나타나는 평범화 현상은 비겁한 환상과 무기력한 현실에 존재하는 괴리의 표출이다. 이에 영향을 받은 세간의 어른들은 빠링허우를 '무너진 세대'라고 묘사했다. 기성세대는 원망과 질책의 어조로 빠링허우를 훈계하며 이들을 '이상이 없는 현실주의자', '부모의 지나친 사랑 속에서 자란 독생자녀', '소비주의에 길들어 책임감이 없는 비주류'로 평가했다. 결국 빠링허우는 도망갈 곳 없는 '속박되고 만들어질 수밖에 없는 운명'이었다(편집자, 2010).

지금까지 살펴본 빠링허우와 관련된 논쟁과 서술의 이면에는 청년 담론에 대한 두 가지 대치된 의견이 존재한다. 하나는 주류 담론이 빠링허우에 내린 정의와 이들의 자리매김에 관한 것이고, 또 다른 하나는 빠링허우 청년 자신들이 만든 담론 서술이다. 양자 사이에는 예전부터 줄곧 이견이 존재했고 심지어 충돌과 마찰이 빚어지기도 했다.

전자는 전통적인 관방의 입장을 계승하여 청년들을 역사적 사명을 짊어지고 특수한 역할을 해야 하는 집단으로 간주했고 이데올로기적 색채가 충만한 계승자로서의 역할을 강조했다(陳映芳, 2007). 그러다가 2008년에 발생한 여러 가지 국가적 사건과 사업에 빠링허우 청년들이 직접 참여하면서부터 주류 미디어가 바라본 이들의 이미지에는 드라마틱한 변화가 있었다.[4] 이는 1990년대부터 사회 전체적으로 시작된 이데올로기가 탈색되고 있는 현상, '비청년화' 추세[5]와 시기적으로 일치하지 않는다.

1980~1989년에 태어난 빠링허우 집단은 시장화가 한창인 때 사춘기를 맞았다. 독생자녀로서 가정에서 내리사랑을 받는 특권을 누렸지만 학년이 올라가고 취업 전선에 뛰어들면서 시대 전환기에 보이는 특유의 참혹한 경쟁과 스트레스와 맞닥뜨리게 되었다. 생활방식과 가치관 등은 현대 미디어와 소비주의 이념의 영향을 받았다.

그들은 명실상부한 '인터넷세대'로 각종 미디어의 발달―특히 인터넷의 부흥―과 함께 성장했다. 인터넷은 유명 스타 쫓아다니기, 패션, 우리터우(無厘頭),[6] 패러디 문화 등 대중 유행문화의 형성에 직접적인 영향

---

4 한 학자는 2003년부터 2008년까지 《인민일보》를 비롯한 14종의 영향력 있는 주류 미디어에 실린 빠링허우 관련 기사 내용을 분석했다. 분석 결과, 미디어가 표현한 빠링허우에 대한 이미지는 여러 단계의 변화 과정이 있었음이 포착되었다. 빠링허우는 특정 청년 작가를 일컫는 최초의 개념에서 1980년대 이후 출생한 이들을 통칭하는 개념으로 변했다. 이들에 대한 묘사는 '별종'에서 '개성'과 '자아'로, '자신감', '사회적 책임감', '애국'으로 변했다. 부정적인 이미지에서 긍정적인 이미지로 점차 바뀌었다고 할 수 있다(王芳, 2009).

5 '비청년화' 추세란 전통 사회에서 청년에게 공식적으로 부여한 역할과 꼬리표를 거절한다는 의미로 개인의 자주성과 인성을 되찾는 과정이기도 하다. 이 추세는 전통적인 청년 역할의 해체로 이어졌다(陳映芳, 2007: 219-233).

6 1990년대 홍콩과 중국 대도시에서 유행한 청년 하위문화로 아무 관계없는 사물이나 현상을 근거 없이 연결하여 황당한 웃음을 만들어내는 행위를 말한다. 주성치식 코미디가 대표적인 예다.

을 주었다. 특히 2000년 들어 인터넷이 보급되기 시작하면서 이들은 인터넷을 통한 의사 표현을 특징으로 하는 빠링허우 청년문화의 가장 큰 창작 주체이자 참여 주체가 되었다.

자신의 표현 방식으로 자신의 목소리를 내는 빠링허우 청년문화는 주류 문화 또는 관방의 목소리와는 다르다. 그들의 목소리는 줄곧 '반항'과 주류 문화에 대항하는 색채를 띠고 있었기 때문에(陸玉林, 2002) 필연적으로 주류 문화로부터 압박을 받을 수밖에 없었다. 하지만 1990년대 들어와 주류 담론 내부에서 정치와 문화가 점점 분리되면서 대중문화는 점점 더 큰 생존 공간을 확보하게 되었다. 대중 유행문화 속에서 청년문화가 차지하는 주도적 위치 또한 점점 더 명확해졌다. 두 청년 담론 사이의 전통적 대치는 청년 사회와 성인 사회의 세대 간 충돌에서 더 두드러졌다.

빠링허우와 성인 사회의 세대 간 충돌

빠링허우는 시장경제 체제 전환기에 태어나고 성장한 세대다. 대부분 독생자녀로 태어나 자신만의 독특한 체험을 했고 집단기억을 공유하고 있다. 그래서 부모 세대 및 주류 담론을 장악하고 있는 성인 사회와 다른 모습을 띤다. 시간이 흐르면서 두 세대는 사회적 지위, 가치관, 이익 추구 등에서 차이와 단절이 생겼고 이는 세대 간 충돌의 시발점이 되었다. 1990년대에 발생한 세대 간 충돌이 문화와 가치관 차이에서 드러났다면, 2000년대 이후에 발생한 충돌은 두 세대 사이의 이익 갈등, 담론 권력 갈등으로 표출되었다.

미국 인류학자 마거릿 미드(Margaret Mead)는 세대 간 문제를 연구하면서 문화를 전수하는 방식과 특징에 따라 문화를 후형성적 문화(後塑文化: Postfigurative), 동형성적 문화(同塑文化: Cofigurative), 전형성적 문화(前塑文化: Prefigurative) 세 가지 유형으로 나누었다.[7] 미드가 묘사한 세 가지 문화 유형은 통제, 소원(疏遠), 대화라는 세대 간 관계 형성의 양상을 보여준다. 이 이해 방식에 따르면, 노년층이 절대적 권위를 쥐고 있는 후형성적 문화에서 젊은이의 생활방식은 이미 정해진, 변화 불가능한 것이다. 원시적이고 세상과 단절된 문화에는 총체적이고 복제적 성격을 띤 시스템이 존재하여 젊은이는 연장자의 권위와 통제에 지속적으로 구속당한다. 이 관계 유형에서 중요한 특징은 '통제'다. '말 잘 듣는 아이 유형'으로 귀납할 수 있으며 개혁개방 이전 중국 사회의 세대 관계가 대표적인 예다. 개혁개방 후 30년 동안에는 종전 모델에 청년의 '후임자' 역할이 추가되어 '말 잘 듣는 아이+후임자'라는 통제 모델로 이어졌다. 그리고 이 모델은 빠링허우를 구성하는 중요한 요소 가운데 하나가 되었다.

동형성적 문화 속에서 젊은이는 부모와 교사 세대가 과거에 경험한 것과 완전히 다른 세계에서 생활하며 때로는 이들과 충돌하기도 한다. 기성세대는 더 이상 젊은이가 본받을 만한 모범적 존재가 아니다. 또래 간의 교류와 학습은 빠링허우의 주요 행위 모델이 되었고 세대와 세대 사이의 '단절'과 '소원'은 관계의 주요 특징이 되었다. 1980년대 중국 사회에서 드러난 세대 관계는 '불안한 반역자 유형'으로 귀납할 수 있다. 두 세대 사이의 관계는 소원과 경쟁을 특징으로 하며 청년 담론은 주류 담론에 저항과 거절의 의사를 명확하게 표시했다.

---

7 세 문화 유형에 대한 국내 번역은 각양각색이다. 본문에서는 타이완 학자의 번역이 원문의 뜻에 가깝다고 판단하여 '후형성적문화(後塑文化), 동형성적문화(同塑文化), 전형성문화(前塑文化)'로 번역했다

전형성적 문화는 기성세대의 권위가 완전히 상실됐다는 점이 가장 큰 특징이다. 청년은 기성세대의 젊은 시절에서 본받을 만한 경험적 토양을 찾을 수 없다고 인식하기 때문이다. 이들은 과거에 대한 반항의 방식으로 자신의 미래를 설계한다. 1990년대 중국 사회가 시장화와 세계화에 진입한 후 이 같은 세대 관계가 점차 형성되기 시작했다. 우리는 이를 '독립된 선행자 유형'으로 귀납할 수 있다. 빠링허우 청년 담론은 전체적으로 여전히 주류 담론의 그늘 속에 있었지만 인터넷에서 활발한 활동을 벌이며 유행문화를 선도하는 역할을 맡게 되었다. 또한 유명인과 대별되는 일반인화·평민화·오락화를 거치며 반항과 비판정신이 충만한 청년문화를 만들어냈다. 이를 통해 빠링허우는 주류 대중문화에서 자신들의 담론 권력을 점점 확장해나갔다. 미드에 의하면, 이 단계에서 가장 이상적인 모습은 '대화와 교류'가 활발한 상황이다. 주류 사회의 성인은 권위자라는 허세를 내려놓아야 하고 젊은이를 비정상적으로 바라보는 편견의 시각을 버려야 한다. 그리고 젊은이의 눈에 배우고 본받을 점이 있는 선구자적 존재로 거듭나야 한다.

하지만 어떻게 하면 대립된 경쟁자적 구도를 내려놓고 세대 차이를 넘어 평등한 위치에서 대화와 교류를 진행할 수 있을까라는 물음에 대답하기란 결코 쉽지 않다. 2000년 이후 온라인상에서 일어나 전국을 떠들썩하게 만들었던 몇몇 사건을 보면 청년과 성인 집단 사이의 세대 간 격차 해소가 결코 쉽지 않음을 알 수 있다. 2005년 말 상하이 청년 후거(胡戈)가 제작한 〈만두 하나가 일으킨 살인 사건(一個饅頭引發的血案)〉은 유명 감독인 천카이거의 영화 〈무극〉을 조소하고 풍자한 것으로 누리꾼에게 큰 호응을 얻으며 패러디 붐을 일으켰다. 하지만 이 일로 감독은 크게 분노했고 하마터면 소송으로까지 이어질 뻔했다. 2006년 빠링허우 신생대(新生代) 작가[8] 한한(韓寒)은 「병신 같은 문단!(文壇算個屁!)」이라는 글을 발표하면서 평론가 바이예(白燁)와 필전을 벌였다.[9]

이 사건으로 많은 유명 인사와 팬들이 논쟁의 장으로 몰려들었다. 두 사건 모두 양 세대 사이에서 전개된 것으로 '기성세대의 권위에 대한 신세대의 도전'이라는 점이 주요한 특징이다. 결국 기성세대의 실패 또는 패배로 막을 내렸다.[10] 여기서 주목할 만한 사실은 사건 발생 장소가 모두 인터넷이라는 점이다. 당시 사건 중심에 있던 신세대들은 새로 나온 기술을 빠르게 흡수하고 새 플랫폼을 능숙하게 운용할 수 있다는 태생

---

8   빠링허우를 주축으로 이루어진 일군의 작가들을 칭한다.

9   통상 '한백대전(韓白大戰) 또는 '한백지쟁(韓白之爭)'이라 일컬어진다. 이 사건은 바이예가 자신의 블로그에 빠링허우 작가와 작품에 대한 글을 쓰면서 시작되었다. 그는 높은 지위에서 관조하는 듯한 말투로 "빠링허우 작가와 그들의 작품이 시장에 진입한 것은 맞지만 인문 논단에 진입하지는 못했다"고 지적했다. 이에 한한은 자신의 블로그에 "교육적인 방향으로 인도한다는 가식적인 명목으로 젊은 작가들을 나무랐다"라고 거친 반응을 보이며 바이예에 대한 반감을 표시했다. 이어서 "블로그에 글을 쓰는 모든 사람은 이미 논단에 진입한 것이라 보는 것이 맞다. 심오한 척, 잘난 척 하지 마라. 모든 작가는 개성이 있다. 모든 소설은 예술이다. 병신 같은 논단! 병신 같은 모순문학상(矛盾文學獎)! 병신 같은 순문학 정기간행물!"이라며 거침없는 발언을 쏟아냈다. 이때부터 논단에서도 논쟁이 불붙기 시작했다. 이후 문학계와 예술계의 여러 인사가 줄지어 한한 편에 섰고 종국에는 모든 블로그를 닫는 것으로 막을 내렸다. 《남방주말(南方周末)》 2006년 4월 6일자 「오만과 편견-'한백지쟁'을 점검하다(傲慢與偏見-清點'韓白之爭')」참고.

10 첫 번째 예에서 천카이거는 "사람이 이 정도까지 파렴치해서는 안 된다"라고 후거를 맹렬히 비판했다. 이 바람에 천카이거는 누리꾼들로부터 조롱을 당했고, 그가 한 말은 당시 젊은이들 사이에서 유행어가 되었다. 또 천카이거가 권리를 침해당했다며 고소의 뜻을 내비치자 누리꾼들은 "엔터테인먼트 정신이 부족하다", "관용적인 태도가 부족하다"며 그에게 비난을 퍼부었다. 이후 고소 발언은 다시 나오지 않았다. 한편, 바이예와 한한 사건은 인터넷상에서 수차례 필전이 오가다가 한한의 반격과 팬들의 공격으로 바이예가 완전히 궁지에 몰렸고, 결국 블로그 폐쇄로 이어졌다.

적 우위를 점하고 있었다. 그들이 사용한 언어와 영상에는 빠링허우 청년문화의 특색이 그대로 녹아 있었고 반항과 오락적 색채로 가득 차 있어 청년이 주축인 수많은 누리꾼과 팬들의 공명을 쉽게 울릴 수 있었다.

또 하나 재미있는 사실은 사건의 진행 과정에서 조롱당한 권위자들이 종종 논쟁의 초점을 도덕적이냐 아니냐로 몰고 가면서 논리적인 면은 상대적으로 부각되지 않았다는 점이다. 이는 빠링허우에 대한 시각차와 담론의 대치로 인해 양 세대 간의 소통에 문제가 있었음을 보여주는 단편적인 예다. 다른 한편으로 신세대 청년들은 논쟁 과정에서 자신의 권위를 새로 구축했고 담론 권력을 차지하기 위한 투쟁에서는 대중의 광범위한 지지를 받았다. 또한 유행문화 영역에서만큼은 젊은이들이 구축한 독립된 선구자적 청년 담론 모델이 강력히 인정받았음을 보여주었다.

인터넷 이외에 세대 간 격차와 충돌이 가장 격렬한 곳은 가정이다. 2008년 1월 인터넷 사이트 또우빤왕(豆瓣網)에 '부모님은 모두 골칫거리(父母皆禍害. 영문명 Anti-Parents)'라는 인터넷 토론 모임이 개설되었다. 이곳에서 일군의 '작은 배추(小白菜: 부모로부터 받은 감정적·육체적 상처에 대한 심정을 털어놓고 서로의 감정을 공유하고자 하는 모임의 구성원)'들은 부모로부터 받은 상처와 좌절을 폭로하며 세대 간 마찰을 어떻게 해결해나가야 할지에 대해 고민하고 토론했다. 이들은 서로간의 교류를 통해 인간미와 따뜻함을 느꼈고 현실에서 얻지 못한 자신감을 얻었다. 모임을 만든 사람은 모임 선언문에서 "반대 자체에 목적이 있는 것이 아니다. 반대는 오히려 적극적인 수단이다. 우리의 목적은 사회에서 개인의 능력을 최대한 발휘할 수 있게끔 해주는 데 있다. 우리는 효도를 소홀히 하지 않는다. 다만 더 나은 생활을 희망할 뿐이다. 효도는 전제 조건이다. 케케묵은 것에 저항하고 무지로 가득 찬, 이유 없이 트집 잡는 부모님의 속박과 해침으로부터 벗어나고자 한다. 이에 관해서는 한 발 더 나아간 토론이 필요하다고 생각한다"[11]고 밝혔다.

소모임의 내용은 끊임없이 업데이트되고 있다. 하지만 교류의 주제가 '어떻게 하면 부모와 잘 지낼 수 있는가'라는 것에만 계속 맴도는 데는 문제가 있다. 소모임에서 가장 이슈가 되고 의미 있는 글을 '입조필독(入組必讀)'이라 부르는데, 입조필독 가운데 대표적인 글로는「어떻게 더 효율적으로 anti-parents한 생활을 할 것인가?(如何更高效地 anti-parents 生活)」,「부모가 자식에 가한 상처의 분류(父母對子女的傷害歸類)」,「자식을 사랑하지 않는 부모는 없다는 말은 세상에 존재하는 수많은 거짓말 가운데 으뜸이다(沒有父母不愛自己的孩子, 這是這個世界上無數謊言中的No.1)」,「당신은 부모의 실수를 되풀이하고 있지 않습니까(你是否在重復父母的錯誤)」 등이 있다.

'부모들은 모두 골칫거리' 소모임이 미디어에서 보도되자 온 사회가 떠들썩했고 모임의 회원 수는 몇 배로 늘었다. 재미있는 사실은 이런 '공포스런' 이름의 인터넷 소모임에서 행해진 논의에 차별성과 다양성이 명백하게 드러났다는 점이다. 소모임 관리자인 짱쿤(張坤)은 자신들의 행위는 '주류 담론 쟁취를 위한 것'이라고 말했다.《남방주말(南方周末)》은 "세대 간 충돌은 세대 차이에서 기인한다"며, "세대 차이는 각 세대 구성원들 사이에 전염되는 바이러스 같은 존재다. 30년 후 '부모들은 모두 골칫거리' 소모임 구성원의 자식들이 지금의 빠링허우 나

---

11   또우빤왕의 소모임 'Anti-Parents(부모님은 모두 골칫거리)'를 참고했다. 소모임의 인터넷 사이트는 www.douban.com/group/Anti-Parents이다.

이와 같아졌을 때 이 글을 본다면 '우리 부모님은 사투리, 표준어, 영어 정도만 할 줄 알았군. 여전히 신문을 보았고 CD나 들으면서 지내셨군. 멍청하게 생긴 큰 안경을 쓰고 돌아다니셨군. '3D 영화'라 불리는 영화를 보고 깔깔거리며 좋아했군…'이라며 조소할지도 모른다"[12]고 보았다.

텅쉰왕(騰訊網)은 우링허우(50後)와 빠링허우가 확연히 다른 성장 배경을 가지고 있다는 사실에 주목하여 "이 주제를 거대한 역사적 시공간에서 생각해보면, 두 세대 사이에 발생한 논쟁은 두 시대, 심지어 두 사회의 충돌과 모순"이라고 보았다. 그 예로 빠링허우 자녀가 우링허우 부모의 '삼대 죄상'[13]을 열거하여 고발했다는 사실을 들었다. 여기서 우리는 모든 죄상의 배후에는 시대적 응어리가 자리 잡고 있음을 알 수 있다. 우링허우는 '폐쇄적이고 전제적이며 참혹한 사회'를 경험했지만, 빠링허우는 '개방과 자유가 있는 새로운 사회'에서 성장했다. 우링허우와 빠링허우의 충돌은 두 세대의 충돌이며 두 사회가 대치하고 있는 상황이다.[14]

한편 '야후 중국'에서는 부당한 교육 방식에 초점을 두고 "일군의 '대역부도(大逆不道)'한 어린이의 배후에는 공정하지 않은 방식으로 그들을 교육시킨 부당한 어른이 반드시 존재한다. 하지만 당신이 얼마나 반항적이건, 부모들이 얼마나 골칫거리건 결국 집에 들어와서 밥 먹으라고 잔

---

12 《남방주말》 2010년 7월 7일자 기사 「부모는 모두 재앙인가?(父母皆禍害?)」를 참고했다. www.infzm.com/content/47303
13 삼대 죄상은 '그들은 매우 전제적이다', '그들은 매우 가식적이다', '그들은 주류만을 추구한다'이다.
14 《텅쉰평론(騰訊評論)》 2010년 8월 7일자 「무엇이 '부모는 모두 재앙인가'를 만들었는가?(是什麽煉就了"父母皆禍害?)」 기사를 참고했다. http://view.news.qq.com/zt2010/fmjhh/index.htm

소리하는 사람도 당신의 아버지·어머니다"[16]라고 지적했다.

토론자들은 찬성, 이해, 비판 등 다양한 태도를 보였지만 '세대 차이와 충돌이 존재한다'는 데에는 모두 공통된 인식을 가지고 있었다. 세대 차이와 충돌은 두 종류의 청년 담론 사이의 대치를 반영하고 있다. 주류 담론 투쟁에서 청년은 명백히 사회적 약자이기 때문에 이들은 사회적 약자가 일반적으로 운용하는 방법을 사용할 수밖에 없다. 각종 사건에서 '기호 유격전'이라 할 수 있는 '담론 유격전'을 진행했던 것이 바로 그것이다.

주요 전쟁터는 일상생활 영역과 평면 미디어에서 점차 인터넷으로 옮겨가고 있다. 인터넷에서는 그동안 일상생활에서 주요 담론 생성자가 되지 못했던 청년이 억압에서 벗어나 마음껏 역량을 펼칠 수 있기 때문이다. 또 이들은 각종 다양한 방식으로 대중문화 담론과 설전을 벌이고 있다(陸玉林, 2009: 129-130).

빠링허우 엘리트 가운데[17] 석사 졸업 후 일을 시작한 빠링허우 여성 Z는 인터뷰 과정에서 자신이 미디어와 가장들로부터 큰 질타를 받은 '부모들은 모두 재앙이다' 모임의 회원이었던 사실을 숨기지 않았다. 내가 그녀에게 모임에 가입한 목적을 물었을 때 그녀는 조금도 거리낌 없이 "호기심이었죠, 뭐"라고 대답했다. 이 모임을 어떻게 생각하느냐는 물음에는 "지극히 정상적이라 생각해요. 최소 30% 이상의 중국 가정이 이

---

16 '야후 중국' 2010년 7월 25일 기사 「초점관주(焦點關注)」와 「부모들은 모두 재앙인가?」를 참고했다.
17 이 글에서 인용한 모든 방문 인터뷰 자료는 2007년 중국사회과학원의 중요 프로젝트인 '상황과 태도: 빠링허우 청년의 사회학 연구'에서 빠링허우 대학생 및 관련 집단을 대상으로 한 조사다.

상황에 처해 있는 걸요"라고 대답했다. 이어서 인터넷 소모임 플랫폼을 만든 것도 이 때문이라며 "요즘 우리 사이에서 유행하는 말로 하면 그냥 '비판의 말을 토하듯 내뱉는 것(吐吐槽)'인데, 좋은 점도 있는 것 아니겠어요?"라고 말했다.[18] 이어서 Z는 "밖에서 생각하는 것만큼 사태가 그렇게 심각한 것은 아니지만, 두 세대 사이의 관념 차이가 너무 크기 때문에 대부분의 사람이 자신을 변화시키고 부모와의 관계를 변화시키는 것을 어렵게 생각하는 것 같다"고 말했다. 그렇기 때문에 "인터넷 소모임에서 일어나는 일련의 일들을 부모에게 말해줄 수 없다"고 전했다.

실제로 많은 빠링허우는 부모 세대와 얼굴을 붉히거나 정면충돌이 일어나는 것을 피하고자 그들과 소통할 때 주제와 표현방식에 신경을 많이 쓴다. 대학교 졸업생과 석사 과정 재학생을 주요 대상으로 한 초점 인터뷰에서 부모와 어떤 방식으로 소통하느냐는 질문에 그들은 "개인 생활에 대해서는 선택적으로 일부 소통을 시도하지만, 부모의 주요 관심사인 실질적인 문제(예를 들어 감정 문제)에 대해서는 최대한 피한다"고 대답했다. 그리고 개인 공간을 최대한 유지하기를 원하며 부모와 일정한 거리를 두고자 한다고 입을 모아 말했다. 그들은 자신의 대답에 대해 "많은 경우 그들과 대화하지 않는데, 그 이유는 그들을 보호하기 위해서다. 부모가 우리를 걱정하거나 이해 못하는 상황에 처하기를 원치 않기 때문이다"라고 풀이했다.[19]

가장들은 어떠한가? 우리는 빠링허우 가장 가운데 지식인층을 중심으로 초점 인터뷰를 진행하여 실체를 파악하고자 했다. 인터뷰를 통해

---

18 zhuzhu의 2011년 9월 14일 인터뷰 기록 참고.
19 빠링허우를 대상으로 한 2008년 10월 11일 초점 모임 인터뷰 기록 참고.

가장들은 기본적으로 세대 차이와 충돌은 피할 수 없는 것이라는 점을 인식하고 있음을 알 수 있었다. 그리고 일상생활에서 의식적으로 자녀의 선택을 존중하고 자신의 의지와 관념을 강요하지 않고 있다는 사실 또한 알 수 있었다. 하지만 자녀와의 소통 문제에서는 여전히 걱정과 고민을 안고 있었다. "소통의 주도권이 대부분 아이에게 있다"며, "처음에는 우리가 그들에게 주도권을 줄 수 있는 환경을 마련해주었지만, 시간이 지나면서 주도권은 점점 그들의 것이 되었다"고 말했다.[20]

실제로 두 세대 사이의 담론 주도권은 점점 젊은이에게로 넘어가는 추세다. 쌍방의 소통에 대한 요구 수준도 다르다. 빠링허우는 대중 유행 문화, 인터넷 담론, 가정·사회생활 각 방면에서 자신의 담론 지위를 끊임없이 상승시켰다. 빠링허우 스스로가 만든 담론은 성인 사회와 충돌하면서 점점 주류 담론에 영향을 주게 되었다.

빠링허우 엘리트: 집단 항거에서 집단 정체성으로

특수한 세대 정체성을 가진 집단이다. 이들의 정체성은 주류 담론과 때로는 대치하면서, 때로는 상호 영향을 주고받으며 형성되었다. 인터넷의 보급과 함께 인터넷 문화가 대중문화의 주류로 부상하면서 청년 담론이 주류 담론에 침투하는 현상과 영향력은 점점 더 뚜렷해졌다. 2000년대 이래 청년들이 만들어낸 수많은 인터넷 신조어는 이미 일상 언어 속에 자리 잡았다. 예를 들어, 일본을 숭배하는 사람(哈日), 한국을 숭배하는 사

---

20 빠링허우 가장을 대상으로 한 2008년 11월 7일 초점 모임 인터뷰 기록 참고.

람(哈韓), 미녀(美眉), 미남(帥哥), 쿨하다(酷), 매우 남성적인(很man), 팬덤(粉絲), 달인(達人), 좋아요(頂), 돈을 더 많이 써서 누리다(腐敗), 헐..(雷人), 뒤처진(out), 기분이 업 된(很high), 유행에 매우 부합하는(很in), 방콕 성향이 매우 강한(很宅), 비극(杯具), 안습이다(悲催), 짝퉁(山寨), 야채를 훔친다(偸菜),[21] 웨이보(圍脖)[22], 최고다(給力), 붙잡다(hold) 등과 같은 용어가 있다. 간결하면서도 명쾌하고 생동감 넘치며, 때때로 중국어와 영어가 함께 사용되기도 한다. 특히 영어 발음과 중국어 발음을 재치 있게 결합해 형성된 용어는 강렬한 정서를 표현하거나 함축적 의미를 지닌다. 그래서 전파 범위가 매우 넓고 업데이트 속도도 매우 빠르다.

청년들, 특히 청년 누리꾼들 사이에 유행하는 언어가 점점 주류 사회와 대중문화의 일상 언어로 유입되고 있어 시장은 젊은이의 심리와 기호에 맞추려 노력하고 있다. 이는 명품 광고에서 여실히 드러난다. '내 구역에서는 내가 주인이다(我的地盤我作主)', '그냥 좋아요(我就喜歡)', '모든 가능성이 있다(一切皆有可能)', '당신은 가질 자격이 충분해(你值得擁有)', '그냥 해라(想做就做, Just Do It)', '갈망은 계속된다(渴望無限, Ask for More)' 등의 광고는 모두 청년의 언어 습관에 부합하고 구미와 맞아떨어지면서 크게 성공을 거둔 예다. 젊은이의 인터넷 문화는 성인 사회에 깊이 침투하여 그들 문화에 영향을 주면서 점차 주류 문화의 면모를 띠게 되었다. 하지만 유행어 배후에 자리 잡고 있는 가치관과 지식구조의 차이는 여전히 세대 차이와 가치관 충돌을 일으키는 근원 가운데 하나임에는 변함이

---

21 런런왕(人人網)을 비롯한 여러 SNS 사이트에서 만든 가상 농장에서 누리꾼들은 상대방이 재배한 야채를 훔치며 즐거워했다.
22 목도리(圍脖)의 발음이 중국판 트위터 웨이보(微博)와 비슷하다.

없다.

　양 세대의 청년 담론은 서로 대치하는 관계에서 영향을 주고받는 관계로 변했다. 이 과정에서 청년 담론의 표현 주체인 빠링허우 엘리트의 자아 정체성 역시 집단적으로 항거하는 모습을 보이다가 점점 집단 정체성을 확립하는 변화의 과정을 거쳤다. 여기서 말하는 정체성은 두 가지 뜻을 포함하고 있다. 첫째는 빠링허우라는 호칭에 대한 정체성이고, 둘째는 빠링허우 집단 구성원 또는 세대 자체가 가진 정체성이다. 세계화와 소비주의가 확대되는 시기와 환경 속에서 자란 빠링허우는 이전과는 완전히 다른 소비 관념을 가지게 있다. 개성과 독특한 자아를 마음껏 발휘하려는 생각은 주류 사회를 곤혹스럽게 하며 충격에 빠뜨렸다. 이에 관한 내용의 기사는 과거 몇 년간 동안 마르지 않는 샘물처럼 끊임없이 쏟아져 나왔다. 미디어와 주류 담론은 빠링허우 엘리트의 부정적인 면에 대한 질책과 규탄을 기본 논조로 삼았고 빠링허우 엘리트는 이에 집단적으로 항거하는 모습을 보였다.

　프로젝트 모임은 2008년 엘리트에 대한 초점 인터뷰를 진행했다. 다수의 빠링허우는 "빠링허우라는 용어는 출생 시점을 기준으로 만들어졌기 때문에 원래는 중성적 단어지만, 사회에서는 부정적이고 폄하의 의미를 지닌 기호로 통하기도 한다"고 말했다. 또 "외부에서 우리에게 강압적으로 이름 붙인 것이기 때문에 이 명칭에 대해 반감을 가진다"고 했다.

　다수의 빠링허우는 주류 사회의 공격과 부정적 평가에서 벗어나기 위해 빠링허우라는 꼬리표를 거절했고, 심지어 자신이 빠링허우라는 사실마저 부정했다. 하지만 또래 집단 사이에 공통의 특징이 있다는 사실만큼은 인정했다. 다만 자신들에 대한 사회적 오해와 편견이 너무 많고, 사소한 문제를 무한정 부풀려 말한다는 점에서는 불만을 표시했다. 그리고 빠링허우 세대 속에서도 각양각색의 사람이 존재하기 때문에 전형적인 빠링허우란 존재하지 않는다고 생각했다.

우선 빠우첸(85前)과 빠우허우(85後) 사이에도 차이가 존재하고, 지역, 가정, 교육수준, 계층 간에도 차이가 크다. 빠링허우가 크게 주목받는 것은 그들에게 특징적인 면이 많아 사람들의 입에 자주 오르내렸기 때문이다. 2008년 지진과 올림픽에서 많은 빠링허우가 자원 봉사자로 활약한 사실이 대표적인 예다. 이들의 행위는 매우 자연스럽고 정상적이었지만, 이를 두고 주류 사회는 굳이 이런저런 해석을 내놓았다. 한 인터뷰 응답자는 "지우링허우(90後)가 성장하기 시작하면 대중의 관심은 빠링허우에서 지우링허우로 금방 넘어갈 것"이라고 예측했다.[22]

재미있는 사실은 과거 몇 년 동안 빠링허우가 대중의 관심에서 사라지기는커녕 오히려 시간이 지날수록 미디어로부터 더욱더 주목을 받으며 핫이슈 가운데 하나로 자리매김했다는 점이다. 이 과정에서 빠링허우 전체에 대한 평가에는 드라마틱한 변화가 있었다. 과거에는 미움과 불만의 목소리가 주류였다면, 현재는 이해와 동정 심지어는 칭찬의 목소리까지 나오고 있다. 대학을 졸업하는 빠링허우가 늘어나면서 직업 전선에서 그들의 책임감과 중요성이 주목받은 것이 주된 이유다.

빠링허우는 여러 직종에서 중간 관리자 역할을 맡고 있고, 대형 미디어 및 인터넷 유행문화 등에서 핵심 관리자 역할을 담당하고 있다. 그들은 많건 적건 실질적인 의미의 담론 권력을 가지고 있기 때문에 자신의 관심사, 사상, 이념, 작업 방식, 생활 품격 등을 작품 속에 쉽게 녹여낼 수 있었고, 이는 미디어를 통해 동 세대들의 공감을 얻을 만했다.

---

22   빠링허우 초점 모임 2008년 10월 11일 인터뷰 기록 참고.

2010년 각종 미디어와 인터넷에서는 '빠링허우가 단체로 서른을 향해 치달리고 있다'는 주제로 여러 글이 쏟아져 나왔다. 이 글들은 주로 어린 시절의 아름다운 추억을 회상하거나 미래의 험난한 노정에 관해 토론했는데, 행간에는 빠링허우의 막막한 현실과 일터에서 받는 스트레스가 여실히 드러나 있다. 이후 빠링허우 집단 사이에서 과거 회상 열풍이 불었다.[23] 이와 같은 현상은 빠링허우가 직접 참여하고 제작한 여러 작품과 프로그램—빠링허우 집단 구성원이 함께 목소리를 내고 자신의 모습을 드러낸 작품—을 통해 드러났다. 이들 작품에는 이들의 역량과 정체성이 잘 녹아 있다.

시장화라는 큰 틀 안에서 사회구조의 변화, 세계 금융 위기, 경제 쇠퇴, 대학의 확장으로 야기된 구직난, 불안정한 직장생활, 스트레스, 참혹한 경쟁, 물가의 고속 성장—특히 집값 폭등—등으로 인해 이제 막 대학 문을 나선 빠링허우 엘리트는 결혼과 구직난에 직면하게 되었다. 이 역시 빠링허우에 대한 평가에 변화를 일으킨 또 하나의 중요한 원인이다. 주류 담론의 눈에는 지나친 사랑을 받은, 영원히 성장할 수 없을 것 같던 빠링허우가 하룻밤 사이에 갑자기 성장하여 '삼십이립(30而立)'에 접어든 것이다. 허나 이내 '삼십난립(三十難立)'의 상황에 빠지고 말았다. 그들은 집 노예, 차 노예, 자식 노예 등으로 전락해 꿈과 현실 사이의 모순에서 갈등할 수밖에 없게 되었다.

---

23 책 제목은 《빠링허우 집단 서른으로 치달리다》(付建全 주편, 2010)로, 대형 인터넷 서점들에서 판매 순위 상위권에 올랐다. 이 밖에 '젓가락형제(筷子兄弟)'가 제작하고 직접 출연한 인터넷 단편영화 〈올드보이(老男孩)〉는 일정한 거처를 마련하지 못해 베이징에서 떠돌고 있는 일반 대학생의 이상과 현실을 서술한 슬픈 이야기다. 이후 치링허우(70後)와 빠링허우 사이에서 급속도로 과거 회상 열풍이 일어났다.

2009년 '베이징에서 떠돌고 있는(北漂)' 빠링허우 대학 졸업생 저소득 집단에 대해 빠링허우 스스로가 연구하고 기록한 책이 나왔다(廉思 주편, 2009). 고등 교육을 받고 아름다운 꿈을 가지고 타향에서 고군분투하는, 개미처럼 작지만 악착같이 생활하는 대학생들이 처음으로 주류 사회로부터 주목받게 되었을 때, 그들은 안정된 직장을 찾지 못했거나 찾았더라도 수입이 낮은 직종에서 일을 하고 있는 상태였다. 그들은 도시의 집세와 물가가 너무 높아 도농복합지역이나 도시 변두리 지역에 모여 살았다. 작가는 극도로 참담한 그들의 생활 상태를 "생존보다는 높지만 생활보다는 낮은 단계"에서 입에 겨우 풀칠할 정도라고 판단했다. 그리하여 그들을 농민, 농민공, 하강(下崗)노동자[25]에 이어 '4대 약자 집단'으로 분류되었다. '개미족'이라는 용어가 미디어와 학자들과 누리꾼 사이에서 급속도로 광범위하게 사용되자 대도시에서 떠도는 빠링허우 대학생들은 동정과 격려·보살핌의 대상이 되었다. 빠링허우는 이때 처음으로 약자의 신분에서 서로 동질성과 따뜻함을 얻는 시대의 아이콘으로 변모했다.

2010년 프로젝트 모임은 985공정(985工程)[26]에 포함된 전국 6개 지역 대학 재학생과 졸업생에게 인터넷 설문조사를 했다. 빠링허우 또는 지우

---

25 하강노동자는 중국의 특유한 현상으로 주로 국유기업의 도산이나 구조조정 과정에서 생겨난다. 구조조정으로 하강한 경우 소속 단위는 가지고 있지만 실제 출근할 수가 없어 '재직 실업' 상태라 할 수 있다.

26 정식 명칭은 '세계 일류대학 건설 프로그램(一流大學建設項目)'으로, 일류 대학 건설을 위해 추진하고 있는 중국의 국가 프로젝트다. 1998년 5월에 개시되어 '985 공정'이라는 약칭을 사용하는데, 당시 국가주석이던 장쩌민이 베이징대학교 백주년기념관 강연에서 처음 언급했다. 발표 직후 '985 공정'에 포함된 대학은 모두 9곳이었으나 2013년 말에는 39곳으로 늘어났다. 이후 중국 교육부는 "앞으로 학교 숫자가 더 늘어나지는 않을 것"이라고 발표했다.

링허우라는 호칭과 관련해 응답자들은 주로 '집단 정체성이 반영된 것이다'와 '별 관심 없다'는 두 가지 태도를 보였다. 설문에 참여한 대학 재학생 4,221명과 졸업생 5,715명 가운데 각각 87.4%와 85.77%의 응답자가 빠링허우 또는 지우링허우라는 호칭에 대해 '별 관심 없다. 하나의 호칭일 뿐이다'라고 답했다. 7.89%와 8.14%의 응답자는 '매우 동의한다'고 답했으며, 4.71%와 6.09% 응답자만이 '반감이 매우 크다'고 답했다.

    필자가 2011년 몇몇 빠링허우 졸업생과 가진 인터뷰에서는 빠링허우라는 호칭과 이에 속하는 세대 사람들에 대해 '딱히 특별한 생각이 없다', '하나의 호칭일 뿐이다', '일종의 꼬리표다', '일종의 시대적 통칭이다' 등의 응답이 일반적이었다. 주변 빠링허우에 대해서는 '동질감을 느낀다', '같은 세대임을 느낀다', '거리가 가까운 것 같다', '비교적 쉽게 소통할 수 있다' 등으로 대답했다. 동시에 그들 가운데서도 이기적인 사람, 나이가 들어 부모에게 의지하면서도 자신의 힘으로 분투하는 사람, 가족과 친구를 도와주고 돌보는 사람 등 다양한 부류가 있음을 강조했다.[27] '빠링허우'라는 꼬리표는 서른 즈음 대부분의 빠링허우에게 동의를 얻었지만, 이 호칭에 큰 관심을 두지 않는 이들이 많아지면서 그 의미는 주류 담론이 부여한 애초의 의미에서 점점 멀어지게 되었다.

---

27   샤샤(Shasha)와의 인터뷰 기록(2011년 9월 1일), 쇼m(小m)과의 인터뷰 기록(2011년 9월 11일), 샤오리(小李)와의 인터뷰 기록(2011년 7월 20일), 주주(zhuzhu)와의 인터뷰 기록(2011년 9월 14일) 참고.

결론

　양 세대 시야 속의 빠링허우 정체성은 두 청년 담론이 형성되는 과정에서 만들어졌다. 주류 담론은 빠링허우 청년을 사회와 역사적 사명을 띤 책임자이자 전통을 이어받을 후계자로 간주했다. 이후 이들의 이데올로기적 색채는 더욱 농후해졌다. 역할에 대한 기대치도 더 높아졌다. 빠링허우 스스로 만든 담론은 개혁개방 이래로 형성된 청년 문화의 반항성과 오락적 특징을 그대로 계승했다. 인터넷 시대에 접어들어서는 자신만의 독특한 인터넷 표현방식을 창조했다. 청년 세대와 성인 세대가 각각 가진 청년 담론 사이의 대치는 세대 간 충돌을 일으켰다. 그 결과 빠링허우 집단은 모순과 논쟁으로 가득 차게 되었다.

　1990년대 시장화와 세계화가 전개되고 청년문화가 대중 유행문화에서 점점 더 주도적인 지위를 차지하게 되면서 빠링허우는 인터넷과 사회에서 주류 담론으로서의 영역을 점점 확장해나갔다. 반면 국가가 제어하는 주류 청년 담론의 모델은 해체되었다. 두 청년 담론은 서로 대치하고 반항하는 관계에서 점차 서로 영향을 주고받으며 상호 보완하는 관계로 전환하고 있다. 빠링허우에 대한 주류 담론의 태도는 고압적인 자세로 질책과 훈계하던 모습에서 함께 어울리며 기뻐하는 긍정과 동정의 태도로 변하고 있다. 빠링허우 구성원이 서른으로 접어들면서 '삼십난립'의 곤경에 처하게 되자 빠링허우라는 호칭은 약자의 신분으로 서로 위로하며 동질감을 느끼는 기호로 변모했다. 따라서 애초 주류 담론이 그들에게 부여했던 '꼬리표'로서의 의미로부터도 멀어지게 되었다. 집단적으로 항거하는 모습을 보이다가 점점 집단 정체성을 확립하는 변하는 과정을 거쳤고 아예 무관심한 태도가 생겨나기도 했다. 이는 빠링허우 엘리트의 주 세력층인 도시 빠링허우 세대가 각종 오해와 질책의 대상—지나친 총애와 배려를 받는 대상—에서 다원화의 책임을 짊어진 세대—존중과 배려를 받는 대상—로 점점 변모하고 있음을 보여준다.

::참고문헌

廉思 主編, 2009, 『蟻族—大學畢業生聚居村實錄』, 桂林: 廣西師範大學出版社.
陸玉林, 2002, 「當代中國青年文化的回顧與反思」, 北京:《中國青年政治學院學報》, 第4期.
陸玉林, 2009, 『當代中國青年文化研究』, 北京: 人民出版社.
牧川, 2010, 「寫給我們 80後這一代」,《毛澤東旗幟網》, 9月 29日.
米德, 1988, 『代溝』, 曾胡 譯, 北京: 光明日報出版社.
伏建全 主編, 2010, 『80後集體奔三—80後生存文化和生活現狀寫實』, 北京: 中國言實出版社.
楊雄等, 2008, 「一代新人"80後"—"80後"群體特征的社會學思考」,《北京日報》, 6月 30日.
王芳, 2009, 「主流媒體上的"80後"形象研究—對中國 14種主要報紙的內容分析」, 北京:《青年研究》, 第3期.
張亞山, 2006, 「80後: 請別走入道德虛無與價值失範的迷途」,《北京青年報》, 7月 24日.
張天蔚, 2006, 「80後: 尚未完結的討論」,《張天蔚的博客》, 8月7日.
陳映芳, 2007, 『"青年"與中國的社會變遷』, 北京: 社會科學文獻出版社.
編者按, 2010, 「筆談: 80後的家國情懷」, 北京:《文化縱橫》, 第1期.
風笑天, 「從"小皇帝"到新公民—在南京財經大學的演講」,《解放日報》, 2006年 3月 28日.

3
전통 관념과 개인 이성의 충돌
―빠링허우 엘리트 지식인의 연애·결혼관 연구―*

마쥔(馬娟)
중국사회과학원 사회학연구소(中國社會科學院社會學硏究所) 연구원

문제 제기

1970년대 말 산아제한정책이 전국적으로 실시된 이후 1980년대에 대거 출생한 독생자녀(獨生子女, 외아들 또는 외동딸)를 일반적으로 '빠링허우(80後)'라 일컫는다. 빠링허우 집단은 개혁개방 직후에 태어나 사회가 급변하는 시대에 성장했고 국가의 현대화가 맹렬히 진행되는 시대에 성숙했다. 그들은 규범화된 국민교육체계 속에서 지식과 선진화된 과학기술을 습득했으며, 중국 5천 년 전통 문화의 세례를 받았다. 이들은 핵가족

---

* 이 글은 『청년연구(青年研究)』(2012) 39~46쪽에 실린 「전통 관념과 개인 이성의 충돌: 빠링허우 지식청년들의 연애·결혼관 연구(傳統觀念與個人理性碰撞: 80後知識精英婚戀觀研究)」를 번역한 것이다.

이 보편화되는 상황에서도 '가정 본위(家本位)'의 중국식 가족체계 및 가족문화라는 전통적 가치관을 비교적 잘 계승했다. 전통의 가치와 현대의 힘 모두가 몸속 깊이 박히면서 그들은 점점 "중국 학문을 바탕으로 서양 학문을 사용한다(中學爲體, 西學爲用)"라는 당대적 가치를 내재하게 되었다.

시간이 흘러 빠링허우 집단은 대학 교육을 마친 후 순조롭게 취업했으며 결혼도 했다. 심지어 아이가 있는 경우도 있다. 그들은 현재 인생에서 가장 불안하고 변화가 큰 시기를 살고 있다. 특정한 역사적 시기에 출생한 그들, 그 시기의 사회적 특징은 그들의 연애·결혼관 형성에 어떤 영향을 미쳤는가? 급변하는 사회 속에서 그들의 연애·결혼관은 어떤 독특한 특징을 가지게 되었는가? 전통적 가치관은 이들 세대의 연애·결혼관에 여전히 영향을 주고 있는가? 이 글에서는 삶에 대한 태도와 가치관이 고스란히 담겨 있는 생활환경·생활태도·가치관·이념 등을 중심으로 빠링허우의 결혼·가정관을 연구하여 앞서 제기한 문제들과 관련해 중대한 이론적 의미와 현실적 의의를 찾고자 한다.

이 글은 중국사회과학원 사회학연구소 청소년·사회문제연구실에서 시행한 대학 졸업생 및 재학생 기본 현황 조사 자료에 근거로 서술되었다. 이 조사는 빠링허우 집단에 초점을 맞추어 2010년 인터넷으로 표본을 수집하여 판단추출법과 무작위추출법으로 조사되었는데, 985공정(985工程)[1]에 포함된 6개 대학교—지린(吉林)대학교, 충칭(重慶)대학교, 화

---

[1] 정식 명칭은 '세계 일류대학 건설 프로그램(一流大學建設項目)'으로, 일류 대학 건설을 위해 추진하고 있는 중국의 국가 프로젝트이다. 1998년 5월에 개시되어 '985 공정'이라는 약칭을 사용하는데, 당시 국가주석이던 장쩌민이 베이징대학교 백주년기념관 강연에서 처음 언급했다. 발표 직후 '985 공정'에 포함된 대학은 모두 9곳이었으나, 2013년 말 39곳으로 늘어났다. 이후 중국 교육부는 "앞으로 학교 숫자가 더 늘어나지는 않을 것"이라고 발표했다.

중커지(華中科技))대학교, 난징(南京)대학교, 중산(中山)대학교, 시안자오퉁(西安交通)대학교—에서 졸업생에게 4,655부, 재학생에게 6,782부의 설문지를 수집했다.

985공정에 포함된 고등교육기관의 빠링허우 엘리트 지식인은 빠링허우 가운데 전형성과 대표성을 가진다고 볼 수 있으며 중국 사회의 미래에 영향을 줄 수 있는 집단이기도 하다. 높은 교육 수준은 그들의 가치관, 특히 결혼·가정관을 결정한다. 이들은 일반 빠링허우 집단보다 좀 더 이성적 사고를 할 가능성이 높지만, 이들에 대한 분석을 통해 빠링허우 집단의 결혼·가정관의 대략적인 모습과 더불어 전통 관념과 현대 개인 이성이라는 두 힘이 각각 어떻게 작용하고 있는지 파악할 수 있을 것이다. 아울러 다른 세대가 가진 결혼·가정관과의 차이도 드러날 것으로 생각된다.

연애·결혼관은 개인적 가치관의 중요한 부분으로 주관적이며 가치적 성향을 띠지만 그 형성 과정에서 사회와 경제 발전 상황으로부터 영향을 받지 않을 수 없으므로 시대마다 서로 다른 특징을 갖는다. 건국 이래 60년 동안 중국인의 연애·결혼관은 세 단계를 거치며 변화했다. 건국 초기에는 전통적인 연애·결혼관에서 자유 연애·결혼관으로 바뀌었고, 1960~1970년대에는 정치화된 연애·결혼관으로 변모했으며, 개혁개방 시기에는 다양한 연애·결혼관이 나타났다(陝勁松, 2010). '결혼·가정관 연구'는 '결혼·가정 연구'의 한 분야로 시기별 청년 집단이 가진 가치관 연구에서 매우 중요한 부분을 차지한다. 연애·결혼관에 관한 선행 연구는 다음과 같다.

- 청년 집단의 연애·결혼관 현황에 대한 묘사(單光鼐, 1986)
- 특정 집단의 연애·결혼관 연구: 대학생 특히 여대생의 연애·결혼관 연구 등(王美華, 2009; 李景華, 2011)

- 연애·결혼관 변천사 정리(羅渝川·張進輔, 2001; 陳勁松, 2010)
- 연애·결혼관에 영향을 주는 요소 분석(駱劍琴, 2011)

이들 관련 연구는 연애·결혼관의 특징을 묘사한 경우가 비교적 많고, 반면에 집단 내부의 차이와 차이에 내재한 형성 메커니즘에 중점을 둔 경우는 적다. 빠링허우 집단은 이제 막 결혼 적령기에 접어들었기 때문에 그들의 연애·결혼관에 관한 연구가 아직 없다. 그러므로 빠링허우 엘리트 지식인 집단의 결혼·가정관 현황을 탐구하여 당대 청년들의 연애·결혼관 현황과 그 배후 영향 요소를 파악하는 것이 필요하다고 생각된다. 이를 통해 빠링허우 집단의 가치관을 더 잘 이해할 수 있을 것이다.

1980년 이후 출생한 이들은 대부분 서른을 바라보고 있지만 결혼 적령기가 점점 늦어지면서 조사 대상 가운데 3/4이 아직 미혼 상태로, '만혼'이 빠링허우 엘리트 지식인의 보편적인 특징으로 나타나고 있다. 빠링허우 집단 구성원의 대부분은 아직 결혼하지 않았음에도 불구하고 향후 결혼 및 가족관계 형성에 대해 여러 생각과 견해를 가지고 있었다. 연애·결혼관은 다차원적인 것으로 한 개인이 연애와 결혼 과정에서 경험하는 모든 단계의 태도와 가치관을 포함한다. 이 글은 선행 연구와 본 조사에서 얻은 데이터를 결합하여 빠링허우 엘리트 지식인 집단의 결혼관을 다섯 부문—① 결혼 대상을 선택하는 배우자 선택관, ② 두 성의 결합을 결정하는 성 관념, ③ 대를 잇는 것에 대한 후사관(後嗣觀), ④ 연애에서 결혼을 결정하는 데 중요한 역할을 하는 감정관, ⑤ 가정의 경제관계를 조정하는 경제관—에 주목하여 분석할 것이다.

출생 및 성장 시기가 가진 특수성으로 인해 빠링허우의 연애·결혼관 내부에서 전통과 현대의 두 힘이 줄곧 팽팽하게 맞서고 있다. 따라서 다섯 부문의 연애·결혼관에서도 서로 다른 경향성—전통적 경향이 강하거나 또는 현대적 경향이 강하거나—이 표출된다. 현대성은 전통 농업사회에서 공업사회를 거쳐 정보화사회로 전환하면서 현대적 모습으로 출현한 것을 일컫는다. 현대성은 이성과 자유에 기반을 두고 있으며 이성화와 세속화 과정으로 표출된다. 이성주의정신으로 말미암아 전통, 구습, 미신, 무속 등의 속박에서 벗어났고, 르네상스와 종교개혁에서 시작된 인간의 가치를 찬미하는 전통은 세속적 사랑, 행복, 누림의 합법성을 긍정했다(劉文榮, 2010). 계몽을 핵심으로 하는 현대성은 현대인의 사유방식과 도덕 실천의 방향을 결정했을 뿐만 아니라 문화 개인주의(성생활은 기본적으로 가정에서만 이루어져야 하고 출산을 목표로 해야 한다는 주장에 반대하는 성해방 운동이 대표적인 예다)를 촉진했다(劉文榮, 2010). 여기서 개인 가치관과 문화정신, 사유방식과 행위방식을 통해 드러나는 것이 바로 개인 현대성이다(陳嘉明 등, 2001). 막스 베버(Max Weber)는 이성화는 현대성의 기본적인 특징이며 그 기본 함의는 이지(理智)적 사고와 계산이라고 보았다(陳嘉明 등, 2001). 빠링허우 엘리트 지식인의 연애·결혼관에 내포한 전통성 또는 현대성 경향 탐구에서는 현대성 이론에 기초하여 전통 관념과 개인 이성이 어떻게 빠링허우 엘리트 지식인의 연애·결혼관 각 영역에 영향을 주었는지, 또 어떻게 그들의 독특한 연애·결혼관을 형성했는지 구체적으로 살펴볼 것이다.

빠링허우 엘리트 지식인의 연애·결혼관

배우자 선택관의 전통과 현대: 내면과 능력 모두 중시하며 경제력을 겸비해야 한다

배우자 선택 기준이란 남녀가 결혼 대상을 고를 때 상대방이 갖추었으면 하는 조건과 요구사항을 말한다. 이 기준은 사회 변화에 따라 끊임없이 변한다(徐安琪, 2000; 李煜 2004). 고대로부터 건국 초기에 이르기까지 '문당호대(門當戶對)'[2] 사상이 지배하면서 정치적 면모와 출신 배경이 중시되었고, 개혁개방 이래로는 지식인들을 맹목적으로 숭배하는 경향이 있었다. 2000년 대 들어와서는 배우자 선택 기준으로 '금전지상(金錢至上)'이라는 말이 등장했다. 이 변화 과정에서 젊은이들이 포기한 가치는 무엇이며, 여전히 존재하는 가치 그리고 새로 생겨난 가치는 무엇인가? 개혁개방 이후 출생한 새로운 시대의 청년인 빠링허우 가운데 일부는 이미 결혼생활을 시작했다. 이들이 배우자 선택 과정에서 중요시하는 기준은 어떤 것인가? 또 다른 기준에 대해서는 어떤 태도를 보이고 있는가? 여러 기준을 선택하고 비교하는 과정에서 전통과 현대성의 충돌은 어떻게 표출되는가?

 조사는 빠링허우 엘리트 지식인의 배우자 선택 기준으로 경제적 조건, 학력과 능력, 집안 환경, 외모/기품/도량, 성격 등 다섯 가지 항목을 설정하고, 각 항목에 가중치를 얼마나 두는지를 분석했다(〈표 1〉). 우선 세 가지의 객관적인 조건인 경제적 조건, 학력과 능력, 집안 환경을 보자. 빠링허우 엘리트 지식인은 경제적 조건 부문에서 극단적인 태도를 보였다. 설문 응답자의 약 40%가 경제적 조건에 대해 각각 '크게 중요하지는 않다'와 '비교적 중요하다'라고 대답했다. 이를 통해 경제적 조건을 중요시하는 정도는 개인마다 다르다는 것을 알 수 있다. 학력과 능력에 대해서는 대체로 중요하다고 생각했다. 60% 이상의 응답자가 '비교적 중요하다'고 답했고, 16.5%는 배우자 선택에서 '빠져서는 안 되는 조건'이라

---

2 대대로 내려오는 집안의 사회적 신분이나 지위가 서로 상대가 될 만큼 비슷함.

고 대답했다. 집안 환경에 대해서는 중요성을 부정하는 경향이 높아 '크게 중요하지 않다'는 비율이 '비교적 중요하다'는 비율보다 높았다. 다음으로 주관적인 감정이 많이 반영되는 외모/기품/도량과 성격 두 부분을 보자. 외모/기품/도량을 고려하는 것에 대해 '천박하다'고 생각하는 경향이 일부 존재했으나, 약 66%가 비교적 중요하다고 대답했다. 내재적인 부문이라 할 수 있는 성격에 대한 고려는 대부분 필요하다고 보았다. 과반수가 넘는 응답자가 성격에 대한 고려는 필수적이라고 보았고, 나머지 절반 정도 역시 비교적 중요하다고 생각했다.

표 1 빠링허우 엘리트 지식인의 배우자 선택 기준 조사 결과 (단위: %)

	중요하지 않다	크게 중요하지 않다	비교적 중요하다	매우 중요하다
경제적 조건	10.40	40.03	42.28	7.29
학력과 능력	2.28	15.57	61.77	20.38
집안 환경	13.78	50.47	32.02	3.73
외모/기품/도량	1.81	15.93	65.74	16.52
성격	0.83	1.42	46.56	51.18

〈표 1〉의 조사 결과를 바탕으로 빠링허우 엘리트 지식인들이 배우자를 선택할 때 중요하게 생각하는 다섯 항목의 순위를 정리해보니(〈그림 1〉), '성격'이 가장 중요시되는 것으로 나타났고, 학력과 능력, 외모/기품/도량이 근소한 차이로 2위와 3위를 차지했다. 빠링허우 엘리트 지식인 내부에서 학력과 능력 항목과 외모/기품/도량 항목에 대해 일정 부분 다른 의견이 있지만 전체적으로 보면 이 두 항목 모두를 비교적 중요하다고 생각하고 있음을 알 수 있다. 경제적 조건은 빠링허우 엘리트 지식인의 배우자 선택 기준에서 네 번째로 영향을 주는 요소인데, '크게 중요하지 않다'는 의견이 주를 이루었다. 마지막으로 가장 중요하지 않게 생각

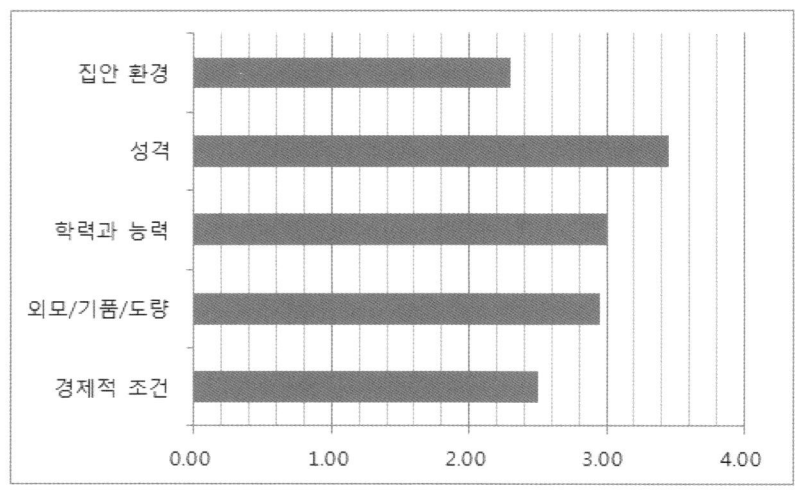

그림 1 빠링허우 엘리트 지식인이 배우자를 선택할 때의 중요도 순위

하는 요소는 '집안 환경'이다.

이와 같은 다섯 항목에 대한 순위는 빠링허우 엘리트 지식인이 비교적 이성적이고 현대화된 배우자 선택관을 가지고 있음을 여실히 보여준다. 즉, 빠링허우 엘리트 지식인은 예로부터 강조되어온 '문당호대' 배우자 선택관과 집안 배경을 가장 중시했던 1960~1970년대의 주류 배우자 선택관에서 벗어나 있음을 알 수 있다. 또한 21세기에 나타난 '금전지상'의 배우자 선택관은 크게 눈에 띄지 않는다.

고등교육을 받은 빠링허우 엘리트 지식인이 '외모'라는 외재적 요소를 완전히 포기하지 못했기 때문에 완전히 이성적인 선택을 했다고 볼 수는 없지만, 결혼의 현실적인 면에서는 비교적 이성적인 판단을 하고 있다. 교양과 실질적 능력을 중시함과 동시에 경제적 조건도 어느 정도 고려하고 있기 때문이다. 내재적 적합성이라는 기준에서 보면 연애·결혼생활을 영위하는 데 물질적 면을 상당히 중요하게 생각하고 있음을 알 수 있다.

이처럼 여러 방면을 두루 고려하는 배우자 선택관은 비교적 합리적이고 이성적이라 할 수 있다. 빠링허우 엘리트 지식인은 상대적으로 풍족한 생활을 하고 있으며 비교적 자유롭게 배우자를 선택할 수 있는 환경에 있기 때문에 혼인시장에서 상대적으로 높은 지위에 있다. 그리하여 비이성적으로 배우자를 선택하도록 만드는 다양한 간섭에 크게 구애를 받지 않는 독특한 배우자 선택관을 형성하고 있는 것으로 보인다.

한편 성별에 따라서 배우자 선택관의 양상이 다르게 나타났다(《그림 2》). 하지만 전체적으로는 남녀의 순위가 일치하는 편이다. 남녀 공통으로 가장 중요하게 생각하는 항목은 '성격'이고, 가장 중요하지 않게 생각하는 항목은 '집안 환경'이다. 남녀 간의 차이는 몇 가지 요소에서 주요하게 드러난다. 여성은 배우자를 선택할 때 학력과 능력, 경제적 조건을 남성보다 중요하게 생각하고, 남성은 외모/기품/도량을 여성보다 많이 고려한다. 특히 남성은 배우자를 선택할 때 외모/기품/도량을 두 번째로 중시하고 다음으로 학력과 능력을 중요하게 생각했다.

남성과 여성이 배우자를 선택할 때 중요하게 생각하는 요소의 순서

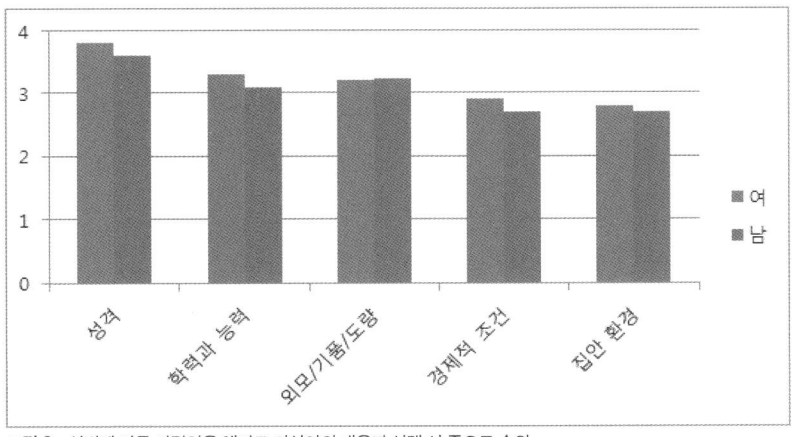

그림 2　성별에 따른 빠링허우 엘리트 지식인의 배우자 선택 시 중요도 순위

가 다르다는 점을 통해서도 빠링허우 엘리트 지식인 집단이 비교적 이성적인 배우자 선택관을 가졌다는 사실을 알 수 있다. 즉, 자신의 성별이 가진 우세와 열세를 충분히 고려하여 각자가 처한 상황에 적합한 선택을 한다는 것을 알 수 있다. 또한 전통의 '낭재여모(郎才女貌)'[3] 혼인관도 보인다. 남성은 배우자를 선택할 때 '여모'를, 여성은 '낭재'를 더 중요시하는데, 이는 빠링허우 엘리트 지식인의 배우자 선택 시 고려하는 항목의 중요도 순위와 기본적으로 일치한다.

학력과 능력, 외모/기품/도량의 중요도 순서는 남녀가 거의 같지만 약간의 차이는 기본적으로 성별 차이에서 기인한 것으로 볼 수 있다. 일반적으로 여성은 남성보다 사회·경제적 지위에서 열세에 놓여 있기 때문에 배우자를 결정할 때 남성의 경제적 상황과 외모/기품/도량을 거의 동등하게 중요시한다. 이처럼 빠링허우 엘리트 여성이 배우자를 선택할 때 가정 경제의 안정성을 위해 개인적이고 주관적인 심미관을 어느 정도 포기하는 것은 이성적인 배우자 선택관의 표출이라 할 수 있다.

성 관념의 전통과 현대: 장기·단기 관계에 이중 잣대를 대다

성 관념은 연애·결혼관 가운데 전통과 현대의 구분이 가장 명백한 영역이다. 많은 관련 연구에서 개혁개방 이래 국민의 성 관념이 이전보다 더 관용적이고 개방적인 방향으로 진행되어왔다고 지적했다(劉文蓉, 2010). 그렇다면 현대성을 띤 해방의 영향을 비교적 많이 받은 영역에서 전통 관념이 설 땅은 있는가? 전통과 현대의 힘이 빠링허우 엘리트 지식인의 연애·결혼관에 어떻게 영향을 미치고 있는가? 우리는 빠링허우 엘

---

3 재능이 출중한 남자와 용모가 아름다운 여자는 서로의 훌륭한 배필이다.

리트 지식인의 '섹스파트너 수'와 '원나잇스탠드'에 대한 태도를 고찰하여 그들이 혼외[4] 남녀 관계 및 성 관념에 어떤 생각을 가지고 있는지 살펴볼 것이다.

중국 사회의 도덕과 법률이라는 두 가지 기준에서 볼 때 '섹스파트너'라는 용어는 중국의 언어 체계 내에서는 존재할 수 없는, 완전히 외부에서 들어온 개념이다. 기혼[5] 상태에서 합리적이고 합법적인 섹스파트너는 배우자다. 그리고 그 수는 반드시 한 명이어야 한다. 만약 다른 섹스파트너가 있다면 도덕과 법률에서 이를 인정하지 않는다. 혼인하지 않은 상태에 있다 하더라도 도덕과 여론의 질타를 피하기는 힘들다. 이 때문에 전통적인 도덕관념의 영향권 아래 현행 법률에 구속받고 있는 중국인은 보편적으로 다수의 섹스파트너를 가지고 있지 않다.

빠링허우 엘리트 지식인 역시 혼외 성관계에 대한 전통적 관념을 이어받아 그들 가운데 80%가 넘는 인원이 '한 사람이 한 사람의 섹스파트너만 있다면 이것은 너무 구속당하는 것이다'라는 질문에 반대의견을 제시했다(《그림 3》). 절대다수는 자신의 배우자가 도덕적 마지노선을 지키기를 바랐다. 혼인이라는 계약관계를 맺지 않은 상황에서도 마찬가지였다. 이를 통해 빠링허우 엘리트 지식인 집단의 결혼·가정관은 비교적 보수적이고 전통적이라는 것을 알 수 있다. 전통적

---

4   이 글에서 '혼외'란 ①기혼 집단에서 혼인 외에서 일어나는 상황, ②미혼 집단에서 혼인에 버금가는 관계 외에서 일어나는 상황 모두를 포함한다.

5   빠링허우 엘리트 지식인 응답자의 1/4은 결혼한 적이 있었지만(초혼, 이혼, 배우자 사망 모두 포함), 이혼과 배우자가 사망한 비율은 매우 낮았다. 따라서 이 글에서는 이혼, 배우자 사망, 초혼 상태의 설문 응답자를 모두 기혼자로 분류했다. 결혼한 적이 없는 집단과 결혼 경험이 있는 집단의 차이에 집중하기 위해서다.

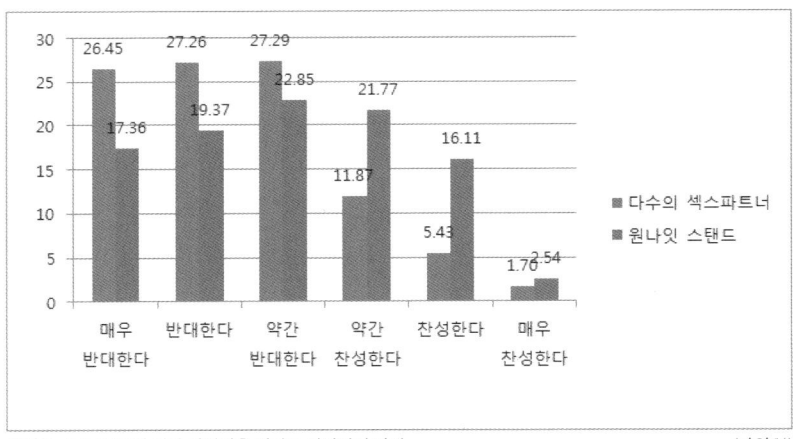

그림 3 남녀관계에 대한 빠링허우 엘리트 지식인의 견해 (단위:%)

인 면은 여성에게서 더 두드러진다. 빠링허우 지식인 가운데 다수의 섹스파트너에 반대하는 여성의 비율은 남성보다 18% 높은 90%였다.

'섹스파트너'가 비교적 장기간 고정적으로 성관계를 하는 대상을 말하는 것이라면, '원나잇스탠드'는 즉석 또는 일회성의 성관계를 말한다. 이에 대한 빠링허우 엘리트 지식인의 태도는 '다수의 섹스파트너'를 보는 관점과 달랐다. 원나잇스탠드에 대해 반대가 찬성보다 많았지만, 반대하는 비율은 '다수의 섹스파트너'에 대한 반대 비율보다 20% 낮았다. 그리고 약 40%는 두 사람이 동의한 원나잇스탠드는 받아들일 수 있다고 답했다. 이는 그들의 성 관념이 비교적 개방적이고 특정 상황에서는 일상에서 벗어나 자극적인 일을 찾아 모험해도 무방하며 합리적이라고 본 것이다. 이는 당대의 성 해방 사상, 성과 혼인을 어느 정도 분리할 수 있다는, 그리하여 성과 사랑이 때로는 일치하지 않을 수 있다는 서양 성 관념의 영향을 받은 결과다.

'다수의 섹스파트너'에 대한 반대의 목소리만큼 크지 않지만, 이 문제에서도 빠링허우 엘리트 내부의 남녀 간 의견 차이는 명백히 존재했다. 약 73%의 여성이 원나잇스탠드에 반대의 태도를 보인 것에 반해, 남성은 찬성의 비율이 반대보다 조금 높았다. 이처럼 남녀의 의견이 일치하지 않는 것은 '규범에서 벗어난 것에 대한 대가'를 서로 다르게 판단하고 전통 관념을 고수하는 정도가 서로 다르기 때문이다.

빠링허우 엘리트 지식인이 상대적으로 오랜 기간(섹스파트너)과 짧은 기간(원나잇스탠드) 두 가지의 혼외 성관계에 대해 모순된 태도를 보이는 것은 그들이 급변하는 사회 속에서 살고 있다는 사실에 기인한다. 전통적인 성 관념과 개방적인 현대 신흥 성 관념이 충돌하고 있는 상황에서 절대다수의 빠링허우는 전통의 일대일 성관계 모델을 견지하고 있다. 하지만 일부는 어쩌다 한 번 일상의 속박에서 벗어나 전통 규범과는 거리가 먼 원나잇스탠드를 경험하기도 한다. 이는 최선의 선택을 갈구한 것이라기보다는 스스로 타협점을 찾은 것이다. 처음부터 사회의 주류 도덕 규범으로부터 인정받고자 했다고는 볼 수 없지만, 비교적 이성적으로 선택한 결과이며 전통 관념과 개인 이성이 충돌한 결과이다. 한편으로는 그들에게 내재된 전통과 개방의 두 가지 혼인관이 함께 표출된 것이기도 하다.

후사관의 전통과 현대: 혼인 내 출산 여전히 일반적인 선택이다

'대를 잇는다'는 것은 인류의 번성과 문화 계승을 실현하는 중요한 행위로, 결혼의 중요한 기능 가운데 하나다. 그래서 세계 각국에서는 혼인 내 출산을 강조한다. 특히 중국에서는 "불효에는 세 가지가 있는데, 그중에서 후손이 없는 것이 가장 큰 불효(不孝有三, 無後爲大)"라는 말로 자녀 출산을 부모에 대한 효도와 연결해 대를 잇는 것에 중요한 의미를 부여했다.

21세기에 들어서면서 노령화 문제가 심각해진 여러 국가에서는 청년 세대의 출산이 인구수를 유지하고 국가의 지속적인 발전을 보장하는 데 중요한 역할을 하게 되었다. 그래서 이들 국가에서는 결혼 적령기 남녀의 혼인 내 출산을 적극 장려한다. 비록 중국에서는 산아제한계획의 일환인 '한 가정 한 자녀' 정책을 추진하고 있지만, 그렇다고 해서 결혼 후 다음 세대 출산을 완전히 포기하라고 말하지는 않는다. 그런데 대를 이어야 한다는 관념은 경제가 빠른 속도로 성장하고 국민의 교육 수준이 점점 높아지면서 '자녀 양육비용 상승'이라는 문제에 직면하게 되었다. 점점 더 많은 청년이 일을 위해서, 심지어 순수한 사랑을 위해서 자녀 출산을 포기하는 딩크(DINK: Double Income No Kids)족이 되는 것을 선택하고 있다. 이로 인해 가계 계승 및 노인 부양 문제가 사회적 이슈로 떠올랐다. 딩크족이 늘어나고 있는 현상에 대한 빠링허우 엘리트 지식인의 관점을 살펴보면 그들 연애·결혼관의 일면을 이해할 수 있다.

'결혼하고도 아이를 낳지 않는 것은 매우 유감스런 일이다'라는 시각에 대해 빠링허우 엘리트 지식인은 대체로 찬성하는 의견을 보였다. 그

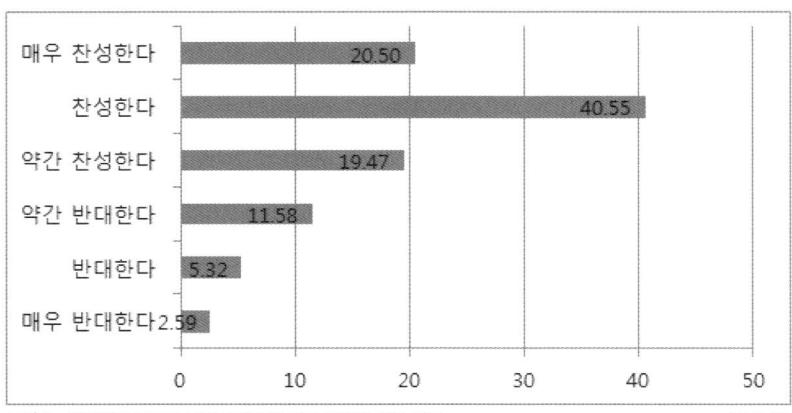

그림 4 빠링허우 엘리트 지식인의 혼인 전통 유지에 대한 견해 (단위: %)

들 가운데 80.51%가 서로 다른 정도로 찬성의 태도를 보였는데(〈그림 4〉), '찬성한다'와 '매우 찬성한다'의 비율이 매우 높았다. 이는 '딩크'라는 생활방식과 생활태도가 빠링허우 엘리트 지식인 집단에서는 주류가 아님을 말하는 것이다. 절대다수가 여전히 자녀가 있는 결혼생활을 원하고, 자녀를 통해 자신과 가정 심지어 집안의 계승이 이루어지기를 원한다. 이를 통해 빠링허우 엘리트 지식인이 후사를 잇는다는 혼인 전통을 비교적 강렬하게 소망하고 있음을 알 수 있다. 물론 그들 가운데 절대다수가 아직 결혼하지 않았기 때문에 현재의 소망이 일시적일 수 있다는 사실을 배제할 수는 없다. 하지만 소망이 매우 강렬하다는 점을 고려하면 절대다수의 빠링허우 엘리트 지식인이 딩크족 가정을 선택하지 않을 가능성이 크다.

한편, 딩크족을 지지하는 비율은 여성이 남성보다 높다. 이는 일반적으로 여성이 결혼 전통의 보편 규율을 더 따른다는 통념과 상반된 것이며, 출산과 양육에 대한 고비용이 신세대 고학력 직업 여성에게 부담으로 작용하기 때문이라 생각된다. 이런 이유로 여성이 남성보다 딩크족을 선호하는 경향이 더 높고 또한 전통 관념에 더 반대되는 입장을 보인다고 할 수 있다.

그러나 '딩크'와 같은 현대화된 관념이 점점 보편화하고 있지만, 대를 잇는다는 관념에서는 혼내 출산이라는 전통 관념이 여전히 주류를 이루고 있어 전통의 힘이 크게 작용하고 있음을 알 수 있다. 이렇게 빠링허우 엘리트 지식인의 혼인·결혼관에서 전통의 영향력이 표출되고 있다.

감정관의 전통과 현대: 결혼과 이성적 감정관의 맹아를 믿다

감정은 연애와 결혼생활의 기초이자 핵심으로 연애와 결혼의 시작·

발전·결론의 단계를 결정짓는다. 그러므로 감정은 연애·결혼관의 결정에서 매우 중요한 역할을 한다. '결혼과 감정의 관계', '감정이 결혼 지속 여부에 미치는 영향', '부부 친밀도와 부부의 개인 사생활' 등 세 가지 측면에서 전통과 현대의 두 힘이 빠링허우의 감정관에 어떻게 작용하는지 알아보았다(〈표 2〉).

먼저, 애정과 결혼의 관계를 보면 문학작품에서 흔히 보이는 '결혼은 사랑의 무덤이다'라는 통상적 비유 — 사랑과 결혼을 완전히 대립적이며 소극적인 관계로 보는 것 — 에 대해 약 90%의 빠링허우 지식인 엘리트가 부정적인 태도를 보였고 나머지 10% 정도가 찬성했지만, 주로 '약간 찬성'에 분포해 있어 찬성의 강도가 비교적 약하다. 빠링허우 엘리트 지식인은 대체로 소극적인 연애·결혼관을 배척하고 사랑이 결혼생활 중에 소멸한다고 생각하지 않는다. 즉, 결혼에 적극적인 태도를 견지하고 있다고 볼 수 있다.

다음으로 감정이 결혼 지속 여부에 미치는 영향을 살펴보자. 이와 관련해 '사랑이 식으면 이혼해야 한다'는 질문에 대한 빠링허우 엘리트 지식인의 대답을 고찰할 것이다. 예로부터 내려오는 "열 채의 사당을 부술지언정 혼인을 깨뜨리지 않는다(寧拆十座廟, 不破一門婚)"는 말처럼, 중국의 전통적 혼인 관념에서는 이혼을 반대한다. 평생을 한 남편만 섬겨야 한다는 일부종사(一夫從事) 관념을 통해 불합리한 결혼생활에 종지부를 찍

표 2 빠링허우 엘리트 지식인의 부부 관계 조정에 대한 태도(단위: %)

	매우 반대	반대	약간 반대	약간 찬성	찬성	매우 찬성
결혼은 사랑의 무덤이다	20.42	33.52	34.41	8.72	1.95	0.98
사랑이 식으면 이혼해야 한다	4.21	12.26	33.12	24.18	21.50	4.73
사생활을 침범하는 것은 부도덕한 행위다	4.10	12.57	32.14	28.24	17.54	5.41

고 새로운 선택을 하는 것을 제한했으며 이혼을 부도덕한 행위로 간주했다.

하지만 감정이 결혼을 지속하게 만드는 데 매우 중요한 잣대가 된다는 점을 깊이 인식하게 되면서 감정이 도덕을 대체했다. 이혼에 대한 공공 여론이 관용적인 태도를 가지기 시작했다. '감정'으로 결혼의 지속 여부를 결정할 수 있느냐는 물음에 빠링허우 엘리트 지식인은 거의 같은 비율로 찬반으로 나뉘었다. 지지와 반대의 비율이 각각 절반을 차지하고 있으나, 대부분 반대와 지지의 정도가 약한 구간에 밀집해 있어 전체적으로 온화한 태도를 보이고 있다고 할 수 있다.

사랑이 식은 정도가 결혼생활의 지속 여부를 결정짓는 중요한 요소이기는 하지만, 감정 하나만의 원인으로 결혼생활을 끝내는 경우는 거의 없고 그 밖에 다른 영향 요소를 종합적으로 고려하기 때문에 감정에 대해서는 강력한 지지나 반대의 의사를 표시하지 않는 것으로 해석할 수 있다. 이는 비교적 높은 수준의 교육을 받은 신중하고 이성적인 사유 습관이 표출된 것으로 볼 수 있다. 이를 통해 빠링허우 엘리트 지식인은 전통적 소망에 기반한 '쉽게 이혼하고 싶지 않은 마음'과 현대의 이성적 사유에 기반한 '혼인을 지속하기 위해 감정을 희생하고 싶지 않은 마음'을 동시에 가지고 있음을 알 수 있다. 이 가운데 어느 것의 영향력이 더 큰지는 판별하기 어렵다.

마지막으로, 법률에 명시된 사생활 보호권의 적용 범위가 어디까지인가, 가정생활을 영위하는 부부 사이에서의 사생활 보호는 어디까지 이루어져야 하는가에 대해 빠링허우 엘리트 지식인의 생각은 다시 한 번 큰 차이를 보였다. 사생활이 보호되어야 한다는 의견과 그렇지 않아도 된다는 비율이 거의 반반을 차지했으며 의견의 강도는 비교적 낮았다.

이 결과는 감정의 여부와 결혼생활 유지 여부가 일치함을 보여준다. 부부간의 관계가 사회 속의 그 어떤 관계보다 친밀도가 높다는 점에서 보면 둘 사이는 '친밀무간(親密無間)[6] 또는 '친밀유간(親密有間)[7] 중 하나일 것이다.

대부분의 사람은 이 둘 사이에서 명확한 입장을 표시하지 않았다. 자신의 사생활은 침해당할 수 없는 것으로 생각하면서도 개인의 사생활을 너무 강조한 나머지 부부 사이의 신뢰나 친밀도가 떨어지는 것을 원하지도 않았다. 이 때문에 이 문제에 모호한 태도를 보였다. 이를 통해 빠링허우 엘리트 지식인 집단은 전통에 기반을 두고 충격과 스트레스(특히 전통과 현대 이념의 충돌)를 다방면으로 받으면서 일정 정도 타협의 과정을 거쳐 형성된 비교적 이성적인 결혼·가정관을 가지고 있음을 다시 한 번 확인할 수 있었다.

지금까지 서술한 내용을 종합하면, 빠링허우 엘리트 지식인의 감정관은 전통 일변도에서 벗어나 현대의 영향력을 점점 크게 받고 있음을 알 수 있다. 그들은 결혼의 가치를 여전히 믿고 감정을 중시하지만, 감정이 결혼을 유지시키는 유일한 표준이 아니며 결혼은 쉽게 포기해서는 안 되는 것이라는 생각을 동시에 가지고 있다. 이성(理性)적 감정관이 싹트면서 그들은 부부의 사생활이 전통 가치관에서 생각하는 것처럼 친밀무간해야 한다고 생각하지 않으며, 자아 공간이 강조되고 사생활 보호 의식이 강화되면서 친밀유간한 관계를 추구하는 경향도 강해지고 있다.

---

6   사이가 매우 좋아 전혀 격의가 없다.
7   사이가 매우 좋지만 어느 정도 거리가 있다.

가정경제관의 전통과 현대: 부부유별을 견지하면서 재산 보호를 중시하다

물질생활이 풍요로워지고 수입이 지속적으로 증가하면서 가정 내 경제 문제를 어떻게 처리할 것인지에 대한 문제가 날로 중요해지고 있다. 가정의 경제 문제는 생활의 여러 부문과 관련되어 있는데, 그 가운데 사회적으로 이슈가 되고 있는 것을 중심으로 빠링허우 엘리트 지식인의 '결혼 전 재산 공증'과 '부부 더치페이'라는 두 문제에 대해 조사를 진행했다. 이를 통해 그들의 가정경제관과 현대적 성향이 농후한 두 문제에 대한 태도를 살펴보고자 했다. 아울러 개인 이성의 힘이 전통 관념의 영향력을 완전히 넘어섰는가에 대해서도 알아보았다(〈표 3〉).

갈수록 이혼이 보편화되고 사유재산에 대한 민감도가 나날이 높아지면서 이혼 후 재산이 누구에게 귀속되느냐는 것은 현대 가정경제에서 자주 맞닥뜨리는 문제가 되었다. 이에 발맞추어 기존의 혼인법을 수정·보완하여 새 혼인법이 제정되었다. 결혼 후 부부가 공동으로 재산을 관리하는 경우가 늘어나면서 혼전 재산의 귀속이 핵심 문제로 떠올랐다. 그리하여 혼인을 앞둔 당대 청년들은 부부 쌍방의 혼전 재산 공증 여부에 주목하게 되었다.

전 재산 공증이 필요하냐는 질문에 빠링허우 엘리트 지식인 집단의 63%가 서로 다른 정도로 혼전 재산 공증에 찬성을 표시했으며, 찬성이 반대보다 1.7배 높았다. 이는 빠링허우 엘리트 지식인 집단의 이성적인 결혼관과 강한 자아 보호의식이 반영된 것으로, 법률을 통해 자신의 권

표 3 빠링허우 엘리트 지식인들의 부부 재산 관계에 관한 견해 (단위: %)

	매우 반대	반대	약간 반대	약간 찬성	찬성	매우 찬성
결혼 전 재산 공증이 필요하다	4.37	10.30	22.17	30.97	26.46	5.73
부부간 더치페이	13.05	23.39	28.66	21.24	11.90	1.76

익을 합법적으로 보호하는 것이 가장 효과적이며 합리적인 방법이라는 판단에 연유한 것이다. 혼전 재산 공증은 배우자에 대한 신임 부족 때문이 아니다. 혼전 재산 공증이 이상적이고 낭만적인 사랑의 모습에 어느 정도 찬물을 끼얹는 것은 사실이지만, 공증의 이득이 손실보다 크다는 이성적 판단에 따른 것으로 볼 수 있다.

다음으로 개인 현대성의 전형적 표현이라 할 수 있는 양성평등권(가정에서 부부 두 사람의 지위가 같아서 한쪽이 특권을 가지고 있지 않은 상황) 이념 역시 일반적인 결혼생활에 퍼지고 있다. 결혼 후 재산을 쌍방이 공유하기 때문에 재산의 축적과 사용에서 평등이라는 기제를 준수해야 한다는 생각으로부터 '부부 더치페이' 개념이 파생되었다. 부부 더치페이의 핵심적 특징은 부부 쌍방이 경제적으로 독립하여 가정의 소비와 지출을 함께 분담한다는 것으로 부부 평등 이념이 실현된 결과다. 부부 사이에 더치페이 해야 하는가에 대해 대략 2/3 정도의 빠링허우 엘리트 지식인이 반감을 표시했고, 1/3 정도는 가능하다고 의견을 가지고 있었다. 이는 '남성이 가족을 먹여 살려야 한다'는 중국의 전통적 가정 관념이 현재까지 뿌리 깊게 박혀 있다는 것을 보여준다. 사회의 각 영역에서 남녀평등의 목소리가 나오고 있지만, 여성이 추구하는 궁극적인 목표는 '상대적 평등'이라는 것을 알 수 있다.

모든 사회 영역에서 남녀평등을 부르짖게 되면 오히려 새로운 불평등을 일으킬 수도 있다. 그래서 여성은 가정에서 경제적 지위의 독립을 원한다 하더라도 가정 소비에서의 절대적인 독립을 주동적으로 요구하지는 않는다. 한편, 규모의 경제 관점에서 보았을 때도 가정 재산의 이상적인 사용 모델은 재산을 합리적으로 적절한 곳에 사용하는 것이지 평등을 부르짖으며 자원을 분산시키는 것이 아니다. 이렇게 되면 규모의 경제 효과를 실현할 수 없다. 이성적이고 고급 지식인인 빠링허우 엘리트는 부부간 더치페이가 합리적이지 않고 가정 자원을 효과적으로 사용하는 데도 유리하지 않다고 판단했다. 가정의 결속력을 깨뜨릴 수도 있는, 소위 요즘 유행하는 부부관계를 원하지 않았다. 오히려 '남녀는 유별하며 각자 직무가 있는(男女有別, 各司其職)' 부부관계와 '가정의 재산을 한 곳에 모아 일괄 사용한다'는 가정재산 사용 모델을 선호한다고 할 수 있다.

지금까지 빠링허우 엘리트 지식인이 비교적 현대적인 두 가지 가정 내 경제 관념에 어떤 태도를 보이는지 살펴보았다. 그들은 흔히 생각하는 것처럼 현대성을 맹목적으로 지지한다거나 전통 관념을 완전히 포기하는 태도를 보이지 않았다. 현대성 관념의 영향을 광범위하게 받으면서도 그 폐단을 이성적으로 고려할 뿐만 아니라 전통적 관념이 가진 장점으로 그것을 보완하려는 시도도 보였다. 이를 통해 이성적인 연애·결혼관의 특징을 다시 한 번 드러냈다고 할 수 있다.

총결 및 토론: 전통 관념과 개인 이성의 충돌

5천 년의 중국 역사에서 내려오는 전통은 행동 규범으로서 대대손손 중국인에게 영향을 미치고 있다. 그러한 전통은 빠링허우 집단에도 영향을 미쳐 그들의 결혼 관념에 상당한 힘을 행사하고 있다. 한편, 산업혁명 이래 현대화가 진행되면서 이성을 숭배하는 이념이 현대인의 관념 속에 자리 잡게 되었고, 서구 문화의 끊임없는 유입으로 이성적 사유방식은 빠링허우 집단에 영향을 주는 또 하나의 힘이 되었다. 이 힘은 여러 가지 제약 속에서 연애와 결혼에 관한 선택을 해야 할 때 어떻게 하면 개인의 이익을 최대화시키면서 이성적 선택을 할 수 있을지 훈련시켜주는 역할을 했다.

두 가지 힘이 충돌하는 상황에서 빠링허우 집단은 독특한 연애·결혼관을 형성했고, 연애·결혼관의 여러 측면에서 서로 다른 영향력을 행사하게 되었다. 현대성의 힘이 전통 관념보다 강하게 작용하는 항목도 있고, 전통 관념이 여전히 주도적인 위치에 있는 항목도 있으며, 양자가 우열 구분 없이 함께 영향력을 행사하고 있는 항목도 있다. 두 힘이 충돌한 결과 비교적 높은 수준의 교육을 받은 빠링허우 엘리트 지식인은 여러 측면을 두루 고려하는 비교적 이성적인 배우자 선택관, 이중 잣대를 가짐과 동시에 적당히 개방적인 성 관념, 혼내 육아와 출산을 견지하는 후사관, 결혼생활에서 이성을 중시하는 감정관, 부부유별을 견지함과 동시에 재산 보호를 중시하는 가정경제관 등을 형성했다. 연애·결혼관의 기준이 되는 각 항목에서 빠링허우 엘리트 지식인은 전통적 결혼의 고수와 개인적 이성 숭배를 동시에 추구하고 있다. 그리고 두 힘은 절묘하게 타협하여 균형을 이루고 있다.

::참고문헌

單光鼐, 1986, 「中國靑年婚戀觀的變化趨勢」, 《靑年硏究》, 第7期.

羅渝川·張進輔, 2001, 「從20世紀的最後年看我國靑年婚戀觀的變遷」, 《陝西師範大學學報(哲學社會科學版)》, 第4期.

駱劍琴, 2011, 「網絡對靑少年婚戀觀的影響及對策」, 《人民論壇》, 第29期.

劉汶蓉, 2010, 「婚前性行爲和同居觀念的現狀及影響因素: 現代性解釋框架的經驗驗證」, 《靑年硏究》, 第2期.

李景華, 2001, 「當代女大學生婚戀觀的實證硏究」, 《敎育與職業》, 第33期.

徐安琪, 2000,「擇偶標准: 五十年變遷及其原因分析」,《社會學研究》, 第6期.

徐安琪·李煜, 2004,「青年擇偶過程: 轉型期的嬗變」,《青年研究》, 第1期.

王美萍, 2009,「社會變遷背景下大學生婚戀觀的特點及其性別差異研究」,《當代教育科學》, 第13期.

張承芬·陳英敏, 2000,「當代農村青年婚戀觀的調查」,《山東師範大學學報(社會科學版)》, 第5期.

陳嘉明 等, 2001,『現代性與後現代性』, 人民出版社.

陝勁松, 2010,「60年來我國婚戀觀的變遷」,《理論探索》, 第1期.

4
빠링허우(80後)를 이해하는 하나의 방법, 한한(韓寒) 현상*

신혜선(申惠善)
서울대 아시아연구소 선임연구원

삐딱하고 과감하게 말 걸기

세상에는 두 가지 논리가 있다. 하나는 논리이고, 다른 하나는 '중국식 논리'이다.

중국에서 '중국식'이라는 표현은 단순한 수식어가 아니다. 『중국식 이혼(中國的離婚)』[1]이라는 소설 및 드라마로 시작된 '중국식'이라는 수식어는 2012년 '중국식 길 건너기(中國的過馬路)'라는 말이 《교문작자(咬文嚼

---

* 이 글은『中蘇研究』제38권 3호(2014)에 서평으로 실린 글을 보충한 것이다.
1 왕하이링(王海鴒)의 소설로 2004년 같은 제목의 드라마로 만들어져 방영되었는데, 당시 중국 사회에 큰 반향을 일으켰다.

字)》지에서 뽑은 그해 10대 유행어로 선정되면서 화제가 되었다. '많은 사람이 신호등에 아랑곳하지 않고 길을 건너는 것'을 뜻하는 '중국식 길 건너기'는 그 후 '중국식 침 뱉기', '중국식 끼어들기', '중국식 교통체증'으로 한없이 확대되었다.

'~식'은 그 자체로 뒤에 오는 명사를 꾸미는 중의적 표현이지만, 2015년 현재 중국에서는 부정적인 의미로 많이 쓰인다. 그런 마당에 '중국식 논리'라니…. 더할 수 없이 도전적인 표현을 쓴 사람은 빠링허우를 대표하는 작가이자 카레이서이고 한때는 잡지 발행인[2]이었으며 최근에는 영화감독[3]으로까지 영역을 확장한 한한(韓寒)이다. 한한을 바라보는 시선은 다양하지만, 그의 '삐딱하고 과감한 표현에 담긴 도전성'은 그를 빠링허우를 대표하는 인물로 자리매김하게 하는 주요한 이유이다.

빠링허우는 1980~1989년 사이에 출생한 사람들로, 개혁개방정책 이후 태어나고 자란 청년 세대를 의미한다. 하지만 빠링허우라는 용어가 탄생하기까지는 빠링허우 작가[4]들의 영향이 컸다. 빠링허우 작가로는 한한을 비롯해서 짱웨란(張悅然), 궈징밍(郭敬明), 춘수(春樹), 쑨뤼(孫睿)를 들

---

2 그가 낸 《독창단(獨唱團)》이라는 잡지는 2010년 창간 당시 150만 부의 판매고를 올렸지만 2010년 12월 28일 새벽 3시 39분, 한한은 자신의 블로그를 통해 《독창단》을 해체하겠다는 글을 게재한 후 정간했다. 이 글 제목은 「기약할 수 없는 날(後會無期)」로, 후에 그가 감독한 영화의 제목으로 쓰였다.
3 그가 극본을 쓰고 감독을 맡아 2014년 7월 14일 개봉한 영화 〈後會無期 (영어제목. Continent)〉는 6.5억 위안의 매표 수익을 거뒀다.
4 2000년 7월 발간된 《시참고(詩參考)》에 1980년대 출생한 시인의 시를 특집으로 꾸미면서 처음 출현했고, 소설가 공샤오빙(恭小兵)이 2003년 〈천애논단(天涯論壇)〉이라는 블로그에 〈'80后'정리(終結"80后")〉라는 글을 쓰면 빠링허후(80后)라는 단어가 공공연해졌다. 공샤오빙 역시 1982년생이다. 한동안 '빠링허우'는 '청년 습작', '청년 문학', '신청춘 문학', '신개념 습작' 등의 의미로 사용되었다.

수 있는데 이들은 이른바 '빠링허우 5대 우상(偶像)'으로 불린다. 이 가운데 한한, 쨩웨란, 귀징밍 세 명은 《멍야(萌芽)》[5]라는 잡지가 주관한 '전국 신개념 작문대회'[6]에서 1등상을 수상하며 문단에 데뷔했다. 춘수는 1983년 생으로 『베이징 와와』[7]라는 작품으로 데뷔했는데 그해 바로 '춘수 신드롬'을 불러일으키며 유명해졌다. 1980년 생인 쑨뤼는 『초양연화(草樣年華)』[8]가 대표작으로 해학적이며 날카로운 표현이 특징이다.

한한은 한 잡지와의 인터뷰에서 "빠링허우 작가는 1980년대에 태어나 인터넷을 주요 창작 매체로 삼으며, 상업적 이익을 목적으로 도시를 작품배경으로 다루면서 청춘을 주제로 삼는 청년을 말한다"[9]고 말한 바 있다. 즉, 1980년대에 태어난 작가들의 시·소설 등이 대중적으로 인기를 끌면서 그들을 집중 조명했는데, 그 조명의 방향이 빠링허우 작가에서 빠링허우 일반으로 확대되며, 빠링허우라는 용어가 널리 퍼졌다. 하지만 시작은 그렇게 우연이었으나 빠링허우 논의가 중국 사회에 미친 영향은 학계를 비롯해서 결코 적지 않다.

굳이 태어난 연도를 기준으로 분류하자면, 빠링허우 전후로 치링허

---

5 1956년에 창간된 순수문예지로, 유명한 빠링허우 청년 작가들을 배출한 것을 계기로 '빠링호우 우상의 요람'으로 불린다.

6 이 대회 상위 입상자는 대학 입시 면제 혜택(후에 없어졌지만)이 주어져 당시 청년 작가들에게 큰 인기를 얻었다. 이 대회를 통해 배출된 작가들이 '빠링허우 작가군'을 이루는 데 크게 일조했다(김병활, 2008).

7 한국에서는 같은 제목으로 2012년 자음과모음 출판사에서 번역·출간되었다. '와와'는 인형이란 뜻으로 '귀여운 여자'의 별명으로 쓰인다.

8 2000년 이후 태어난 세대, 2015년 현재 15살에서 6살에 이르는 연령대이다.

9 "80後"風雲人物人生軌跡各不同(www.china.com.cn/culture/weekend/2008-07/31/content_16110454.htm)

우(70後)[10], 리우링허우(90後)[11], 심지어 링링허우(00後)[12]도 있지만, 중국에서 빠링허우는 확실히 특별한 세대이다.[13]

한한은 바로 그 특별한 세대의 대표주자이기 때문에 그에 대한 관심은 의미가 있다.

중국에서는 소위 '한한 현상'[14]이라고 해서 그를 둘러싼 적지 않은 논란이 있어왔다. 2015년 8월 31일 기준으로 CNKI[15]에 등록된 그에 관한 학술적 연구는 2만 4,911편, 블로그(博客) 방문자는 6억 151만 8,231명, 웨이보 팔로우(微博粉絲)는 4,192만 7,314명이다. 홍콩《아주주간(亞洲週刊)》은 "그는 중국 빠링허우의 대표주자인 동시에 중국 대중문화의 상징이다"고 썼으며, 미국《뉴욕타임스》는 "이제까지 그의 블로그를 방문한

---

10 1970년대에 태어난 세대. 허리를 졸라매고 산 부모님 밑에서 성장해서 현실적이며 자생력이 강한 편이다. 최근 중국의 젊은 지도층으로 부상하고 있다.

11 1990년대에 태어난 세대. 중국 전체 인구의 약 12%에 해당하는 1억 4천만 명으로 추산된다. 이들은 대학을 졸업한 2012년부터 중국의 주요 소비계층으로 주목받고 있다.

12 2000년 이후 태어난 세대.

13 2013년 중국공산당 제18기 중앙위원회 3차 전체회의에서 부부 중 한 명이 독자일 경우 두 자녀까지 허용한다(單獨二胎)는 정책을 발표했다. 즉, 빠링허우는 1978년 한 자녀 정책이 실시될 때 태어난 세대지만 그들이 성장해 자녀를 두는 시점에 한 자녀 정책이 취소되어, 어찌 보면 한 자녀 정책의 상징적인 세대라 할 수 있다.

14 2011년 CCTV에서 제작한〈대화(對話)〉라는 프로그램에서 "한한은 '개인 한한'이 아니라 이미 '한한 현상'으로 이해해야 한다"고 표현한 바 있다(http://www.tudou.com/programs/view/mKKVdmLAv5U/).

15 국가지식기초시설(China National Knowledge Infrastructure). 1999년 6월 칭화대(淸華大)과 칭화동방(淸華東方)이 주도해서 만들었다. 교육부, 선전부, 과학기술부, 신문출판총서, 국가저작권국, 국가통계위원회가 함께 구축한 중국 최대의 논문 및 학술잡지 데이터시스템이다.

네티즌은 4억 명이 넘는다. 중국 정부도 그의 문화 권력을 무시하지 못한다"고 논평했다. 한한은 또《타임》¹⁶이 2010년 4월 29일 발표한 '세계에서 가장 영향력 있는 100인' 중 예술가 부문에 이름을 올려 전 세계에 이름을 알렸다(당시 한국인으로는 김연아와 데이비드 장(셰프)이 각각 영웅 부문과 예술가 부문에 포함되었다).

이에 '한한'과 그가 만들어낸 '한한 현상'을 들여다보는 일은 중국의 빠링허우를 읽는 하나의 창(窓)이 되리라 본다. 더욱이 한한은 '빠링허우 작가들이 존경하는 빠링허우'라는 점에서, 또한 2015년 '중국인이 가장 관심을 갖는 인물 명단'에서 시진핑 국가주석에 이어 2위를 차지했다는 점에서 더욱 그렇다.¹⁷ 한한이 영향력을 갖게 된 배경과 그를 둘러싼 논쟁, 그리고 2014년 한국에 번역되어 소개된 『나의 이상한 나라, 중국』에 대한 평가를 중심으로 그를 좀 더 자세히 들여다볼 것이다.

고등학교 자퇴생이 이룬 적지 않은 성과

한한은 1982년 9월 23일 상하이에서 태어났다. 중학생일 때부터《소아문예(少年文藝)》에「생활패턴(生涯模式)」등을 기고하며 글쓰기에 재능을

---

16 2010년 3월 10일자《타임》에 한한에 대해 "Heartthrob's Blog Challenges China's Leaders"라는 기사가 실렸다(http://www.nytimes.com/2010/03/13/world/asia/13hanhan.html?_r=1).

17 중국 상하이 푸단(復旦)대학은 2015년 5월 4일 '인터넷과 대학생의 상관관계 연구 리포트'를 통해 중국 대학생들의 웨이보(중국판 트위터) 계정 1,708개에서 2013~2015년간 가장 많이 언급된 인물 9인을 추려 대학생들이 관심을 갖는 인물 명단을 발표했다. 대학생들이 뽑은 최고의 인기남은 시진핑 국가주석이었으며 뒤를 이어 한한이 차지했다(《中國靑年報》, 2015. 5. 4).

나타냈다. 그의 작문 주제는 주로 자기 주변에서 일어나는 일을 포함해 중국 교육제도에 관한 것이었다. 그런 그가 중국 사회에 이름을 알리기 시작한 것은 2000년 자전소설이자 첫 장편인 『삼중문(三重門)』[18]을 발표한 후이다.

『삼중문』은 작은 시골 학교에서 시내 고등학교로 진학하는 한 소년의 성장기를 담고 있다. 그 과정에서 체제와 형식에 그치는 중국 공교육의 현실을 냉철하게 비판했다는 평가를 받은 이 소설은 발간되자마자 200만 권이 판매되어 한한을 베스트셀러 작가 반열에 올려놓았다. 당시의 판매량은 지난 20년간 중국 문학서 중 가장 많이 팔린 것으로 기록되었다.

소설가 데뷔 이전 그는 1999년 제1회 전국 신개념 작문대회에서 「잔 속에서 인생을 엿본다(杯中窺人)」라는 작품으로 1등을 수상한 바 있다. 상하이 쑹쟝(松江)2중 고등학교 1학년 때였다. 이 대회는 청년문학 잡지 《멍야(萌芽)》가 주최하고, 베이징대, 푸단대 등 중국의 유명 7개 대학이 연합하여 주관했는데, 청년문학의 새로운 장을 열고자 시도되었다. 다음 해 한한은 같은 대회에 나가 2등을 수상했다. 그런데 그해 한한은 일부 과목[19]의 시험 점수가 기준에 미치지 못해 유급되었다. 중국의 중·고등학교는 한국의 대학교처럼 시험에서 기준 점수에 미치지 못하면 유급 제도를 통해 일정 기간이 지난 후 재시험에 응시하도록 되어 있다. 하지만 한한은 재시험이 아닌 '자퇴'를 택했다. 이를 두고 당시 중국 사회에서 '학교는 종합적인 인재를 키워야 하나, 전문적인 인재를 키워야 하나'라는 논란이 일기도 했다.

고등학교 자퇴 당시 담임선생님이 그에게 물었다. "자퇴 후 뭐 먹고

---

18 이 소설은 한국에서 2008년 같은 제목으로 출간되었다.
19 문과 과목 성적은 좋았으나 이과 과목은 관심도 없고 성적도 좋지 않았다고 한다.

살래?" 그는 이렇게 답했다. "원고료요!" 당시 이 말을 들은 주변 사람들은 '픽' 웃었다고 한다. 하지만 그의 말은 현실이 되었다.

2001년에 출간한 수필『영하1도(零下一度)』는 그해 전국 도서 판매량 1위를 기록했고, 2002년에 발표한 소설『소년처럼 질주하라(像少年啦馳)』역시 그해 전국 도서 판매량 1위에 올랐다. 당시 베이징과 상하이 등 대도시 서점 베스트셀러 1·2위 자리에 한한의 책이 동시에 오르는 건 예사였다. 그 후『통고(通稿) 2003』(잡문집),『장안란(長安亂)』(소설),『한 도시(一座城池)』(소설)[20] 등이 어김없이 베스트셀러에 오르면서 그를 부호 반열에 올려놓았다.[21] 그의 작품은 중국의 현실을 묘사하고 있지만, 현대를 사는 젊은이라면 누구나 공감할 수 있는 보편성을 가지고 있다는 평가를 받았다. 한국뿐 아니라 프랑스, 싱가포르, 홍콩, 일본, 대만 등지에 번역·출간되었다. 프랑스에서 번역된 소설『삼중문』은 2004년 10월 그 달 베스트셀러 1위를 기록하기도 했다.

빠링허우 대표 작가, 사이버 공공 지식인

수필가와 소설가만으로 한한이라는 이름은 이미 중국 내외에서 화제가 되었지만, 본격적으로 '젊은이들에게 영향력이 큰' 인물로 자리매

---

20 한국에서『연꽃도시』로 번역되어 2009년 출간되었다. 개혁개방으로 인해 상업화된 2004년의 어느 도시를 배경으로 현대 중국인의 삶과 일상 그리고 그들이 꿈꾸는 이상향을 그린 작품이다. 2006년 중국 내 베스트셀러 1위를 기록했다.

21 《포브스(Forbes)》는 2004년부터 매년 3월 'Forbes China celebrity(福布斯中国名人榜)'을 발표하는데 한한은 2014년 71위, 2015년 51위에 올라 각각 1,810만 위안(약 33억), 2,700만 위안(약 50억)의 수익을 거둔 것으로 나타났다.

김한 것은 2005년 9월, 블로그를 시작하면서부터다. 시나닷컴(新浪. www.sina.com)에 블로그를 오픈한 후 자유로운 필체로 사회적 이슈에 대해 대담하게 쏟아놓는 그의 글들은 발표되자마자 많은 이들, 특히 젊은이들의 공감을 불러일으켰다. 순식간에 중국을 대표하는 파워블로거[22]가 된 그는 유명세를 치르는 과정에서 대필 논란, 표절 논란, 고소·고발 등의 중심에 서기도 했다.

이는 단지 한한 개인의 문제라기보다는 중국에 사이버 문화가 자리를 잡아가는 과정에서 개혁개방 이래 다원적 가치관과 의식이 확산·형성되는 것과 맞물려 있다고 볼 수 있다. 즉, 대중의 목소리가 가시적으로 드러난다는 점이 사이버 공간의 일반적 특징이지만, 언론을 정부의 대변자[23]로서 바라보는 중국에서 사이버 공간이 확장한 영역은 말할 수 없이 크다. 이 부분에서 한한의 역할은 빠링허우를 대표하는 작가를 넘어 중국 전통 지식인의 맥을 잇는 새로운 지식인, 즉 '사이버 공공 지식인'으로 확대되었다.

사이버 공공 지식인 이전에 중국에서 '지식인으로 살기', '지식인으로 살아내기'란 어떤 의미일까. 중화인민공화국 건국 이후 사회주의 체제를 수립한 중국에서 지식인의 지위는 상당히 위축되었다. 신중국에서 지식인은 이중적이고 기회주의적인 존재였으며, 강력한 사상개조 운동을 통해 노동계급의식을 갖춘 프롤레타리아로 바뀌어야 하는 대상이었다.

1951년 9월 29일 저우언라이(周恩來)는 베이징과 톈진의 대학교원을 상대로 '지식인 사상개조 문제에 대한 보고'를 발표했는데, 이는 신중국 이후 최초의 지식인 정책이었다. 그 후 마오쩌둥(毛澤東)은 1956년 4월

---

22 2015년 8월 31일 현재 그의 블로그 방문자 수는 6억 151만 8,231명이다.
23 중국의 언론은 '목구멍과 혀'라는 뜻의 허우서(喉舌)로 불린다. 사회주의 체제에서 언론은 체제의 나팔수 역할을 하는 게 당연했다.

중공중앙정치국 확대회의에서 쌍백(雙百) 정책[24]을 표명, 다양한 주장과 의견을 수용하겠다는 뜻을 비쳤다. 하지만 이러한 좋은 뜻은 오래가지 못했다. 중국공산당에 대한 다양한 비판이 쏟아지자 마오쩌둥은 다음 해인 1957년 6월, 정책을 급격하게 전환하여 '반우파 투쟁'[25]을 선포했다. 이로 인해 국가와 인민을 위해 건전한 의견을 제시한 사람들까지 '사회주의를 파괴할 의도로 미국 등과 결탁했다'는 누명을 쓴 채 타도의 대상으로 전락했다. 지식과 문화의 암흑기라 할 수 있는 이른바 '잃어버린 20년'[26]의 시작된 것이다.

이어진 문화대혁명 시기, 모든 대학은 문을 닫고 지식인은 가장 전형적인 부르주아계급으로 간주되어 권력 외부로 쫓겨나거나 아니면 관변 지식인으로 문화대혁명의 선동자가 되는 길밖에 없었다. 원나라 때 사용되던 용어인 '초우라오지우(臭老九)'[27] 즉 '냄새나는 아홉 번째 계급'은 문화대혁명 때 지식인의 별명이 되었다. 8급인 기녀보다 못하고, 10급인 거지 보다 약간 나은 등급이 지식인이었으니 지식인으로 살아내기가 얼마나 굴욕스러웠을지는 미루어 짐작된다. 그게 불과 30년 전의 일이다.

---

24 백화제방(百花齊放)과 백화쟁명(百家爭鳴)을 뜻한다.
25 이 시기 희생된 지식인은 55만 명이었다.
26 지식인에 대한 탄압은 1966년부터 10년간 지속된 문화대혁명 당시 극에 달했지만, 이는 1957년부터 시작된 반우파 투쟁의 연장선에 놓여 있다. 그런 점에서 지식인에게는 근 20년이 잃어버린 세월이 아닐 수 없다.
27 몽고족이 원나라를 세웠을 당시 사람들을 10등급으로 나눠 다스렸는데 이때 선비 즉 지식인은 마지막에서 두 번째인 9등급에 매겨졌다. 몽고족으로서는 원나라 이전 시기인 송나라를 부정하기 위해서 지식인을 탄압했고 그러기 위한 방편으로 일부러 낮은 등급을 매겨 하대한 것이다. 참고로 8등급은 기녀(妓女), 마지막 10등급은 거지였다.

문화대혁명은 이제 장이머우(張藝謀) 감독의 영화 〈산사나무 아래(山楂樹之戀)〉나 〈5일의 마중(歸來)〉 속에서 박제된 애잔한 기억으로만 남아 있다. 하지만 중국 지식인의 전통이라는 측면에서는 2천여 년을 이어온 '문인정신'의 단절을 의미한다. 또 중국적 사회주의 건설 실패의 원인 중 하나가 바로 지식인의 건전한 비판 기능을 효과적으로 활용하거나 체제 내로 수렴하지 못한 점에 있다는 비판으로부터도 자유롭지 못하다.

문화대혁명은 10년 후 막을 내렸지만 지식인 탄압의 역사로부터 치면 20년이 막을 내린 셈이었다. 문화대혁명이 끝난 1970년대 말에 시작된 개혁개방은 '문화열(熱)'로 이어졌고, 소위 상흔(傷痕)문학, 반사(反思)[28] 문학을 통해 나와 다른 이의 상처를 어루만지며 서서히 극복해나갔다. 한마디로 '붐(boom)'을 뜻하는 '열(熱)'은 1989년 5·4운동 70주년을 맞아 극에 달했다. 하지만 톈안먼(天安門)의 봄은 그렇게 쉽게 오지 않았다. 6월 4일 톈안먼에 울린 총성은 한때나마 '상흔'·'반사'의 이름으로 고개를 든 지식인들을 다시 한 번 고꾸라뜨렸다. 2015년 톈안먼 광장에는 반파시즘 70주년을 기념하여 세계에서 유례가 없는 대규모 열병식을 하는 자랑스러운 해방군이 있었지만, 1989년 그곳에는 민주화를 요구하는 학생과 지식인에게 총을 들이댔던 해방군만이 있었을 뿐이다.

1989년 좌절의 영향은 컸다. 화둥스판(華東師範)대 교수이자 중국 지식인 연구의 권위자인 쉬지린(許紀霖)은 "한 시대를 풍미했던 지식인, 잡지, 단체는 개별적인 성과만 남기고 대부분 뿔뿔이 흩어졌다. 특히 1990년대 시장 사회가 등장한 이후 통일된 지식계는 완전히 없어졌고, 더 이상 1980년대처럼 공적 토론을 하거나 일치된 공적 주제를 갖지 않았

---

28 '돌이켜 생각하다, 되짚어보다'라는 뜻을 가지고 있다.

다"(쉬지린, 2013)고 밝혔다.

텐안먼 사건 이후 '중국식 특색을 갖춘 사회주의 건설'하에서 지식인들의 주장은 별로 받아들여지지 않았고, 광장에서 밀실로 후퇴하는 이른바 '서재로의 퇴각'이 진행되었다. 천핑웬(陳平原)[29], 왕후이(王輝)[30] 등이 만든 《학인(學人)》 창간호(1991)에는 "세상을 놀라게 하고 싶지 않다. 다만 도리를 깨달음으로써 마음의 평정을 얻기 바랄 뿐이다. 물러나 그물을 손질하는 것이 백번 나은 일이다"라고 적혀 있었다.

권위와 체제에 도전하는 아이콘

이문기(세종대 중문과 교수)는 "중국 지식인들은 누가 뭐라고 하지 않아도 해도 되는 말과 해서는 안 될 말을 감각적으로 체득하고 있다"며, 이는 "1980년대 서구 민주적 민주제도 도입을 요구한 전반서화(全般西化)론자 주장이 1989년 텐안먼 민주화운동[31]으로 좌절됐기 때문"[32]이라고 진

---

29 陳平原(1954~). 베이징대 중문과 교수, 현대문학 전공.
30 王輝(1959~). 칭화대 인문대학 교수. 중국 신좌파를 대표하는 인물. 1996~2007년 《독서(讀書)》 주간을 지냈다.
31 '텐안먼 사건'을 중국 검색사이트 바이두(baidu)에서 검색하면 1976년 저우언라이 사망 당시 텐안먼에 모인 군중만 보일 뿐이다. 중국에서 텐안먼 사건은 일반적으로 '6·4난동'이라고 말한다. 물론 이마저도 검색 엔진에서는 아무런 반응을 보이지 않는다(?). 하지만 유튜브에서 이 단어를 검색하면 '텐안먼 학살 사건의 진상'을 포함한 VOA(Voice of America)이 제작한 영상 등을 다양하게 볼 수 있다.
32 현대중국학회, 한양대 중국문제연구소 공동학술대회 '개혁개방 30년과 중국사회문화의 변화' 발표문에서(2008. 12. 12).

단한다.

　이렇듯 이렇다 할 공공 지식인의 부재 속에서 한한은 블로그를 기반으로, 특히 젊은 층에게 강한 영향력을 행사하며 등장했다. 런민(人民)대의 한 교수가 "중국의 모든 교수를 합쳐도 한한 한 사람의 영향력에 미치지 못할 것이다"라고 말했다는 일화는 앞서 말한 중국 지식인 특히 교수들의 객관적 상황과 연관되어 있다. 1982년생으로, 어렴풋하게 1989년의 기억을 가지고 있는 한한은 개혁개방이 낳은 물질적 풍요를 바탕으로 자유로운 사상과 필체를 선보였다. 그 이전에 태어난 세대가 자신의 유년기와 청소년기에 경험한 지독한 아픔을 벗어나지 못한 작품을 선보였다면, 한한은 그들과는 다르게, 그러면서도 1990년대와도 다른 풍격의 작품을 내놓았다. 즉, 비판의식을 강하게 담으면서 할 말은 다하며, 무한히 자유로운 것 같으면서 분명한 원칙이 있었다. 개인주의적인 듯하나 공공의 이익과 질서 또한 중요하게 여긴다. 그렇게 기존 공공 지식인에게는 볼 수 없는 면모로 무려 6억 명이 넘는 블로그 방문객을 기록한 파워블로거가 된 것이다.

　특히 2006년 문학평론가이자 현대문학연구원 원장인 바이예(白燁)[33]와 벌인 한백논쟁(韓白之爭)은 한한을 '개인 한한'에서 '공공(公共)의 한한'으로 끌어올린 계기가 되었다. 바이예는 「빠링허우의 현재와 미래」라는 글을 통해 "빠링허우의 문학은 시장에만 진입했고 문단에는 진입하지 못했다"라는 의견을 피력했다. 또 한한의 작품에 대해서 "반항하기 위해 반항하는 연극적인 요소가 있으며 문학과 큰 관계가 없다"고까지 폄하했다.

---

[33]　白燁(1952~). 저명한 문학평론가로 중국현대문학연구회 회장, 중국문학이론학회 등을 역임했다.

이에 한한은 자신의 블로그에 「문단 그까짓, 잘난 척 하지 마(文壇是個屁誰都別裝逼)」라는 글을 올리며 "읽고서 재미있다고 느껴지는 것은 모두 순(純)문학이다. 대부분의 베스트셀러 작가들이 쓴 것은 모두 순문학이다"라고 반박했다. 또 "어떤 작가든 다 개성이 있고 모든 소설은 다 예술이다. 문단 까짓것, 마오둔(矛盾)문학상 까짓것, 순문학저널 까짓것, 백 명이 수음(淫手)을 해서 백 명에게 보여주는 것밖에 더 있나"라는 등 자극적인 표현도 서슴지 않았다. 심지어 "거짓지식인(僞君子)!", "중국 문단을 경로당으로 만들지 마라"고까지 퍼부었다.

한한의 다소 과한 표현에 대해서 바이예뿐만 아니라 세이짱(解璽璋)[34], 루덴밍(陸天明)[35]과 그의 아들 루촨(陸川)[36], 까오샤오송(高曉松)[37] 등이 참여해 "한한 겨우 열일곱 살 아냐, 도대체 얼마나 많은 책을 읽었기에?", "어쩜 그렇게 하나같이 문혁 시절 홍위병들이 한 것과 똑같나?", "무례함이나 모욕적인 언사 등 완전 버릇이 잘못 들었다" 등의 비난을 쏟아냈다. 물론 주류 문단에 대해 통렬하게 비판한 한한의 입장을 지지하는 견해도 적지 않았다. 대부분 젊은 층이었던 그들은 바이예를 비롯한 몇몇 사람들의 블로그를 집중 공격해 결국 폐쇄시키는 '힘'을 발휘하기도 했다.

이 일은 2010년 한한과 루촨, 까오샤오송이 한 자리에서 화기애애한 모습으로 찍은 사진이 공개되면서 일단락되었다. 짧지 않은 시간 동안

34　解璽璋(1953~). 문화비평가.
35　陸天明(1943~). 중국작가협회 주석단의 일원이며, 소설 및 드라마 극본을 쓰는 국가 1급 작가이다.
36　陸川(1971~). 〈총을 찾아(尋槍)〉, 〈커커시리(可可西里)〉, 〈난징! 난징!(南京! 南京!)〉 등의 영화를 만든 영향력이 큰 영화감독이다.
37　高曉松(1969~). 대학 가요의 창시자로, 영화감독, 토크쇼의 사회자 등으로 활동한다.

중국 문화계 유명인사들을 들었다 났다 한 이 사건을 계기로 한한은 빠링허우 세대를 대표해 '권위와 체제에 도전하는 아이콘'이 되었다. 물론 인신공격성 발언으로 다소 퇴색된 측면도 있지만, 중요한 것은 한한으로 인해 문학계의 뇌물 관행이 드러나는 등 공공 지식인으로서 한한의 역할이 두드러진 계기였다는 점이다.

저항하는 청춘, 중국 속의 청춘

『나의 이상한 나라, 중국』은 그런 한한의 사상과 표현[38]을 한눈에 볼 수 있는 책이다. 파워블로거인 그가 블로그에 올린 600여 편의 글 중에서 70편을 모았는데, 중국이 아닌 타이완에서 출간된 책 『청춘(青春)』을 번역한 것이다. 책을 읽는 나름의 재미라면, 인터넷 검열로 중국에서는 볼 수 없는 글들도 포함되어 있다는 것이다. 원서를 펴낸 타이완 신진뎬원화(新經典文化) 출판사 측은 "한 글자의 삭제도 없이 한한이 마음껏 이야기를 펼칠 수 있게 했다"고 한다.

한편, 이 책을 우리말로 번역·출간한 문학동네는 출간에 앞서 제목에 대한 투표를 한 적이 있다. 이때 '나의 이상한 나라, 중국' 외에 '청춘, 중국을 쏘다'도 후보에 올라 적지 않은 지지를 받았다. 여기에서 알 수 있듯이 이 책은 청춘이 중국에 저항했을 때 어떤 모습인지, 중국 속에서

---

38 번역자 최재성은 「옮긴이의 말」에서 "한한은 언어유희를 대단히 즐기는 작가이다.… 끝없이 펼쳐지는 그의 말장난과 위트를, 그리고 그 뒤에 숨어 있는 사건의 복잡한 맥락들을 정확히 우리말로 옮겨낸다는 것은 거의 불가능에 가까운 작업이었다"고 토로했다.

의 청춘은 어떤 모습인지를 한눈에 보게 해준다. 나아가 '우리의 이상한 나라, 한국'을 연상케 하는 장치도 곳곳에 숨어 있다. 한한이 말하는 중국 정부, 사회지도층, 일반인의 모습 속에 투영되는 한국 정부, 한국의 사회지도층과 일반인의 모습 역시 별반 다르지 않기 때문일 것이다.

『나의 이상한 나라, 중국』은 청춘, 예술, 공민(公民), 인터뷰 등 총 4개 부분으로 이루어졌다. 글을 통해 한한은 정부와 사회에 대해 젊은 세대로서 느낀 바를 때로는 조롱으로, 때로는 날카로움으로 지적하고 있다. 또 작가, 영화감독, 잡지 편집인으로서 자신이 몸담은 문화계의 엄숙함 또는 천박함에 대해 비판의 칼을 댔다. 다음의 글들은 그러한 한한의 생각이 담긴 내용들이다.

나는 중국인이 해외에서 미친 듯이 사치품을 사들일 때 무척 슬펐다. 롤스로이스와 페라리에서 중국이 아시아 최대 시장이 되었다고 선포했을 때도 무척 슬펐다. 하지만 이는 많은 중국인에게는 자부심의 근원이 되는 것 같다. 어쨌거나 그들의 저렴한 노동력이 사장님의 롤스로이스에 나사 하나 정도의 보탬이 되어주었으며, 그들의 땅과 집은 현지 정치인 사모님의 루이뷔통에 단추 하나 정도의 보탬이 되어주었기 때문이다. 아차, 실례했다. 그들은 한 번도 땅을 가져본 적이 없었지. 하지만 그들은 여전히 자랑스럽다. 왜냐하면 그들의 사장님, 그들의 정치인, 그들의 부인과 첩, 아이들은 모두 중국인이기 때문이다. 아차, 실례했다. 아이들은 이미 중국 국적이 아닐 가능성이 매우 높다. 「이유를 잘 모르겠지만 아무튼 나는 너를 증오한다」 중에서

세계의 논리는 두 가지가 나뉘는데, 하나는 그냥 논리고 다른 하나는 중국식 논리다. 아무것도 이루지 못한 자들이 도리어 세계 챔피언의 교육 방식

에 문제가 있다고 비난을 하고 있으니, 이것이 바로 중국식 논리다.[39] …누구든지 심리적으로 균형을 잃을 수는 있지만 이렇게 전체적으로 균형을 잃다니, 이것은 설마 정말 중국의 교육이 인류를 기형적으로 배양시킨 결과란 말인가?…중국은 항상 이런 식이다. 운동선수들과 글쟁이들이 모두 죽을 만큼 가난하지 않다고, 가난해서 길거리에서 구걸을 하고 정부의 보조금을 받아 하루하루 근근이 살아가지 않는다고 난리다. 그래야 나중에 한 달에 몇 천 위안 받는 사람들이 그들을 동정하는 척, 위로하는 척 할 수 있으니까. 반면 무슨 국장이나 하는 사람들의 재산이 1,000만 위안(18억 원)이 넘는다 해도 아무도 이상하게 생각하지 않으며, 모두를 당연하다고 생각한다. 이 얼마나 무서운 중국식 논리인가?_「안전한 날인지 묻지 않는 것이 바로 교양 없는 짓이다」 중에서

한한의 사상과 표현이 지닌 가장 큰 특징은 '자유로움'과 '저항'이다. 내용과 형식 면에서 누군가 말하거나 표현하지 않은 것에 대해 말하고 표현한다. 자신의 블로그 메인 화면에서 그는 "어떤 컨퍼런스, 어떤 사인회, 어떤 시상식도 참여하지 않으며, 먹고 살기 위해 글을 쓰지 않겠으며, 어떤 원고청탁, 칼럼, 서문도 쓰지 않겠다"고 선언했다. 그런 가운데 그는 자연스레 빠링허우 청년들의 멘토가 되어갔다.

청년들은 한한을 통해서 정의감, 영민함, 대담함, 유머, 지혜, 독립 등을 배운다. 한한의 존재, 즉 '고등학교 중퇴'라는 높지 않은 학력에도 불구하고 많은 이들이 그를 추종하게 만드는 힘은 비슷한 학력의 일반인

---

39 스누커 챔피언인 중국 선수 딩쥔후이(丁俊暉)가 영국 선수 로니 오설리번에 패한 것에 대한 대중의 무차별적인 공격, 특히 딩쥔후이의 교양을 논하며 비난한 것을 두고 하는 말이다.

에게 대리만족과 희망을 주고 있기 때문이다(郭新閣, 2013). 그가 블로그를 통해 발표한 내용은 어떤 인쇄 매체보다 영향력을 발휘하고 독자들을 유입했다. 특히 사회 부패 현상, 관리들의 독직 현상에 대한 그의 한 마디 한 마디는 모든 청년이 생각하고 말하고 싶은 딱 그 부분이었다(黃平, 2011). 심지어 그는 '청년의 대리자', '새로운 영웅', '21세기의 노신(魯迅)'으로까지 얘기되어지곤 한다.

"착한 사람이 담 넘지 않고 나쁜 사람이 감옥에 가는…"

한한의 사상과 표현은 인터넷이라는 확산 네트워크를 통해 더욱 공고해지고 재생산되었다. 앞에서 말한 한백논쟁 외에도 그는 많은 '싸움'의 주인공이었는데, 이는 모두 인터넷이라는 확대 재생산이 용이한 공간이 있었기 때문에 가능했다. 즉, 반대가 없는 논쟁은 바로 시들어버리기 마련인데, 그가 주인공이 된 싸움은 강한 반대로 더욱 화제의 한가운데로 나가게 된다.

특히 2008년 6월 15일, 후난방송국(湖南衛視)의 〈영점봉운(零點鋒雲)〉이라는 프로그램에서 마오둔, 빙신(冰心), 바진(巴金) 등 중국 문학계 거두들의 글 솜씨를 '디스'한 사건은 더욱 그렇다. "딱 글 자체만 놓고 말하면, 나는 개인적으로 빙신, 마오둔, 바진 세 사람의 글 솜씨가 정말 떨어진다고 생각한다"(「우리는 대가님들께 무조건 복종하겠습니다!」). 심지어 "나는 빙신의 책은 끝까지 못 보겠다고 말했다.…알고 보니 빙신의 책을 끝까지 읽어내지 못하는 것이 수치의 기둥에 매달아야 할 죄였나 보다.…개인적인 취향으로 어떤 작가의 글 솜씨와 그 책을 좋아하지 않으면 곧 인류 도덕에 위배되고 민족에게 해를 끼치며 교양이라고는 없는 사람이 되고 만다"(「개인의 취향을 발표하는 행위를 엄금한다」)라며 끝까지 자신의 의견을 접지 않았다. 이에 대해 얼마나 많은 사람이 그의 입장에 반대하고 또 얼마나 많은 사람들이 그를 옹호했을지는 마오둔·빙신·바진의 명성으로 충분히 짐작될 것이다.

물론 후반기에 접어들면서 한한은 공공 지식인으로서, 사회의 대변자로서 차분한 논조와 객관성을 유지하기도 한다.

단오절이 한국의 단오제와 명칭상 충돌이 있었던 것 이외에, 한국인이 우리 문화유산을 약탈하려 한다는 일과 관계된 사건들은 모두 우리 스스로가 날조하거나 과장한 것이다. 이를 입 밖에 내어 말하면 대단히 듣기 거북하겠지만, 사실이 이러하다. 나는 네가 싫으니, 네가 우리 집에 와서 물건을 훔쳐간다는 이야기를 꾸며내고, 거기다 훔치지도 못하고 우리 집 개에게 물어뜯기는 결말을 상상하며 정신적으로 자위하고 있는 것이다._「이유는 잘 모르겠지만, 아무튼 나는 너를 증오한다」

《타임》이 선정한 '2010년 올해의 인물'이 된 후 한 일본 언론에서 한한에게 중국에 기대하는 바가 무엇인가를 묻자, 그는 다음과 같이 답했다. 이 말은 편집부가 『나의 이상한 나라, 중국』을 내게 된 동기가 되었다고 서문을 통해 밝히고 있다.

착한 사람이 담을 넘지 않아도 되고 나쁜 사람이 감옥에 가는 것. 세계에 영향을 미치는 문화가 있고, 다른 나라들이 본받을 만한 문예가 있을 것. 깨끗한 환경과 자유로운 분위기가 있을 것. 새장 안에 갇힌 권력을 보면서 술을 마시며 즐겁게 이야기하니 하지 못할 말이 없어지는 것.

이와 같은 글은 그를 같은 또래이면서 역시 작가로 시작해 감독·편집자를 겸하고 있는 귀징밍(郭敬明)[40]과 구별되게 하는 요인이다. 이에 대해 이 책의 번역자 최재용은 명확히 한한은 귀징밍과는 다른 건전한 대중성을 대변한다는 입장을 보이고 있다. 실제 한한은 그의 소설『나의 나라(我的国)』에서 귀징밍을 실명으로 등장시켜 맘껏 조롱했다. 이에 대해 "나는 한한을 좋아한다. 귀징밍도 좋아한다. 하지만 더 좋아하는 것은 '한한이 귀징밍을 비꼬는 것'이다"[41]와 같은 반응을 보이는 이들이 적지 않다.

한한의 팬들은 '한한중문네트워크(韓寒中文網)'라는 블로그를 만들어 활발한 활동을 펼치고 있는데, 나름대로 "단지 돈을 벌기 위해서 문학을 소비하는 것이 아니라 스스로 좋아하는 것, 감동을 줄 수 있는 것으로서의 문학을 추구하고 있다"고 믿고 있다. 최재용은 한한의 팬들에 대해 "적어도 이들은 나름의 비판적이고 주체적인 맥락에서 문학적 행위를 시도하고 있다. 이들의 자발적인 비판의식, 도전 및 개척의식, 반권위주의 등은 새로운 중국의 문학 지형도를 그리는 데 심대한 영향을 미칠 것이다"(최재용, 2012)라며 희망을 내비친다.

2014년 5월 출간 후 적지 않은 한국 독자들은 "중국이란 나라가 참 부러워졌다. 세상을 똑바로 보고자 노력하는 작가가 있고 그 작가와 소통하는 국민이 있으니"라던가 "한한이 있는 중국의 미래를, 더불어 한한

---

40 1983년생으로 한한과 다른 축으로 빠링허우를 대표하는 작가이다. 그에 관한 학술적 연구만 2015년 8월 31일 기준 5,146편에 이르며, 블로그 방문객 수는 1억 4,308만 2,977명이다. 노골적으로 상업성을 전면에 드러내 부(富)의 측면에서는 한한보다 한 수 위다. 그 역시 한한이 1등상을 수상한 전국 신개념 작문대회 1등상 수상자로 등단했다.

41 http://book.douban.com/review/2220267/

이 존재하지 않는 대한민국의 미래를 그리며" 등 한국과 연관된 한한을 상상한다. 자연스럽게 한한이 폭로하는 중국의 풍경을 한국 또는 아시아로 옮겨놓고 상상하고 고민하는 모습을 보인다.

힘을 가진 자의 책임, 중국 그리고 한한

어쨌든 한한은 특유의 '대가(大家)에게 말 걸기'를 이용해서 '대중에게 말하기'에 성공한, 한국 강준만 교수의 글쓰기 스타일을 연상케 하는 점 또한 갖고 있다. 거기에 자신의 글에 반대하거나 통제하려 하는 영역의 경계를 자유롭게 넘나들며 때로는 화제를, 때로는 싸움을, 때로는 감동을 주는 재주까지 갖추고 있다. 물론 책을 읽는 내내 말의 유희를 즐기는 특유의 글 솜씨의 쉽지 않은 번역이 다소 껄끄럽지만, 이 책을 통해 당대 중국 청년들의 삶과 생각을 적나라하게 볼 수 있다는 것은 중국의 속살을 본 듯, 중국에 한층 가까워진 느낌이 들게 한다.

앞으로 한한이 강한 중국의 패기 있는 작가로 얼마나 책임 있는 역할을 할지 두고 볼 일이다. 지금까지 매 순간 화제의 중심에 섰던 그는 미루어 짐작건대 앞으로 한동안 공공 지식인으로 충분히 역할을 할 것이다. 하지만 한한의 성장에는 중국 정부의 지지(?) 또한 적지 않음을 간과할 수 없다. 중국이 류샤오보(柳曉波)[42]를 비롯한 반체제 인사들에게 심한 통제와 제재를 가하는 것에 비해 한한에 대해서는 일부 글에 대한 삭제

---

[42] 柳曉波(1955~). 반체제운동 및 인권운동을 이끈 주역. 베이징스판대 교수였으나, 1989년 6월 4일에 있었던 톈안먼 사건 이틀 후 선전선동죄로 체포되어 강단을 떠났다. 2010년 노벨평화상을 받았으나 국가선동죄로 감옥에 수감되어 참석하지 못했다.

정도의 압력이 고작이다. 물론 정부의 제재와 한한의 글 솜씨 사이의 묘한 줄타기가 주효했을 것이다. 한한의 필체 특성상 직접 화법을 쓰기보다는 풍자나 조롱, 유머 등의 방식을 즐겨 사용하는데, 그것은 제재의 경계를 교묘하게 오가는 과정에서 생긴 것일 수도 있다.

한한에 대한 해외 언론의 극찬[43] 또한 어쩌면 한한 개인에 대한 평가일 수도 있으나, 중국 정부 입장에서 보면 '그 정도의 언로가 보장됨'을 공개하는 기회이기도 하다. 또한 대중의 입장에서도 한한의 입을 통해 쏟아지는 자유로운 언사들을 자신의 상상과 결합, 일종의 카타르시스를 경험하는 것일 수 있다. 즉, 강권의 중국과 자유로운 한한 사이에서 중국의 젊은이들은 자신의 현실과 한한이 이룬 성과[44] 사이에서 상상의 공간을 만들어 위로받는 것은 아닐까. 2015년 30대 초반에 중국의 성장만큼이나 훌쩍 성장한 한 청년의 행보는, 힘을 가진 자는 책임이 따르고 그만큼 유용하게 써야 함을 자신의 조국 중국과 함께 실천하는 가운데 더욱 빛을 발할 것이다.

::참고문헌

김란, 2013, 「중국 사이버공공 지식인의 가능성에 대한 연구: 한한현상을 중심으로」, 서울대학교 석사논문.

김병활, 2008, 「중국 당대 〈80후〉 문학현상에 대하여」(http://www.

---

[43] 한한은 2010·2011년 연속으로 《타임》지가 뽑은 '세계에서 가장 영향력 있는 인물 100'에 선정되었다. 특히 2010년에는 2위를 차지했다.

[44] 카레이서이기도 한 한한은 중국 랠리 챔피언십 우승자이기도 한다. 2014년 인세 수입만 26억 위안이었고, 영화감독으로도 성공적으로 데뷔했다.

zoglo.net/blog/read/jinbingkuo/9277/0/20)

박명해, 「온고지신을 타파하는 질주하는 청춘 - 한한의 소설 『1988: 나는 세상과 이야기하고 싶다』」, 《작가세계》, 24(10).

쉬지린, 2011, 『20세기 중국의 지식인을 말하다』, 길.

쉬지린·송인대 엮음, 2013, 『현대지식인의 사상적 부활: 왜 다시 계몽이 필요한가』, 글항아리.

왕휘, 2006, 『고뇌하는 중국: 현대 중국 지식인의 담론과 중국 현실』, 길.

이광수, 2013, 「중국 공공 지식인의 활동과 영향력: 온라인 공간에서의 활동을 중심으로」, 《현대중국연구》, 15(1).

이문기, 2008, 현대중국학회, 한양대 중국문제연구소 공동학술대회 '개혁개방 30년과 중국사회문화의 변화'에서의 발표문.

임상범, 2014, 「당대 중국 문화의 상품화와 '80허우'」, 《중국근현대사연구》, 62.

최은진, 2012, 「韩寒-方舟子 논쟁을 통해 본 중국 媒体의 네트워크 작용과 함의」, 《중국연구》 58.

최재용, 2012, 「한한이 촉발한 문학논쟁과 그 문학사적 의미」, 《中國現代文學》, 61.

郭新闖, 2013, 「"80後"青春寫作的價值取向 ——以韓寒, 郭敬明爲中心」, 河南師範大學 碩士論文.

白葉, 2011, 「我與80後-我看80後 後記」, 《文藝爭鳴》, 5.

伏建全, 2010, 『80後集體奔三』, 中國言實出版社.

邵梅, 2009, 「一個"80後"的叛逆樣本——韓寒論」, 山東師範大學碩士.

閏晗, 2007, 「韓寒與"80後"一代」, 《文化月刊》 7月 5日.

吳越, 2015, 「蔣方舟: 80後第二種精神領袖」, 《齊魯周刊》, 8月 14日.

蔣方舟, 2012,「蔣方舟問韓寒」,《閱讀與作文(初中版)》, 8月 15日.
章玉政, 2012,「從公共領域到公共討論──試析"方舟子韓寒之爭"引發的公眾.
黃平, 2011,"大時代"與"小時代"──韓寒, 郭敬明與"80後"寫作,《南方文壇》, 3.
「復旦發布90後大學生偶像觀_最愛暖男習大大」,《中國青年報》, 2015. 5. 4.

http://baike.baidu.com/link?url=Y7EdhEoBb5lZX4Ci4X7oIsO6ZU
        0yenrxeowC77a4hl0EqSF2tGF8IzSEel1yBLNEFaTDxzV
        SH-AVCulNVryf7a
http://blog.naver.com/claire212/220210233261
www.china.com.cn/culture/weekend/2008-07/31/content_161104
        54.htm
http://www.tudou.com/programs/view/mKKVdmLAv5U/

일본청년을 말하다

1
다원적 자아로 살아간다는 것*

아사노 도모히코(浅野智彦)
도쿄가쿠게이대학(東京学芸大学) 교육학부 교수

다원적 자아의 확대와 그에 대한 평가

오늘날 일본 사회에서 젊은이들의 자아와 정체성이 다원화되고 있다. 이는 일본만의 독특한 현상이라기보다는 선진 사회의 공통된 경향이라 할 수 있다. 실제로 자아의 성립에 대해 사회학적으로 해명하고자 시도한 학자들은 자아의 현대적 변용의 중요한 한 양상으로서 다원화에 주목했다. 리스먼(David Riesman)은 이를 가장 먼저 지적한 사람이다. 그러나 1990년대 이후의 논의에서 특히 흥미로운 것은 기든스(Anthony Giddens)와 바우만(Zygmunt Bauman)이 상반되는 주장을 펼쳤다는 점이다.

* 이 글은 『'젊은이'란 누구인가: 지난 30년간의 정체성(「若者」とは誰か : アイデンティティの30年)』(2013), 가와데쇼보신샤(河出書房新社), 191~224쪽에 실린 「다원적 자아로 살아간다는 것(多元的自己として生きること)」을 번역한 것이다.

기든스는 현대 사회에서 자아의 변용을 성찰성의 철저화로 이해한다. 자신이 무엇이며, 앞으로 무엇이 되려고 하는가를 끊임없이 질문하고 이에 맞게 자신의 존재 형태를 바꿔나가는 자아가 오늘날의 사회에서 일반화된다고 보고, 이를 '성찰적 프로젝트로서의 자아'라 불렀다. 즉, 자아란 어떤 심리적인 실천이라기보다는 성찰적인 선택의 궤적으로 그려지는 무언가이며, '생활사라는 관점에서 자기 자신에 의해 성찰적으로 이해되는 자아'이다. 기든스는 이에 대해 자서전적인 이야기를 풀어나가면서 오늘날 사회에서 사람들이 각자의 자서전을 끊임없이 고쳐 쓰면서 살아간다고 논한다.

이 글의 관심과 관련되는 내용으로 흥미로운 것은 기든스가 이렇게 끊임없는 되물음을 통해 재구성되는 이야기와 같은 자아의 존재 방식을 다원적이라고 생각하지 않았다는 점이다.

> 물론 개인은 특정한 장면에서 요구되는 기준에 자신의 외관과 행동 양쪽을 맞추게 된다. 여기에서 자아는 본질적으로 분해되기 시작한다. 개인은 자아정체성의 내적인 핵 같은 것이 없는 듯 복수의 자아를 만들어 내는 경향을 보인다고 보는 저술가도 있다. 그러나 자아정체성에 대한 풍부한 연구 성과가 보여 주듯이 그러한 생각은 잘못된 것이다. 다양한 상호작용장면에서 안정된 행동을 유지하는 것은 자아정체성의 일관성이 정상적으로 유지되기 위한 중요한 수단이 된다. 자아정체성이 분해될 잠재적인 가능성은 늘 억제돼 있다. 행동이 '신체에 안주해 있는 감각'과 개인화된 이야기와의 연결이 유지돼 있기 때문이다(Giddens, 2005: 112).

여기에서 '행동'이라 부르는 것은 개개인의 행위 양식과 같은 것이다. 구체적인 행동에서 일관된 형태를 취함으로써 자신의 신체에 대해

'안주하고 있는 감각'과 자신에 대한 이야기의 연결이 유지된다. 그렇게 되는 한 자아 정체성이 분해될 가능성은 억제되므로 '복수의 자아'에 대한 논의는 틀렸다고 기든스는 주장한다.

한 사람의 인간에 연결된 타자의 수와 다양성이 증대하는 등 사회적 환경이 복잡해지면 복잡해질수록 자아 정체성은 각각의 환경에 맞춰 조정되며 결과적으로 복수화해가는 것이 아니냐는 주장에 대해 기든스는 이렇게 답한다.

> 환경의 다양성으로 인해 다원적인 '여러 자아'로 자아가 분해된다고 보는 것은 물론이거니와, 자아의 단편화가 필연적으로 촉진된다고 단순하게 치부하는 것은 옳지 않다. 환경이 다양하다는 것은 많은 경우 자아의 통합이 촉진되는 계기가 될 수도 있다(Giddens, 2005: 215-216).

왜냐하면 다양한 환경에 노출된 사람들은 각 환경에 대해 고유한 성질을 가지는 자아를 복수로 발달시키기보다 범용성이 높은 유일한 자아를 만들어낼 것이기 때문이다. 기든스는 이른바 범세계주의적인 사람들은 여러 곳을 이동하는 가운데 잠정적으로만 소속되는 복수의 사회적 환경에 적응하기 위해 어떤 환경에서도 통할 수 있는 최대공약수와 같은 자아를 만들어낼 것이라고 본다. 요컨대, 기든스는 만약 자아가 복수화된다면 큰 문제가 되겠지만 실제로 그런 일은 일어나지 않으며 오히려 통합이 촉진될 수도 있다고 여기는 듯하다.

한편, 바우만은 기든스와는 대조적인 견해를 제시한다. 기든스가 현대 사회를 종종 '고도 근대'라고 표현한 반면, 바우만은 현대 사회의 유동성에 착목해 이를 '액체 근대'라 부른다.

액체 근대에서 우리를 둘러싼 세계는 거의 질서 없이 단편화되는 한편, 우리 개개인의 생활은 정돈이 안 된 에피소드가 늘어서 있는 것처럼 잘게 잘려져 있다(Bauman, 2007: 38).

기든스가 자아의 일관성을 구성하는 축으로 간주했던 자서전적 이야기를 바우만은 '정돈이 안 된 에피소드가 늘어서 있는 것'으로 본다. 이는 특수한 조각 그림 맞추기에 빗대어 다음과 같이 표현된다.

분명 조각 그림 맞추기의 한 구석에서부터 그림을 구성하기 시작해 개인의 자아 정체성(복수의 자아 정체성)을 구축할 필요가 있지만, 개개인의 전기는 꽤 많은 수의 파편이 없어진(또한 정확히 어느 정도 잃어버렸는지도 모른다), 결함이 있는 조각 그림에 빗댈 수밖에 없다(Bauman, 2007: 83).

기든스의 자서전적 자아도 끊임없는 갱신을 전제로 하고 있다는 점에서 유동적인 것이기는 하나, 그래도 어느 한 시점에서의 자서전은 나름대로 정리된 완결된 자아에 대한 이야기다. 그러나 바우만에 따르면, 그러한 정리나 완결이 원래부터 성립되지 않는 상황에 지금의 사회가 놓여 있다. 조각 몇 개가 부족한 정도가 아니라 처음부터 무슨 조각이 빠졌는지도 모르는 상태인 것이다.

바꿔 말하면, 어떤 조각이 빠졌는지 모른다는 것은 '빠져 있다'고 판단할 근거가 되는 완전한 상태에 있었던 사람이 전혀 없다는 것을 뜻한다. 그러므로 정확히 말하면, 원래 무언가가 빠져 있다는 것조차 눈치 채지 못하고 있는 것이다. 결국 사람들은 극히 국소적인 곳에서 자기 나름의 이치만을 단서로 삼아 스스로 어디로 향해 무엇을 하고 있는지 모른

채 조각 그림을 계속 맞추어간다는 것이다.

> 그러한 작업의 최종 단계에서 모습을 드러낼 이미지가 사전에 주어져 있지 않기 때문에 그 이미지를 구성하는 데 필요한 모든 조각이 손 안에 있는지, 테이블 위의 조각 중에서 맞는 것을 선택했는지, 각 조각이 최종적인 그림에 들어맞는지를 확신을 할 수 없다(Bauman, 2007: 83).

바우만은 이러한 상태를 액체 근대의 악몽으로 그린다. 바우만의 생각을 이렇게 정리할 수 있을 것이다. 자아가 복수화되는 것은 문제이며, 실제로도 그러한 현상이 대규모로 일어나고 있다.

이렇게 자아의 다원화에 관한 두 사람의 인식은 대조적이다. 기든스에 따르면 자아의 복수화는 일어나지 않지만, 바우만에 따르면 이미 돌이킬 수 없을 정도로 진행되어버렸다. 그러나 이러한 대조적인 인식에도 불구하고 두 사람은 모두 어떠한 가치판단을 공유하고 있다. 즉, 자아의 복수화·다원화는 문제라고 보는 것이다. 이 글에서는 이 점에 주목하고자 한다.

이와키 히데오(岩木秀夫)는 일본 사회에서 자아의 다원화가 실제로 일어난 것으로 보고 부정적으로 평가한다(岩木, 2004). 그의 논의는 다원화의 부정적 측면을 상세히 서술한다는 점에서 기든스와 바우만을 능가한다. 이와키에 따르면, 1980년대에 시작돼 1990년대에 제도화된 '개성 존중 교육'(더 나아가 '유토리[ゆとり, 餘裕] 교육')은 당시 성숙기에 접어든 소비사회에 적합한 인격을 육성하려고 하는 시도였다. 그렇게 형성된 젊은 이들은 첫째, 기호적인 소비에 탐닉하면서 자아의 통합성을 잃고 자본의 구미에 맞는 단편적인 욕망으로 해체되어간다. 둘째, 이러한 단편화

가 초래하는 여러 문제는 심리학의 관점에서 주제화되어 '마음 전문가'의 관리 대상이 된다. 셋째, 단편화된 인격은 자본과 관리에 대해 반항하려고 해도 이의 제기 운동을 제대로 조직할 수 없다.

이 글에서 검토하고자 하는 것은 이러한 평가의 타당성이다. 기든스, 바우만, 이와키는 각자의 시각에서 모두 다원적인 자아라는 존재 양식을 부정적으로 본다. 그렇지만 정말 그렇게 평가되어야 할까. 혹시 그 속에 긍정적으로 평가해 살려내야 할 요소가 없는 것일까. 바우만과 이와키는 현대 사회의 모습에 비판적이다. 그렇지만 현재를 비판하는 데 그치지 않고 바꿔나가기 위해서는 현재의 상황에서 단서를 찾는 것이 좋지 않을까. 현재가 모두 부정돼야 할 것이라면 아무런 단서가 없는 것이 되기 때문이다.

자아의 다원화는 생존에 도움이 되는가

확인해야 할 것은 앞서 살펴본 비판에도 불구하고 자아를 다원화하는 것이 유동화되는 사회에서 생존 전략으로 어느 정도 유효성을 갖고 있다는 점이다. 예를 들면, 사회학자 세넷(Richard Sennett)은 사회의 유동성이 높아지는 것에 대응하려다가 인격의 일관성을 잃어버린 어느 화이트칼라의 인생에 대해 말한다(Sennet, 1999). 『인격의 부식(The Corrosion of Character)』이라는 저서의 제목에서 알 수 있듯이, 세넷은 이를 인격 해체로 본다. 그러나 그 화이트칼라의 인생은 경력의 측면에서는 성공한 것으로 볼 수 있다. 그는 가난한 가정 출신이나 노력을 거듭해 중산층까지 상승했기 때문이다. 그 노력에 포함된 빈번한 지리적 이동이나 그에 따른 사회관계의 재편, 그리고 환경이 새롭게 바뀔 때마다 형성되는 자아 등이 인격의 일관성을 저해했다는 것이 세넷의 논의다. 하지만 역으로 자아의 다원성이야말로 그의 사회적 성공을 뒷받침한 요소였다고 볼 수 있다.

다원성이 사회적 성공에 유용하게 작용할 가능성은 에릭슨(Erik Erikson)도 인정했다. 에릭슨은 끊임없이 변모해 안정적인 동일성을 구성할 수 없는 자아의 행위 방식을 게임으로 진단해 다음과 같이 논한다.

> 이 게임을 잘 수행하고 즐길 수 있는 인간은, 행운이 따른다면 그 특기를 정체성 형성의 본질적인 요소로 삼아 현대의 끊임없는 변동 속에서 중심성과 독창성이라는 새로운 의식을 발달시켜나갈 것이다(Erikson, 1979: 138).

끊임없이 변동하는 현대 사회에서 그러한 변화에 대해 자아의 변화가 운 좋게 맞아 들어간다면 새로운 독창성마저 생겨날 수도 있다고 에릭슨은 보고 있다.

에릭슨과 동시대 사람이었던 리스먼이 '타인 지향'의 인격 유형에서 도출한 것도 이러한 가능성이었다. 준거하는 타자가 바뀔 때마다 다른 얼굴을 보이는 행위 형태는, 리스먼에 따르면 사회에 적응해서 살아가기 위해서라면 누구든지 다소 습득할 수밖에 없는 사회적 성격인 것이다. 이를 습득하는 것은 그 사회에서 나름대로 잘 살아가기 위한 필요조건이라고 할 수 있다. 따라서 리스먼은 타인 지향에 대해 여러 가지 비판을 내놓으면서도 자아의 다원화가 사회 적응의 측면에서 유용함을 인정했다.

인생을 전략적으로 구조화해서 관리해나가는 데 필요한 자원에 대해서는 인적 자본, 사회관계 자본, 문화 자본 등 여러 논의가 있었다. 코테(James Cote)와 레빈(Charles Levine)은 정체성의 존재 형태 자체를 하나의 '자본'으로 간주할 수 있다고 말한다(Cote & Levine, 2002). 어떤 존재 양식이 자본으로 기능하는가는 그것을 둘러싼 여러 사회적 조건에 따라 달라질 테지만, 유동성이 높아지는 오늘날의 사회에서는 다원성이 자아의 자본으로 기능하는 측면을 갖고 있다고 볼 수 있지 않을까.

이에 대한 경험적인 연구 결과는 그다지 많지 않지만, 여기에서 대학생을 대상으로 실시된 어느 조사 결과를 소개하고자 한다.[1] 이 조사에서는 자아의식의 존재 형태에 대해 몇 가지 질문을 했다. 그 결과를 정리한 후 자아의 다원성을 나타낸다고 생각되는 축을 설정해 점수화했다(아래에서는 이를 '자아 다원성 점수'이라 부른다). 이 점수와 현재 및 앞으로의 생활에 대해 가지는 태도와 의식, 행동방식 등의 관계를 살펴볼 것이다. 점수화한 항목은 구체적으로는 다음과 같다.

① 자기 긍정감
② 자기 유능감
③ 시간적 전망
④ 대인관계 기술
⑤ 자기 계발적 태도

이 항목들은 코테와 레빈이 정체성 자본으로 정식화한 몇 가지 요소

---

1 조사 개요는 다음과 같다.
- 실시 시기: 2010년 9월
- 대상: 전국 26개 대학 학생(주로 사회과학계열의 학부 · 학과)
- 실시 방법: 수업 시간에 질문지를 배포, 회수
- 응답자 수: 2,920명

와 겹치기도 한다. 각 항목에 대해 간단히 설명하면 다음과 같다.

①자기 긍정감: '자기를 좋아합니까 또는 싫어합니까'라는 질문에 대한 답을 점수화한 것이다.

②자기 유능감: 자신의 능력과 성향에 대해 느끼고 있는 신뢰감을 자기 유능감이라 한다. 유능감을 느끼는 분야는 여러 가지가 있을 수 있는데, 대학생의 생활방식을 고려해 아래의 네 항목으로 측정했다.

- 나에게는 다른 사람에게 없는 특기·재능이 있다.
- 외모가 평균 이상이다.
- 학교 공부를 잘하는 편이다.
- 나는 친구관계가 좋다.

③ 시간적 전망: 평소 생활 속에서 시간을 의식하는 방식을 '시간적 전망'이라 부른다. 여기에서는 시간적 전망의 결여에 관해 묻는 질문('무언가를 깊이 의식하지 않고 흘러가는 대로 하루하루를 살고 있다')에 주목해 시간적 전망을 갖고 있는 사람과 갖고 있지 않은 사람을 나누었다.

④ 대인관계 기술: 대인관계를 잘 이끌어가기 위한 기술을 대인관계 기술이라 부른다. 여기에서는 심리학에서 이 기술을 측정하기 위해 이용되는 척도에서 아래의 질문을 차용했다. 다섯 항목의 점수를 합산해 대인관계 기술의 점수로 삼았다.

- 누구하고도 곧바로 사이좋게 지낼 수 있다.
- 표정이나 몸짓으로 상대의 생각을 알 수 있다.
- 다른 사람이 말한 것이 틀렸다는 생각이 들 때 자신의 생각을 말하는 편이다.
- 주위 사람들과의 사이에서 문제가 생겼을 때 잘 해결할 수 있다.
- 감정을 솔직하게 드러낸다.

⑤ 자기 계발적 태도: '자기 계발'이라는 말이 적절한가에 대해서는 논의가 있을 테지만, 여기에서는 생활에 대한 낙관적 태도나 자기 발전을 추구하는 태도를 통틀어 말한다. 구체적으로는 아래와 같은 항목으로 구성되며, 다섯 항목의 점수를 더해 자기 계발 점수로 삼았다.

- 새로운 것을 열심히 배운다.
- 좋아하는 것이나 취미 활동에 몰두한다.
- 모르는 것이 있으면 스스로 적극적으로 알아보려고 한다.
- 스스로 세운 계획대로 실행하는 것을 좋아한다.
- 무엇이든 성실하게 임하지 않는 것은 보기 좋지 않다.

이와 같은 다섯 가지 항목의 각각 점수와 자아 다원성 득점이 관련성을 갖고 있는가를 확인한다. 다만 다원성만이 이 항목들과 관계있는 것은 아닐 것이다. 따라서 하나 더 고려할 필요가 있는데, 다섯 항목과 관련이 있을 법한 몇 가지의 변수를 함께 분석에 투입하면 가능한 한 자아 다원성 득점 고유의 영향만을 뽑아낼 수 있을 것이다. 이를 위해 이 글에서는 다중회귀분석이라 부르는 분석 방법을 이용한다.[2] 결과를 모두 나타내면 번잡해지므로, 여기에서는 전체 경향을 요약해 소개한다(〈표 1〉 참조).

〈표 1〉을 보면 성별, 난이도와 어느 정도 관련이 있다는 것을 알 수 있다. 예를 들면, 대인관계 기술은 대학 난이도와 부의 관계에 있어 난이도가 낮을수록 기술이 높다고 답한 사람이 많다. 그런데 이러한 영향을

---

2 회귀분석은 독립변수가 어느 정도 종속변수에 영향을 미치는가를 정량적으로 파악하기 위해 사용되는 통계방법으로, 다중회귀분석은 독립변수가 두 개 이상인 경우의 회귀분석을 말한다.(옮긴이주)

표 1 자아 다원성과 각종 변수의 관계(요약)

	자기 긍정감	자기 유능감				시간적 전망	대인관계 기술	자기 계발 지향
		특기	외모	공부	친구 관계			
성별		-- (남성이 높다)	-- (남성이 높다)		++ (여성이 높다)			
나이	+	++	++			+		+
경제수준	++	++			++		++	+
대학 난이도				++	-		--	-
대학 소재지	+					++	+	++
자아 다원성 점수	+	++	++	++		++	++	++

주: '+', '-' 기호는 관련의 방향성을 나타낸다. 또한 기호 하나는 5%의 유의 수준에서의 관련이 있음을, 기호 둘은 1%의 유의 수준에서 관련이 있음을 나타낸다.

모두 고려한 후에 살펴봐도 자아 다원성 점수는 거의 모든 항목에 대해 정의 관계를 갖고 있다. 즉, 관계가 있는 다른 변수의 영향을 제거해도 자아 다원성과 이 항목들 사이에 정의 관계가 보인다.

이 다섯 항목은 오늘날의 사회에서 진로 전망을 구조화하고 실현하기 위해 요구되는 능력, 생활의 기반을 확보하는 데 필요한 능력과 관계있다. 자아 다원성 점수가 이 능력과 정의 관계에 있다는 것은 다원적 자아의 존재 형태는 살아가는 데 장애가 되기보다는 오히려 도움이 될 가능성이 있다는 것을 뜻한다. 코테와 레빈이 말하는 정체성 자본에 다원성이 포함되어 있다는 점을 고려하면, 경제적 자본과의 상호작용을 통해 사회·경제적인 격차로 연결될 가능성도 생각해볼 수 있다. 그렇다면 다원적 자아를 유지할 수 있는 사람은 사회·경제적으로 우위에 올라서며, 그렇지 않은 사람들은 아래에 위치하게 된다.

자아의 다원성이 살아가는 데 득이 된다면, 그 이유로는 적어도 다음의 두 가지가 있을 것이다. 첫째, 유동적인 상황에 대응하기 위해서는 자아가 유연할 필요가 있다. 유연함을 높이려 할 때 자아의 다원성이 활용되는 것이다. 에릭슨은 변신의 신속함이나 환경에 대한 적응의 유연함을 지적했는데, 바로 이 점을 염두에 두었을 것이다.

둘째, 자아의 다원성과 표리일체를 이루는 관계의 다원성을 들 수 있다. 몇몇 연구 결과에 따르면, 인간관계를 다양하게 맺는 사람들이 사회·경제적으로 유리한 조건을 얻기 쉽다. 한 예로, '약한 유대'에 관한 논의가 있다(Granovetter, 2006). 강한 유대란 서로 잘 알고 있으며 자주 만나는 관계, 약한 유대란 서로 잘 알지는 못하며 가끔 만나는 관계를 말한다. 사회학자 그라노베터(Mark Granovetter)는 이직을 할 때 두 가지 유대 중에서 어느 쪽이 더욱 좋은 매개로 작용하는가를 밝히고자 조사 자료를 검토했다. 결과는 의외였다. 강한 유대를 이용한 경우보다 약한 유대를 이용한 경우가 이직 결과가 더 좋았다.

그라노베터는 그 이유에 대해 다음과 같이 설명했다. 강한 유대로 연결된 사람들은 동질적인 정보 환경을 구성하고 있어 새로운 정보가 흐르기 어렵다. 어떤 사람에게 강한 유대로 연결된 복수의 사람들은 그들끼리도 알고 지낼 확률이 높으므로 그 유대를 통해 전달되는 정보는 이미 공유돼 있다. 이직 등과 같은 경제적 문제의 경우 새로운 정보가 들어오기 힘든 상황은 불리하게 작용한다. 반대로 그렇게 긴밀하게 연결된 관계는 아니지만 어느 정도 인간관계를 유지하고 있는 경우 새로운 정보의 공급처로 작용해 경쟁에 유리한 상황을 만들어갈 수 있다. 이렇게 약한 유대를 가진 사람들은 동시에 서로 잘 알고 있는 친밀한 타자에게 보이는 '얼굴' 말고도 다른 형태의 인간관계에 대응하기 위해 친밀한 사람들은 보지 못하는 복수의 '얼굴'을 갖게 될 것이다. 사귀는 대상이 다원화되고 표리일체로 그 사귐을 통해 구성되는 자아가 다원화되는 것이다.

이 두 가지 이유 중에서 후자에 관해서는 미디어 이용을 통해 격차가 확대된다는 논의도 전개됐다. 예를 들어, 사회학자 이케다 겐이치(池田謙一)는 한 조사 결과에서 휴대전화 메일을 주로 사용하는 사람들은 컴퓨터 메일을 주로 사용하는 사람들에 비해 인간관계가 가까우며 좁은 범위에 한정되기 쉽다는 것을 발견했다(池田, 2005).[3] 앞서 논한 '약한 유대의 강점'을 고려하면 이는 휴대전화 메일의 이용자가 부지불식간에 사회·경제적으로 불리한 상황에 놓일 가능성을 시사한다. 게다가 휴대전화 메일을 주로 사용하는 사람은 컴퓨터 메일을 주로 사용하는 사람에 비해 학력이 낮은 경향이 있다. 이미 사회·경제적인 차이가 있는데 미디어 이용을 통해 더욱 격차가 확대되는 것이다. 이케다는 이것을 '휴대전화 디바이드'라고 부른다.

이상의 논의를 통해 다원적인 자아의 존재 형태가 사회에 대한 사회·경제적인 적응에 있어 유리하게 작용할 가능성을 확인할 수 있었다. 또한 미디어 이용 등을 통해 사회·경제적 격차가 더 벌어질 가능성도 살펴봤다.

자아의 다원화는 정치 참여와 사회 참여를 억제하는가

개개인의 경제적 생존에서 자아의 다원성이 정의 의미가 있다는 것을 앞에서 확인했다. 하지만 인간의 삶에서 경제가 전부는 아니다. 다른 배경을 가진 수많은 타인과 함께 살아가는 현대 사회에서 정치 참여나

---

[3] 일본에서는 피처폰으로 컴퓨터 메일처럼 장문의 메일을 주고받는 것이 일반적이다. 컴퓨터로 사용하지 않고 휴대전화로만 메일을 이용하는 사람이 적지 않다.(옮긴이 주)

사회 참여는 생활의 기저를 이루는 차원이라 할 수 있다. 이 절에서는 이러한 관점에서 자아의 다원화를 검토하고자 한다.

이와키는 자아의 다원화가 정치 참여와 사회 참여에도 부정적인 영향을 미친다고 본다. 그의 논의를 다시 인용한다.

> 우리의 인격은 해리화·다중화된다. 부당한 손해를 보는 자신과 그것을 바라보는 자신, 정의를 느끼는 자신과 타자와 연대해 정의를 구하는 자신.… 그러한 자신들은 하나로 연결돼 있지 않다. 왠지 모를 피로감과 무력감이 있을 뿐이다. 이러한 해리적·다중적 인격의 존재 형태가 족쇄로 작용하여 우리는 자기 외부에 존재하는 '사회'에 대해 당사자로서 관여하는 능력을 잃어간다(岩木, 2004: 218).

이와키가 연대를 통한 사회 참여에 주목하는 것은 당연하다. 1990년대 이후 일본 사회에서는 그동안 작동해온 낡은 시스템이 더 이상 기능하지 못하게 되었으나 이를 대체할 새로운 틀은 아직 구축되지 못했다. 이에 따라 젊은이들은 개인의 힘으로는 어쩔 수 없는 문제들에 직면하고 있다. 이러한 상황에 대처하기 위해서는 다수의 당사자와 그 주변 사람들이 어떠한 형태로든 서로 손을 잡을 필요가 있다. 따라서 연대는 1990년대 이후 점점 더 중요한 의미를 갖게 됐다.

한편, 이와키가 지적한 대로 여러 문제의 원인을 개인의 심리적 차원에만 귀속시키는 '심리주의화'가 진행되는 가운데 '자기 책임'의 형식으로 문제를 해결해야 한다고 보는 도덕적 차원의 압력도 높아지고 있다. 실제로 경쟁에서 살아남기 위해 자신의 시장가치를 높이는 데 온 힘을 쏟는 방법들이 일종의 도덕적 권위를 띠면서 '자기 계발'이라는 명목으로 확산되고 있다(牧野, 2012). 연대의 중요성이 높아지고 있음에도 현실적으로는 개인 단위로 문제를 해결할 수밖에 없는 상황이 확대되고 있다. 그러므로 연대의 가능성에 대한 이와키의 염려는 정당하다.

하지만 이와키의 단정대로 그러한 상황과 자아 다원성의 관계를 부정적으로만 보기는 어렵지 않을까. 논리적으로 생각해보면, 자아의 한 부분만이 연대에 참여할 수도 있다. 연대에 참여하는 상당수의 사람이 그렇게 부분적으로만 참여했는지도 모른다.

2011년부터 2012년까지 원자력 발전소의 가동 중단 또는 폐쇄를 요구하는 많은 사람이 총리관저 앞이나 가스미가세키[4]에 모였다. 집회가 해산된 후 술집에 가거나 미팅 등을 한 사람들이 있었는데, 이를 야유하는 목소리가 있었다. 그러나 오히려 그런 참가 형태가 자연스러운 게 아닌가 생각된다. 생활의 여러 국면이 탈원전·반원전을 최우선으로 조직돼 있는 게 아니라 다양한 관심을 가진 사람들이 느슨한 네트워크로 연결돼 있었기 때문에 참가자가 많았던 것은 아니었을까. 그 사람들에게는 서로 충돌하는 여러 관심이 공존했을 것이다. 이를테면 원전 가동을 중단시키고 싶다는 이상과 서늘한 술집에서 쾌적하게 술을 마시고 싶다는 욕구 등이 공존했을 것이다.[5] 과연 부분적이며 단편적인 참여 형태는 이와키의 주장대로 사회참여 능력을 잃어버린 것과 다름없을까.

조사 자료를 이용해 다원성이 정치 참여와 사회 참여에 대해 어떤 관계를 갖는가를 시험 삼아 확인하고자 한다. 앞서 이용한 대학생 조사와

---

4 일본 정부의 관청이 모여 있는 지역.(옮긴이주)
5 탈원전·반원전과 같이 좌파 또는 리버럴한 색채가 강한 운동뿐만이 아니다. 한류 비판에서 시작된 후지텔레비전 비판 운동에서도 유사한 현상이 관찰되는데, 운동 참가자가 운동을 통해 만난 상대와 연애하는 경우가 있었다고 한다(실제로 이 운동의 초대, 2대 대표는 운동 내부의 연애를 이유로 대표를 사임했다). 운동에 어떤 목적을 갖고 참여하는 것과 거기에서 연애 상대를 찾는 것은 느슨하게 관련돼 있는 것이다.

함께 2007년 도쿄도 스기나미구에 거주하는 16~29세 남녀를 대상으로 한 조사 결과를 참조한다.[6] 이 조사는 사회 참여를 주제로 실시됐는데, 응답자의 선정 방식이 엄밀하며 사회 참여에 관한 질문 항목이 상세히 구성돼 있다.

이와키가 생각하는 연대나 사회 참여가 구체적으로 어떠한 것인지 분명하지 않으므로 시험적으로 아래 항목에 주목하고자 한다.

- 사회적·정치적 운동을 위해 서명을 한 적이 있다.
- 데모에 참가한 적이 있다.
- 인터넷상의 일기(블로그 등)에 의견을 표명한 적이 있다(대학생 조사: 블로그나 SNS에 정치적 의견을 표명한 적이 있다).
- 정치적· 도덕적· 환경보호적인 이유로 어떤 상품 구매를 거부하거나 일부러 구매한 적이 있다.
- 선거 때 투표하러 가야 한다고 생각한다(대학생 조사만).
- 자원 봉사활동에는 참가해야 한다고 생각한다(대학생 조사만).
- 세상의 거의 모든 사람을 신뢰할 수 있다고 생각한다(일반적 신뢰).

마지막 항목은 일반적 신뢰를 측정하기 위해 많은 연구에서 사용되어온 질문이다. 앞에서와 마찬가지로 다른 요소의 영향도 고려해 다원성과 이 항목들의 관계를 살펴보자. 상세한 내용은 생략하고 결론만 정리해 제시하면 〈표 2〉와 같다.

우선, 연대의 기초로 생각되는 일반적 신뢰와 자아 다원성의 사이에는 부의 관계가 있다. 따라서 이와키의 염려가 어느 정도 근거 있는 것으로 생각된다. 하지만 스기나미구에서 실시한 조사를 통해 각종 참가 상

---

6   추출 방법: 층화2단추출, 조사 방법: 방문유치회수법, 응답자수: 719명, 회수율: 40%(浅野, 2013: 171).

표 2 자아 다원성과 정치 참가의 관계(요약)

	스기나미구 조사	대학생 조사
사회적, 정치적 운동을 위해 서명을 한 적이 있다	관련없음	관련없음
기부나 모금을 한 적이 있다(스기나미구 조사만)	관련없음	
데모에 참가한 적이 있다	관련없음	관련없음
매스컴 등에 의견을 표명한 적이 있다(스기나미구 조사만)	관련없음	
인터넷상으로 정치적 토론에 참여한 적이 있다(스기나미구 조사만)	관련없음	
인터넷상에 의견을 표명한 적이 있다	관련없음	-
정치적·도덕적·환경보호적인 이유로 상품을 구매하거나 구매하지 않은 적이 있다	관련없음	-
선거 때 투표하러 가야 한다고 생각한다(대학생 조사만)		관련없음
자원봉사활동에는 참가해야 한다고 생각한다(대학생 조사만)		관련없음
세상의 거의 모든 사람은 신뢰할 수 있다고 생각한다	-	-

주: '-'는 부의 관계를 나타낸다.

황을 살펴보면 자아 다원성이 부의 영향을 갖고 있다고 볼 수 없다. 오히려 정이나 부 어느 쪽으로도 관계가 없다고 보는 것이 타당하다. 셋째, 대학생을 대상으로 한 조사에서는 인터넷상의 의견 표명, 구매를 통한 참가에 대해 부의 관계가 보이므로 대학생이라는 생활환경이 독특한 효과를 가질 가능성에 대해 고려할 필요가 있다.

요컨대, 여기에서 다룬 항목으로 보면 자아가 다원적이라고 해서 참여가 억제된다고 하기는 어렵다. 일반적 신뢰가 낮다는 것과 다원성이 관련되어 있다는 점에는 주의할 필요가 있지만, 사회 참여나 정치 참여의 관점에서 자아의 다원적인 형태를 부정적으로 보는 것은 지나치다고 생각된다.[7]

---

7 스즈키 젠(鈴木健)은 자아의 다원성을 전제로 하는 분인민주주의(分人民主主義)라는 사고방식을 제시한다(鈴木, 2013). 이 시스템은 투표권을 분할해 타인에게 위임할 수 있는 것이 핵심인데, 일반적 신뢰와 다원성과 관련해 특히 주의할 필요가 있는 것으로 생각된다.

다원화된 자아는 충분히 윤리적일 수 없는가

지금까지의 논의에서 다원적인 자아 형태는 생존 전략 면에서 유용함을 확인할 수 있었으며, 정치 참여나 사회 참여를 억제한다는 부작용은 관찰되지 않았다. 그렇지만 여전히 다원화에 대한 불안이 남아 있다고 한다면, 인간관계에 관한 윤리적 문제일 것이다. 이 문제는 친밀한 상대와의 사이에서 특히 절실히 느끼게 되는 것이다.

사회학자 모리 신이치(森真一)가 말하는 어느 인상적인 사례를 소개하겠다(森, 2005: 8). 모리의 수업을 듣는 어느 학생이 리포트에서 자신의 친구에 대해 언급했다. 친구는 연인과는 별개로 다른 이성도 계속 사귀고 있는데, 리포트를 쓴 학생은 그 상황을 '예사롭지 않은 상냥함'이라 말하며 호의적으로 평가했다고 한다. 왜 '상냥함'이라 여길까. 그 학생에 따르면 친구는 다음과 같이 말했다.

> 진짜 남자친구를 정말로 좋아하고 늘 그 사람과 함께 있고 싶다고 생각해. 하지만 그는 자기 시간을 소중히 여기는 사람이라서 속박되는 것을 싫어하는데다가 여자 쪽에서 쫓아오지 않았으면 하더라고. 그래서 다른 사람에게 관심을 분산시켜서 남자친구가 받을 부담을 줄이고 있어(森, 2005: 8).

모리는 '애정의 분산' 또는 더 일반화해 말하면 '기대의 분산'이라고도 부를 수 있는 새로운 형태의 매너가 젊은이들 사이에서 퍼지고 있는 것으로 추측한다.

이 학생은 '진짜 남자친구'라는 말을 쓰고 있으므로 아마 '다른 사람'은 진짜가 아니라는 의미에서 '바람'이라 생각하고 있을 것이다. 그렇게 생각하는 한 진짜와 바람의 사이에 애정의 진정성 면에서 우열을 두고는 있는 것 같다. 그러나 만약 이 차이가 줄어들면 어떻게 될까. 예를 들어 복수의 사람과 각각 진정한 애정을 느끼며 동시에 교제하는 것과 같은 관계 형태를 여기저기에서 볼 수 있게 된다면. 말할 필요도 없이 이러한 교제 방식은 자아의 다원성에 가까운 것이다. 그렇지만 이를 흔쾌히 받아들일 사람이 그다지 많지 않을 것이라 생각되기도 한다.

다원적인 자아는 상황에 따라, 상대에 따라 다른 얼굴을 보인다. 게다가 각각의 얼굴은 결코 거짓이나 '가면'이 아니라 그때그때의 상황이나 상대에 가장 잘 맞춰진, 그런 의미에서 가장 정직하며 성실한 얼굴이다. 그렇다면 연애에 관해서도 복수의 상대와 각각 소중한 관계를 맺는 것은 가능하다. 적어도 논리적으로는 가능할 것이다. 그런데도 많은 사람이 거부감을 느낀다면 그것은 자신이 소중히 여기는 사람에게 일관성이나 동일성이 부족함을 불쾌히 여기기 때문이 아닐까. 진정한 상대가 대체 누구인가가 불분명하므로 그 대상을 소중히 여기지 않는 것이라는 생각에서 느끼는 불편함. 그러한 저항감, 불쾌함, 불편함 등이 생기는 수준을 여기에서는 일단 윤리라 부르고자 한다.

연애에 관한 윤리가 절실한 문제로 여겨지는 것은 오늘날 일본에서 연애가 어떤 의미에서 특별하기 때문일 것이다. 첫째, 연애(아마도 가족관계와 함께)는 '소중한 사람'의 대표격이다. 둘째, 그 소중함에 걸맞게 당사자가 누구인가가 중요시된다. 셋째, 연애는 선택적인 것으로 여겨지며, 그 이면에는 언제 해소될지 모른다는 불안이 항상 존재한다. 이 점에서 혈연으로 맺어진(그렇다고 믿고 있는) 가족이나 친족의 경우와는 조금 다르다(물론 가족도 선택적인 관계로 여기는 경향이 강해지고 있다). 관계가 점점 더 덧없는 것이 되면서 자신이 소중하게 여기는 것과 자신의 정체성에 대한 의문이 짙어지며 연애 윤리에 민감해지게 된다.

연애가 아니더라도 어느 정도 친밀한 관계에서는 정도의 차이는 있지만 같은 문제가 부상한다. 예를 들면, 친구관계에서는 이미 여러 차례 기술한 대로 상대에 따라 다른 얼굴을 보이는 것이 어느 정도 관례로 정착된 것으로 보인다. 그래도 친해지면 친해질수록 상대에게 보여주지 않는 (또는 상대가 자신에게 보여주지 않는) 얼굴이 상대가 (또는 자신이) 알고 있는 얼굴과 상당히 다르다는 것을 느끼게 돼 불편함이 강해지는 게 아닐까.

하지만 상대에 따라 자신의 얼굴을 바꾸는 것은 상대의 상황을 내재적으로 이해한 후 상대에게 맞추는 배려를 토대로 한 것이기도 하다. 이 배려는 윤리적이라고 불러도 좋지 않을까. 앞서 살펴본 것과 같은 위화감은 일관성을 갖춘 동일한 자아에 의해서만 윤리가 담보된다는 감각에 바탕을 둔다. 자아에 대해 일관성이나 동일성을 부여하는 것은 개개 상대와의 관계성이 아니라 그 관계성을 관통하면서 작용하는 일종의 규범적인 힘에 대한 신빙성일 것이다. 다원적인 자아가 개개 상대와의 관계에 내재된 배려를 중시하는 데 비해, 일관성·동일성을 가지는 자아는 관계로부터 초월한 규범을 중시한다.

윤리학자인 길리건(Carol Gilligan)은 윤리의 존재 방식에서 두 가지 다른 형태를 도출해 하나를 배려의 윤리, 다른 하나를 정의의 윤리라 했다. 이 논의에서 도출된 내재적인 윤리와 초월적인 윤리의 차이를 관계의 문제에 적용해 생각해볼 수 있다. 예를 들면, 친구가 고민 상담을 부탁했을 때 매우 친밀한 사람의 입장에서 응하는 상황을 상상해보자. 상담 방법의 하나로 자신의 신념에 비춰 보아 옳다고 생각하는 조언을 할 수 있다. 누가 상담을 해도 고민 내용에 차이가 없다면 기본적으로 비슷한 조언을 하게 될 것이다. 표현 방법에서 여러 가지 차이가 있겠지만,

그 조언은 어느 것이든 근본적으로는 동일한 신념을 바탕으로 할 것이다. 그 결과 여러 상담 상대들이 말한 조언 사이에는 그다지 차이가 없을 것이다.

하지만 다른 방법도 있다. 상대와의 구체적이며 개별적인 관계에 따라서 가장 도움이 되는 조언을 하는 것이다. 이 경우 비슷한 내용의 고민이라 하더라도 상대가 다르면 다른 조언을 듣는 경우가 있을 것이다. 거짓말을 한다든지 임기응변으로 상황을 벗어나기 위해 적당한 말을 늘어놓는 것이 아니라, 상담을 요청받을 때마다 상대에게 가능한 한 가까이 다가가 조언하는 것을 말한다.

말할 것 없이 전자는 일관된 자아의 대응 방식이며, 후자는 다원적인 자아의 대응 방식이다. 전자가 윤리적이며 후자가 윤리적이지 않다기보다는, 양자가 다른 형태의 윤리라고 보아야 하지 않을까.

그렇다면 앞서 살펴본 연애 문제는 어떻게 되는가. 복수의 상대와 동시에 진지하게 연인관계를 갖는 것이 윤리적으로 허용될까. 작가 히라노 게이치로(平野啓一郞)는 자아의 다원성을 인정하면서 이를 개인주의에 대비되는 분인주의(分人主義)로 모델화했으나, 연애에 관해서는 한 사람을 선택하는 것이 좋을지도 모른다며 머뭇거린다(平野, 2012). 분인마다 다른 상대(다른 분인)와 연애하는 것이 논리적으로는 가능한데, 작가로서 그는 "조금 보수적인 결론에 이르렀다"고 한다(平野, 2012: 141). 그렇지만 최종적으로 한 사람만을 고른다고 해도 복수 상대와의 진지한 연애의 가능성이나 폭 또는 여지는 남겨둔다.

한 인간 속에 유지되는 폭이나 여지가 중요한 것은 연애에서만은 아니다. 예를 들어, 존엄사에 관한 대담 중에 가와구치 유미코(川口有美子)와 오노 사라사(大野更紗)는 죽음에 대한 의사에서 보이는 흔들림에 대해 흥미로운 발언을 했다. 본인이 난치병을 앓고 있는 오노는 말한다.

'죽고 싶다'고 말해놓고 나중에는 '죽기 싫다'고 생각한다. 엄청나게 생각이 왔다 갔다 한다(大野・川口, 2012: 57).

이를 듣고 가와구치는 존엄사에 있어 '의사'에 대해 이렇게 말한다.

존엄사라는 것은 주위 사람들에게 무슨 말을 들어도 스스로 정한 거니까, 반드시 죽는다는 결의를 관철시킨다(大野・川口, 2012: 59).

자기 의사로 결정한 일을 그대로 관철해도 좋지만, 변화 가능성도 받아들여야 한다고 두 사람은 말한다. 이 변화가 생기는 장은 다름 아닌 앞서 언급한 폭이나 여지다. 자아의 다원성을 허용하는 것이 그러한 변동의 폭을 받아들이는 것으로 연결된다면 윤리적인 것으로 볼 수 있다.

이러한 '변화'의 가능성은 때로 자신의 신체를 지키는 수단이 되기도 한다. 오늘날의 사회에서 자아는 다원화하는 동시에 '당신은 누구인가'라는 물음에 끊임없이 노출된다. 다원화가 진행되면 진행될수록 '누구인가'를 설명하기 어려워지므로 두 방향이 잘 맞아떨어지는 것은 아니다. 젊은이들은 이러한 상황 속에서 여러 가지 대응책을 궁리해냈다. '캐릭터'로 표현되는 행동양식은 그중 하나일 것이다. 복수의 캐릭터를 지님으로써 한편으로는 자기 내부에 진폭을 유지하고, 다른 한편으로는 남들이 볼 때 파악하기 쉬운 사람을 연출한다.

이때 캐릭터는 단순한 가면이 아니라 나름대로 정직한 자기의 모습이다. 캐릭터를 부정당하면 상처를 받는다. 어떤 관계에서나 나름대로

정직한 자기를 나름대로 파악하기 쉽게 표현한 것, 그것이 캐릭터이기 때문이다. 캐릭터는 무에서 만들어지는 '가짜', '가면'이 아니다. 캐릭터와 같은 행동양식을 어른은 불신이나 염려 또는 우려의 눈으로 보지만, 젊은이들이 갖고 있는 나름의 성실함으로 볼 수도 있다.[8] 작가 아사이 료(朝井リョウ)는 이를 '보험'에 비유하며 긍정적으로 본다. 하나의 캐릭터가 실패해도 다른 캐릭터가 남아 있다고 생각하는 게 낫다는 뜻에서다.[9]

> 아이가 자신을 연기한다는 것을 눈치 챈 부모나 어른은 자신의 기대에 어긋난다는 생각을 하기도 한다. 그러나 가까스로 균형이 맞는 상태에서 성립하는 것이 어린이의 세계다 (《아사히신문》, 2011년 1월 29일 조간).

아마도 '가까스로 균형이 맞는 상태에서 성립하는' 것은 어린이의 세계만은 아닐 것이다. 젊은이들은 성실함을 가능한 한 유지하면서 현대사회를 살아가기 위해 캐릭터라는 존재 방식을 선택한 것이다. 그런 의미에서 캐릭터에는 자아가 다원화하는 가운데 지니게 되는 윤리성이 내포돼 있다고 볼 수 있다.

---

[8] 물론 걱정이나 우려에는 나름의 근거가 있을 것이다. 예를 들어, 스즈키 겐은 이른바 스쿨 카스트(학교 학급 내의 인간관계에서 보이는 서열)에서 이동이 발생할 때 본인이 원하지 않는 캐릭터를 연기하도록 강요받을 가능성이 있다고 지적한다(鈴木, 2012).

[9] 덧붙이면, 히라노 게이치로도 분인주의가 가지는 하나의 장점으로 리스크 헤지를 들며(平野, 2012), 비평가 사사키 아쓰시도 단일한 정체성에 갇혀 있는 괴로움에서 벗어나는 방법으로 다중인격을 장려한다(佐々木, 2011). 이러한 사고방식의 배후에는 통합된 정체성을 가지고 살아가는 편이 오히려 위험하다는 판단이 엿보인다. 게다가 그 위험은 경제적인 것에 그치지 않고, 타인이나 자기를 대면할 때 근본적으로 어떠한 태도를 취하는가와도 관련되므로 윤리적인 문제이기도 하다.

출발점으로서 다원적 자아

이 글에서는 세 가지 관점, 즉 경제적·정치적·윤리적 측면에서 자아의 다원성에 대한 부정적 평가를 재검토했다. 어느 관점에서 살펴봐도 부정적인 평가를 뒷받침할 제대로 된 근거는 없었다. 그렇다고 해서 다원적인 자아를 무조건 긍정적으로 봐야 한다는 말은 아니다. 적어도 성급하게 비판하기보다는 좀 더 신중히 살펴보는 자세가 필요하다. 이 점을 확인한 후 다음의 물음을 살펴보자.

젊은이란 누구를 말하는가. 이 물음에 젊은이들은 대답하기 어려워할 것이다. 도리어 '누구'란 어떤 관계에 놓여 있느냐고 물을 것이다. 젊은이들은 각각의 구체적인 관계에 맞춰 자아를 형성하고, 제시하고, 확인하고, 실감하며, 때로는 조정하거나 재구성한다. 각각의 구체적인 관계에 맞춰 생겨나는 자아는 어긋남이나 모순을 보일 때도 있겠지만, 나름대로 '진정한 자신'이다. 그러한 자아에게 '당신은 누구인가'라고 묻는 것은 전혀 충분하지 않다. 이러한 질문을 받은 젊은이는 곧잘 대체 어떤 관계 속에서의 자신을 묻는 것인가라는 의문을 품게 될 것이다.

어른의 눈에 비친 한 집단으로서의 젊은이의 정체성에 대해서도 같은 말을 할 수 있다. 젊은이란 누구인가라고 물었을 때, 그 대답으로 돌아오는 것은 대체 어느 젊은이를 말하는가라는 또 하나의 물음일 것이다. 생각해보면 어느 시기까지는 젊은이를 하나의 집단으로 파악할 수 있었다. 그렇게 할 수 있었던 것은 그들의 생애주기나 삶의 방식이 비슷한 형태로 표준화되어 있었기 때문이다. 어떻게 살 것인가라는 데 대해 선택의 여지가 적은 상황에서는 그들을 한 집단으로 다루어도 별로 문제가 될 게 없을 것이다. 그런 의미에서 젊은이라는 정체성은 제2차 세계대전 이후 어느 시기에 성립된 안정적인 여러 제도의 결과이다.

1980년대에 진전된 소비사회화로 젊은이들의 삶의 방식은 다양해졌으며, 1990년대에 들어서는 '섬우주화'[10]라고까지 할 정도가 되었다. 또한 1990년대 이후에는 사회·경제적 변동에 따라 취직과 결혼 등 인생의 전환점으로의 이행이 예전처럼 원활하지 않으며, 그 시기도 사람마다 상당히 차이가 나게 되었다. 이로 인해 젊은이를 단일한 집단으로 보기 어려워졌다. 남성인가 여성인가, 대도시에 사는가 지방에 사는가, '정사원'인가 아르바이트 직원인가 등의 차이 때문에 젊은이들을 한 마디로 말하기 어렵다.

게다가 이러한 변화 속에서 젊은이의 행동방식이 문맥에 따라 바뀌게 됐다. 이로 인해 젊은이들이 누구인가에 대한 전망이 더욱 불투명해졌다. 어떠한 문맥에 놓여 있는가는 젊은이마다 다를 것이며, 문맥에 따른 대응 방식도 늘 같지 않을 것이기 때문이다. 그렇기에 젊은이란 누구인가라는 물음만으로는 부족하다.

어른들은 이러한 변화를 알아채지 못하고 과거의 잔상을 참조하면서 다원성을 정체성의 상실로 이해해왔다. 이는 두 가지 의미에서 잘못됐다. 첫째, 종종 젊은이들이 잃어버린 것으로 생각되는 에릭슨과 같은 시각의 통합된 정체성은 과거에도 없었다. 따라서 예전의 젊은이가 통합된 정체성을 갖고 있었다고 보는 것은 무언가를 잃어버렸다는 현재의 통절한 실감이 과거를 향해 투사된 일종의 '이상(또는 가상)'에 지나지 않는다. 실제로 잃어버린 것은 각 문맥에 따른 행동방식의 차이를 총체적

---

10 사회학자 미야다이 신지(宮台真司)가 제시한 개념으로, 젊은이들의 문화가 같은 관심과 가치관을 지닌 사람들끼리 세분화된 형태로 형성돼 있는 상태를 일컫는다(宮台, 1994).

으로 조망할 수 있는 '장'이다. 둘째, 다원성이란 통합의 '상실'이 아니라 통합과 마찬가지로 현실 사회에 대한 적극적인 적응방식이라는 것을 어른들은 읽어내지 못했다. 물론 이 글에서 살펴본 대로 다원화된 자아의 존재 형태에 대해 여러 가지 문제점을 지적할 수 있다. 그렇지만 '장'에 포섭된 정체성 또는 에릭슨이 분류하는 형태의 정체성에 대해서도 같은 문제점을 지적할 수 있다. 요컨대, 몇 가지 문제가 있겠으나, 오늘날의 사회에 적응하기 위한 자아의 형태라는 점에서 통합된 자아와 다원화된 자아는 동등한 것이다.

혹시나 해서 말해두겠는데, 자아가 다원화되면 전혀 문제없다는 것은 아니며, 자아의 존재 형태를 둘러싼 현재 상황을 모두 긍정적으로 봐야 한다는 것도 아니다. 반복해서 말하지만, 사회에 대한 어떠한 적응방식에도 문제점이 있기 마련이며, 다원적 자아도 예외는 아니다. 이 글에서 지적하고자 하는 것은 다원성을 바탕으로 적응할 것을 요구하는 이 사회의 모습을 비판적으로 보더라도, 지금 많은 젊은이가 선택하는 자아의 존재 형태를 전면적으로 부정하고 논의를 시작하는 것은 비현실적이라는 점이다. 새로운 자아의 존재 형태를 모색한다고 해도 그 발판이나 가능성을 지금 존재하는 것 속에서 발견해야 하지 않을까. 다원적 자아니까 좋다거나 다원적 자아니까 나쁘다는 것이 아니라 더 좋은 삶의 방식, 보다 살기 좋은 사회를 모색하기 위한 발판이나 단서로 얼마나 유용하게 활용할 수 있느냐가 중요하다. 이러한 발판이나 단서의 소재를 떠올리는 데 도움이 된다면 젊은이란 누구인가라는 물음을 던지는 것에 나름의 의의가 있을 것이다.

::참고문헌

宮台真司, 1994, 『制服少女たちの選択』, 講談社.

Granovetter, Mark, 2006, 「弱い渋滞の強さ」, 大岡栄美 訳, 野沢慎司 編, 『リーディングス ネットワーク論』, 勁草書房.

Giddens, Anthony, 2005, 『モダニティと自己アイデンティティ: 後期近代における自己と社会』, 秋吉美都・安藤太郎・筒井淳也 訳, ハーベスト社.

大野更紗・川口有美子, 2012, 「生きのびるための女子会」, 《現代思想》, 2012年6月号, 青土社.

鈴木健, 2013, 『なめらかな社会とその敵: PICSY・分人民主主義・構成的社会契約論』, 講談社.

牧野智和, 2012, 『自己啓発の時代: '自己'の文化社会学的探究』, 勁草書房.

Bauman, Zygmunt, 2007, 『アイデンティティ』, 伊藤茂 訳, 日本経済評論社.

Sennett, Richard, 1999, *The Corrosion of Character: The Personal Consequences of Work in the New Capitalism*, New York: W. W. Norton &Company.(『신자유주의와 인간성의 파괴』, 조용 역, 문예출판사, 2002).

森真一, 2005, 『日本はなぜ諍いの多い国になったのか: 'マナー神経症'の時代』, 中央公論新社.

岩木秀夫, 2004, 『ゆとり教育から個性浪費社会へ』, ちくま新書.

Erikson, Erik Homburger, 1979, 『歴史のなかのアイデンティティ: ジェファソンと現代』, 五十嵐武士 訳, みすず書房.

佐々木敦, 2011, 『道との遭遇―無限のセカイと有限のワタシ』, 筑摩書房.

池田謙一 編, 2005, 『インターネット・コミュニティと日常世界』, 誠信書房.

浅野智彦, 2013, 『'若者'とは誰か: アイデンティティの30年』, 河出書房新社.

平野啓一郎, 2012, 『私とは何か: '個人'から'分人'へ』, 講談社.

Cote, James and Charles Levine, 2002, *Identity Formation, Agency, and Culture*, Lawrence Earlbaum Associates.

2
왜 철도 오타쿠인가: 상상력의 사회사*

쓰지 이즈미(辻泉)
주오대학(中央大学) 문학부 교수

철도 오타쿠란 무엇인가

남학교 문화의 최하층

수많은 오타쿠 중에 '철도 오타쿠'라 불리는 사람들이 있다.[1] 이 글의 목적은 철도 오타쿠의 역사를 짚어봄으로써 일본 오타쿠 문화의 변천을

---

* 이 글은 『오타쿠적인 상상력의 한계: 〈역사·공간·교류〉로 묻는다(オタク的想像力のリミット：〈歴史·空間·交流〉から問う)』(2014), 지쿠마쇼보(筑摩書房), 63~95쪽에 실린 「제2장 왜 철도 오타쿠인가: '상상력'의 사회사(なぜ鉄道オタクなのか：「想像力」の社会史)」를 번역한 것이다.
1 철도 오타쿠 내에도 몇 가지 장르가 존재한다. 대표적인 것이 철도 모형, 사진 촬영, 여행, 표 등의 수집이다. 참고로, 오타쿠란 자신의 관심사나 취미에 지나치게 빠져 있는 사람들을 일컫는다. 애니메이션, 만화, 컴퓨터 게임 등의 애호가가 대표적인데, 이러한 취미에 혼자서 몰두해 있는 시간이 많아 사회성과 사교성이 떨어지는 것이 문제로 지적되기도 한다.(참고로 이하, 옮긴이주)

이해하는 데 있다. 오타쿠의 원형 중 하나가 철도 오타쿠이므로 그 역사를 살펴보는 것은 오타쿠 문화의 역사를 이해하는 지름길이 될 것이다. 또한 다른 남성 오타쿠 문화의 변천을 이해하는 데에도 도움이 될 것이다. 철도 오타쿠는 그만큼 오랜 역사를 지니고 있는데, 그 원류는 제2차 세계대전 이전에 형성됐다.

오타쿠 문화에 대한 기존의 논의는 애니메이션이나 만화, 게임 등과 같이 허구에 관심을 두는 사람들에 초점을 맞춘 것이었다. 오타쿠라 할 때 대표적으로 '모에오타'라고 불리는, 미소녀 캐릭터와 같은 허구적 인물과의 관계에 강한 망상을 품는 사람들[2]이 떠오른다. 그에 비해 철도 오타쿠는 '경파(硬派)'로 보이는데, 관심의 대상이 현실에 존재하는 철도라는 사물이기 때문이다. 그러나 철도 오타쿠가 현실 사회와 밀접한 관계를 맺고 있는 것은 아니다. 그들 중에는 대인관계를 어려워하며 여성과 교제한 적이 없는 사람이 압도적으로 많다. 때문에 철도 오타쿠는 남성 문화의 최하층에 놓이기 일쑤다.

필자 자신도 어린 시절부터 철도 오타쿠였는데, 중고일관제[3] 남학교 시절에 항상 '스쿨 카스트'[4]의 최하층에 머무를 수밖에 없었다. 남학교 문화에서는 무엇보다도 여성에게 인기 있는 학생이 최상층을 차지하며(대

2 '모에'란 애니메이션, 만화, 게임의 등장인물에게 애정을 느끼는 행위를 말하는 속어인데, 이렇게 애정을 느끼는 등장인물에 대해 상당히 강한 관심을 갖는 사람을 '모에오타'라고 한다.(옮긴이주)
3 중학교와 고등학교 과정을 통합해 6년제로 운영되는 교육 시스템.(옮긴이주)
4 학생들 사이에서 생겨난 인기 서열을 인도의 신분제인 카스트에 빗대어 표현한 속어로, 학교 문화와 집단 따돌림에 대한 논의에서 사용될 정도로 어느 정도 정착된 개념이다. 서열을 정하는 기준으로 연애 경험이나 외모, 패션 센스 등과 함께 무슨 동아리에서 활동하는가도 중요시된다. 운동 관련 동아리는 최상층에, 문화 관계 동아리는 최하층에 속한다고 한다.(옮긴이주)

부분은 운동 동아리 소속이다), 그보다 한참 아래쪽에 허구의 여성과 관계를 가지는 자들, 앞서 언급한 모에오타가 있다. 그리고 현실과 허구 어디에도 깊이 발을 들여놓지 않는 어중간한 존재인 철도 오타쿠가 최하층에 놓인다.[5]

오타쿠 문화의 원형

오늘날에도 철도의 인기가 뿌리 깊은 것은 무엇 때문일까? 몇 가지 이유가 있는데, 하나는 역사가 오래됐다는 점이다. 구제중학교(旧制中学校)[6]의 흐름을 이어받은 중고일관제 남학교나 명문이라 불리는 대학교에는 거의 철도연구회라는 동아리가 있다.[7] 이들 중 대부분은 제2차 세계대전 종전 직후부터 늦어도 고도 성장기 이전에 창설됐다. 그중 하나인 게이오기주쿠(慶應義塾)대학 철도연구회는 1934년에 창설됐다. 전쟁 중에 활동이 중단됐지만, 현존하는 가장 오래된 철도연구회로 알려져 있다. 또 다른 이유로 많은 남성이 어린 시절에 한 번쯤 철도에 관심을 가지게 되는 것을 들 수 있다. 그들 모두가 철도 오타쿠가 되지는 않겠지만 백화점 등에서 철도 장난감은 전형적인 남아 대상 완구 품목 중 하나다.

---

5   이러한 어중간함에 대해 문화인류학자 우카이 마사키(鵜飼正樹)는 철도 오타쿠의 세계를 '기묘하게 전도된 남성의 낙원'이라 부른다. 언뜻 보기에 그들은 남성답기는커녕 나약하며 상냥한 사람으로 보이지만, 관심이 있는 대상에 대한 수집욕과 지적으로 우월하고자 하는 성향은 남들보다 훨씬 강하다. 말하자면 겉보기에는 전혀 남성답지 않지만, 그 이면에 매우 강한 남성다움이 보인다는 기묘함이 철도 오타쿠의 특징이라는 것이다(鵜飼, 1999).

6   1947년 학교교육법 개정 전에 남성을 대상으로 중등교육을 시행한 학교 중의 하나.(옮긴이주)

7   마찬가지로 미국에도 명문이라 부르는 대학교에 철도 관련 동아리나 클럽이 있는 경우가 많다. 예를 들면, 해커 문화의 원류를 추적한 레비(Steven Levy)의 《해커스》서두에는 1950년대 매사추세츠공과대학 철도모형클럽의 모습이 상세히 기술돼 있다(Levy, 1987).

여기에서 잠깐, 일본 오타쿠 문화의 역사를 이해하기 위해 왜 철도에 주목하는가, 왜 철도 오타쿠를 다루는가라는 물음에 답하자면, 역사가 오래되어 연구 대상으로서 이점이 있을 뿐만 아니라 지금도 여전히 철도 오타쿠의 행동에서 오타쿠 문화의 원형을 찾아볼 수 있기 때문이다. 어느 시기까지는 분명 오타쿠 문화의 특징이자 원형에 해당하는 실재하지 않는 것에 관심을 가지는 행동은 주위 사람들에게 멸시를 당하는 원인이었다. 그런데 언제부터인가 갑자기 오타쿠 문화가 각광을 받기 시작했다. 그 이유는 현실과 허구 사이의 우열이 약해졌기 때문으로 생각된다.

이 글에서는 실재하지 않는 것에 관심을 가지는 행동을 '상상력의 문화'라 부르고자 한다. 이는 여러 오타쿠 문화에서 볼 수 있는 공통적인 특징이다. 완전히 허구적인 캐릭터에 강한 관심을 보이는 모에오타는 그러한 행동이 더 분명하게 나타나는 경우이며, 그에 비해 철도 오타쿠는 어중간한 경우로 볼 수 있을 것이다.

'상상력의 미디어' 로서의 철도

현실을 넘어선 것에 관심을 가지는 행동에는 더 오랜 역사가 있다. 상당 기간 이 역사를 이끌어온 것은 젊은 남성들이었다. 주로 이과 학생에게서 보이는 풍부한 상상력은 어느 시대까지는 남성다움의 상징이었다.[8] 후에 서술하겠지만, 소년이라는 범주 자체가 현실을 넘어서려는 상

---

8   이 점은 일본이 후발 근대화 사회라는 것과 깊이 관련돼 있다. 서양의 선진 근대 사회를 '따라잡아 추월하는' 것을 목표로 삼은 사회에서 과학기술의 급속한 발전은 지상명령이었으며, 거기에 남성다움이 할당됐다고도 할 수 있다. 이렇게 일본 사회의 후발 근대화와 철도 취미가 남성에 치우쳐 있는 것에 대해서는 쓰지(辻, 2009)에서 검토했다. 또한 이러한 사회에서 보이는 남자다움의 특징에 대해서는 일본과 마찬가지로 후발 근대화 국가인 독일의 사례를 검토한 모세(Mosse, 2005) 등의 저서를 참고했다.

상력을 가진 존재로서 탄생했다. 철도는 오랫동안 현실과 그 너머를 잇는 가교로 여겨졌다. 그 이유로 사회학자 미타 무네스케(見田宗介)는 철도가 상상력의 미디어라는 점을 든다. "밖에 있으면서도 안에 있는 것, 안에 있으면서도 밖에 있는 것"(見田, 2000: 11)이라는 지적에서 알 수 있듯이, 철도는 (강한) 양의성의 미디어다. 일상에 기반을 두고 있으나 비일상도 느끼게 한다.[9] 출발역은 분명 지금/여기라는 일상생활을 토대로 하나, 자기가 아직 가본 적이 없는 어딘가에 있는 역에 언젠가 도착할 것이라는 상상의 나래를 펼치게 된다.[10]

그렇다면 철도는 언제부터 상상력의 미디어가 되었으며, 소년들과 관계를 맺기 시작했을까? 그 상상력은 어떻게 변해왔으며, 소년들은 언제부터 오타쿠가 되었을까?

철도 소년의 탄생

후발 근대 사회의 소년들

이전 시대의 소년들은 어떤 사물을 통해 현실을 넘어서는 상상을 펼

---

9 미타는 이렇게 지적하면서, 민속학자 야나기다 구니오(柳田国男)의 『메이지다이쇼사 세상편(明治大正史世相篇)』에서 다음 구절을 인용하고 있다. "그에 다시 익숙해지면 다시 어떠한 기분으로 바뀔지 예상하기 어렵지만, 어쨌든 이 섬나라에는 곳곳의 큰 강을 제외하면 이렇게 눈부신 한 줄기의 빛처럼 한없이 사람의 상상을 이끌어 가는 것은 없었다"(柳田, 1963: 214). 여기에서 '그'는 철도를 말하는데, 철도가 인간의 상상과 강하게 결부된 미디어였음을 엿볼 수 있다.

10 철도 외에도 미디어가 되는 교통수단은 여럿 있지만, 이 점은 특히 철도에서만 보이는 특징이라 할 수 있다. 자동차의 특징은 특히 자가용차에서 뚜렷이 나타나는데, 공적으로 정해진 출발지와 목적지가 있는 게 아니라 어디까지나 일상적인 '독실 공간'이 이동하는 것에 다름없다고 볼 수 있다.

쳤다. 아마도 시대 상황 때문에 그렇게 할 수밖에 없었을 것이다. 메이지 시대[11] 이래 일본 사회는 근대화의 후발 주자로서 유럽과 미국의 선진 사회를 따라잡기 위해 노력해왔다. 소년들은 현실을 뛰어넘는 목표를 끊임없이 추구하도록 요구받았다. 이 목표는 시대에 따라 유럽과 미국의 선진 사회 또는 미래 사회로 바뀌었다. 이러한 상황에서 소년은 자신의 정체성을 형성해왔다.

철도는 오랫동안 상상력의 미디어로 자리했으나, 이는 필연적인 것이 아니다. 사회가 수차례 변화하는 가운데 결과적으로 철도가 그러한 위치를 차지한 것에 불과하다. 철도 소년이라는 존재가 부상한 것은 대략 다이쇼 시대 말[12]부터 쇼와 시대 초[13]에 걸친 시기다. 이때 이른바 철도 소년이 본격적으로 탄생한 것으로 생각되는데, 그 이전의 역사부터 먼저 살펴보겠다.

'공상의 미디어' 로서의 기차와 과학 모형

먼저 일본에서 철도가 어떻게 탄생했는지를 살펴보자. 일반적으로 일본에서 철도는 1872년 신바시요코하마 구간에서 처음 개통된 것으로 알려져 있다. 그러나 그 이전에도 철도가 있었다. 1853년 내항한 러시아인 푸탸틴(Vasilyevich Putyatin)[14]이 선상에서 움직이는 증기기관차 모형

---

11   1868~1912년.(옮긴이주)
12   1920년대 초·중반. 다이쇼 시대는 1912년 7월 30일부터 1926년 12월 25일까지다.(옮긴이주)
13   1920년대 중·후반. 쇼와 시대는 1926년 12월 25일부터 1989년 1월 7일까지다.(옮긴이주)
14   푸탸틴(Yevfimy Vasilyevich Putyatin)은 제정러시아의 해군이자 정치가로 에도 막부와 접촉해 러일수호조약 체결에 관여했다.(옮긴이주)

을 선보였으며, 이듬해 내항한 미국의 페리(Matthew Perry)는 증기기관차와 객차 모형 일체를 쇼군에게 헌상한 것으로 알려져 있다. 그다음 해인 1855년에는 푸탸틴의 모형에 자극을 받아 사가번(佐賀藩) 세이렌카타(精鍊方)[15]의 나카무라 기스케(中村 奇輔) 등이 일본 최초로 증기기관차 모형을 제작했다(〈그림 1〉).

지금 시점에서 보면 이 모형은 복제품에 지나지 않을 것이다. 그렇지만 아직 실물이 존재하지 않았던 시대의 모형을 오늘날과 같은 의미로 볼 수 있을까. 이 모형이 있었기에 철도가 상상력의 미디어가 된 것이 아닐까. 모형은 현실 너머로 상상력을 발휘하게 되는 사물이었을 것이다. 그렇다면 일본 사회에서 철도의 탄생은 신바시-요코하마 개통에 앞서

그림 1 사가번의 나카무라 기스케 등이 제작한 증기기관차 모형(철도박물관 소장 복제품: 필자 촬영)

15 에도 시대의 과학기술 연구기관. 철강·대포 등의 무기, 증기기관·전신·유리 등의 연구·개발·생산이 이뤄졌다.(옮긴이주)

이 모형에서 시작됐다고 할 수 있지 않을까. 모형은 철도 소년이 등장하는 주된 계기였으며, 오늘날에도 철도 오타쿠 사이에서 큰 위치를 차지하고 있다.

또한 중요한 것은 앞서 서술한 모형이 실은 철도 연구를 위해 만들어진 것이 아니었다는 점이다. 이에 대해 역사학자 하라다 가츠마사(原田勝正)는 "이 모형을 제작한 의도에는 기선 건조의 전제라는 내용이 포함"되어 있는데, "당시 국내 정세로 볼 때 군함 건조라는 군사 목적이 중심"으로 "그들의 본래 목적은 기선 쪽에 있었다"고 지적한다(原田, 1986: 4). 즉, 증기기관의 메커니즘을 해명하기 위해 모형이 제작되었다.

메이지 시대 이후 일본 사회에서 현실을 넘어서 도달해야 할 목표란 선진 구미 사회였으며, 상상력의 미디어의 꽃은 철도가 아니라 군함이었다. 군함은 일본 제국의 판도 확대 과정과 결부돼 있었는데, 특히 공간적 확대에 대한 상상력과 강하게 결부된 미디어였기에 '공상의 미디어'라 부를 수 있다. 쇼와 시대 초기에 이러한 공상 미디어의 꽃에 전투기가 추가된다. 당시 소년 잡지 등에서 육군보다 해군이 더 인기가 있었음을 알 수 있는데, 해군이 군함과 전투기를 많이 보유했기 때문일 것이다(原·関川, 2004).

그 무렵부터 군함·전투기 등과 마찬가지로 철도가 공상의 미디어로 소년들 사이에서 인기를 끌기 시작했다. 후일 '제1차 황금시대'라고 부르는 이 시기에 국내의 철도망이 거의 모습을 드러냈으며, 특급열차의 운행이 시작되었고 타이완과 만주에는 식민지 경영을 위한 철도가 놓였다. '오카죠키(陸蒸気)'라는 증기기관차의 속칭에서 알 수 있듯이, 철도는 증기선의 보조적 존재에 지나지 않았다. 그러나 메이지 시대 이후 '기차'라는 독립된 명칭이 정착되어갔다(宇田, 2007).

그림 2 《소년클럽(少年俱楽部)》의 부록이었던 대비행기(하늘을 나는 군함). 尾崎, 1997.

당시 초등학교 교과서를 봐도 공상의 미디어가 소재로 빈번히 다뤄졌음을 알 수 있는데(宇田, 2007: 鷹野, 2006), 그보다 더욱 상징적인 미디어는 소년 대상 과학 잡지였다. 그중 대표적인 것이 《어린이의 과학(子供の科学)》(1924년 창간)으로 지금까지 간행되고 있다. 기사 중에 특히 독자의 관심이 높았던 것은 모형 제작 관련 기사였는데, 스스로 교통수단을 만들 것을 설파하는 내용이었다. 소년들은 그때까지 일본 사회에 없었던 공상의 미디어를 자신의 힘으로 '상상=창조'하는 것에 열중했다. 또한 그 무렵 공상의 미디어를 통해 소년들이 미개척지로 나아가 크게 활약하는 모습을 그린 공상과학소설이 인기를 끌었다(二上, 1978: 西, 1997: 尾崎, 1997: 佐藤, 1993: 山中·山本, 1985: 橫田, 1986).

《어린이의 과학》 창간호에는 이미 철도에 관한 기사가 게재됐으며(子供の科学編集部編, 1987), 1929년에는 최초로 전문지 《철도(鉄道)》가 창간되었다. 이 잡지의 창간인은 《어린이의 과학》 주최 '제1회 모형 나라 전람회'에 자기가 직접 만든 기관차를 출품해 최우수상을 받은 사람이었다

(青木, 2001). 이렇게 해서 이 무렵에 모형을 중심으로 철도 소년의 본격적인 탄생이 준비됐다고 할 수 있다. 이로부터 '공상(의 미디어) 시대'는 대일본제국이라는 후발 근대화 사회의 군국 소년을 사로잡았다고 할 수 있다. 오늘날 철도 오타쿠와 군사 오타쿠는 다른 집단이지만, 그 출발점에서는 양쪽이 실제로 중첩돼 있었다.

이 시대의 특징을 한 가지 더 들면, 당시에는 지금과는 달리 완성품이 부족했기 때문에 소년들이 자체 제작 모형(당시의 일반적인 명칭은 '과학 모형')에 관심을 보였다는 점이다. 당시에 '모델 엔지니어링'이라는 말이 있었는데, 그 목적은 오늘날의 모형처럼 실물을 복제하는 것이 아니라 "오히려 실물에 한발 앞서 실물에 시사점을 제공할 정도로 독창성을 발휘"하는 것이었다(山北藤一郎, 『高級電氣機關車のつくり方』, 「第一章 模型電氣機關車」에서 인용).[16] 요컨대, 당시 소년들은 공상의 미디어, 즉 군함과 전투기·기차 등 일상에서 접할 수 없는 사물을 자신의 손으로 '상상=창조'했다.

철도에 대한 관심은 제2차 세계대전 패전 후에 더욱 높아지는데, 그 주역은 전쟁 전에 태어난 군국 소년들이었다. 지금도 활약하는 이들 중 대부분은 군함과 비행기를 철도와 마찬가지로 또는 그 이상으로 좋아했다고 한다. 예를 들어, 패전 후인 1953년 게이오기주쿠대학 철도연구회를 부활시켰던 인물(1931년생)은 자신의 저서에서 기차의 매력에 대해 다음과 같이 말한다. (이후 본문에서 필자가 2005년 3월부터 2007년 9월까지 10대부터

---

16 그 방증으로 이후 《모형철도》라는 이름의 잡지를 들 수 있다. 이 잡지는 1936년에 카와이모델스토어(후일 카와이모델)가 모형 상품 선전을 겸해서 창간했다. 지금은 '철도모형'이라는 말이 일반적으로 사용되지만, 그에 앞서 '모형'이라는 말을 쓴 이 잡지 이름에서 당시 모형이 어떠한 방식으로 존재했는지를 엿볼 수 있다. 또한 인용한 야마키타의 문서는 그 후 복각판(山北, 2003)에는 게재되지 않았기 때문에 본론에 상세한 서지정보를 표기했다.

70대까지의 철도 팬 49명을 대상으로 진행한 면접 조사와 이를 통해 얻은 자료를 인용한다.)[17]

속도, 힘, 견고함, 내부 구조가 드러나는 기계 등의 이유에서 인간이 동경하는 대상이었다고 할까. 특히 경험한 사람들의 뇌리에서 떠나지를 않는다. 중후하고 장대한 전함, 기민한 움직임을 보이는 프로펠러 시대의 전투기 등과도 겹치는 남자의 매력일지도 모른다(齊藤, 2007: 457).

기차는 단지 수송수단만은 아니다. 먼 미지의 땅에 대한 동경과 기쁨, 그리고 슬픔 등의 추억이 석탄의 냄새나 레일 조인트의 리듬에 녹아들어가

---

[17] 면접 조사의 상세한 사항은 다음과 같다. 가능한 열성적인 대상자를 선정할 수 있도록 주로 철도 관련 단체(연구회, 동호회 등)에 소속된 사람이나 철도 관련 직업에 종사하는 사람(철도회사 근무자, 철도 잡지 편집자, 철도 모형점 운영자, 철도 관련 웹사이트 관리자 등)을 대상으로 각 단체에 협력을 의뢰한 후 누적표본추출(snowball sampling)을 했다. 조사 기간은 2005년 3월부터 2007년 9월까지다. 주로 한 번에 두세 시간(길게는 대여섯 시간), 기본적으로는 일대일(때에 따라서는 두세 명의 집단 면접)로 모든 대상자에게 공통된 질문 항목을 포함하는 반구조화된 면접을 했다. 주된 항목으로는 본인의 속성과 철도 팬으로서 생애사 등이다. 이번에 협력을 의뢰한 여러 단체 및 선정된 대상자의 수와 연령대는 아래와 같다. 더 자세한 내용은 쓰지(辻, 2008)를 참고.
협력을 의뢰한 주된 단체. ① 데츠켄미타카이(鉄研三田会, 게이오기쥬쿠대학 철도연구회 OB회), ② 우와지마(宇和島) 철도애호회(에히메현 소재 철도연구회), ③ 낮은 산을 오르는 모임(도쿄도 소재 철도여 행 및 등산 동호회), ④ 철도포럼(일본 최대 철도 관련 웹사이트), ⑤ 레일 숍 미나미카제(고치현 소재 철도모형전문점), ⑥ JR계열 한 회사, ⑦ 도쿄도 내 중고일관사립남자진학교 K 중학·고교 철도연구회. 대상자의 요망에 따라 단체명과 개인의 이름을 밝히지 않거나 이니셜 또는 가명으로 표기했다.
대상자의 연령별 수(총 49명). 10대 이하 20명, 20~30대 4명, 40~50대 6명, 60대 이상 19명.

마음속 깊은 곳에 언제까지나 깊이 남는다. 또한 강철 덩어리에 지나지 않음에도 헐떡거리며 언덕길을 오르는 모습이나 약동하는 로드 등을 보면 생물과 같이 감정이 교차하는 듯하다. 단순한 기계를 넘어선 존재다(齊藤, 1996: "まえがき").

둘 다 '동경'이라는 말이 포함된 것에서 기차가 단지 수송수단뿐만 아니라 먼 미지의 땅으로의 공간적 확대를 뒷받침하는 '상상력의 미디어'였음을 다시금 확인할 수 있다.[18] 요컨대, 군국 소년들의 '공상의 시

그림 3 증기기관차 모형을 타는 소년. 1941년경. 石坂(2000)의 표지.

18 이에 대해 사회학자 와카바야시 미키오(若林幹夫)는 일본 근대 소설에 철도가 많이 등장함을 지적한다. 나츠메 소세키의 《산시로(三四郎)》에서 보이는 도쿄를 중심으로 나고야, 교토를 거쳐 규슈에 이르는 국토 공간, 게다가 그 너머에는 대륙이 자리하는 제국의 공간적 확대가 당시 일본 사회에서 철도라는 매체를 통해 지각돼 있었다고 와카바야시는 말한다. 즉, 공간의 지각에 주로 연관돼 있었던 것이 '기차'였다(若林, 2002).

대'란 철도로 말하면 '기차의 시대'였다고 할 수 있을 것이다.

패전이라는 전환점

다음으로 패전이 어떠한 결과를 초래했는지 살펴보자. 1955년 도쿄대 철도연구회 창설 당시 중심 멤버였던 인물(1934년생)은 자신의 저서에서 다음과 같이 말한다.

제2차 세계대전 중에 군사주의 교육을 받으며 성장한 소년으로서 군함과 비행기도 철도와 마찬가지로 좋아했다. 1945년 패전으로 일본 육군도 해군도 없어져…그리고 남은 것이 철도였다(和久田, 1993: "はじめに").

그림 4 제2차 세계대전 후 《과학과 모형》 1947년 2·3월호 차례.

이 증언은 앞서 기술한 과학 잡지의 변화를 통해 더 잘 이해할 수 있다. 〈그림 4〉는 《어린이의 과학》과 마찬가지로 인기를 끈 《과학과 모형》의 패전 후 각 호의 목차를 보여주는데, 군함과 전투기가 완전히 모습을 감추고 마치 철도 전문잡지처럼 바뀌었음을 알 수 있다. 패전 후 군함과 전투기는 더는 꽃이 아니게 됐다. 그 결과로 남은 상상력의 미디어는 철도였다.

그러나 여기에서 중요한 것은 단지 미디어의 수가 줄어든 것만이 아니다. 질적 변화도 생겼다. 메이지 시대 이후의 슬로건인 '부국강병'이 사라지고 '식산흥업(殖産興業)'으로의 특화가 진행됐다. 식민지를 잃고 군대가 해체되자 소년들의 상상력은 공간적 확대가 아니라 '미래 사회'라는 시간적 개념으로 확대될 수밖에 없었다. 이렇게 철도는 결과적으로 '상상력의 미디어'의 꽃으로 자리매김했으며, 동시에 '공상의 미디어'로서의 기차에서 '몽상의 미디어'로서의 전차로 중심이 옮겨졌다.

'몽상의 미디어' 로서의 전차와 플라스틱 모델

전차는 메이지 시대부터 이미 일본 사회에 있었지만, 오랫동안 시내 교통수단으로만 활용됐다. 장거리 이동수단은 주로 기차였다. 패전 후 국철의 전력화 및 가속화가 진행됐다. 철도망은 이미 전국적으로 거의 완성된 상태였다. 따라서 이러한 변화는 공간적 확대가 진전된 것이라기보다는 기존의 철도망이 향상된 것에 가까웠다. 이 시기는 일본 철도의 '제2차 황금시대'라 불렸다.

수로 보면 아직 기차가 많았지만, 소년들에게 인기를 끈 것은 전차였다. 가장 상징적인 것은 1964년에 개통된 신칸센이었다.[19] 당시 '꿈의 초특급'이라고 불린 신칸센은 전후 복구 후 기적적인 고도 성장을 달성한

---

19 정확히 말하면, 신칸센의 개통 시에는 이미 제2차 황금시대가 지나갔으며, 자동차화가 진행되는 가운데 사양화가 시작됐다. 개통된 해부터 국철은 적자였으며 그 후 회복하지 못했다.

그림 5 신칸센과 모노레일(그림. 木村定夫). 関田, 2007: 62.

사회의 상징, 즉 미래로의 꿈의 상징이었다. 명칭에서 드러나듯, 기존의 간선과 함께 운영된 신칸센은 레일 폭이 달랐기 때문에 재래선과 상호 진입이 불가능했다. 이에 따라 공간적인 확대가 한정된 가운데 가속화가 이뤄져 기존의 철도를 향상시킨 것과 같았다. 즉, 미래로의 시간적 확대로 특화된 '상상력의 미디어'가 신칸센이었으며, 이렇게 신칸센으로 상징되는 전차를 '몽상의 미디어'라 할 수 있다.[20]

게다가 이 무렵은 앞선 시대와 비교할 때 실물이 모형을 능가해가는 시대이기도 했다. 잡지로 말하면, 자체 제작 모형을 중심으로 한 과학 잡지에서 실물 사진을 중심으로 한 철도 잡지로 주류가 바뀌었다. 철도 잡지 중에서 현재 최대 발행 부수를 자랑하는《철도팬》(〈그림 6〉)이 바로 이 시기에 창간됐다. 창간호의 표지를 특급전차의 컬러 사진이 장식했다는 것은 상징적이다. 이른바 '도리테쓰(撮り鉄)'라 불리는 철도의 실물 촬

20 〈그림 5〉에 제시된 모노레일은 동시대에 '미래의 탈 것'으로 주목받았으나, 기존의 철도와 연장 운행되지 못해 보급 공간이 한정돼 있었다는 점에서는 유사한 존재였다고 할 수 있다.

영을 중심으로 하는 애호 장르가 본격화되는 것도 이때부터였다.[21]

모형에 관해서는 디자인부터 제작까지 모두 스스로 하는 자유형 모형을 '상상=창조'하는 것이 아니라, 〈그림 7〉에서 보는 것처럼 실물을 모방한 키트나 플라스틱 조립 모형이 인기를 끌게 된다.[22] 철도 모형의 축척비는 자체 제작 시대에는 주로 O게이지(대략 1/45 축척비)로 대표되는 비교적 큰 축척비로 세부까지 신경을 써서 한 량의 기관차를 만들었다. 하지만 이 시대에는 대략 그 반에 해당하는 보다 간단한 HO게이지(대략 1/87 축척비)로 편성한 전차를 조립하는 것이 주류가 되었다.

이 시대에 하야카와쇼보(早川書房)의 미스터리 시리즈로 대표되는 미래사회를 그린 SF소설이

그림 6 《철도팬》(1961년 창간)

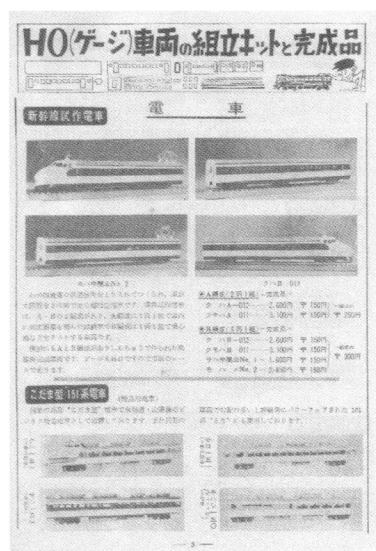

그림 7 HO 게이지 차량 조립 키트와 완성품
(《模型とラジオ》, 1964年増刊号: 3).

21 물론 카메라 성능이 좋아지면서 값도 싸진 것이 배경이 되었을 것으로 생각된다.
22 철도를 중심으로 다뤄왔는데, 오늘날에도 유명 제조사로 알려져 있는 다미야 모형이 플라스틱 모델을 발매하기 시작한 것도 이 시대부터이다.

왜 철도 오타쿠인가: 상상력의 사회사   273

인기를 끈 것도 중요한 배경으로 꼽을 수 있다. 요컨대 '몽상(의 미디어) 시대'란 소년들이 키트를 조립하고 사진을 찍으면서 미래 지향적인 꿈으로 상상력을 넓힌 시대였다. 이른바 고도 경제 성장기와 공상과학 소년의 시대였다고 할 수 있다. 또한 철도와 관련해서는, 앞선 시대의 소년들이 기차를 통해 미지의 땅에 대한 동경을 품었던 것과 달리 전차로 미래로의 꿈을 느끼는 '전차의 시대'였다.

미래 지향적인 '꿈'이라는 점에서 보면, 대다수는 그 후 PC 통신이나 인터넷 등 철도 외의 이른바 '뉴미디어'에도 적극적으로 관심을 나타냈다. 오늘날 일본 최대 규모의 회원 수를 자랑하는 '철도포럼(www.railforum.jp)'의 관리자를 맡았던 한 인물도 이 시대의 전형적인 소년 중 하나였다. 그는 대학을 졸업한 후 몇 년간 회사에서 근무하다가 퇴직 후 '철도포럼'의 운영을 맡게 되었으며, 지금은 관리자로 근무하고 있다. 철도를 좋아하게 된 계기는 바로 (앞의 〈그림 5〉에서 본 것과 같은) '제2차 황금 시대'의 꽃인 특급전차들 때문이었을 것이라고 한다. 초등학교에 입학한 1964년은 도쿄올림픽 개최와 함께 도카이도 신칸센(東海道新幹線)이 개통된 해인데, 당시를 회상하며 그는 엄청난 꿈을 가졌던 시대이자 철도가 최첨단 기술이던 시대였다고 말했다.

이 시대 소년 중 많은 수는 지금도 활동하고 있다. 앞선 시대의 소년들과 다른 것은 이른바 다쓰사라(脫サラ), 즉 샐러리맨을 그만두고 철도 취미 자체를 직업으로 삼는 사람들이 생기기 시작했다는 것이다. 미래 지향적인 장래 희망을 갖고 있으며, 취미를 직업으로 삼을 정도로 열심인 사람들이라는 의미에서 그들을 '겐오타쿠(原オタク)'(宮台, 1994) 또는 '제1세대 오타쿠'(東, 2001)라고 표현하는 논자들이 있을 정도다. 그러나 본격적인 오타쿠의 탄생, 오늘날과 공통된 특징을 지니는 오타쿠다운 오

타쿠의 등장은 그다음 시대를 기다려야 했다.

철도 오타쿠의 탄생

탈공업사회, 소비사회의 도래

오타쿠라는 말이 눈에 띄게 사용되기 시작한 것은 1980년대 이후의 일이다. '명명자'라 불리는 평론가 나카모리 아키오(中森明夫)는 잡지 《만가 부릿코(漫画ブリッコ)》 1983년 6월호부터 「오타쿠 연구」라는 기사를 연재해 그 존재를 세상에 알렸다. 기사에서 나카모리는 다음과 같이 말했다.

생각해보면 만화 팬이라든가 코믹 마켓[23] 말고도 있다. 애니메이션 영화 개봉 전날부터 줄 서서 기다리는 녀석, 블루트레인[24]을 자기가 뽐내는 카메라로 찍으려다 선로에서 열차에 치여 죽을 뻔한 녀석, 책장에 공상과학 잡지의 과월호와 하야카와쇼보(早川書房)에서 나온 긴제(金背)·긴제(銀背)[25]의 공상과학 소설 시리즈를 떡 하니 꽂아 두는 녀석이라든지, 마이컴숍[26]에서 어슬렁거리는 우유병 바닥처럼 두꺼운 렌즈로 된 안경을 낀 이과 소년, 아이돌 탤런트의 사인회에 새벽부터 가서 자리를 잡는 녀석…이런 사

---

23 코믹마켓준비회가 주최하는 일본 최대이자 세계 최대의 동인지 판매 행사인데, 이와 유사한 행사 전반을 가리키는 일반 명사가 아니라 고유 명사이다.(옮긴이주)
24 장거리 침대열차, 야간 급행열차의 애칭.(옮긴이주)
25 책등이 금색과 은색이라고 해서 붙여진 통칭.(옮긴이주)
26 마이크로의 '마이'와 컴퓨터의 '컴'을 따서 만든 말이다. 1980년대 이전에는 오늘날의 컴퓨터 가게에 해당하는 마이크로컴퓨터 가게가 있었다.(옮긴이주)

람들을 보통 마니아라던가 열광적인 팬이라던가, 기껏해야 네크라족(ネクラ族)[27]이라거나 뭔가로 부르는데, 아무리 생각해도 딱 들어맞지 않는다. 이런 사람들이나 이런 현상의 총체를 통틀어 가리키는 적절한 명칭이 아직 없다고 생각한다. 그래서 우리는 그들을 '오타쿠'라 명명했으며, 그 후 그렇게 부르기로 했다(中森, 2000: 133-134).

우선, "자기가 뽐내는 카메라로 찍으려다 선로에서 열차에 치여 죽을 뻔한 녀석"이라는 서술에서 철도 오타쿠가 이미 오타쿠에 포함돼 있었다는 것을 알 수 있다. 게다가 "마이컴 숍에서 어슬렁거리는 우유병 바닥처럼 두꺼운 렌즈로 된 안경을 낀 이과 소년," "책장에 공상과학 잡지의 과월호와 하야카와쇼보에서 나온 긴제·긴제의 공상과학소설 시리즈를 떡 하니 꽂아 두는 녀석"이라는 말에서 앞서 '공상의 시대'·'몽상의 시대' 소년들과 같은 행동도 이제는 오타쿠로 취급된다는 것을 알 수 있다. 또한 "애니메이션 영화 개봉 전날부터 줄 서서 기다리는 녀석", "아이돌 탤런트의 사인회에 새벽부터 가서 자리를 잡는 녀석" 등 허구에 관심을 두는 오타쿠도 등장해 실재하는 사물에 관심을 갖는 오타쿠와 함께 같은 선상에서 다뤄지고 있다.

그러면 철도에 관심을 두는 행위가 왜 오타쿠로 취급받게 되었는가. 그들 자체가 변화했기 때문이라기보다는 사회 변동으로 상상력을 발휘할 대상이 바뀔 수밖에 없었기 때문은 아닐까.

이 점에서 중요한 것은 1970년대 이후 일본 사회의 변화이다. 오타쿠라는 존재가 눈에 띄기 시작한 것은 1980년대인데, 그 배경이 되

---

27   겉보기에는 밝은 성격이나 실제로는 어두운 사람, 또는 겉보기에도 어두운 성격의 사람.(옮긴이주)

는 변화는 그 전에 이미 시작되었다. 슬로건으로 말하면 '부국강병' 후의 '식산흥업'도 전환점을 맞이했다. 1973년에 시작된 석유 파동을 계기로 고도 경제 성장기에서 저성장기로 접어들면서 생산 중심의 사회에서 소비 중심의 사회로의 이행, 즉 '탈공업사회'(Bell, 1975)와 '소비사회'(Baudrillard, 1995)의 도래가 시작됐다. 이는 철도와 관련해서는 본격적인 사양화의 시작, 전후 부흥 및 고도 성장 기간의 인프라였던 시대의 종결을 뜻했다.

소년들의 상상력은 향방이 불분명해지기 시작했다. 저성장기라는 말에서 알 수 있듯이, 공간적 확대는 물론 미래로 향하는 시간적 확대조차 상실되기 시작했기 때문이다. 이 시대에 오타쿠의 탄생이란 '상상력의 문화'에 관한 일종의 방향 전환이라 할 수 있다. 이렇게 해서 많은 오타쿠가 상상력의 확대 대상을 허구로 바꾸는 방향 전환을 했다.

'환상의 미디어' 로서의 SL, 블루트레인, 애니메이션

이러한 방향 전환은 철도 오타쿠에서 현저히 드러났다. 그들도 현실에 존재하는 철도라는 사물을 허구와 같이 다루기 시작했다. 이러한 경향은 앞서 나카모리의 문장에서 언급된 '블루트레인 붐' 또는 그에 선행하는 1970년대 전반의 'SL붐'[28]에서 두드러지게 나타났다. SL붐은 1970년대 전반에 증기기관차가 모두 폐기됨에 따라 전국 각지의 사람들이 이를 안타까워하여 생겨난 대규모 붐이었다. 여기에서 중요한 것은 증기기관차가 이제는 '공상의 미디어'가 아니라 노스탤지어의 대상이라는 점

---

28   SL이란 증기기관차를 의미하는 영어의 'Steam Locomotive'에서 머리글자를 따온 것이다.

이다.

그림 8 《최신 SL 운행표 정보》(현 《철도 운행표 정보》).

이는 1970년대 후반에 시작된 '블루트레인 붐'에도 공통된다. 신칸센이 확대 운영됨에 따라 재래선의 특급 열차가 대폭 삭감되고, 도쿄에서 가고시마까지 장거리 노선은 야간에 주행하는 침대차(블루트레인)만 운행됐다. 이렇게 이 시대의 SL이나 블루트레인은 사라져가는 사물의 상징, 즉 공상에 대한 노스탤지어였으며 과거의 환영에 관한 '상상력의 미디어'·'환상의 미디어'라고도 할 수 있다. 그 후 애니메이션화된 《은하철도 999》가 붐을 일으키는데, 이는 우주 공간을 그린 애니메이션이라는 허구의 정보만으로 그러한 상상력이 확대될 수밖에 없었음을 나타낸다고도 할 수 있다.

블루트레인으로 편성해 운행할 수 있는 'N게이지'라 불리는 작은 축척비의 철도 모형도 인기를 끌었다. 1/150이라는 꽤 작은 축척비였기 때문에 실내에서 레일을 깔고 돌리기에 편했다. 이제는 모형을 자체 제작하거나 조립하는 것이 아니라 완제품을 사 모아서 마치 작은 실내 정원처럼 꾸며놓고 즐기는 것이 주류가 되었다. 특히 N게이지는 레일과 차량, 운전용의 컨트롤러를 포함한 패키지 상품이 선물용으로 인기를 끌었다.

이렇게 1970년대 이후는 탈공업사회화·소비사회화가 진행되는 전환기였으며, 상상력을 발휘할 대상이 불분명해지는 동시에 방향 전환이

그림 9 〈은하철도999〉(ⓒ松本零士·東映アニメーション)

이루어지는 시기였다. 이를테면 미래가 아니라 역으로 과거의 환영에 대한 상상력이 확대되는 '환상(의 미디어)의 시대'였다. 철도와 관련해서는 미래의 꿈으로 향하는 '전차의 시대'와는 역방향의 '포스트 전차의 시대'였다고 해도 좋을 것이다. 사회학자 미타 무네스케(見田宗介)도 이 시대를 '허구의 시대'라 부르는데(見田, 1995), 이렇게 상상력을 방향 전환한 소년들이 오타쿠라고 불리게 된 것이다.

종종 일컫는 대로, 오타쿠는 허구에 대한 친화성이 높으며 부정적인 자의식을 갖기 쉽다는 특징을 보인다. 여기에서 어느 철도 오타쿠를 소개하고자 한다. 그는 1978년생으로 대학 재학 중에 철도연구회에서 활동했으며, 졸업 후에는 어린 시절의 장래희망대로 철도회사에 취직하여 지금은 특급열차 등의 운전사로 일하고 있다. 자택의 방 하나를 자기만의 '모형 공방'으로 꾸몄으며, 그 한 구석을 N게이지 컬렉션이 차지하

그림 10 1978년 도쿄역의 모습(촬영: 諸川久). 《鉄道画報》, 2007年 春号: 30-31.

그림 11 1978년생 철도오타쿠와 N게이지 컬렉션 (필자 촬영)

고 있다(〈그림 11〉). 또한 그는 지금도 가끔 촬영 여행에 나설 정도로 열심이다. 그러나 이렇게 열성적인 철도 오타쿠라 해도 '모형 공방'의 한 구석에 애니메이션 관련 상품이 놓여 있으며, 다음과 같은 부정적인 말을 한다.

> 철도에 미래는 없습니다. 이제 그 역할은 끝났어요. 대도시를 살펴보면, 특히 지방에서는 이제 곧 없어지는 게 아닌가 하는 생각마저 들어요. 가능하면 내가 살아 있는 동안에 그런 일이 없었으면 해요.

여기에서 바로 상상력의 향방이 불분명해져 비관하는 모습이 엿보인다. 특히 이전 두 시대의 소년들이 현역에서 아직 활발히 활동하고 있는 것을 생각하면 상당히 대조적이기까지 하다.

'고도정보소비사회'의 도래

1990년대를 거쳐 21세기로 접어든 오늘날에 이르기까지 '소비사회화'는 더욱 진행되었다. 특히 1990년대 중반 이후 인터넷과 휴대전화라는 뉴미디어의 보급으로 유통되는 정보량이 비약적으로 증대됐다. 오늘날 일본 사회는 현실의 사물을 생산하는 것보다도 정보를 축적해 전달하는 것에 중점을 두는 이른바 '고도정보소비사회'로 이전 시대의 경향이 더 철저해졌다고 할 수 있다. 어쩌면 지금까지 목표로 삼아온 풍요로운 사회에 이미 도달했는지도 모른다. 현실을 넘어선 목표에 관심을 두지 않아도 이미 지금/여기에서 필요한 정보를 모두 얻을 수 있는 사회로 점차 바뀌고 있다.

이에 따라 오랫동안 젊은 남성들이 주도해온 '상상력의 문화'가 종착역에 이른 듯 보인다. 이제 상상력은 '언젠가/어딘가'를 향해 확대되기보다는 '지금/여기'에 있는 자기로부터 확대될 수밖에 없는 시대, 이른바 '망상의 시대'를 맞이하고 있다고 생각된다.

철도는 자가용차와 항공기 등 라이벌이 증가하는 가운데 더욱 사양화(斜陽化)가 진행됐다. 1987년 일본국유철도회사가 해체되고, JR이라는 일곱 개 회사로 분할되어 민영화됐다. 일본 최대의 철도회사가 된 JR히가시니혼[29]에서도 꽤 이른 시기부터 종합생활서비스업 또는 거대정보기업으로의 전환을 추진해왔다. 예를 들면, 마이크로소프트사와 운영체제인 윈도 XP의 공동 개발에 참여했을 뿐만 아니라 '스이카(Suica)'라는 전자화폐를 사용한 IC 카드 자동개찰 시스템 구축을 서둘렀다.[30]

---

29 아오모리현 일부를 제외한 도호쿠 지방과 간토 지방, 니가타현의 대부분과 도쿄 서쪽 지역인 야마나시현, 나가노현, 시즈오카현의 일부 지역에서 철도 서비스를 제공한다.(옮긴이주)

30 철도기술종합연구소와 동일본철도문화재단이 공동으로 편집한 *Japanese Railway Technology Today*(Railway Technical Research Institute & East Japan Railway Foundation eds., 2001)에는 철도 관련 기술의 현황을 소개하고 있는데, 마지막 장(chapter 15)에 붙여진 "When Train Station Become CyberRail Station"이라는 제목이 바로 미래의 철도를 말한다고 할 수 있다. 제목에서 나타나듯, 이제 철도역(Station)은 정보네트워크의 결절점(CyberRail Station)으로 바뀌고 있다.

이러한 변화로 볼 때 물리적인 사물을 운송하는 교통기관과 정보산업과의 관계가 본격적으로 역전되기 시작했다고 할 수 있다.[31] 이러한 변화 자체는 이전부터 논의된 것이며, 이제는 전혀 생소한 일이 아니다. 그런데 흥미로운 것은 이러한 움직임을 철도회사 자체에서 추진하려고 한 점이다. 네트워크화된 정보산업 속에서 철도는 보조적인 존재로 밀려났는데, 이 점에서 지금을 '포스트 철도의 시대'라 부를 수 있을 것이다.

'망상의 미디어'로서의 시뮬레이션 게임, 피겨

그러한 변화와 함께 철도 오타쿠의 행동에서도 이전 시대의 경향이 더욱 철저하게 나타났다. 과거에는 철도라는 현실의 사물에서 허구를 찾는 것과 같은 행동방식을 보였지만, 오늘날에는 순수하게 허구만을 접하게 됐다. 허구가 현실을 능가했다고 말할 수 있을지도 모른다.

대표적인 것이 게임이다. 알려진 대로 1997년 '전차로 GO!'(다이토 사)라는 이름의 전자오락용 게임기가 등장해 인기를 끌었다. 그 후 이와 유사한 게임 소프트웨어가 다수 출시돼 주행하는 노선과 그 풍경까지 자기가 프로그래밍해서 만들 수 있게 되었다.

〈그림 12〉는 1998년에 등장한 '철도모형시뮬레이터'라는 게임소프트웨어인데, 컴퓨터상의 가상공간에서 큰 레이아웃으로 차량을 운행할 수 있다. 그런데 이 상품명은 기묘하다. '철도모형시뮬레이터'라는 상품

---

31   일찍이 독일의 역사학자 시벨부시(Wolfgang Schivelbusch)가 《철도여행의 역사: 19세기의 공간과 시간의 공업화》에서 지적한 대로 전신이라는 정보산업은 철도 운행을 위한 보조수단으로 발달해왔다. 전신은 철도가 정해진 시간에 맞게 운행되기 위해 필요한 정보전달의 수단으로서 철도 노선을 따라 깔렸다(Schivelbusch, 1977: 45-48).

명은 문자 그대로라면 '모형 시뮬레이터' 또는 '모형의 모형'이라는 뜻이다. 예전의 '모델 엔지니어링'과 같이 허구를 토대로 해서 현실의 모형을 더욱 뛰어넘는 것과 같은 모형을 '상상=창조'하는 것도 가능하지만, 지금은 허구 속에서만 즐기는 형태로 수용되고 있다.[32]

그림 12 '철도모형시뮬레이터'

게다가 흥미로운 점은 이러한 상황 속에서 철도 모형 제조사조차 철도 모형이 아닌 제품을 발매하기 시작한 것이다. 〈그림 13〉은 그 상징적인 예로, N게이지의 대표적인 제조사였던 토미테크가 2005년에 발매한 '철도 소

그림 13 철도 소녀(ⓒTOMYTEC/みぶなつき)

녀'라는 미소녀 피겨다. 각 피겨는 역과 열차를 바탕으로 한 이름을 갖고 있으며, 철도와 그에 관련된 회사의 제복을 입고 있는데, 지금 큰 인기를

---

32 '철도모형시뮬레이터'(아이마지쿠사 발매)는 기본 소프트웨어 외에 선택사양으로 차량과 복잡한 부품 등을 추가할 수 있다. 아이마지쿠사의 홈페이지에는 '철도모형시뮬레이터'를 이용해 작성한 레이아웃의 콘테스트 결과도 게재돼 있는데, 여기에서도 허구로만 즐기는 것이 주류가 됐음을 확인할 수 있다.

끌고 있다.

이로부터 포스트 철도의 시대에는 철도 오타쿠의 망상 대상이 현실의 사물이 아니라 허구 속의 사람, 이른바 캐릭터와 연관되어 있음을 알 수 있다. 캐릭터에 대한 망상은 최근 자주 쓰이는 '모에'라는 말에 해당한다. 이제 철도 오타쿠는 망상을 품는 '모에오타'가 된 것이다.[33] 예를 들면, 유소년 때부터 철도에 많은 관심을 가졌으나 갑자기 전향한 모에오타 중 한 사람은 "철도를 좋아해도 뭔가 얻는 건 없어요"라고 말하는데, 중학교 3학년 정도부터 코믹마켓에서 동인지를 구입하는 것이 주요 일과였다고 한다. 이전 시대의 오타쿠가 아직 철도에 대한 관심을 버릴 수 없는 것에 비해, 모에오타로 손쉽게 전향하는 모습은 이 시대 철도 오타쿠에게 나타나는 특징이라 할 수 있다.

이렇게 지금은 1970년대 이후 진행된 방향 전환이 철저해진 시대, '고도정보소비사회'이자 '포스트 철도의 시대'다. 사회학자 미야다이 신지는 '허구의 시대'(見田, 1999)가 철저히 진행됐다는 점에서 1990년대 이후를 '허구의 시대 후반'이라고도 부른다(宮台·森川, 2007). 바로 지금 논한 대로 오늘날은 허구의 정보를 대상으로 한 모에오타의 '망상의 시대'인 것이다.

미래의 일본 사회와 철도 오타쿠

4단계 변화 과정을 거친 오타쿠 문화

〈그림 14〉는 지금까지 논한 것을 정리한 것으로, 일본 사회에서 오타

---

33 라이트 노벨 작가 혼다 도오루가 모에를 '두뇌 속 연애'라 표현했는데(本田, 2005), 모에오타에게는 철도보다 미소녀 캐릭터가 망상을 품기 쉬운 대상으로 생각된다.

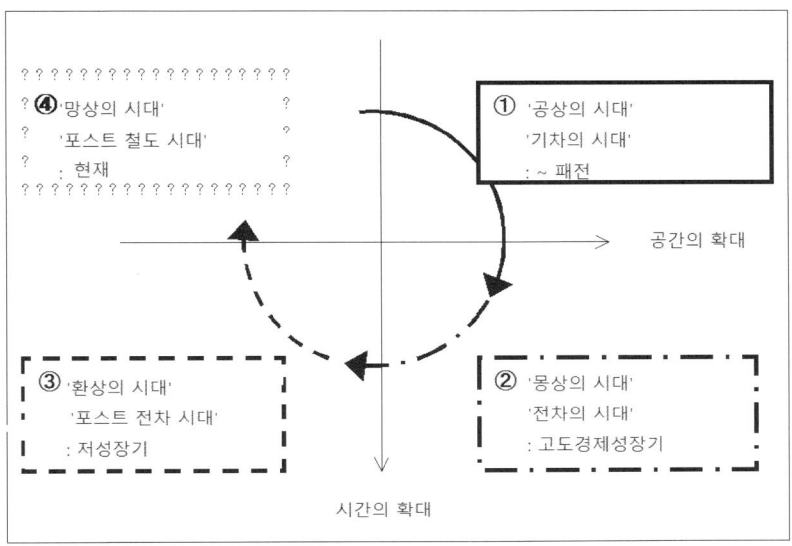

그림 14　결론에 관한 도식

쿠 문화에 관한 전반적인 역사를 나타낸다. 그림의 가로축은 오른쪽으로 갈수록 공간이 확대됨을, 세로축은 아래쪽으로 갈수록 시간이 확대됨을 나타낸다.

　오른쪽 위는 메이지 시대의 근대화 이후 제2차 세계대전 패전까지에 해당하는 ①'공상(의 미디어)의 시대'로, 대일본제국과 군국 소년의 시대였다. 이 시대의 소년들은 과학 모형을 스스로 만들면서 제국의 판도 확대에 관심을 가졌다. '상상력의 미디어'의 꽃은 군함과 전투기였으며, 기차는 그보다 아래에 위치했다. 오른쪽 아래는 고도경제성장기에 해당하는 ②'몽상의 시대'이며 패전 후의 일본과 SF 소년의 시대였다. 이 시대의 소년들은 실물을 모방한 키트와 플라스틱 모델 등을 조립하면서 전후 일본의 미래에 대해 꿈꾸며 상상력을 펼쳤다. '상상력의 미디어'의 꽃은 철도(특히 전철)로 바뀌게 되었다. 하지만 왼쪽 아래의 ③'환상의 시대'

에 이르러 일본 사회도 상상력의 문화도 크게 방향을 전환하게 된다. 탈공업사회·소비사회의 도래와 철도의 사양화로 인해 공상과 몽상을 펼치기 힘들게 되면서 허구를 대상으로 상상력이 발휘되기 시작했다. 이때 바로 오타쿠 문화가 탄생했다. 그리고 현재는 이 네 단계를 한 바퀴 돈 ④'망상의 시대'로 일본 사회도 상상력의 문화도 그 향방이 흐려진 시대라 할 수 있다.

이상을 정리하면, 상상이 멈춘 적이 없었다고 할 수 있다. 사회가 변화하면서 상상력을 펼치기 쉬운 시대와 그 향방이 불분명한 시대가 있었을 뿐이다. 또한 앞선 시대에 마음껏 상상력을 발휘했던 젊은 남성은 '소년'이라 불린데 반해, 그 이후 상상력의 향방이 불분명한 시대의 사람들은 '오타쿠'라 불렸을 뿐이다.

오타쿠 문화를 이해하고자 할 때 행동의 특이함에만 주목한 나머지 특이함의 원인을 그들이 가진 내면세계(퍼스낼리티나 멘탈리티)에서만 찾으려고 하기 쉽다. 그렇지만 변함없이 존재했던 것은 '상상력'이 아닐까. 이 점에서 오타쿠는 과거와 단절된 전혀 새로운 존재가 아니라 과거로부터 연쇄적으로 이어지는 '상상력 문화'의 역사적 변천 속에서 이해돼야 할 존재라 할 수 있다. 변한 것은 사회일 것이다.

이 글에서는 철도 오타쿠의 역사를 시대를 거슬러 올라가 재검토함으로써 이 문화가 형성되는 기반을 밝혀냈다. 오타쿠 문화의 역사를 이해하기 위해서는 이 글에서 확인한 하나의 원형을 잊어서는 안 될 것이다. 이 글의 제목은 '왜 철도 오타쿠인가'였는데, 이에 대한 하나의 대답은 서두에서 말한 대로 오타쿠의 역사를 검토하기에 가장 좋은 소재 중 하나가 철도 오타쿠라는 것이다. 일본 사회에서 철도가 눈에 띄는 존재라는 점도 '왜 철도 오타쿠인가'라는 질문에 대한 대답과 관련된다. 제2

차 세계대전에서 패전한 이후 철도는 상상의 미디어의 꽃이 되었다.

이러한 오타쿠 문화의 역사는 나 자신에게도 '왜 철도 오타쿠인가'라는 물음에 대한 대답이 될 것이다. 나 자신이 바로 '환상의 시대'에 태어나 블루트레인을 좋아했던 철도 오타쿠다. 그렇지만 과거에 대한 '환상'에 젖어 있지 않고, 이 글에서처럼 오타쿠의 역사를 돌아봄으로써 앞으로의 사회를 구상하는 방향으로 나아가고자 한다. 이는 단지 철도 오타쿠라는 문화가 존속되기를 바라서가 아니다. 새로운 사회 변동에 적응하기 위해서라도 '상상력의 문화'를 포함하는 방식으로 새로운 사회를 구상할 필요가 있으며, 그렇게 하는 데 조금이나마 도움이 되고자 한다는 것이 '왜 철도 오타쿠인가'에 대한 또 하나의 대답이 될 것이다.

::참고문헌

見田宗介, 1995, 『現代日本の感覚と思想』, 講談社.

_____, 2001, 『宮沢賢治: 存在の祭りの中へ』, 岩波書店.

科学技術庁編, 1994, 『科学技術白書: 若者と科学技術』, 大蔵省印刷局.

関田克孝, 2007, 『のりもの絵本: 木村定夫の世界Ⅰ』, フレーベル館.

宮台真司, 1994, 『制服少女たちの選択』, 講談社.

宮台真司・森川嘉一郎, 2007, 「生き延びるための思想: 都市とメディアの現場から」, 《PLANETS》(第二次惑星開発委員会), 3.

宮脇俊三, 2001, 『増補版 時刻表昭和史』, 角川書店.

今柊二, 2000, 『プラモデル進化論: ゼロ戦からＰＧガンダムまで』, イーストプレス.

内田隆三, 2002, 『国土論』, 筑摩書房.

大澤真幸, 2006, 「オタクという謎」, 関西社会学会, 《フォーラム現代社会学》, 5: 25-39.

東浩紀, 2001, 『動物化するポストモダン: オタクから見た日本社会』, 講談社.
Levy, Steven, 1987, 『ハッカーズ』, 古橋芳恵・松田信子 訳, 工学社.
Mosse, George L., 2005, 『男のイメージ: 男性性の創造と近代社会』, 細谷実・小玉亮子・海妻径子 訳, 作品社.
柳田国男, 1963, 『定本柳田国男集 24』, 筑庫書房.
毎日新聞科学環境部, 2006, 『理系白書: この国を静かに支える人たち』, 講談社.
尾崎秀樹, 1997, 『思い出の少年倶楽部時代: なつかしの名作博覧会』, 講談社.
米原謙, 2002, 『近代日本のアイデンティティと政治』, ミネルヴァ書房.
Bell, Daniel, 1975, 『脱工業社会の到来: 社会予測の一つの試み』, 内田忠夫・嘉治元郎・城塚登・馬場修一・村上泰亮・谷嶋喬四郎 訳, ダイヤモンド社.
Baudrillard, Jean, 1995, 『消費社会の神話と構造』, 今村仁司・塚原史 訳, 紀伊国屋書店.
本田透, 2005, 『萌える男』, 筑摩新書.
山北藤一郎, 2003, 『復刻版 少年技師ハンドブック 電気機関車の作り方』, 誠文堂新光社.
山中恒・山本明編, 1985, 『勝ち抜く僕ら小国民: 少年軍事愛国小説の世界』, 世界思想社.
三戸祐子, 2001, 『定刻発車: 日本社会に刷り込まれた鉄道のリズム』, 交通新聞社.
西英生編, 1997, 『少年小説大系別巻5 少年小説研究』, 三一書房.
石坂善編, 2000, 『犬走志ん』, 模型鉄道文化所.
石坂善久編, 2003, 『復刻版少年技師ハンドブック 電気機関車の作り方・蒸気機関車の作り方』, 誠文堂新光社.
Schivelbusch, Wolfgang, 1977, *Geschichte der Eisenbahnreise: zur Industrialisierung von Raum und Zeit im 19. Jahrhundert*, München, Wien: Hanser. (『철도여행의 역사』, 박진희 옮김, 궁리, 1999)
辻泉, 2008, 「鉄道の意味論と〈少年文化〉の変遷: 日本社会の近代化とその過去・現在・未来」, 東京都立大学大学院社会科学研究科, 平成19年度 博士学位論文.

＿＿＿, 2009, 「なぜ鉄道は'男のロマン'になったのか: '少年の理想主義'の行方」, 宮台真司・辻泉・岡井崇之 編, 『男らしさの快楽: ポピュラー文化からみたその実態』, 勁草書房.

阿部恒久・大日方純夫・天野正子 編, 2006, 『男性史1 男たちの近代』, 日本経済評論社.

岩橋郁郎, 1988, 『"少年倶楽部"と読者たち』, 刀水書房.

若林幹夫, 2002, 『漱石のリァル: 測量としての文学』, 紀伊国屋書店.

宇田正, 2007, 『鉄道日本文化史考』, 思文閣出版.

原武史, 2001, 『可視化された帝国: 近代日本の行幸啓』, みすず書房.

原武史・関川夏央, 2004, 「鉄道はどこへゆくのか」, 《ユリイカ 特集 鉄道と日本人: 線路は続よ》, 青土社, 36(6): 97-113.

原田勝正, 1986, 「開国と鉄道」, 野田正穂・原田勝正・青木栄一・老川慶喜 編, 『鉄道史叢書 日本の鉄道: 成立と展開』, 日本経済評論社.

＿＿＿, 1995, 『汽車から電車へ: 社会史的観察』, 日本経済評論社.

鷹野良宏, 2006, 『唱歌教材で辿る国民教育史: ハナハト世代からサイタサクラ育ちの覚えた歌』, 日本図書刊行会.

擬人化たん白書製作委員会, 2006, 『擬人化たん白書』, アスペクト.

伊藤公雄, 2004, 「戦後男の子文化の中の'戦争'」, 中久郎 編, 『戦後日本の中の'戦争'』, 世界思想社.

二上洋一, 1978, 『少年小説の系譜』, 幻影城.

子供の科学編集部編, 1987, 『復刻ダイジェスト版 子供の科学 1924-1943』, 誠文堂新光社.

赤木智弘, 2007, 『若者を見殺しにする国: 私を戦争に向かわせるものは何か』, 双風舎.

齊藤晃, 1996, 『蒸気機関車の興亡』, NTT出版.

＿＿＿, 1998, 『蒸気機関車の挑戦』, NTT出版.

＿＿＿, 2007, 『蒸気機関車200年史』, NTT出版.

鵜飼正樹, 1999, 「鉄道マニアの考現学: '男らしさ'から離脱した男たちの逆説」, 西川

　　　　祐子・荻野美穂 編,『共同研究 男性論』, 人文書院.
佐藤忠男, 1993,「少年の理想主義」,『大衆文化の原像』, 岩波書店.
中森明夫, 2000,「おたくの研究①: 街にはおたくがいっぱい」,『おたくの誕生!!』, 宝
　　　　島社.
青木栄一, 2001,「鉄道趣味のあゆみ:〈鉄道ピクトリアル〉との半世紀とともに」,《鉄
　　　　道ピクトリアル》, 703, 51(7): 131-155.
和久田康雄, 1993,『鉄道を読む』, アテネ書房.
横田順彌編, 1986,『少年小説大系 第8巻 空想科学小説集』, 三一書房.

3
대도시 거주 20대의 직업의식 분석*

데라치 미키토(寺地幹人)
이바라키대학(茨城大学) 인문학부 강사

들어가며

이 글에서는 2011년 2월에 실시된 '제3회 젊은이의 근무 방식 조사' 결과를 이용해 대도시에 거주하는 20대의 직업의식에 대해 검토한다. 분석의 전반(제2절)에서는 직업의식에 영향을 줄 것으로 예상되는 여러 변수별로 문항에 대한 응답 분포를 살펴본다. 또한 분석의 후반(제3절)에서는 10년 전에 실시한 비슷한 조사 문항의 제1회 조사 결과와 비교해 2001년의 20대와 2011년의 20대의 직업의식이 얼마나 비슷하고 어떻

---

* 이 글은 『노동정책연구보고서 대도시 젊은이의 취업 행동과 의식의 전개: 제3회 젊은이들의 생활양식 조사(労働政策研究報告書 大都市の若者の就業行動と意識の展開: 「第3回 若者のワークスタイル調査」から)』(2012) 148, 노동정책연구·연수기구(労働政策研究·研修機構) 편, 87~121쪽에 실린 「제3장 대도시 거주 20대의 직업의식 분석(第3章 大都市の20歳代の職業意識の分析)」을 번역했다. 보고서의 원문은 다음의 URL을 참조. http://www.jil.go.jp/institute/reports/2012/0148.html

게 다른지를 비교한다.

일본 사회는 제2차 세계대전 이후 오랫동안 경제적 풍요를 누렸으나, 1990년대 초 거품경제의 붕괴로 인해 경제구조 및 고용·취업 환경이 변화했다. 이에 따라 젊은이들의 직업의식(직업관·노동관)도 바뀌기 시작했는데, 무엇이 어떻게 변화했는지에 대해 지금까지 여러 각도에서 설명이 시도되었다.

젊은이들에게서 관찰되는 대표적인 특성은 높은 자기주의 성향[1], 자아실현을 추구하며 일에 대한 희망사항이 강한 점, 일의 수단화[2], 여가 추구(및 일과의 양립 추구), 탈회사 추구[3], 노력 저하, 인간관계의 중요함과 번거로움, 이직 추구 등 모두 거론하기 어려울 정도로 많다.[4] 이와 같은 1990년대 젊은이들의 직업의식에 대한 논의는 기업 취직이나 기존의 고용 관행을 따르지 않는 새로운 세대를 어떻게 파악할 것인가를 중심으로 이뤄져왔다.

---

1 회사나 일을 가장 우선시하여 자기를 희생하는 것이 아니라, 자신의 생활을 중요하게 생각하거나 회사를 위해 어떻게 일할 것인가보다는 일이 자신의 능력과 적성에 맞는가를 중요시하는 경향을 의미한다. 과거에는 조직(회사)에 대한 기여도를 중심으로 바람직한 근로 형태를 생각하는 경향이 있었으나, 오늘날에는 자기 자신을 더 중요시하는 방향으로 가치관이 변화하고 있음을 가리킨다.

2 젊은이들의 자아 실현이나 정체성의 형성에서 일의 중요성이 낮아져 '일은 어디까지나 생활을 하기 위한 수단'일 뿐이며 취미나 사생활이 중요하다고 생각하는 경향이 강해짐을 뜻한다.

3 회사 중심의 가치관에서 사생활이나 자신의 인생을 중요시하는 가치관으로의 변화를 의미한다. 예를 들어, 예전처럼 저녁이나 휴식시간에 회사 사람과 술을 마시러 가거나 같이 어울리지 않으며(단합회에 가는 것이 일반적이지 않게 되었다), 회사에 있는 시간 외에는 되도록 회사에 관계된 일이나 인간관계와 거리를 두는 것이 이에 해당된다.

4 좌담회 형식의 토론에서 조사 자료를 바탕으로 한 분석까지 다양한 형태로 논의되었다. 예를 들면, 佐藤他(1991), 堀田(1991), 江上(1991) 등이다.

전형적인 취업에 관한 문제와 함께 1990년대 후반부터 2000년대 초반 이후에는 제1회 조사에서 중점적으로 다룬 프리터[5]와 같은 비전형적인 취업 문제가, 2000년대 중반 전후에는 직업 세계 참여 그 자체에 어려움을 겪고 있는 젊은이들(예를 들면, 니트족[6])의 문제도 크게 주목받았다.

　직업의식의 관점에서 이러한 문제에 접근한 연구로는 다음을 들 수 있다. 프리터에 대한 조사·분석에 관해서는 일본노동연구기구에서 청취 조사 자료를 토대로 '프리터의 장단점', '프리터에 대한 일반적인 의식', '정사원에 대한 의식', '프리터가 되는 이유', '프리터 경험을 통한 변화' 등 다섯 가지 관점에서 프리터의 직업의식을 분석했다(日本勞働硏究機構, 2000: 70-85). 또한 질문지 조사를 바탕으로 한 연구로는 본 조사의 제1회 결과를 분석한 일본노동연구기구(日本勞働硏究機構, 2001: 31-77)나 시모무라(下村, 2002)의 연구, 직업의식의 분석을 토대로 다양한 경력 교육의 필요성을 논의한 가메야마(龜山, 2006)의 연구가 있다.

　지난 20년 동안 청년 고용 상황에 대한 선행 연구 및 조사 결과가 축적되었지만 오늘날에는 2000년대 초반보다 문제가 더욱 복잡해져 해결하기 어려워지고 있다고 생각되며, 일본 사회에 존재하는 여러 격차 문제마저 불거지고 있다. 따라서 이 글에서는 이러한 시대를 살아가는 젊은이들의 직업의식이 어떠한 양상을 보이는가를 밝히고자 한다.

5　프리터는 일본식 영어 '프리랜스 아르바이터'의 약칭으로, 생계를 위해 정사원·정직원 외의 노동 형태, 즉 계약직, 파견직, 아르바이트, 파트타임직 등으로 일하는 사람들을 말하며, 학생은 제외된다. 15세부터 34세까지의 젊은 층이 다수를 차지한다.(옮긴이주)

6　NEET란 'Not currently engaged in Education, Employment or Training'의 머리글자를 딴 말로, 청년 무직자 또는 무업자로 번역되기도 한다. 일하지도 않고 일할 의지도 없는 청년 무직자로 일할 의욕을 가진 프리터족과는 구별된다.(옮긴이주)

먼저, 이 글에서 살펴볼 직업의식의 구체적인 내용은 다음과 같다. 한마디로 젊은이들의 직업의식이라 해도 앞서 언급한 여러 연구 및 조사에서처럼 다양한 항목을 설정할 수 있을 것이다. 이 글에서는 기본적으로 제1회 조사의 문제의식을 이어받아 동일한 직업의식 항목을 분석한다. 이 조사 때 일본노동연구기구(日本勞働硏究機構, 2001: 54)는 주성분 분석법을 이용해 직업의식에 관한 질문 항목을 '프리터 공감', '능력 향상 추구', '출세 지향', '일 기피·주저' 등 네 가지로 분류했다.[7] 제1회 조사에서 이 네 가지 성분을 바탕으로 제시한 문제의식은 다음과 같다.

첫째, '프리터 공감'이다. "프리터를 지지하는 의식은 젊은이 사이에 널리 공유된" 것으로 생각된다(日本勞働硏究機構, 2001: 54). 이는 학업에서 직업으로 이행하는 과정에서 보이는 변화의 한 양상으로, 비정규적인 취업 행동에 대한 공급자 측, 즉 젊은이의 지지와 공감을 가리킨다. 제1회 조사 후 10년이 지난 2011년 현재 이러한 지지와 공감은 어떠한 양상으로 나타나는가. 최근 젊은이들의 다양화가 더욱 주목받고 있는 상황 속에서 그러한 지지 및 공감의 양상에서도 다양성이 보이는지를 확인할 필요가 있다.

둘째, '능력 향상 추구'는 젊은이의 의욕과 프리터 기피의 관계를 생각해보기 위한 것이다. 전문지식이나 자격은 프리터에서 빠져나오는 자원으로 작용할 수 있다. 그래서 일본노동연구기구에서는 젊은이들의 의욕을 북돋워 주기 위한 대책의 하나로 직업능력 개발을 위한 기회를 제공하도록 제안했다(日本勞働硏究機構, 2001: 27). 2011년 현재 그러한 의욕은 유지되고 있을까. 만약 상황이 달라졌다면, 자격이나 전문지식에 관한 구체적인 이미지를 갖도록 교육을 시행하는 것과 같이 능력 개발 기회

---

[7] 네 가지 성분과 이에 대응하는 구체적인 항목에 대해서는 〈그림 1〉을 참조.

를 제공하기 이전 단계에서의 지원을 강화하는 방안도 고려해야 할 것이다. 이에 대해서는 제3절에서 검토할 것인데, 그에 앞서 제2절에서는 2011년의 상황을 확인할 것이다.

셋째, '출세 지향'이다. 제1회 조사 결과, '유명해지고 싶다', '앞으로 독립해서 자신의 가게나 회사를 차리고 싶다'는 생각이 '꿈 추구형' 프리터의 특징으로 지적됐다(日本勞働硏究機構, 2001: 91~93). 이는 새로운 길을 개척하는 것을 목표로 삼는 근로 방식과 연관되는 것으로, 위험부담을 감수하면서도 미래를 향해 야심적·의욕적으로 활동하는 데 대한 지지를 가리킨다. 만일 2011년 현재 이러한 경향이 약해지고 있다면 직업에 대한 성취욕이 저하돼 취업 행위를 지탱하는 원동력이 상실된 것으로 볼 수 있다. 제3절에서 이 점을 검토할 것인데, 우선 제2절에서 2011년의 상황을 살펴볼 것이다.

넷째, '일 기피·주저'는 "프리터를 선택하는 배경으로 강하게 작용하는 의식"이라고 간주되었다(日本勞働硏究機構, 2001: 54). 이 의식이 높은가 낮은가는 비정규적 근로 방식에 대한 자발적 선택의 문제와 연관된다. 2000년대 들어서 일 기피나 취업 활동이 저조한 층(니트족 등)이 더욱 사회문제화되고 있으므로 이 점에 주목할 필요가 있다.

이와 같은 문제의식 아래 이 글에서는 2011년 대도시에 사는 20대 젊은이의 직업의식 현황을 살펴보고자 한다. 본론으로 들어가기에 앞서 젊은이들의 직업의식을 파악할 때 고려할 몇 가지 변수에 관해 설명하겠다.[8]

---

8 이 글에서 다룬 것 이외에도 사회계층, 경제적 상황(소득, 자산 등) 등 여러 변수를 생각할 수 있다. 또한 일본노동연구기구는 학교에서 직업으로의 이행 과정의 변화를 촉진하는 요인으로 노동력 수요자 측의 요인, 공급자 측의 요인, 매칭 시스템의 요인을 드는데(日本勞働硏究機構, 2001: 9), 공급자 측의 요인 중 하나로 젊은이의 취업의식

첫째, 젠더 및 성별 역할 분업의 관점에서 젊은이들의 직업의식을 생각해보고자 한다. 육아 지원과 젊은 여성 및 남성의 직업의식의 관계를 논하는 무라마쓰(村松, 2005), 성별과 정규/비정규직별로 제1회 조사 결과를 분석한 일본노동연구기구(日本勞働研究機構, 2001: 163-185), 젠더의 관점에서 프리터 현상을 분석한 혼다(本田, 2002) 등이 지적하듯이, 현실의 직업세계는 성별 또는 젠더와 떼려야 뗄 수 없을 정도로 깊은 관계를 맺고 있다.

둘째, 젊은이나 청년층이라 해도 10대부터 후기 청년층인 20대 후반 및 30대까지 조사 대상자의 연령 폭이 넓을 경우에는 주의를 기울일 필요가 있다.[9] 연령 단계에 따른 차이를 고려할 때 선행 연구 및 기존의 조사를 다음의 몇 가지로 분류할 수 있을 것이다. 교육에서 직업으로의 이행이나 이에 관계된 진로의식을 다루는 것, 고등학생·대학생을 대상으로 하는 것, 직업 세계에 발을 디딘 젊은이들의 취업 상황을 파악하기 위

(의 변화)을 들고 있다. 취업의식이 형성되는 방식을 규정하는 요인에 대해서는 다음과 같이 상정한다.
- 학교 관련 요인: 진학 층의 확대, 고등학교의 '물길 틔우기' 기능
- 가정 관련 요인: 부모에 대한 의존의 장기화, 가정교육의 약화, 소자녀화(형제 수의 감소), 결혼 연령의 상승
- 젊은이들의 문화 관련 요인: 소비문화에 접촉하기 시작하는 연령의 저하
- 그 외 요인: 교우관계의 변화, 재학 중의 아르바이트 경험
  여기에서 고등학교의 '물길 틔우기' 기능이란 학교에서의 진로 지도가 학생의 진로 선택에 미치는 영향을 말한다. 학생의 진로 선택을 돕고자 학교가 진로 지도에 주력하는 것은 일본 교육의 특징이기도 한데, 이를 물이 물길을 따라 잘 흘러가게 하는 것에 빗대어 말한 것이다.

9 한 가지 덧붙이면, 연령 단계로 파악할 것인가, 세대·코호트로 파악할 것인가에 따라 논점이 다르다.

해 신입사원을 대상으로 하는 것,[10] 결혼이나 가족 형성 등 생애주기에 따른 젊은이들의 취업을 다루는 것 등이다. 일본 사회는 교육에서 직업으로의 단절 없는 이행과 연공서열 기반의 임금 평가를 특징으로 하고 있다. 이 경우 젊은이들의 취업 및 근로상의 과제에서 나타나는 차이와 연령의 차이는 상당히 대응된다. 따라서 연령을 고려할 필요가 있다.

셋째, 고용 형태나 직종, 직업 경력도 직업의식과 관계있다. 조사 대상자의 현재 및 과거의 취업 경험이 의식 형성에 영향을 줄 가능성과 어떤 직업의식을 가진 사람이 특정한 취업 행동을 보일 가능성을 모두 생각할 수 있는데, 어느 쪽의 경우라도 취업 경험을 고려할 필요가 있다.

넷째, 학력과 교육이라는 변수가 있다. 이에 대해서도 교육이 직업의식 형성에 미치는 직접적인 효과(예를 들면, 진로 지도나 직업 교육에 따른 효과)와 교육을 통해 획득한 학력이 제3의 변수(취업 경험)와의 관련 속에서 작용하는 간접적인 효과가 모두 있을 수 있다.

다섯째, 현재의 가족 형태가 직업의식에 관련돼 있음을 생각할 수 있다. 예를 들면, 자기 이외 남들(가족)의 생존을 위해 일하는 경우에는 취업에 대한 동기가 높을 것이다. 반대로, 취업 외에도 경제적 기반을 확보할 방법(예를 들어 가족이 보유하는 윤택한 재산)이 있는 경우에는 취업에 대한 동기가 높지 않을 가능성이 있다.

마지막으로, 지역이라는 변수를 잊어서는 안 될 것이다. 고스기(小杉, 2012)가 설명한 대로, 지금까지 세 차례 시행된 본 조사의 대상은 도쿄에 거주하는 젊은이들이다. 이 조사 결과를 일본의 모든 젊은이에 대한 것

---

10 예를 들어, 공익재단법인 일본생산성본부의 '직업형태연구회'와 사단법인 일본경제청년협의회에서는 매년 신입사원에 대해 의식조사를 하고 있다.

으로 일반화할 수는 없다. 왜냐하면 도시와 지방이라는 지역 차만 놓고 봐도 취업 기회, 산업구조, 문화의 축적, 교육 수준, 대인 네트워크의 양과 종류 등에서 차이가 있으며, 이에 따라 직업의식이 다를 것으로 예상되기 때문이다.[11] 따라서 이 글의 분석은 2011년 시점에 도쿄도 내에 사는 20대를 대상으로 하는 것임에 유의할 필요가 있다.

제3회 조사결과 분석: 2011년 20대의 직업의식

이 절에서는 앞에서 설명한 여러 변수 가운데 성별, 연령, 현재의 고용 형태, 학력, 경력 유형, 가족 형태에 따라 제3회 조사의 응답이 어떻게 다르게 나타나는지를 살펴볼 것이다.

〈그림 1〉은 조사 대상자 전체의 직업의식 분포를 나타낸다. '프리터 공감'의 각 항목에 대한 응답을 살펴보면, 80% 이상이 '프리터보다 정사원으로 일하는 것이 낫다'고 생각한다. 이에 비해 '하고 싶은 일이라면 정사원이든 프리터든 상관없다'는 응답은 50%, '요즘 세상에서는 일정한 직업 없이도 살아갈 수 있다'는 응답은 40% 이하로 낮다. 따라서 경제적인 불리함이나 취업의 불안정성과 프리터의 자유로운 근무 방식 중에서 후자가 더 지지를 받고 있다고 보기는 어렵다.

또한 전문지식이나 기술 습득에 대한 지지가 90%를, 자격 취득에 대한 지지가 80%를 넘어서고 있어, 20대의 대다수가 능력 향상에 대해 긍

---

11 도쿄 및 수도권 밖에 거주하는 젊은이의 직업의식을 분석한 것으로, 센다이 및 인근 지역 고등학생의 진로의식·직업의식을 분석한 가타세·겐지의 연구(片瀬·元治, 2008)가 있다.

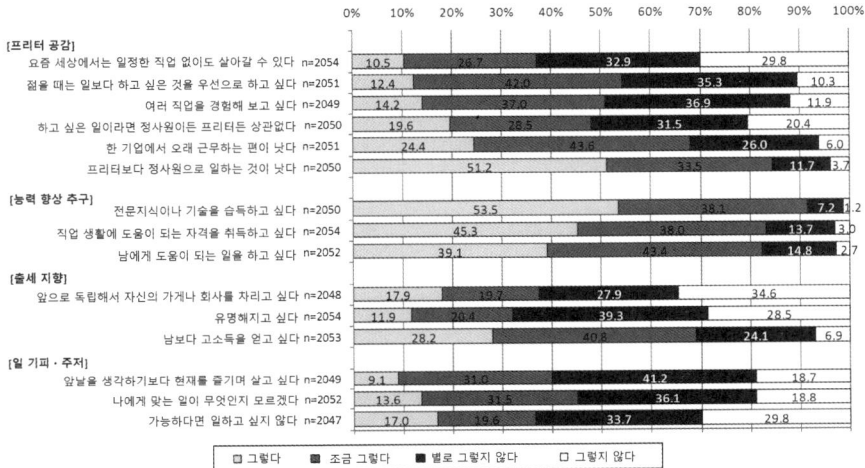

그림 1 젊은이의 직업의식

정적임을 알 수 있다. '출세 지향' 항목에 관해서는 '남보다 높은 수입을 얻고 싶다'는 경제적 향상에 대한 지지가 70% 정도지만, 독립하거나 유명해지는 데 대한 지지는 40% 이하다. 일 기피(앞날을 생각하기보다 현재를 즐기며 살고 싶다, 가능하면 일하고 싶지 않다)에 대한 지지는 전체의 30~40% 정도이지만, 40% 이상의 젊은이가 '자신에게 적합한 일을 모르겠다'고 응답함으로써 취업에 대해 일정 정도는 지지하나 지금 하고 있는 일에 대해 망설이고 있음을 확인할 수 있다.

계속해서 성별과 직업의식의 관계를 살펴보자. 앞 절에서 설명한 대로, 성별 또는 젠더는 젊은이들의 취업에 작용하는 중요한 변수다. 제1회 조사결과에 대한 분석(日本勞働研究機構, 2001: 55)에 따르면, 앞서 서술한 네 가지 직업의식에 있어 성별에 따른 차이는 별로 크지 않고, '출세 지향'만 남성이 강하다는 결과가 나타났다. 제3회 조사 결과는 어떨까.

〈그림 2〉는 직업의식 항목에 대한 긍정적 응답의 분포를 성별로 나타낸 것이다. 여기에서 특히 눈에 띄는 것은 '출세 지향' 관련 항목이다. 남성이 여성보다 '출세 지향' 경향이 강하다.[12] 또한 남성보다 여성이 상대적으로 어느 측면에서 프리터에 공감하는 경향이 강하다(요즘 세상에서는 일정한 직업 없이도 살아갈 수 있다, 하고 싶은 일이라면 정사원이든 프리터든 상관없다). 한편 '한 기업에서 오래 근무하는 편이 낫다', '직업생활에 도움이 되는 자격을 취득하고 싶다'는 항목에 대한 지지는 여성이 남성보다 근소하지만 높은 것으로 나타나 안정성이나 견실함이 고려되고 있음을 엿볼 수 있다.

성별에 따른 직업의식을 살펴보면, 응답 분포에 차이가 있는 항목이 있는가 하면 차이가 거의 없는 항목도 있다. 앞에서 설명한 여러 변수를

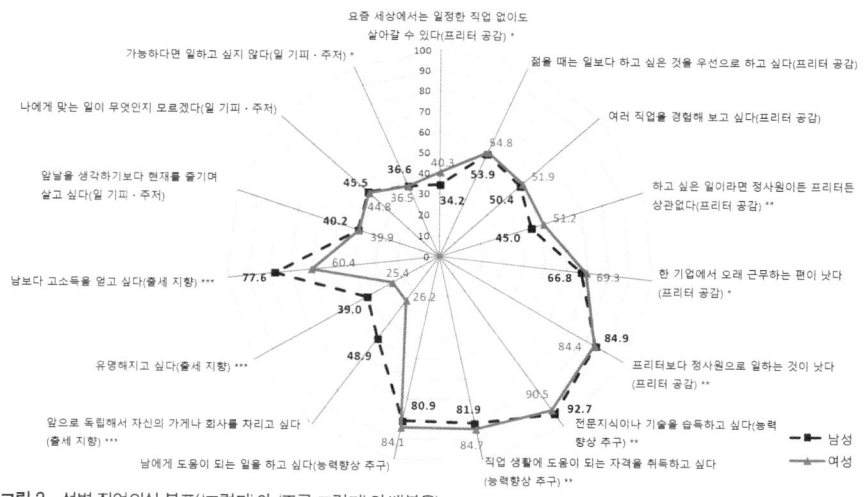

그림 2 성별 직업의식 분포('그렇다'와 '조금 그렇다'의 백분율)

12 이 점을 들어 제1회 조사와 마찬가지의 결과가 나왔다고 판단하는 데에는 신중해야 한다. 왜냐하면 다음 절에서 언급하겠지만 두 조사의 대상자 추출방법이 다르고 남녀 각각 대상자 속성의 구성이 다르기 때문이다. 비교는 다음 절에서 할 것이므로 여기에서의 분석은 어디까지나 제3회 조사로 한정되는 것임에 유의할 필요가 있다.

추가로 도입해 살펴보면, 결과가 다르게 나타날 수 있다. 예를 들면, 재학 중 또는 졸업 후 얼마 지나지 않은 시점에서의 직업의식은 성별에 따라 차이가 거의 없을 것으로 예상되지만, 성별로 인해 다른 취업 환경을 경험한 후기 청년층의 직업의식에서는 차이가 분명히 나타나는 경우를 생각해볼 수 있다. 그래서 다음의 분석에서는 성별로 범주별 직업의식을 살펴보고자 한다.[13]

연령층: 20대 전반층과 후반층

〈그림 3〉은 남성의 연령층별 직업의식 분포를 나타낸다. x^2 검정(유의수준 5%)으로 연령층과 질문 항목의 연관성을 확인해보니 '프리터보다 정사원으로 일하는 것이 낫다'와 '전문지식이나 기술을 습득하고 싶다'에 대해 유의한 연관이 보였다.[14] 두 항목 모두 20대 전반층보다 후반층의 긍정적 응답 비율이 높았다. 정사원 추구나 능력 향상에 관해서는 후반층에서 더 지지가 높음을 확인할 수 있다. 그러나 그 외의 항목에 관해서는 연령대별로 두드러지는 차이가 없었다.

---

13 이 글에 실린 거의 모든 그림에 유효 케이스 수를 기재하지 않았는데, 글의 끝에 있는 부표에 필요한 것만 모아 정리했으므로 참조(〈그림 2〉의 남녀에 대해서는 20대 전반과 후반을 합한 것이 각각의 유효 케이스 수가 된다). 또한 이 글에서 제시하는 수치는 소수점 두 자리를 반올림해서 소수점 한 자리까지 기재한 것이다.
　　참고로 〈그림 2〉~〈그림 14〉에서 각 항목의 마지막에 x^2검정(유의수준 5%)으로 통계적 독립을 확인해 결과를 제시했다(귀무가설은 '두 변수가 독립이다'). 또한, 검정결과(*p＜.05, **p＜.01, ***p＜.001)는 4점 척도로 실시한 것이며, 기재가 없는 것은 연관성을 인정할 수 없는 경우이거나 기대도수 5 미만의 셀이 전체의 20% 이상이기 때문에 검정을 하지 않은 경우이다.
14 전자는 5% 수준(df=3, x^2=10.2), 후자는 1% 수준(df=3, x^2=12.7)의 유의차이다. 또한, 질문의 선택지가 네 개이므로 검정도 4점 척도 그대로 실시했다.

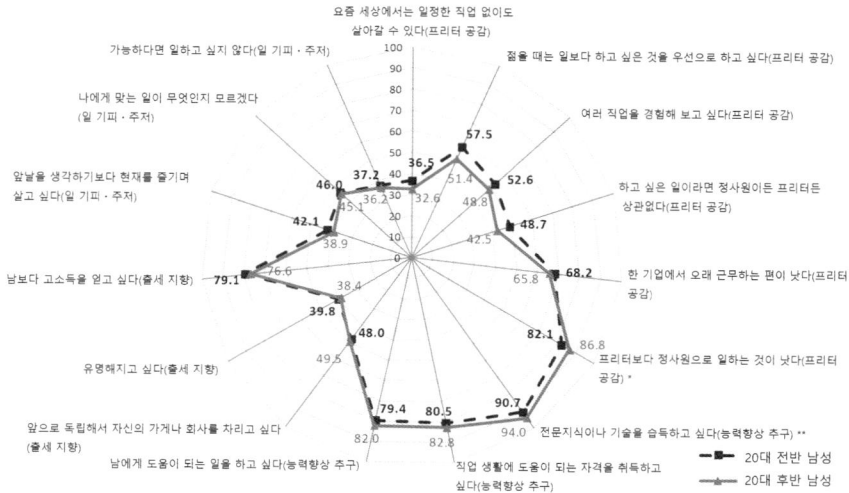

그림 3 남성의 연령층별 직업의식 분포('그렇다'와 '조금 그렇다'의 백분율)

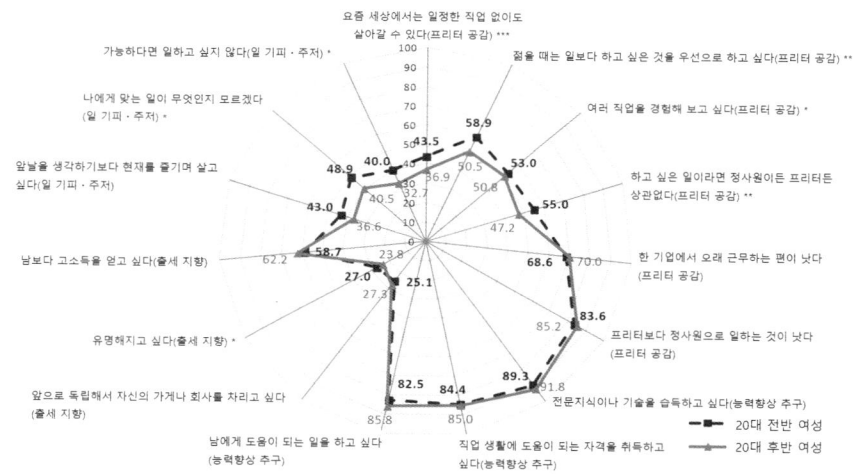

그림 4 여성의 연령층별 직업의식 분포('그렇다'와 '조금 그렇다'의 백분율)

한편, 여성은 남성과 상황이 다르다. 〈그림 4〉는 여성의 연령층별 직업의식 분포를 나타낸다. '프리터 공감'에 해당하는 여섯 항목 가운데 네 항목(요즘 세상에서는 일정한 직업 없이도 살아갈 수 있다, 젊을 때는 일보다 하고 싶은 것을 우선으로 하고 싶다, 여러 직업을 경험해보고 싶다, 하고 싶은 일이라면 정사원이든 프리터든 상관없다)에 대해서는 20대 후반층보다 전반층에서 긍정적인 응답 비율이 높았다. 20대 후반층 여성에 비해 전반층 여성은 전형적인 취업 행동에 묶이지 않는 프리터와 같은 근로방식을 지지·공감하는 것으로 나타났다. 그 밖에 '일 기피·주저' 관련 두 항목(나에게 맞는 일이 무엇인지 모르겠다, 가능하다면 일하고 싶지 않다)과 '유명해지고 싶다'도 20대 전반층에서 긍정적으로 응답한 비율이 높았다.

요약하면, 이상의 분석 결과가 연령 단계에 따른 효과 때문인지, 코호트 차이 때문인지 판별할 수 없지만, 여성은 남성보다 연령에 따라 직업의식에 차이가 있다고 볼 수 있다.

고용 형태: 정규직, 파견·계약직, 아르바이트·파트타임직, 무직 및 기타

성별로 현재의 고용 형태에 따라 직업의식이 어떻게 비슷하거나 다른지를 살펴보자.[15] 〈그림 5〉는 남성의 고용 형태별 직업의식 분포를 나타낸다.

정규직 남성은 '프리터 공감'에 대한 지지가 낮으며, '능력 향상 추구' 관련 항목 전반과 '출세 지향'(유명해지고 싶다, 남보다 고소득을 얻고 싶다)에 긍정적으로 응답한 비율이 높았다. 견실하고 안정적인 직업을 선호하는 경향이 보이나 망설임이 없는 것은 아니다. 비정규직과 비교할 때 '일 기

---

15 자영업·가업의 경우 이에 포함되는 업종이 다양하기 때문에 직업의식에 대해 일정한 경향을 찾기 어렵다고 판단되므로 이 글에서는 제외한다. 또한 파견·계약직과 무직 및 기타 고용 형태의 남성과 무직 및 기타 고용 형태의 여성은 케이스 수가 100에 미치지 못한다는 점에 유의할 필요가 있다.

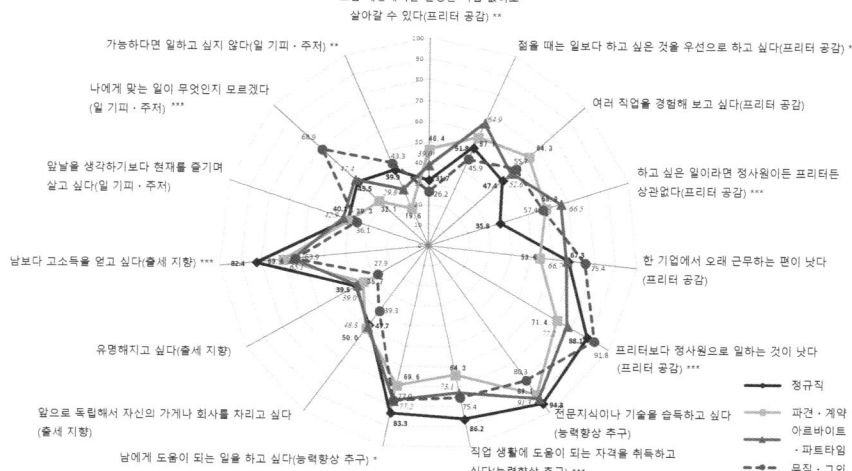

그림 5 남성의 고용 형태별 직업의식 분포('그렇다'와 '조금 그렇다'의 백분율)

피·주저' 관련 항목에 긍정적으로 응답한 비율이 가장 낮은 것은 아니었다.

반면, 파견·계약직 남성은 '일 기피·주저'에 해당하는 세 항목 모두 긍정적으로 응답한 비율이 가장 낮았다. '프리터 공감'에 대한 지지도 비교적 높으며, '능력 향상 추구' 관련 항목 중 '직업생활에 도움이 되는 자격을 취득하고 싶다'와 '남에게 도움이 되는 일을 하고 싶다'에 긍정적으로 응답한 비율은 가장 낮았다. 파견·계약직 남성은 자기 일에 대한 명확한 비전을 갖고 있으며, 기존의 근로 방식이나 제도에 얽매이지 않는 자유로움을 보인다고 할 수 있다.

아르바이트·파트타임직 남성은 '젊을 때는 일보다 하고 싶은 것을 우선으로 하고 싶다'나 '하고 싶은 일이라면 정사원이든 프리터든 상관없다'에 긍정적으로 응답한 비율이 가장 높았다. 무직 및 기타 고용 형태에 해당하는 남성은 '프리터 공감'에 대한 지지가 낮으며, '출세 지향'에 대한 긍정적 응답 비율도 낮았다. 또한 '일 기피·주저' 관련 항목 가운데 '가능하다면 일하고 싶지 않다', '나에게 맞는 일이 무엇인지 모르겠다'에 긍정적으로 응답한 비율은 가장 높지만, '앞날을 생각하기보다 현재를 즐기며 살고 싶다'에 긍정적으로 응답한 비율은 가장 낮았다. 이를 통해 무직 및 기타 고용 형태에 있는 남성은 찰나적인 삶의 방식이나 자유로운 근로 방식을 긍정적으로 보지 않으며, 망설이는 가운데 일하기 꺼림을 알 수 있다.

한편 정규직 여성(〈그림 6〉)은 남성과 마찬가지로 프리터에 대한 공감도가 낮은데, 그 정도가 남성보다도 현저하다. 또한 '능력 향상 추구'와 '출세 지향' 관련 항목 중 '남보다 고소득을 얻고 싶다'에 긍정적으로 응답한 비율이 가장 높으며, '유명해지고 싶다'에 긍정적으로 응답한 비율은 가장 낮았다. 즉, 고용의 안정성을 지지하는 견실함이 보인다.

이와는 대조적으로 파견·계약직과 아르바이트·파트타임직 여성은

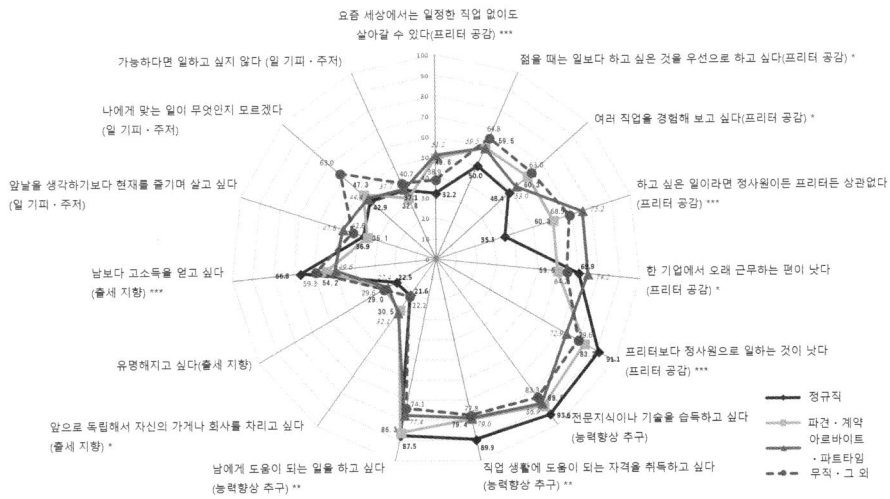

그림 6 여성의 고용 형태별 직업의식 분포('그렇다'와 '조금 그렇다'의 백분율)

남성과는 다른 경향을 보였다. 우선, 파견·계약직 여성의 '능력 향상 추구'나 '일 기피·주저' 관련 항목에 대한 긍정적인 응답 비율이 다른 고용 형태에 비해 낮다고 단언할 수 없다. 이는 파견·계약직 남성과는 다르다. 또한 아르바이트·파트타임직의 여성은 다른 고용 형태보다 '프리터 공감' 관련 네 가지 항목에 공감을 표하는 비율이 높았다.

무직 및 기타 고용 형태인 여성의 경우 '가능하다면 일하고 싶지 않다', '나에게 맞는 일이 무엇인지 모르겠다'에 긍정적으로 응답한 비율이 가장 높은 점은 남성과 마찬가지다. 그러나 '출세 지향'에 대한 긍정적 응답이 다른 고용 형태에 비해 낮지 않은 점이나 '프리터 공감' 관련 두 항목에 대한 응답 결과로 볼 때 프리터와 같은 근로 방식을 가장 지지한다는 점이 남성과는 다르다.

학력: 고졸, 전문·단기대학·고등전문학교졸, 대졸·대학원졸

남녀 각각 고졸, 전문·단기대학·고등전문학교졸, 대졸·대학원졸, 즉 학력별 직업의식을 비교해보았다.[16] 〈그림 7〉은 남성의 학력별 직업

---

16 중졸·고교중퇴, 고등교육중퇴의 경우 해당 케이스 수가 적다는 점 등의 이유에서 비교하기 곤란하다고 보고, 수치만을 제시한다.

	중졸, 고교 중퇴(남성)	고등교육 중퇴(남성)	중졸, 고교 중퇴(여성)	고등교육 중퇴(여성)
요즘 세상에서는 일정한 직업 없이도 살아갈 수 있다	33.9	41.1	50.0	53.3
젊을 때는 일보다 하고 싶은 것을 우선으로 하고 싶다	60.0	64.4	47.1	71.1
여러 직업을 경험해 보고 싶다	56.4	50.7	58.8	52.3
하고 싶은 일이라면 정사원이든 프리터든 상관없다	50.0	54.8	79.4	64.4
한 기업에서 오래 근무하는 편이 낫다	70.9	72.2	82.4	62.2

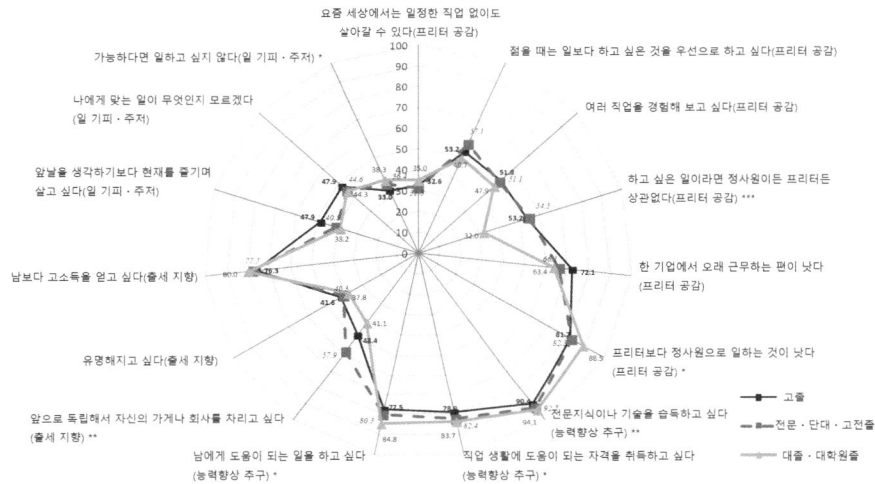

그림 7 남성의 학력별 직업의식 분포('그렇다'와 '조금 그렇다'의 백분율)

의식 분포를 나타내는데, 앞서 기술한 고용 형태별 분포와 비교하면 차이가 뚜렷하지 않다.

대졸·대학원졸 남성의 경우 '프리터 공감' 관련 여섯 항목 중 '한 기

프리터보다 정사원으로 일하는 것이 낫다	85.7	83.6	55.9	71.1
전문지식이나 기술을 습득하고 싶다	87.5	94.5	76.5	86.7
직업생활에 도움이 되는 자격을 취득하고 싶다	75.0	84.9	79.4	68.9
남에게 도움이 되는 일을 하고 싶다	69.6	78.1	84.8	64.4
앞으로 독립해서 자신의 가게나 회사를 차리고 싶다	57.1	57.5	29.4	33.3
유명해지고 싶다	32.1	37.0	29.4	15.6
남보다 고소득을 얻고 싶다	75.0	71.2	47.1	48.9
앞날을 생각하기보다 현재를 즐기며 살고 싶다	33.9	35.6	47.1	42.2
나에게 맞는 일이 무엇인지 모르겠다	46.4	50.0	44.1	57.8
가능하다면 일하고 싶지 않다	32.1	46.6	44.1	35.6

업에서 오래 근무하는 편이 낫다' 외의 다섯 항목에 대한 응답에서 프리터와 같은 근로 방식에 가장 낮은 지지도를 보였다. 특히 '하고 싶은 일이라면 정사원이든 프리터든 상관없다'에 대한 긍정적 응답이 낮은 것과 '프리터보다 정사원으로 일하는 것이 낫다'에 대한 긍정적 응답이 높은 것이 눈에 띈다. 이를 통해 정사원을 지향하는 경향이 가장 강함을 알 수 있다. 또한 대졸·대학원졸 남성은 '능력향상 추구' 관련 세 항목과 '남보다 고소득을 얻고 싶다'에 긍정적으로 응답한 비율이 가장 높았다. 한편 '가능하다면 일하고 싶지 않다'에 대한 긍정적 응답이 가장 높아 일을 기피하는 경향도 엿보였다.

전문·단기대학·고등전문학교졸 남성의 경우 '젊을 때는 일보다 하고 싶은 것을 우선으로 하고 싶다', '하고 싶은 일이라면 정사원이든 프리터든 상관없다', '앞으로 독립해서 자신의 가게나 회사를 차리고 싶다'에 긍정적으로 응답한 비율이 다른 남성에 비해 높았다.

고졸 남성은 '일 기피·주저' 항목 가운데 '앞날을 생각하기보다 현재를 즐기며 살고 싶다'와 '나에게 맞는 일이 무엇인지 모르겠다'에 긍정적으로 응답한 비율이 다른 남성에 비해 높았다. 반면, '한 기업에서 오래 근무하는 것이 낫다'에 긍정적으로 응답한 비율은 가장 높으며, '가능하다면 일하고 싶지 않다'에 긍정적으로 응답한 비율은 가장 낮다. 이를 통해, 고졸 남성은 유동성이 낮은 안정적인 직업 환경 속에서 성실히 일하고자 함을 알 수 있다.[17]

---

17 일반적으로 학력에 따른 이직에 관해 학력이 낮을수록 이직률이 높다고 설명하나 (시치고산(七五三) 현상), 여기에 나온 결과는 이직률이라는 지표가 나타내는 '실태'와 젊은이의 '의식'에 차이가 있음을 말한다고 할 수 있다. 시치고산이란 취직한 뒤 중졸의 7할, 고졸의 5할, 대졸의 3할이 이직함을 가리킨다.

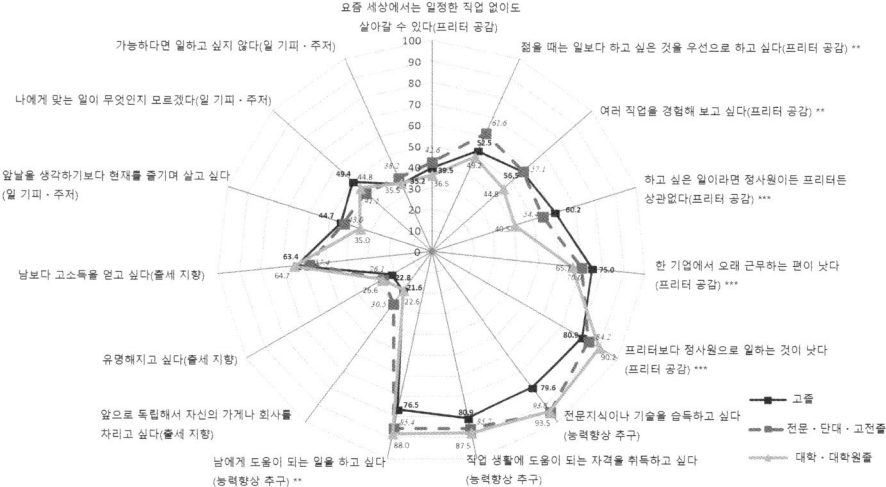

그림 8 여성의 학력별 직업의식 분포('그렇다'와 '조금 그렇다'의 백분율)

학력별 여성의 직업의식을 살펴보면(〈그림 8〉), 전반적으로 남성과 유사한 경향(대졸·대학원졸은 견실함과 '능력 향상 추구' 경향이 강하다는 점 등)을 보였다. 그렇지만 '출세 지향' 관련 항목에 대해서는 전반적으로 여성이 남성보다 긍정적으로 응답한 비율이 낮았다. 또한 '프리터 공감' 관련 항목에 대한 응답을 보면, 고졸 여성과 전문·단기대학·고등전문학교졸 여성 사이에 차이가 있다. 예를 들어, '젊을 때는 일보다 하고 싶은 것을 우선으로 하고 싶다'와 '하고 싶은 일이라면 정사원이든 프리터든 상관없다'에 대해 긍정적으로 응답한 비율의 차이가 남성에 비해 두드러진다. '능력 향상 추구' 관련 항목에 대해서는 고졸 여성이 다른 여성에 비해 긍정적으로 응답한 비율이 낮았다.

경력 유형: 정사원 정착, 비정규직 일관, 다른 형태에서 정사원, 정사원 이직

고스기(小杉, 2012)의 논문에서 작성된 경력 유형 가운데 일정한 케이스 수(전체의 10% 이상)를 확보할 수 있는 '정사원 정착', '비정규직 일관', '다른 형태에서 정사원으로의 이행', '정사원 이직' 등 네 가지 유형의 직업의식을 살펴보겠다.[18]

〈그림 9〉는 남성의 경력 유형별 직업의식을 나타낸다. 비정규직으로만 일한 남성은 '프리터 공감'에 대한 지지가 높은 반면, '능력 향상 추

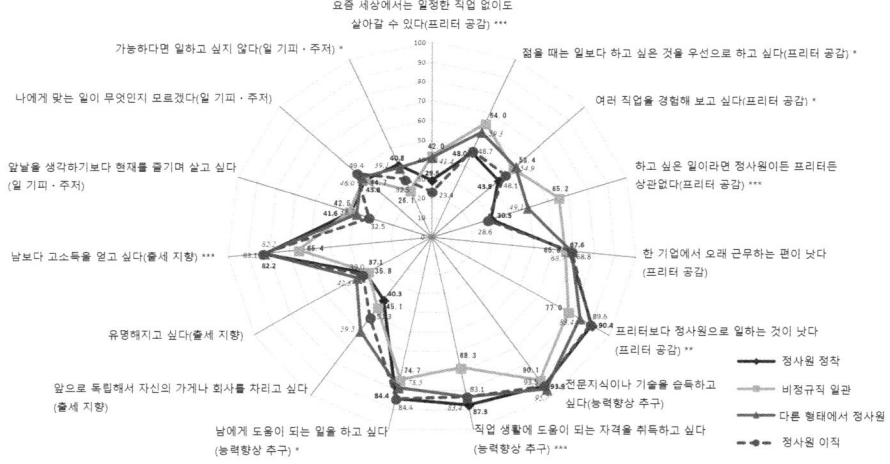

그림 9 남성의 경력 유형별 직업의식 분포('그렇다'와 '조금 그렇다'의 백분율)

[18] 이 글의 일본어 원문이 실려 있는 보고서의 제1장에서 고스기(小杉, 2012)는 학업을 마친 직후의 취업 상황, 그 후의 이동, 경험한 취업 형태, 조사 시점의 취업 상황에서 보이는 경향에 따라 경력 유형을 만들었는데, 이 글에서는 이를 이용했다. 네 범주 중에서 '다른 형태에서 정사원'은 정사원 이외의 고용 형태로 일하다가 정사원으로 이직한 경우이다. '정사원 이직'은 정사원으로 일하다가 다른 정사원 일자리로 이직하는 경우이다. 여기에서는 다루고자 하는 것은 취업 형태의 변화이며, 직업이나 직종이 변하는 경우를 의미하지 않는다. 즉, 같은 직업이나 직종 내에서 회사를 바꾼 경우 등도 해당된다.

구' 관련 세 항목에 긍정적으로 응답한 비율은 가장 낮았다. 또한 '출세 지향' 관련 항목 중 '유명해지고 싶다'와 '남보다 고소득을 얻고 싶다'에 긍정적으로 응답한 비율이 가장 낮으며, '앞으로 독립해서 자신의 가게나 회사를 차리고 싶다'에 긍정적으로 응답한 비율도 두 번째로 낮았다. 따라서 비정규직으로만 일한 남성의 특징은 프리터와 같은 근로 방식에 상당히 공감하며, 능력 향상 의식과 직업 성취욕은 낮다고 할 수 있다. 그러나 '가능하다면 일하고 싶지 않다'에 긍정적으로 응답한 비율은 가장 낮았다.

다른 고용 형태에서 정사원으로 이행한 남성의 경우 '능력 향상 추구' 관련 항목에 긍정적으로 응답한 비율이 비정규직으로만 일한 남성보다 정사원 정착이나 정사원 이직 형태의 남성에 가까운 것으로 나타났다. 그렇지만 '프리터 공감' 항목에서도 마찬가지 경향을 보였다고는 할 수 없다. 또한 '출세 지향' 관련 항목 가운데 일본노동연구기구가 '꿈 추구형' 프리터의 특징(日本労働研究機構, 2001: 91-93)이라 지적한 '앞으로 독립해서 자신의 가게나 회사를 차리고 싶다'와 '유명해지고 싶다'에 긍정적으로 응답한 비율이 가장 높았다.

정사원 이직형 남성은 '요즘 세상에서는 일정한 직업 없이도 살아갈 수 있다', '하고 싶은 일이라면 정사원이든 프리터든 상관없다', '앞날을 생각하기보다 현재를 즐기며 살고 싶다'에 긍정적으로 응답한 비율이 가장 낮으며, '남에게 도움이 되는 일을 하고 싶다', '남보다 고소득을 얻고 싶다', '나에게 맞는 일이 무엇인지 모르겠다'에 긍정적으로 응답한 비율이 가장 높았다.

여성의 경력 유형별 직업의식 분포를 살펴보면(〈그림 10〉), 남성과 마찬가지로 비정규직으로만 일한 여성은 프리터에 대한 지지 및 공감 정

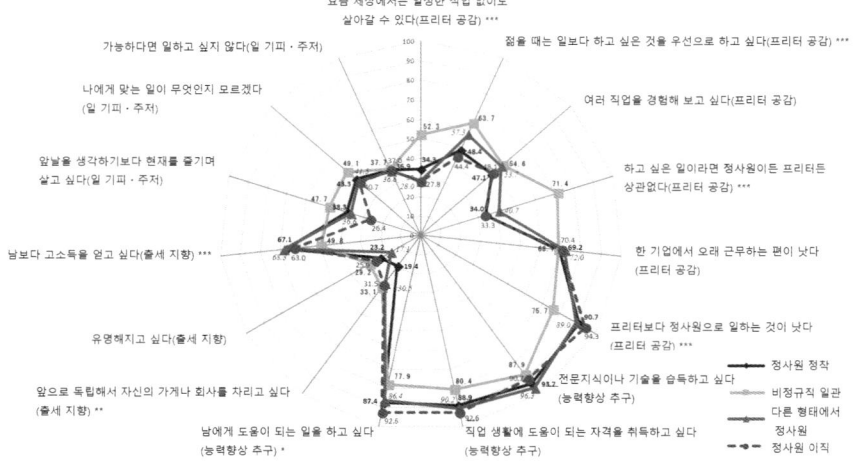

그림 10 여성의 경력 유형별 직업의식 분포('그렇다'와 '조금 그렇다'의 백분율)

도가 높았고(특히 다른 경력 유형에 비해 '요즘 세상에서는 일정한 직업 없이도 살아갈 수 있다'와 '하고 싶은 일이라면 정사원이든 프리터든 상관없다'에 긍정적으로 응답한 비율이 높았다), '능력 향상 지향' 관련 세 항목에 대해서는 긍정적으로 응답한 비율이 가장 낮다. 남성과 다른 것은 '일 기피·주저' 관련 세 항목 모두 긍정적으로 응답한 비율이 가장 낮으며, '출세 지향' 관련 항목 중에서 '앞으로 독립해서 자신의 가게나 회사를 차리고 싶다'와 '유명해지고 싶다'에 긍정적으로 응답한 비율이 가장 높았다.

정사원 이직형 여성은 남성과 마찬가지로 '남에게 도움이 되는 일을 하고 싶다'에 긍정적으로 응답한 비율이 가장 높았다. 그러나 '나에게 맞는 일이 무엇인지 모르겠다'에 긍정적으로 응답한 비율이 가장 낮은 점은 남성과는 대조적이다.

가족 형태: 독거, 무배우자·부모 동거, 배우자·자녀 동거

가족 형태는 개인의 직업의식과 취업 행동을 규정하는 중요한 변수라 생각된다. 여기에서는 고스기(小杉, 2012)의 논문에서 사용된 가족 형태 유형 중에서 '기타'를 제외한 '독거', '무배우자·부모 동거', '배우자·자녀 동거' 유형별로 응답 분포를 비교해 직업의식의 특징을 검토한다.[19]

〈그림 11〉은 남성의 가족 형태별 직업의식 분포를 나타낸다. 전체적으로는 가족 형태에 따라 의식이 크게 차이나지 않지만, 배우자 및 자녀와 동거하는 남성은 '프리터 공감'과 '일 기피·주저' 관련 항목에 긍정적으로 응답한 비율이 상대적으로 낮았다. 그리고 배우자 없이 부모와 동거하는 남성은 '출세 지향' 관련 항목에 긍정적으로 응답한 비율이 상대적으로 낮았다.

여성은 남성보다 가족 형태에 따른 차이가 뚜렷하다. 〈그림 12〉에서 알 수 있듯이, 배우자·자녀와 동거하는 여성 중 '프리터 공감'과 '일 기피·주저' 관련 항목에 긍정적으로 응답한 비율은 상대적으로 낮은데, 남성보다 차이가 더 벌어져 있다. 또한 다음과 같은 특징을 지적할 수 있다. 배우자 및 자녀와 동거하는 여성은 '한 기업에서 오래 근무하는 것이 낫다'와 '남에게 도움이 되는 일을 하고 싶다'에 긍정적으로 응답한 비율이 높았다. 독거 여성은 다른 두 가족 형태의 여성과는 다른 응답 분포가

---

19 이 글의 일본어 원문이 실려 있는 보고서의 제1장에서 고스기(小杉, 2012)는 현재의 혼인 상태 및 동거 상대에 따라 가족 형태를 유형화했는데, 이 글에서는 이를 이용했다. 또한 남녀 모두 20대 전반과 후반으로 나눠 결과를 확인했는데, 20대 전반의 배우자 및 자녀와 동거하는 사람이 다른 두 범주의 사람에 비해 상당히 특수한 응답 분포를 보였다. 그러나 이것은 케이스 수가 적은 것(남성 24 케이스, 여성 35 케이스)이 적잖게 영향을 주고 있다고 생각되기 때문에 여기에서는 설명하지 않는다.

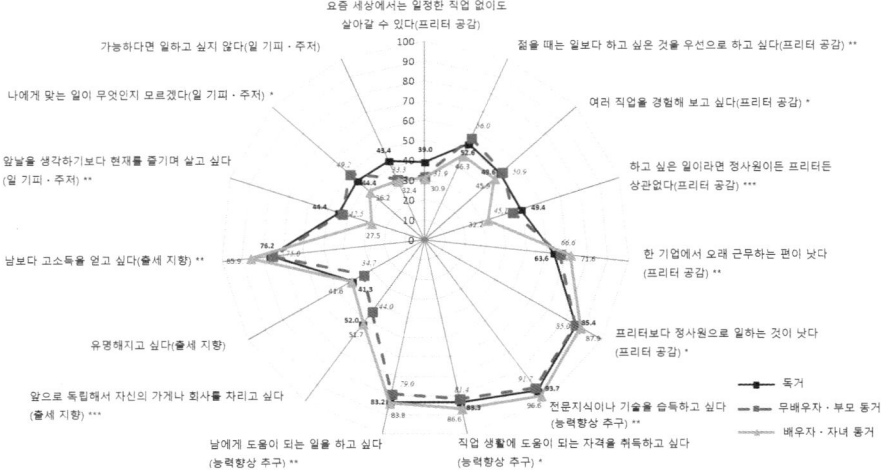

그림 11 남성의 가족 형태별 직업의식 분포('그렇다' 와 '조금 그렇다' 의 백분율)

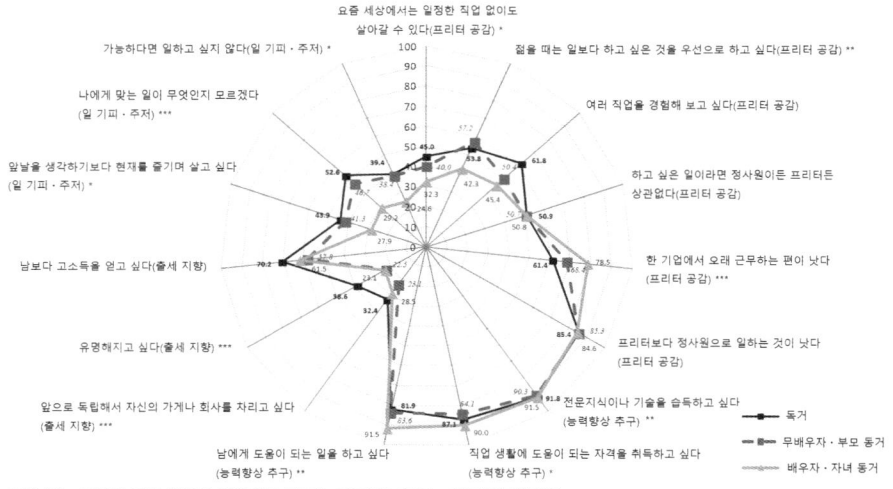

그림 12 여성의 가족 형태별 직업의식 분포('그렇다' 와 '조금 그렇다' 의 백분율)

나타나는 항목이 있다. 예를 들면, '여러 직업을 경험해보고 싶다', '유명해지고 싶다', '남보다 고소득을 얻고 싶다' 등이 그러하다. 또한 20대 여성 중에서 '일 기피·주저' 관련 항목과 직업 안정성에 관한 다른 항목에서는 배우자·자녀와 동거하는 여성이, '출세 지향' 관련 항목이나 새로운 가능성에 대한 도전 관련 항목에서는 독거 여성이 다른 두 가지 가족 형태의 여성과 다른 경향을 보였다.

제3회 조사 신설 항목: 대인관계, 일반적 신뢰감, 정치적 유효 감각

제3회 조사에서는 제1회 조사에서 이용한 열다섯 항목에 새롭게 세 항목을 추가했다. 최근 근로 현장에서 대인관계 기술과 젊은이들의 교우 관계가 예전보다 중요해졌다고 종종 지적돼왔기 때문이다. 따라서 그 실태를 파악하기 위해 '누구하고도 금방 사이좋게 지낼 수 있다'와 같은 대인관계에 대한 자기 평가 항목이 마련됐다. 또한 노동에 관한 젊은이의 정치적 관심과 참여·연대가 부족하다는 지적이 있어서 그 상황을 이해하고자 연대의 기초가 되는 신뢰의 깊이를 측정하기 위해 '대부분의 사람은 신뢰할 수 있다'라는 항목이, 정부가 실시하는 정치에 대한 유효 감각을 측정하기 위해 '나에게는 정부의 일을 좌우할 수 있는 힘이 없다'는 항목이 추가됐다.[20]

아래에서는 세 항목에 대한 성별 응답 분포를 확인하고자 한다. 또한 이 절에서 다루었던 범주 중에서도 고용 형태별 응답 분포의 특징이 두드러지게 나타난다고 보고, 고용 형태별로 결과를 정리했다.

남성(〈그림 13〉)의 경우 무직 및 기타 고용 상태인 사람은 정치적 유효 감각이나 대인관계에 대한 자기 평가에 긍정적으로 응답한 비율이 낮으

---

20 세 항목을 마련할 때 청년문화연구회에서 2007년에 실시한 조사(2006~2008年度科学研究費補助金 基盤研究(B) '若者の中間集団的諸活動における新しい市民的参加の形')를 참고했다.

며, 파견·계약직과 무직 및 기타 고용 상태인 사람은 일반적 신뢰감 항목에 대해 긍정적으로 응답한 비율이 낮았다. 여성의 경우(〈그림 14〉)에는 정치적 유효 감각과 대인관계 평가 항목에 대한 응답 분포가 남성과 거의 같은 경향으로 나타나지만, 일반적 신뢰감 항목에 대해서는 파견·계약직에서 긍정적으로 응답한 비율이 가장 높았다.

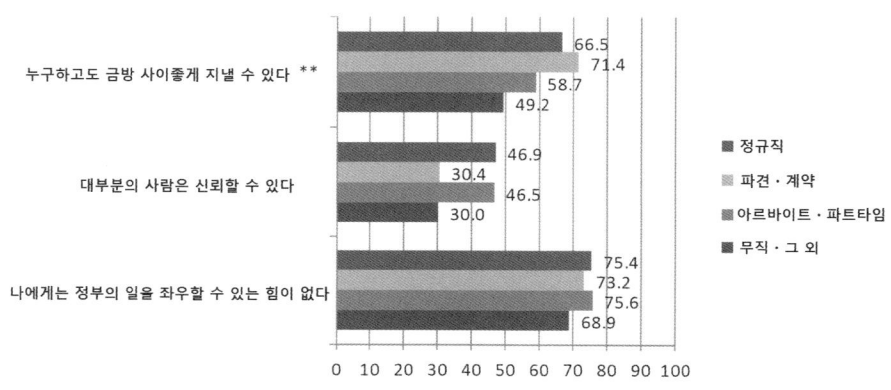

그림 13 남성의 제3회 조사 신설 항목의 응답 분포('그렇다' 와 '조금 그렇다' 의 백분율)

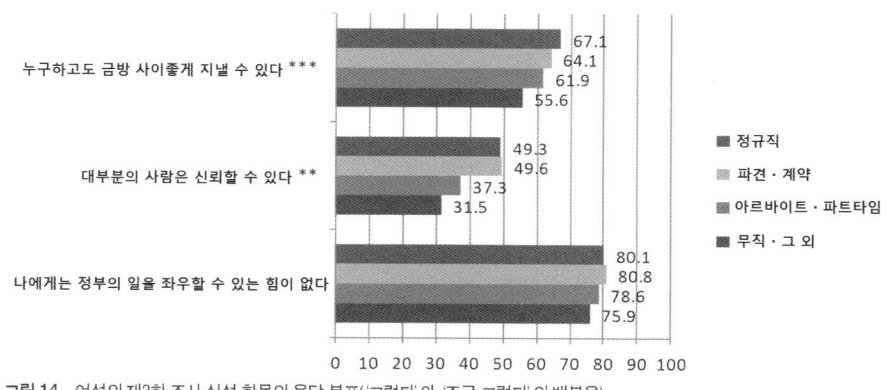

그림 14 여성의 제3회 조사 신설 항목의 응답 분포('그렇다' 와 '조금 그렇다' 의 백분율)

두 시점의 직업의식 분포 비교
: 2001년의 20대와 2011년의 20대

이 절에서는 앞 절에서 다룬 직업의식 관련 열다섯 항목에 대한 제1회 조사(2001년)와 제3회 조사(2011년)의 응답 결과를 비교한다.[21] 우선, 두 시점의 정규직과 비정규직의 응답 분포를 확인하고 그 경향을 파악한다. 이어서 각 항목의 응답을 점수화('그렇다'를 2점, '조금 그렇다'를 1점, '별로 그렇지 않다'를 -1점, '그렇지 않다'를 -2점으로 매겨 산술 평균을 구한 결과를 '점수'라 한다)해 '프리터 공감', '능력 향상 추구', '출세 지향', '일 기피·주저'의 네 경향이 두 시점 사이에 어떻게 다른지를 파악하고자 한다.

또한 앞에서 확인한 여러 변수 가운데 현재의 고용 형태, 학력, 가족 형태에 따른 결과를 검토하지만, 제1회 조사와 제3회 조사에서 대상자의 추출 방법이 다른 점[22] 등을 고려해 시점 간의 직접 비교는 각 범주 내에서만 실시한다.

두 시점의 응답 분포 개관(정규직과 비정규직)

상세한 비교에 앞서 두 시점의 응답 분포, 특히 정규직과 비정규직에 대해서만 간략히 살펴보고자 한다.

---

21 제2회 조사에서는 직업의식에 관해 묻지 않았기 때문에 세 시점의 비교는 불가능하다.
22 제1회 조사에서는 18~29세를 대상으로 하여 프리터와 프리터 이외(구별은 응답자의 자기 인식에 따른다)를 각각 1000 표본(합계 2000 표본) 모았다. 자세한 것은 호리(堀, 2012) 및 일본노동연구기구(日本労働研究機構, 2001: 10-12)를 참조. 또한, 이 글의 분석에서 제1회 조사 자료를 사용할 때에는 18~19세 및 학생·주부는 제외했다.

〈그림 15〉~〈그림 18〉은 남녀 각각 정규직과 비정규직(파견·계약직, 아르바이트·파트타임직)의 긍정적 응답(그렇다, 조금 그렇다) 비율을 나타낸다. 프리터와 같은 근로 방식을 지지하는 비율은 모두 제3회 조사 결과에서 낮게 나타났다. '능력향상 추구'와 관련해서는 정규직 남녀 모두 두 시점 간에 큰 차이가 없지만, 비정규직의 경우 제3회 조사에서 자격 취득에 대해 긍정적으로 응답한 비율이 낮았다. 특히 남성 비정규직(〈그림 16〉)은 제1회 조사에서 86.7%이던 비율이 제3회 조사에서는 70.9%로 낮아

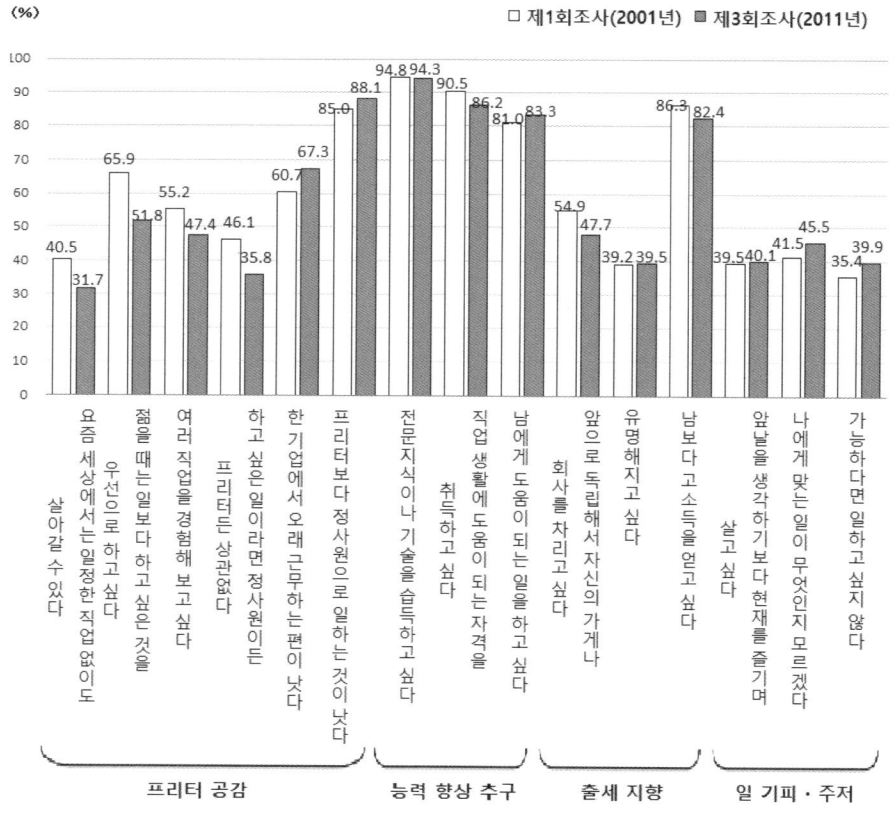

그림 15 두 시점의 직업의식에 대한 긍정적 응답의 비율(20대 남성·정규직)

졌다. '출세 지향'에 관해서는 남성 비정규직은 세 항목 모두, 여성 비정규직은 '남보다 고소득을 얻고 싶다'에 대해 제3회 조사에서 긍정적으로 응답한 비율이 낮았다. '일 기피·주저'에 관해서는 남성 정규직의 경우 세 항목 모두 제3회 조사에서 긍정적으로 응답한 비율이 높지만, 비정규직의 경우 세 항목 모두 낮았다. 여성은 정규직과 비정규직 모두 제

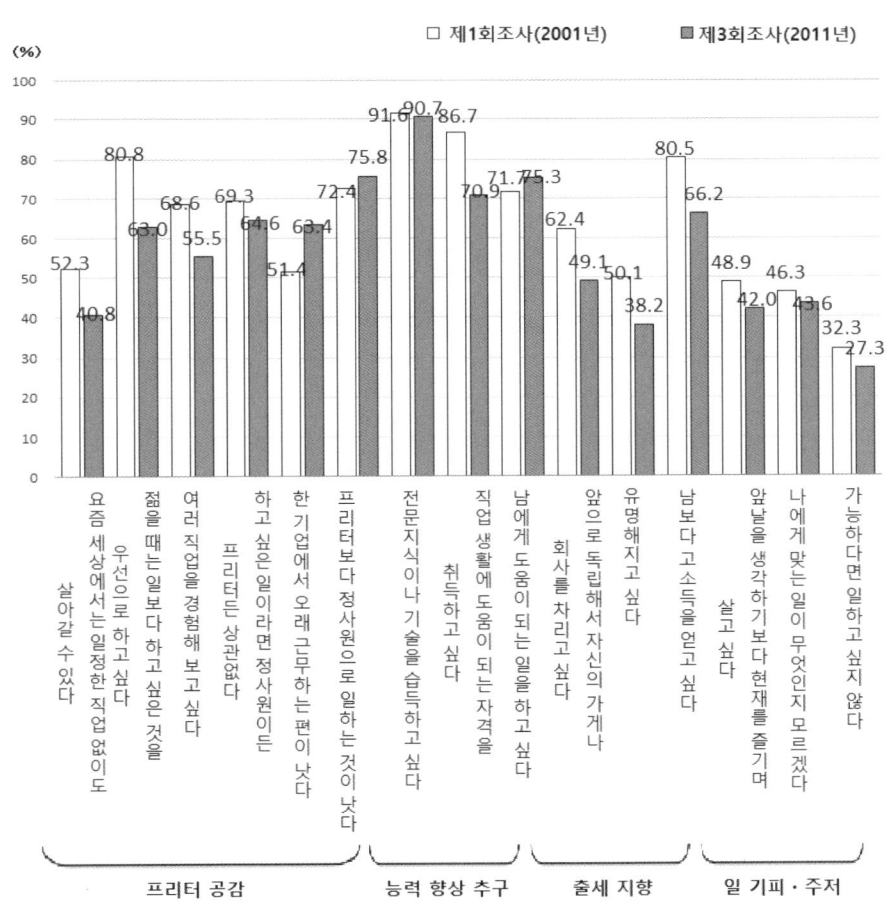

그림 16 두 시점의 직업의식에 대한 긍정적 응답의 비율(20대 남성·비정규직)

3회 조사에서 '가능하다면 일하고 싶지 않다'에 긍정적으로 응답한 비율이 높았다.

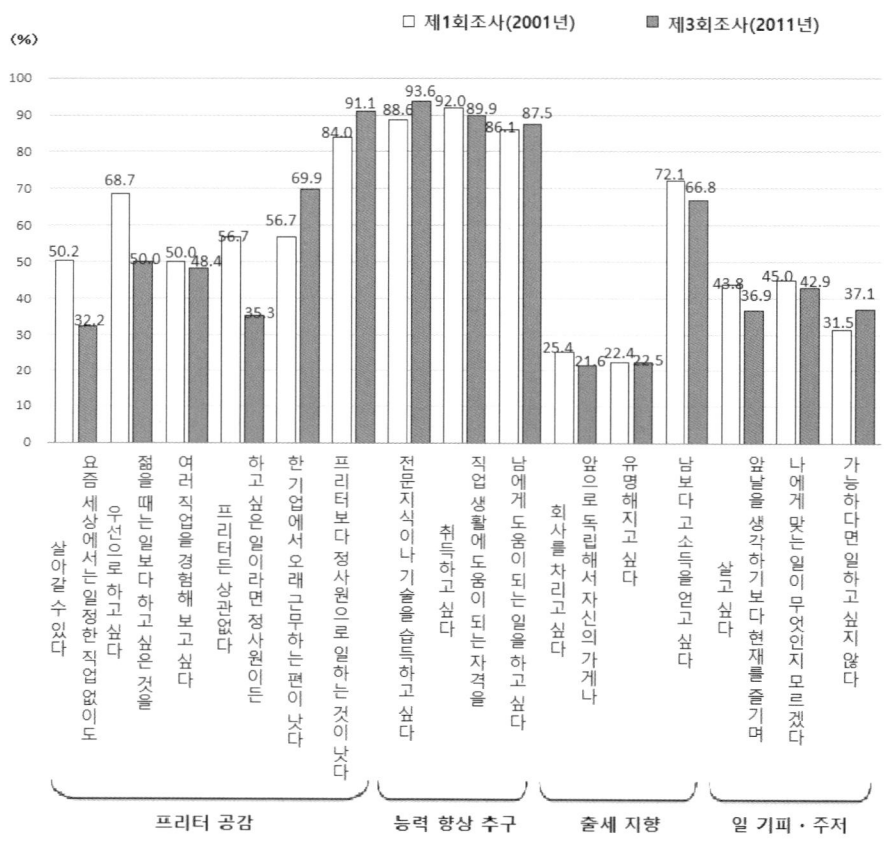

그림 17 두 시점의 직업의식에 대한 긍정적 응답의 비율(20대 여성·정규직)

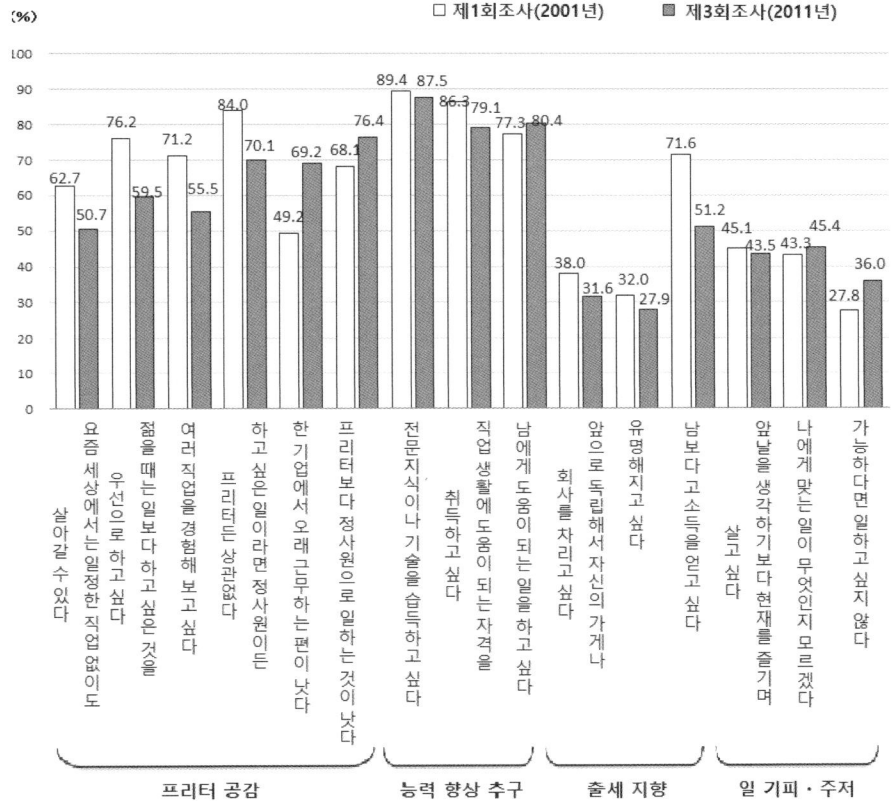

그림 18 두 시점의 직업의식에 대한 긍정적 응답의 비율(20대 여성 · 비정규직)

프리터 공감

〈그림 19〉~〈그림 36〉은 '프리터 공감' 관련 여섯 항목에 대한 응답을 고용 형태, 학력, 가족 형태별로 나타낸 것이다. '요즘 세상에서는 일정한 직업 없이도 살아갈 수 있다', '젊을 때는 일보다 하고 싶은 것을 우선으로 하고 싶다', '여러 직업을 경험해보고 싶다', '하고 싶은 일이라면 정사원이든 프리터든 상관없다'의 네 항목(〈그림 19〉~〈그림 30〉)은 많은 범주에

서 제3회 조사 결과의 점수가 낮았다. 예를 들면, '요즘 세상에서는 일정한 직업 없이도 살아갈 수 있다'에 대한 응답의 경우(〈그림 19〉~〈그림 21〉) 제1회 조사에서는 점수 0을 중간으로 생각하면, 응답이 긍정 쪽으로 분포하는 범주도 부정 쪽으로 분포하는 범주도 있었다. 하지만 제3회 조사에서는 대부분 범주의 응답이 부정 쪽으로 분포한다.[23] 또한 '한 기업에서 오래 근무하는 것이 낫다', '프리터보다 정사원으로 일하는 것이 낫다'는 두 항목(〈그림 31〉~〈그림 36〉)은 많은 범주에서 제3회 조사 결과의 점수가 높았다. 다만 '한 기업에서 오래 근무하는 것이 낫다'에 대해서는 중졸·고교 중퇴 여성(〈그림 32〉)과 배우자 및 자녀와 동거하는 남성(〈그림 33〉)이 '프리터보다 정사원으로 일하는 것이 낫다'에 대해서는 파견·계약직 남성(〈그림 34〉)과 중졸·고교 중퇴 여성(〈그림 35〉)이 제1회 조사보다 제3회 조사에서 약간이기는 하지만 점수가 낮았다.

두 시점에서 특히 점수 차가 큰 것은 '젊을 때는 일보다 하고 싶은 것을 우선으로 하고 싶다'에 대한 무직 및 기타 고용 상태 남성의 응답(〈그림 22〉. 1.06에서 -0.18로 1.24 감소)과 독거 남성의 응답(〈그림 24〉. 0.94에서 0.12로 0.82 감소), '하고 싶은 일이라면 정사원이든 프리터든 상관없다'에 대한 독거 여성의 응답(〈그림 30〉. 0.97에서 0.08로 0.89 감소), '한 기업에서 오래 근무하는 것이 낫다'에 대한 무직 및 기타 고용 상태 남성의 응답(〈그림 31〉. -0.14에서 0.72로 0.86 증가)과 고등교육 중퇴 남성의 응답(〈그림 32〉. -0.12에서 0.72로 0.84 증가) 등이다.

고용 형태, 학력, 가족 형태 각 범주 간의 의식 차는 전체적으로 제

---

23 예외는 여성의 고등교육중퇴(〈그림 20〉)인데, 이 경우도 0.04이다.

1회 조사보다 제3회 조사에서 작았다.[24] 성별 의식 차는 항목이나 변수에 따라 차이가 벌어지는 경우와 줄어드는 경우가 있어 전체적인 변화 경향을 지적하기 어렵다. 또한 고용 형태, 학력, 가족 형태 중 어떤 것에서 범주 간의 의식 차가 가장 변화했는지도 한마디로 지적하기 어렵다. 하지만 굳이 말한다면 가족 형태에 따른 의식 차는 줄어들었다고 할 수 있다.

요컨대, '프리터 공감'의 항목에 대해 두 시점의 결과에서 보이는 차이를 변화로 간주하면 하고 싶은 것을 추구하는 경향은 약해졌으나 안정성을 추구하는 경향은 강해졌다고 할 수 있다.

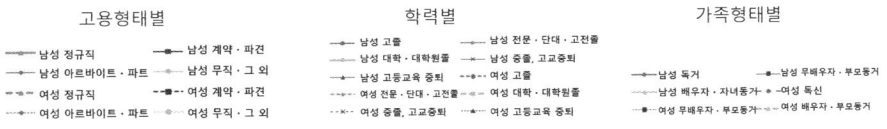

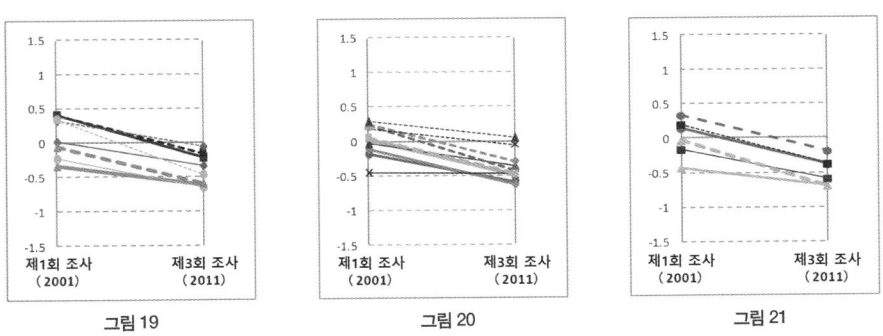

그림 19   그림 20   그림 21

24 다만 학력별 '프리터보다 정사원으로 일하는 것이 낫다'는 중졸·고교중퇴의 여성이 부정적 방향으로 변했기(〈그림 35〉) 때문에 제3회 조사에서 컸다.

젊을 때는 일보다 하고 싶은 것을 우선으로 하고 싶다

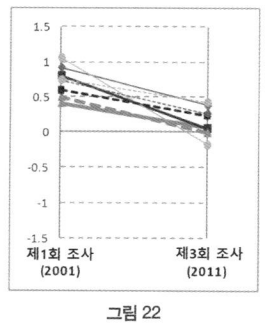

그림 22

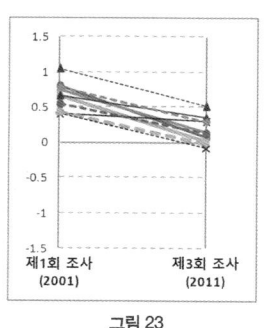

그림 23

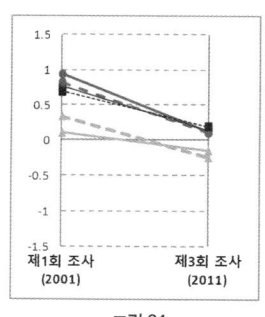

그림 24

여러 직업을 경험해보고 싶다

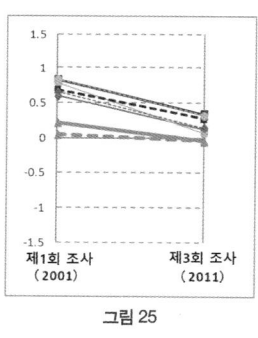

그림 25

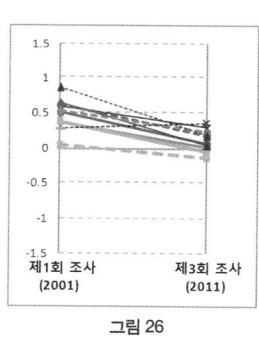

그림 26

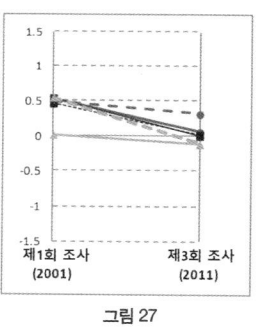

그림 27

하고 싶은 일이라면 정사원이든 프리터든 상관없다

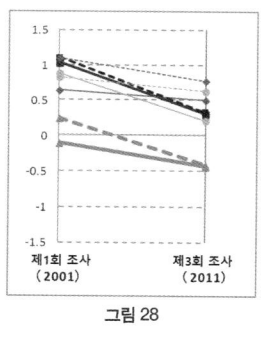

그림 28

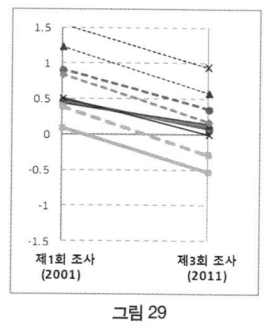

그림 29

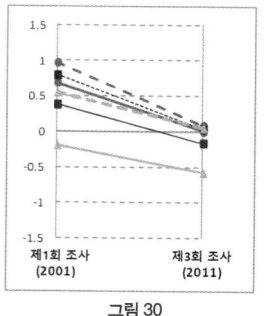

그림 30

한 기업에서 오래 근무하는 편이 낫다

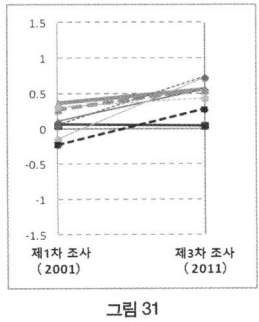
그림 31

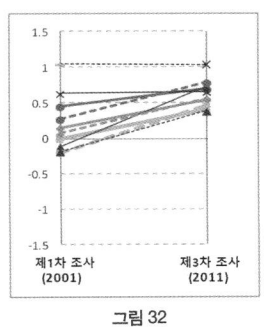
그림 32

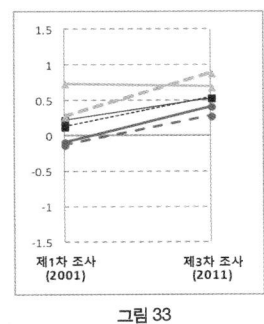
그림 33

프리터보다 정사원으로 일하는 것이 낫다

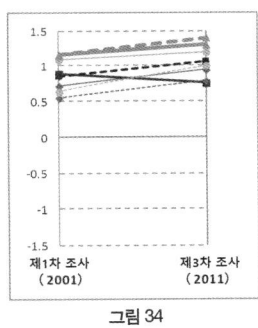
그림 34

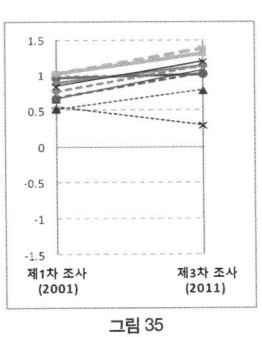
그림 35

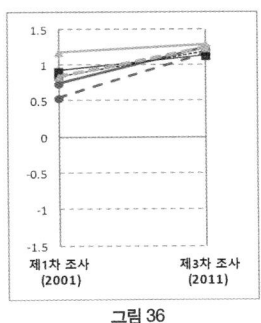
그림 36

능력 향상 추구

〈그림 37〉~〈그림 45〉는 '능력 향상 추구' 관련 세 항목에 대한 응답 결과를 고용 형태, 학력, 가족 형태별로 나타낸 것이다.

다소 예외가 있지만, 전체적으로 제1회 조사보다 제3회 조사에서 '전문지식이나 기술을 습득하고 싶다'(〈그림 37〉~〈그림 39〉)와 '직업생활에 도움이 되는 자격을 취득하고 싶다'(〈그림 40〉~〈그림 42〉)는 점수가 낮았고,[25] '남에게 도움이 되는 일을 하고 싶다'(〈그림 43〉~〈그림 45〉)는 점수가 높았다. 단, 원래 세 항목 모두 두 시점에서 0을 중간이라 생각하면, 응답이 긍정적이다.

또한 전체적인 경향과 반대 방향의 변화도 있다. 예를 들면, '전문지식이나 기술을 습득하고 싶다'에 대한 중졸·고교 중퇴 여성의 응답(〈그림 38〉, 0.77에서 0.91로 0.14 증가), '직업생활에 도움이 되는 자격을 취득하고 싶다'에 대한 고등교육 중퇴 남성의 응답(〈그림 41〉, 0.98에서 1.12로 0.14 증가), '남에게 도움이 되는 일을 하고 싶다'에 대한 중졸·고교 중퇴 남성의 응답(〈그림 44〉, 0.78에서 0.61로 0.17 감소) 등이다.

두 시점 간에 특히 점수 차가 큰 것으로는 '전문지식이나 기술을 습득하고 싶다'에 대한 무직 및 기타 고용 상태 남성의 응답(〈그림 37〉, 1.54에서 0.98로 0.56 감소)과 '직업생활에 도움이 되는 자격을 취득하고 싶다'에 대한 파견·계약직 남성의 응답(〈그림 40〉, 1.00에서 0.45로 0.55 감소), 아르바이트·파트타임직 남성의 응답(〈그림 40〉, 1.19에서 0.73으로 0.46 감소), 중졸·고교 중퇴 남성의 응답(〈그림 41〉, 1.30에서 0.89로 0.41 감소), 고등교육 중퇴 여성의 응답(〈그림 41〉, 1.52에서 0.78로 0.74 감소) 등이 있다.

고용 형태, 학력, 가족 형태의 각 범주에서 제1회 조사와 제3회 조사 사이에 의식 차가 있는가를 한마디로는 말하기 어렵다. 성별 의식 차를 볼 때도 그렇다. 고용 형태, 학력, 가족 형태 중에 어떤 것에서 범주 간의 의식 차가 가장 변했는지를 보면, 세 가지 모두 큰 변화는 없지만 '직업

[25] 단, '전문지식이나 기술을 습득하고 싶다'를 가족 형태별로 볼 때(〈그림 39〉), 배우자 없이 부모와 동거하는 남녀 이외에는 근소하지만 제1회 조사보다도 제3회 조사에서 점수가 높았다.

생활에 도움이 되는 자격을 취득하고 싶다'에 대해 고용 형태의 각 범주 간 의식 차가 제1회 조사보다 제3회 조사에서 컸다〈〈그림 40〉〉.

이상을 정리하면, '능력 향상 추구' 관련 항목에 대한 응답의 두 시점 간 차이를 변화라 간주하면 전문지식이나 기술의 습득과 자격 취득을 원하는 경향은 조금 약해졌으나, 남에게 도움이 되는 일을 추구하는 경향은 강해졌다고 지적할 수 있다.

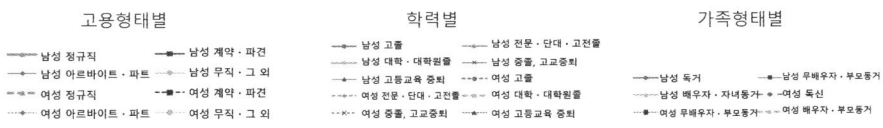

전문지식이나 기술을 습득하고 싶다

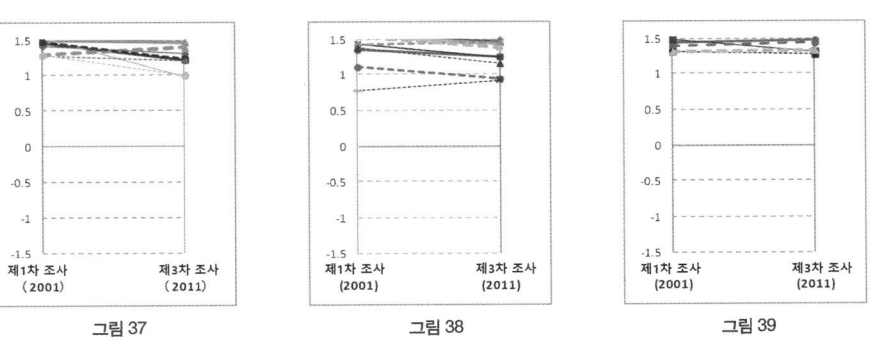

그림 37   그림 38   그림 39

직업생활에 도움이 되는 자격을 취득하고 싶다

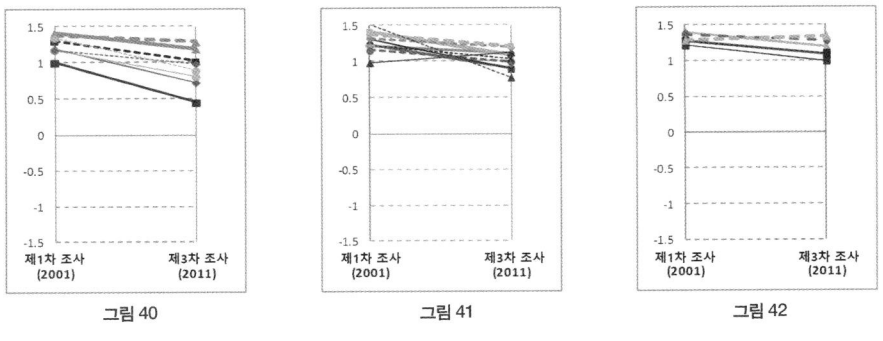

그림 40   그림 41   그림 42

남에게 도움이 되는 일을 하고 싶다

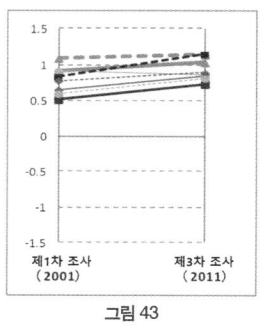

그림 43

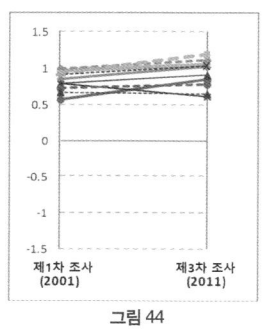

그림 44

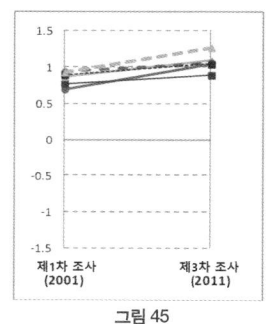

그림 45

출세 지향

〈그림 46〉~〈그림 54〉는 '출세 지향' 관련 세 항목에 대한 응답 분포를 고용 형태, 학력, 가족 형태별로 나타낸 것이다. 제1회 조사보다 제3회 조사에서 세 항목 모두 대체로 점수가 낮았다.[26]

단, 전체적인 경향과는 반대 방향의 변화도 있다. '유명해지고 싶다'에 대해 독거 여성(〈그림51〉, -0.66에서 -0.39로 0.27 증가), 무직 및 기타 고용 상태의 여성(〈그림 49〉, -0.89에서 -0.65로 0.24 증가), 파견·계약직 남성(〈그림 49〉, -0.60에서 -0.50으로 0.10 증가), 대학·대학원졸 여성(〈그림 50〉, -0.74에서 -0.73으로 0.01 증가)의 점수가 높아졌으며, '남보다 고소득을 얻고 싶다'에 대해서는 대학·대학원졸 여성(〈그림 53〉, 0.39에서 0.41로 0.02 증가)의 점수가 높아졌다.

두 시점 사이에 특히 점수 차가 큰 경우는 '앞으로 독립해서 자신의

---

26 특히 중졸과 고등교육중퇴 남성에 대해서는 직업의식에 관한 열다섯 항목 중에서 변화가 큰 상위 세 항목이 모두 '출세 지향'에 해당하는 항목이었다는 점은 주목할 만하다.

가게나 회사를 차리고 싶다'에 대한 무직 및 기타 고용 상태 남성의 응답 (〈그림 46〉, 0.63에서 -0.31로 0.94 감소), '유명해지고 싶다'에 대한 무직 및 기타 고용 상태 남성의 응답(〈그림 49〉, 0.31에서 -0.62로 0.93 감소)과 중졸, 고교 중퇴 남성의 응답(〈그림 50〉, 0.34에서 -0.55로 0.89 감소), '남보다 고소득을 얻고 싶다'에 대한 무직 및 기타 고용 상태 남성의 응답(〈그림 52〉, 1.17에서 0.44로 0.73 감소)과 중졸, 고교 중퇴 여성의 응답(〈그림 53〉, 1.09에서 0.03으로 1.06 감소) 등이 있다.

고용 형태, 학력, 가족 형태의 각 범주에서 제1회 조사와 제3회 조사 사이에 어떠한 의식의 차이가 있는지 한마디로 말하기는 어렵다. 하지만 굳이 말한다면, '앞으로 독립해서 자신의 가게나 회사를 차리고 싶다'(〈그림 46〉~〈그림 48〉)와 '유명해지고 싶다'(〈그림 49〉~〈그림 51〉)에 대한 응답은 제1회 조사에서, '남보다 고소득을 얻고 싶다'(〈그림 52〉~〈그림 54〉)는 제3회 조사에서 고용 형태, 학력, 가족 형태의 각 범주 간에 의식 차가 있다.

성별 의식 차가 줄어든 범주를 들면, 세 항목 모두에 대해서는 무직 및 기타 고용 상태의 남녀(〈그림 46〉, 〈그림 49〉, 〈그림 52〉), '앞으로 독립해서 자신의 가게나 회사를 차리고 싶다'와 '유명해지고 싶다'에 대해서는 중졸 남녀와 고교 중퇴의 남녀(〈그림 47〉, 〈그림 50〉), '유명해지고 싶다'와 '남보다 고소득을 얻고 싶다'에 대해서는 독거 남녀(〈그림 51〉, 〈그림 54〉) 등이다. 반대로 차이가 벌어진 범주로는 '앞으로 독립해서 자신의 가게나 회사를 차리고 싶다'에 대한 고등교육 중퇴 남녀의 응답(〈그림 47〉), '남보다 고소득을 얻고 싶다'에 대한 전문·단기 대학·고등전문학교졸 남녀, 중졸과 고교 중퇴 남녀, 고등교육 중퇴 남녀(〈그림 53〉)의 응답 등이 있다.

고용 형태, 학력, 가족 형태 중 어느 경우에 범주 간의 의식 차가 가장 변했는지를 보면, 고용 형태의 경우(특히 '앞으로 독립해서 자신의 가게나 회사를 차리고 싶다'와 '유명해지고 싶다'에 대한) 의식 차가 줄어들었다고 할 수 있다.

요컨대, '출세 지향'의 항목에 대한 두 시점 간의 응답 비율 차이를 변화로 본다면 독립 추구, 유명해지고 싶거나 남보다 고소득을 얻고 싶은 욕구가 약해지는 경향이 보였다. 2011년의 20대는 직업 성취욕이 전반적으로 낮은 상태이며, 무언가를 야심차게 해나가는 데 대해 냉랭한 태도를 가진 것으로 생각된다.

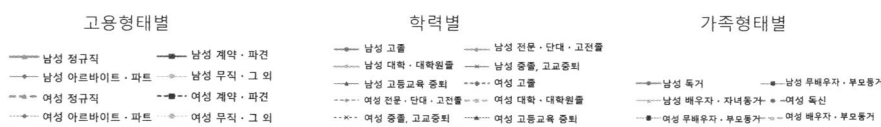

앞으로 독립해서 자신의 가게나 회사를 차리고 싶다

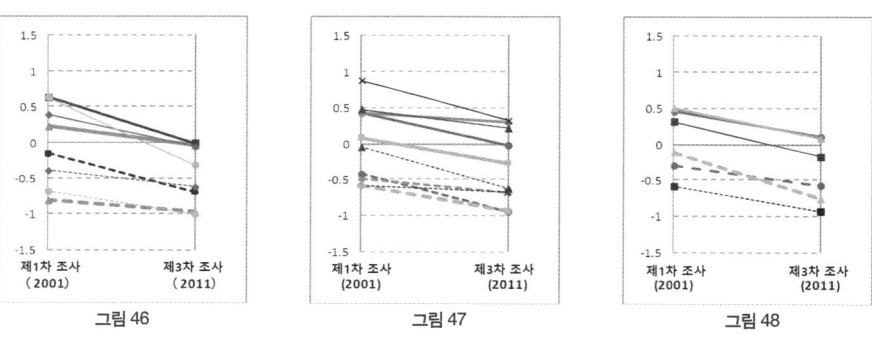

유명해지고 싶다

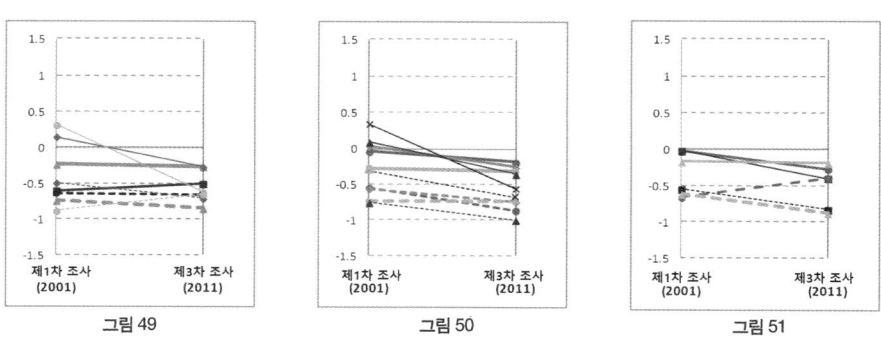

남보다 고소득을 얻고 싶다

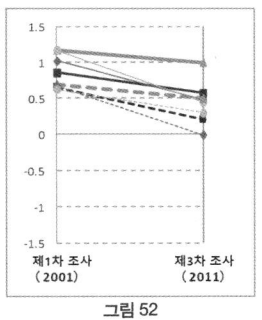

그림 52

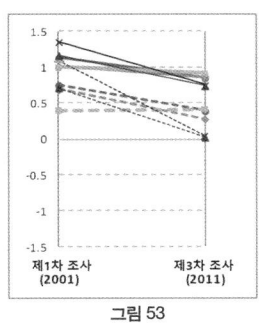

그림 53

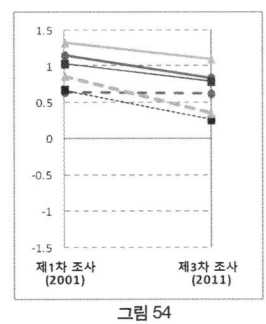

그림 54

일 기피·주저

〈그림 55〉~〈그림 63〉은 '일 기피·주저' 관련 세 항목에 대한 응답을 고용 형태, 학력, 가족 형태별로 나타낸 것이다. 몇 가지 예외가 있지만, 전반적으로 제1회 조사보다 제3회 조사에서 '앞날을 생각하기보다 현재를 즐기며 살고 싶다'(〈그림 55〉~〈그림 57〉)는 점수가 낮았고, '나에게 맞는 일이 무엇인지 모르겠다'(〈그림 58〉~〈그림 60〉)와 '가능하다면 일하고 싶지 않다'(〈그림 61〉~〈그림 63〉)는 점수가 높았다.

하지만 예외도 많았다. 그중에서 두 시점 간의 점수 차가 큰 것으로는, 제1회 조사보다 제3회 조사에서 점수가 낮은 '나에게 맞는 일이 무엇인지 모르겠다'에 대한 파견·계약직 남성의 응답(〈그림 58〉. 0.03에서 -0.55로 0.58 감소), 중졸, 고교 중퇴 남성의 응답(〈그림 59〉. 0.08에서 -0.13으로 0.21 감소), 중졸 및 고교 중퇴 여성의 응답(〈그림 59〉. 0.05에서 -0.18로 0.23 감소), 배우자 및 자녀와 동거하는 여성의 응답(〈그림 60〉. -0.15에서 -0.62로 0.47 감소), '가능하다면 일하고 싶지 않다'에 대한 파견·계약직 남성의 응답(〈그림 61〉. -0.54에서 -0.98로 0.44 감소) 등이 있다.

점수 차가 특히 큰 경우는 '앞날을 생각하기보다 현재를 즐기며 살고 싶다'에 대한 무직 및 기타 고용 형태인 여성의 응답(〈그림 55〉. 0.43에서 -0.19로 0.62 감소)과 고등교육 중퇴 여성의 응답(〈그림 56〉. 0.29에서 -0.20으로 0.49 감소), '나에게 맞는 일이 무엇인지 모르겠다'에 대한 파견·계약직 남성의 응답(〈그림 58〉. 0.03에서 -0.55로 0.58 감소)과 고등교육 중퇴 남성의 응답(〈그림 59〉. -0.61에서 0.01로 0.62 증가), '가능하다면 일하고 싶지 않다'에 대한 고등교육 중퇴 남성의 응답(〈그림 62〉. -0.64에서 -0.14로 0.50 증가) 등이 있다.

고용 형태, 학력, 가족 형태의 각 범주별로 두 시점에서 어느 쪽에 의식 차가 있는지를 한마디로 말하기는 어렵다. 하지만 '가능하다면 일하고 싶지 않다'에 대한 응답(〈그림 61〉~〈그림 63〉)과 가족 형태별 응답(〈그림 57〉, 〈그림 60〉, 〈그림 63〉)은 제3회 조사에서 범주 간 의식 차가 있다.

두 시점의 성별 의식차를 비교하면, '앞날을 생각하기보다는 현재를 즐기며 살고 싶다'에 대해서는 무직 및 기타 고용 상태 남녀(〈그림 55〉)와 고등교육 중퇴 남녀(〈그림 56〉), '나에게 맞는 일이 무엇인지 모르겠다'에 대해서는 고등교육 중퇴 남녀 사이에 의식 차가 특히 줄어들었다. 반대로, '나에게 맞는 일이 무엇인지 모르겠다'에 대해서는 무직 및 기타 고용 상태의 남녀(〈그림 58〉), '가능하다면 일하고 싶지 않다'에 대해서는 아르바이트·파트타임직 남녀(〈그림 61〉)와 중졸, 고교 중퇴 남녀(〈그림 62〉) 사이에 의식 차가 특히 벌어졌다.

고용 형태, 학력, 가족 형태 중 어느 경우에 범주 간의 의식 차가 가장 변했는지를 보면, 고용 형태는 각 범주 간의 의식 차가 다른 둘에 비해 두드러지게 변했다고 할 수 있다(〈그림 55〉, 〈그림 58〉, 〈그림 61〉). 즉, '앞날을 생각하기보다 현재를 즐기며 살고 싶다'에 대해서는 의식 차가 작아졌으나, 다른 두 항목에 관해서는 커졌다.

이상의 논의를 정리하면, '일 기피·주저' 관련 항목에 대한 두 시점 간의 응답 차이를 변화라 간주하면, 현재의 20대가 지금을 앞으로의 삶보다 더 중요시한다고는 말할 수 없을 것이다. 또한 파견·계약직 남성이나 고등교육 중퇴 남성 등 일부를 제외하고는 제1회 조사보다 자신에게 맞는 일이 무엇인지 모르겠다고 생각하는 경향이 더 강해졌으며, 일을 기피하는 경향도 뚜렷해졌다.

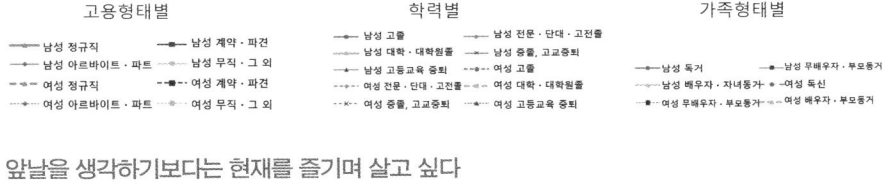

앞날을 생각하기보다는 현재를 즐기며 살고 싶다

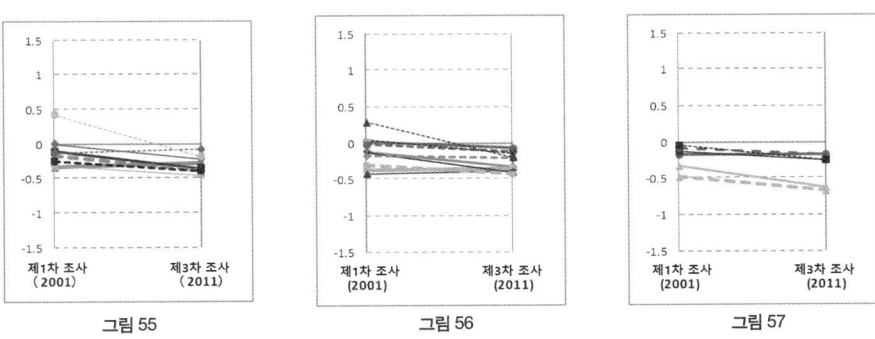

그림 55 　　　　　그림 56 　　　　　그림 57

나에게 맞는 일이 무엇인지 모르겠다

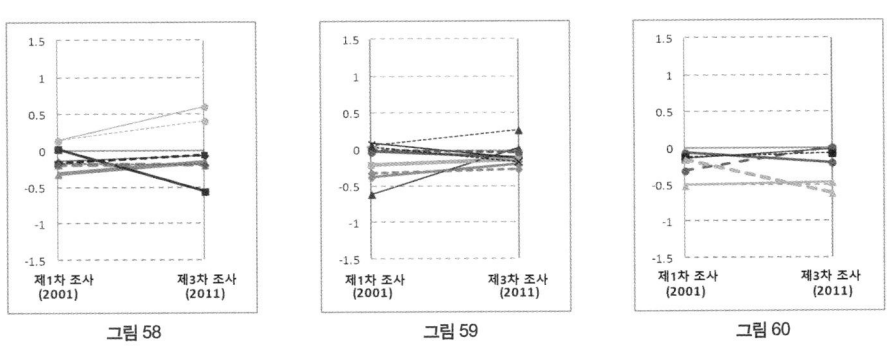

그림 58 　　　　　그림 59 　　　　　그림 60

가능하다면 일하고 싶지 않다

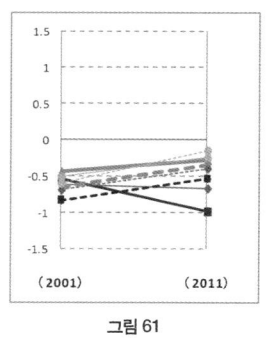

그림 61

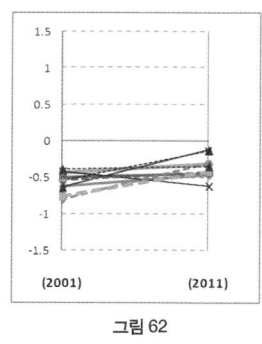

그림 62

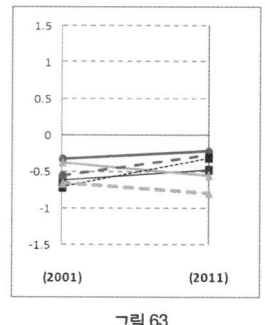

그림 63

정리

이 글에서는 '제3회 젊은이의 근로 방식 조사'의 직업의식 관련 항목의 응답 분포를 성별, 연령층, 현재의 고용 형태, 학력, 경력 유형, 가족 형태별로 살펴본 후 제1회 조사와 제3회 조사 결과를 비교했다. 이를 통해 밝혀진 것을 요약하면 다음과 같다.

① 제3회 조사 대상인 도쿄도 내에 사는 20대의 전반적인 경향으로 볼 때, 경제적인 불리함이나 취업의 불안정성, 프리터로 상징되는 자유로운 근로방식 가운데 후자가 지지를 받는다고 말하기는 어렵다. 전문지식이나 기술의 습득, 자격 취득과 같은 능력 향상을 추구하는 것은 80~90%가 지지했다. '남보다 고소득을 얻고 싶다'는 경제적 수준 향상에 대해서는 70% 정도로 지지가 높지만, 독립하거나 유명해지는 데 대한 지지는 40%를 밑돌았다. 전체의 30~40%는 '가능하다면 일하고 싶지 않다'는 일 기피 의식이 있으며, 40% 이상은 직업에 대한 망설임이

있었다.

② 제3회 조사 결과를 성별로 비교했을 때, 응답 분포에서 특히 눈에 띄는 차이는 '남보다 고소득을 얻고 싶다' 등의 '출세 지향' 관련 항목들로, 남성이 여성보다 긍정적으로 응답한 비율이 높았다.

③ 제3회 조사에서 20대 전반층과 후반층의 남녀 응답을 비교하면, 남성은 후반층에서 정사원 추구나 능력 향상을 지지하는 경향을 보였다. 반면, 여성은 전반층이 전형적인 취업 방식에 구애되지 않는 프리터와 같은 근로 방식을 지지하거나 이에 공감하며, '나에게 맞는 일이 무엇인지 모르겠다', '가능하다면 일하고 싶지 않다', '유명해지고 싶다'에 대해 긍정적으로 응답한 비율이 높았다.

④ 제3회 조사에서 성별 고용 형태 간의 직업의식을 비교하면, 남성의 경우 정규직은 견실하며 안정적인 의식을 지니나 일 기피 및 주저 경향도 있으며, 파견·계약직은 자신의 근로 방식에 대한 명확한 비전을 갖고 있으며 기존의 근로 방식·제도에 대해 자유로운 것으로 보였다. 또한 아르바이트·파트타임직은 하고 싶은 것을 우선시하고 고용 형태에 구애받지 않으며, 무직 및 기타 고용형태에서는 찰나적인 삶의 방식이나 자유로운 근로 방식을 긍정적으로 보지 않고 망설이는 가운데 일하기 싫어하는 경향을 확인할 수 있었다. 여성의 경우 정규직은 남성과 마찬가지로 안정적인 고용을 지지하는 견실한 성향을 갖고 있으나, 파견·계약직은 '능력향상 추구'와 '일 기피·주저' 항목에 긍정적으로 응답한 비율이 다른 고용형태에 비해 낮다고 단언할 수 없는 점 등이 남성의 경우와 다르다.

⑤ 제3회 조사에서 남녀의 학력별 직업의식을 비교하면, 남성의 경우 대졸·대학원 졸은 프리터와 같은 근로 방식을 지지하지 않으며 정사

원 추구 경향이 높지만, 가능하다면 일하고 싶지 않다는 의식도 엿보였다. 또한 전문·단기 대학·고등전문학교졸은 하고 싶은 것을 추구하는 성향과 독립을 추구하는 성향이 강하며, 고졸은 찰나적인 삶의 방식을 지지하거나 망설이지만, 안정적인 직업 환경에서 성실하게 일하는 것을 지향하고 있었다. 한편 여성은 전반적으로 남성과 유사한 경향이 보이지만, '프리터 공감' 관련 항목에 대해서는 고졸과 전문·단기 대학·고등전문학교졸의 사이에 의식 차를 보이는 점 등이 남성의 경우와 다르다.

⑥ 제3회 조사에서 남녀의 경력 유형별 직업의식을 비교하면, 남성의 특징으로 비정규 일관형이 '가능하다면 일하고 싶지 않다'에 대한 긍정적인 응답이 가장 낮았다. 다른 형태 중에는 정사원형이 '꿈 추구형' 프리터의 특징에 연관되는 항목(앞으로 독립해서 자신의 가게나 회사를 차리고 싶다, 유명해지고 싶다)에 대해 긍정적으로 응답한 비율이 높은 것 등을 들 수 있다. 한편 여성은 남성과 대조적으로 정사원 이직형이 '나에게 맞는 일이 무엇인지 모르겠다'에 긍정적으로 응답한 비율이 가장 낮았다.

⑦ 제3회 조사에서 남녀 각각 가족 형태별 직업의식을 비교하면, 여성은 남성보다 가족 형태에 따른 차이가 뚜렷하게 나타난다. 배우자 및 자녀와 동거하는 여성은 다른 여성에 비해 '일 기피·주저' 관련 항목에 대한 지지는 낮지만, 안정성에 관련되는 항목에 대한 지지는 높았다. 또한 독거 여성은 다른 여성에 비해 '출세 지향' 관련 항목과 새로운 가능성에 대한 도전 관련 항목에 대한 지지가 높았다.

⑧ 제3회 조사에서 신설된 세 항목을 성별 및 고용 형태별로 비교하면, 남녀 모두 무직 및 기타 고용 형태에서 정치적 유효 감각과 대인관계에 대한 자기 평가 항목에 긍정적으로 응답한 비율이 낮았다. 정치적 유효 감각은 남성의 경우 아르바이트·파트타임직이, 여성의 경우에는 파

견·계약직이 정규 고용과 같은 정도로 높았다.

⑨ 두 시점의 '프리터 공감' 관련 각 항목에 대한 응답을 비교하면, 제1회 조사보다 제3회 조사에서 '요즘 세상에서는 일정한 직업 없이도 살아갈 수 있다', '젊을 때는 일보다 하고 싶은 것을 우선으로 하고 싶다', '여러 직업을 경험해보고 싶다', '하고 싶은 일이라면 정사원이든 프리터든 상관없다'에 대한 지지가 낮아졌으며, '한 기업에서 오래 근무하는 것이 낫다', '프리터보다 정사원으로 일하는 것이 낫다'에 대한 지지는 높아지는 경향을 보였다. 2001년 이후 하고 싶은 것을 추구하는 성향은 약해지고 안정성에 대한 지향은 강해졌다.

⑩ '능력 향상 추구' 관련 세 항목은 두 시점 모두 긍정적으로 응답하는 경향이 보이나, 제1회 조사보다 제3회 조사에서 '전문지식이나 기술을 습득하고 싶다'와 '직업생활에 도움이 되는 자격을 취득하고 싶다'에 대한 지지가 낮아지고, '남에게 도움이 되는 일을 하고 싶다'에 대한 지지는 높아지는 경향을 보였다.

⑪ 두 시점 간에 '출세 지향' 관련 각 항목에 대한 응답을 비교하면, 몇 가지 예외가 있으나 제1회 조사보다 제3회 조사에서 '앞으로 독립해서 자신의 가게나 회사를 차리고 싶다', '유명해지고 싶다', '남보다 고소득을 얻고 싶다'의 세 항목 모두에 대한 지지가 대체로 낮아지는 경향을 보였다.

⑫ 두 시점의 '일 기피·주저' 관련 항목의 응답을 비교하면, 제1회 조사보다 제3회 조사에서 '앞날을 생각하기보다 현재를 즐기며 살고 싶다'에 대한 지지는 낮아지고, '나에게 맞는 일이 무엇인지 모르겠다'와 '가능하다면 일하고 싶지 않다'에 대한 지지는 높아지는 경향이다. 따라서 지금을 즐겁게 살며 앞날을 생각하지 않는다고 말할 수는 없다. 그러나

2001년부터 일부를 제외한 젊은이들 사이에서 나에게 맞는 일이 무엇인지 모르겠다는 생각이 짙어지는 것으로 보아, 일을 기피하는 성향이 강해졌다고 생각된다.

이상의 논의를 통해 알 수 있는 것은 2001년에 비해 2011년의 20대가 직업의식 측면에서 견실하다는 점이다.[27] 시모무라(下村, 2002: 99)는 "프리터에게 노동의 대가로 임금을 얻는 합리적인 경제 행동은 그다지 문제가 되지 않는다. 프리터의 직업의식을 이해하려면, 그보다는 '자유', '경험', '만남'이 중시됨을 알아야 한다"지만, 그러한 프리터층마저도 2011년에는 합리적이며 견실한 의식을 가진 것이 아닐까. 이번 분석에서 이용한 두 시점의 조사 자료는 대상자의 추출 방법이 다르므로 변화를 말하는 데는 신중해야 한다. 그러나 이 점을 고려하더라도 어른들이 우려해온 젊은이 특유의 자유로운 근로 방식은 경제적으로 불리한 것이라는 인식이 젊은이 사이에서 확산돼 어른이 권장하는 합리적이며 견실한 근로 방식에 대한 지지가 확고해졌다고 할 수 있다. 그러므로 예전의 프리터 같은 의식은 약해졌을 것으로 보인다. "프리터를 지지하는 의식은 젊은이들 사이에서 널리 공유돼 있다"(日本勞働研究機構, 2001: 17; 下村 2002: 90)고 본 2000년대 전반과 비교할 때, 2011년 현재 젊은이 사이에

---

[27] 이 글에서 살펴본, 하고 싶은 것을 추구하는 경향의 감소나 의식의 '견실화' 경향은 2001년부터 2011년 사이에 발표된 선행 연구의 결과와도 일치한다. 예를 들면, 구기모토(久木元, 2010: 142)는 "앞날에 대한 불안이 대두되는 가운데 하고 싶은 것을 추구하는 성향이 뒤로 밀려나기 쉬워졌다고 생각된다"고 한다. 또한 오사카를 중심으로 한 간사이권 대학생에 대해 계속해서 조사를 하고 있는 가타기리(片桐, 2009: 151-172)는 남학생 가운데 견실하게 살아가는 태도가 1997년에 비해 2002년 조사에서 더욱 두드러졌지만 2007년 조사 때에는 약간 감소했다는 자료를 제시하면서, 취직 상황이 생활 목표에 영향을 주었음을 논한다.

널리 공유된 직업의식이 있다는 점은 마찬가지이나 프리터를 지지하는 의식이 안정성을 뒷전으로 할 정도로 높지는 않다.

이렇게 의식이 '견실화'하는 가운데, 그 이면에는 직업에 대한 성취욕의 저하나 기피 경향도 엿보인다. 따라서 견실한 의식이 경력 형성을 위한 구체적인 행동으로 이어지고 있다고 보기는 어렵다. 젊은이들이 안정성을 우선으로 여기면서 견실한 목표를 갖게 됐으나, 이를 달성하기 위한 구체적인 방법이 없다고 느끼는 상황이다. 이는 분명 아노미(Merton, 1961: 121-178)이며, 노동행정은 문제 해결을 위해 실현 가능성이나 구체성을 지닌 대응책을 마련할 필요가 있다.

전문지식이나 자격 취득에 대한 의욕은 프리터를 기피하는 토대가 된다. 그렇기 때문에 일본노동연구기구는 이러한 의욕을 북돋기 위한 한 방법으로 직업능력 개발 기회를 제공할 것을 제안했다(日本勞働硏究機構, 2001: 27). 그러나 오늘날에는 그러한 의욕 자체가 저하되는 조짐이 보이므로 자격이나 전문지식에 대해 구체적인 이미지를 가질 수 있는 교육 기회를 제공하는 등 젊은이들이 스스로 능력을 향상시켜 본인에게 맞는 경력 형성 방법을 선택하도록 보다 힘써 지원하는 것이 바람직하다. 이를 위해 지원하는 측은 자신의 지원이 젊은이에게 실질적으로 도움이 되고 있는가를 지원 현장에서 젊은이들을 상대하면서 계속하여 점검할 필요가 있다.

이 조사는 20대를 대상으로 한 것인데, 이와는 별도로 30대를 대상으로 한 조사가 2011년 7~9월에 실시됐다. 30대의 경우에도 이 글의 분석에서 얻은 바와 같은 결과를 얻을 수 있을 것인가. 이 글에서는 이 점까지 검토하지는 못했음을 밝혀둔다. 또한 앞으로 연령 단계나 세대·코호트라고 하는 관점을 포함해 분석을 심화할 필요가 있다.

::참고문헌

江上節子, 1991, "データが語る若者の労働観: 企業の意識改革は時間短縮から," 〈企業と人材〉, 552: 5-9.

久木元真吾, 2010, "'やりたいこと'の現在," 小谷敏·土井隆義·芳賀学·浅野智彦編, 《若者の現在 労働》, 日本図書センター.

亀山俊朗, 2006, "フリーターの労働観: 若者の労働観は未熟か," 太郎丸博編, 《フリーターとニートの社会学》, 世界思想社.

堀有喜衣, 2012, "問題意識と調査の概要," 労働政策研究·研修機構編, 《大都市の若者の就業行動と意識の展開: '第3回 若者のワークスタイル調査'から》, 労働政策研究·研修機構.

堀田千秋, 1991, "今日の若者にみる職業意識の特質と問題," 〈労働時報〉, 44(4): 16-19.

Merton, R. K.著, 1961, 森東吾ほか訳, 《社会理論と社会構造》, みすず書房.

本田由紀, 2002, "ジェンダーという観点から見たフリーター," 小杉礼子編, 《自由の対償/フリーター――現代若者の就業意識と行動》, 労働政策研究·研修機構.

小杉礼子, 2012, "教育から職業への移行の変容," 労働政策研究·研修機構編, 《大都市の若者の就業行動と意識の展開: '第3回 若者のワークスタイル調査'から》, 労働政策研究·研修機構.

日本労働研究機構, 2000, 《フリーターの意識と実態: 97 人へのヒアリング結果より》, 日本労働研究機構.

_____, 2001, 《大都市の若者の就業行動と意識: 広がるフリーター経験と共感》, 日本労働研究機構.

佐藤博樹ほか, 1991, "現代の若者意識と企業の対応を探る," 〈労働時報〉, 44(4): 4-15.

村松幹子, 2005, "若者のライフスタイルと職業意識," 矢島正見·耳塚寛明編, 《第二版 変わる若者と職業世界: トランジッションの社会学》, 学文社.

片桐新自, 2009,《不安定社会の中の若者たち: 大学生調査から見るこの20年》, 世界思想社.
片瀬一男・元治恵子, 2008, "進路意識はどのように変容したのか: ジェンダー·トラックの弛緩？," 海野道郎·片瀬一男編,《'失われた時代'の高校生の意識》, 有斐閣.
下村英雄, 2002, "フリーターの職業意識とその形成過程: 'やりたいこと'志向の虚実," 小杉礼子編,《自由の代償／フリーター: 現代若者の就業意識と行動》, 労働政策研究·研修機構.

부표 유효케이스수 일람

남성 제3회 조사 (2011년)	남성 전체			비정규직			고졸	전문·단대·고전졸	대학·대학원졸	중졸·고교 중퇴	고등교육 중퇴	정사원 정착	비정 규직 일관	다른 형태에서 사원	정사원 이직	독거	무배우자 부모 동거	배우자·자녀 동거
	20대 전반	20대 후반	정규직	파견 계약	아르바이트·파트	무직·그외												
요즘 세상에서는 안정된 직업 없이 도 살아갈 수 있다	422	605	688	56	172	61	218	233	429	56	73	410	162	162	77	269	527	149
젊을 때는 일보다 하고 싶은 것을 우선으로 하고 싶다	421	603	687	56	171	61	218	231	429	55	73	410	161	162	76	268	527	147
여러 직업을 경험해보고 싶다	422	602	686	56	171	61	218	233	428	55	73	409	161	162	77	268	528	148
하고 싶은 일이라면 정사원이든 프리터든 상관없다	421	605	689	56	170	61	218	233	428	56	73	410	161	163	77	269	526	149
한 기업에서 오래 근무하는 편이 낫다	421	605	689	56	171	61	219	233	429	55	72	410	161	163	77	269	527	148
프리터보다 정사원으로 일하는 것이 낫다	420	605	687	55	171	61	219	232	427	56	73	408	161	163	77	268	526	149
전문지식이나 기술을 습득하고 싶다	421	604	688	56	172	61	218	233	427	56	73	409	162	163	77	268	527	149
직업 생활에 도움이 되는 자격을 취득하고 싶다	421	606	689	56	171	61	218	233	429	56	73	410	161	163	77	269	527	149
남에게 도움이 되는 일을 하고 싶다	422	604	688	56	171	61	218	233	428	56	73	409	162	163	77	268	528	148
앞으로 독립해서 자신의 가게나 회사를 차리고 싶다	421	604	687	56	172	61	219	233	426	56	73	409	162	163	76	269	527	147
유명해지고 싶다	422	606	689	56	172	61	219	233	429	56	73	410	162	163	77	269	528	149
남보다 고소득을 얻고 싶다	422	606	689	56	172	61	219	233	429	56	73	409	162	163	77	269	528	149
앞날을 생각하기보다는 현재를 즐기고 싶다	420	604	688	56	170	61	219	232	427	56	73	409	160	163	77	266	527	149
나에게 맞는 일이 무엇인지 모르겠다	420	605	688	56	171	61	219	233	427	56	72	409	161	163	77	268	526	149
가능하다면 일하고 싶지 않다	419	602	685	56	171	60	218	231	426	56	73	409	161	161	77	267	525	148
누구하고도 금방 사이좋게 지낼 수 있다	421	605	687	56	172	61	219	232	428	56	73	408	162	163	77	269	526	149
대부분의 사람은 신뢰할 수 있다	422	604	689	56	172	60	219	233	427	56	73	410	162	163	77	268	528	149
나에게는 정부의 일을 좌우할 수 있는 힘이 없다	420	606	687	56	172	61	219	233	428	55	73	409	162	162	77	268	528	149

여성 제3회 조사 (2011년)	여성 전체		정규직	비정규직			고졸	전문 단대·고졸졸	대학·대학원졸	중졸 고졸 중퇴	고등 교육 중퇴	정사원 정착	비정 규직 일관	다른 형태 에서 정사원	정사원 이직	독자	무배우자 부모 동거	배우자·자녀 동거
	20대 전반	20대 후반		파견 계약	아르 바이트·파트	무직·그 외												
요즘 세상에서는 안정된 직업 없이 도 살아갈 수 있다	526	501	562	131	252	54	162	357	417	34	45	397	281	82	54	171	640	130
쉬울 때는 일보다 하고 싶은 것을 우선으로 하고 싶다	526	501	562	131	252	54	162	357	417	34	45	397	281	82	54	171	640	130
여러 직업을 경험해보고 싶다	525	500	562	131	251	54	161	357	417	34	44	397	280	82	54	170	639	130
하고 싶은 일이라면 정사원이든 아르바이트든 상관없다	524	500	561	131	250	54	161	355	417	34	45	397	280	81	54	171	637	130
한 기업에서 오래 근무하는 편이 낫다	525	500	561	131	252	53	160	357	417	34	45	396	281	82	54	171	639	130
프리터보다 정사원으로 일하는 것이 낫다	524	501	561	131	251	54	162	355	417	34	45	397	280	82	53	171	639	130
전문지역이나 기술을 습득하고 싶다	524	501	560	131	252	54	162	356	416	34	45	395	281	82	54	170	639	130
직업 생활에 도움이 되는 자격을 취득하고 싶다	526	501	562	131	252	54	162	357	417	34	45	397	281	82	54	171	640	130
남에게 도움이 되는 일을 하고 싶다	525	501	561	131	252	54	162	357	416	33	45	397	281	81	54	171	639	130
앞으로 독립해서 자신의 가게나 회사를 차리고 싶다	522	501	561	131	249	54	162	354	416	34	45	396	278	82	54	170	637	130
유명해지고 싶다	525	501	561	131	252	54	162	356	417	34	45	396	281	82	54	171	640	130
남보다 고소득을 얻고 싶다	525	500	560	131	252	54	161	357	416	34	45	395	281	82	54	171	638	130
앞날을 생각하기보다는 현재를 즐기며 살고 싶다	525	500	561	131	251	54	161	356	417	34	45	397	281	82	53	171	640	129
나에게 맞는 일이 무엇인지 모르겠다	526	501	562	131	252	54	162	357	417	34	45	397	281	82	54	171	640	130
가능하다면 일하고 싶지 않다	525	501	561	131	252	54	162	356	417	34	45	396	281	82	54	170	640	130
누구하고도 금방 사이좋게 지낼 수 있다	526	501	562	131	252	54	162	357	417	34	45	397	281	82	54	171	640	130
대부분의 사람은 신뢰할 수 있다	526	501	562	131	252	54	162	357	417	34	45	397	281	82	54	171	640	130
나에게도 정부의 일을 좌우할 수 있는 힘이 없다	525	498	559	130	252	54	162	355	415	34	45	396	280	80	54	171	637	129

남성 제1회 조사 (2001년)	정규직	비정규직		무직·그 외	고졸	전문·단대·고전졸	대학·대학원졸	중졸, 고교중퇴	고등교육중퇴	독거	무배우자·부모동거	배우자·자녀동거
		파견·계약	아르바이트·파트									
요즘 세상에서는 일정한 직업 없이도 살아갈 수 있다	306	35	372	35	254	191	197	73	59	187	433	122
젊을 때는 일보다 하고 싶은 것을 우선으로 하고 싶다	305	35	371	35	252	191	197	73	59	186	433	122
여러 직업을 경험해 보고 싶다	306	35	372	35	254	191	197	73	59	187	433	122
하고 싶은 일이라면 정사원이든 프리터든 상관없다	306	35	372	35	254	191	197	73	59	187	433	122
한 기업에서 오래 근무하는 편이 낫다	305	35	372	35	254	191	196	73	59	187	432	122
프리터보다 정사원으로 일하는 것이 낫다	306	35	371	35	253	191	197	73	59	186	433	122
전문지식이나 기술을 습득하고 싶다	306	35	372	35	254	191	197	73	59	187	433	122
직업 생활에 도움이 되는 자격을 취득하고 싶다	306	35	372	35	254	191	197	73	59	187	433	122
남에게 도움이 되는 일을 하고 싶다	306	35	372	35	254	191	197	73	59	187	433	122
앞으로 독립해서 자신의 가게나 회사를 차리고 싶다	306	35	372	35	254	191	197	73	59	187	433	122
유명해지고 싶다	306	35	372	35	254	191	197	73	59	187	433	122
남보다 고소득을 얻고 싶다	306	35	371	35	253	191	197	73	59	186	433	122
앞날을 생각하기보다는 현재를 즐기며 살고 싶다	306	35	372	35	254	191	197	73	59	187	433	122
나에게 맞는 일이 무엇인지 모르겠다	306	35	371	35	253	191	197	73	59	186	433	122
가능하다면 일하고 싶지 않다	305	35	371	35	253	190	197	73	59	186	432	122

여성 제1회 조사 (2001년)	정규직	비정규직		무직·그 외	고졸	전문·단대·고전졸	대학·대학원졸	중졸, 고교 중퇴	고등 교육 중퇴	독거	무배우자·부모 동거	배우자·자녀 동거
		파견·계약	아르바이트·파트									
요즘 세상에서는 일정한 직업 없이도 살아갈 수 있다	201	58	379	35	227	316	109	22	21	101	447	92
젊을 때는 일보다 하고 싶은 것을 우선으로 하고 싶다	201	58	379	35	227	316	109	22	21	101	447	92
여러 직업을 경험해 보고 싶다	200	58	379	35	227	316	108	22	21	100	447	92
하고 싶은 일이라면 정사원이든 프리터든 상관없다	201	58	379	35	227	316	109	22	21	101	447	92
한 기업에서 오래 근무하는 편이 낫다	201	58	379	35	227	316	109	22	21	101	447	92
프리터보다 정사원으로 일하는 것이 낫다	200	58	378	35	226	315	109	22	21	100	446	92
전문지식이나 기술을 습득하고 싶다	201	57	378	35	227	314	109	22	21	101	445	92
직업 생활에 도움이 되는 자격을 취득하고 싶다	201	58	379	35	227	316	109	22	21	101	447	92
남에게 도움이 되는 일을 하고 싶다	201	58	379	35	227	316	109	22	21	101	447	92
앞으로 독립해서 자신의 가게나 회사를 차리고 싶다	201	58	379	35	227	316	109	22	21	101	447	92
유명해지고 싶다	201	58	379	35	227	316	109	22	21	101	447	92
남보다 고소득을 얻고 싶다	201	58	379	35	227	316	109	22	21	101	447	92
앞날을 생각하기보다는 현재를 즐기며 살고 싶다	201	58	379	35	227	316	109	22	21	101	447	92
나에게 맞는 일이 무엇인지 모르겠다	200	58	378	35	227	314	109	22	21	101	445	92
가능하다면 일하고 싶지 않다	200	58	377	35	225	316	109	22	20	100	446	92